추 리 논 증 핵 심 이 론 및 기 출 문 제 유 형 별 학 습 서

# 조성우
# 추리논증
## 기본 개정 10판

조성우
# 추리논증 기본

**지은이** 조성우
**발행일** 초판 1쇄 2008년 5월 23일 개정 10판 2쇄 2023년 12월 29일
**펴낸곳** 메가로스쿨
**출판등록** 2007년 12월 12일 제 322-2007-000308호
**주소** 서울특별시 서초구 반포대로 81, 2층
**주문전화** 070-4014-5139 **팩스** 031-754-5145

# 조성우 추리논증
# 추리영역

조성우 지음

메가로스쿨

## 개정10판 저자 서문

이 책은 'LEET 추리논증 핵심이론 정리 및 기출문제 유형별 학습'을 목적으로 만들어진 '기본강의' 교재로 추리논증 시험을 위한 두 번째 단계의 학습서이다. 기출문제의 중요성은 이제 강조하지 않아도 LEET를 준비하는 수험생이면 누구나 인식하고 있는 데 반하여, 기출문제를 어떻게 활용하여야 하는지는 모르는 수험생이 여전히 많은 것으로 파악된다.

일례로, 수험생 중에는 기출문제가 최상급 모의고사로서의 가치가 있기 때문에 아껴두었다가 시험 직전에 최종모의고사 문제로 풀어보는 것이 어떻겠냐는 질문을 하는 경우가 적지 않은데, 이는 매우 위험한 접근이다. 기출문제는 시험 직전에 모의고사로 한 번 풀어볼 정도의 자료가 아니라, 수험생활을 하는 동안 내내 곱씹어 가며 분석하고 학습에 활용해야 할 자료이기 때문이다. 또한 시험 직전에 기출문제를 풀어보고 자신이 제대로 방향을 잡고 학습하지 못했음을 그때 깨닫게 된다면 이때는 만회할 시간이 없고, 설령 점수가 좋게 나왔다 하더라도 시험을 준비하면서 학습서와 강의 등을 통해 이미 직간접적으로 기출문제를 접한 후에 나온 점수라는 점에서 자신의 실력을 제대로 보여주는 점수라고도 할 수도 없기 때문이다. 따라서 LEET 강의 등을 통해 기출문제를 직간접적으로 접하기 전에, 실전과 동일한 상황에서 풀어봄으로써 자신의 현 주소를 파악하고, 이를 학습에 적극적으로 활용하는 것이 현명한 접근이다.

하지만 추리논증 입문자의 경우, LEET 기출문제를 실전처럼 바로 풀어본다는 것이 매우 부담스러울 수도 있고, 몇 회분 정도 풀어봤는데 계속 풀어보는 게 의미가 있나 싶을 정도로 커다란 벽을 느낄 수도 있다. 이러한 측면을 고려하여 기출문제를 풀어보기 전에, 추리논증의 핵심이론을 밀도 있게 학습하고 이를 LEET 예시문항 및 PSAT 기출문제와 연결시켜 학습하는 첫 번째 단계의 강의 및 교재가 '기초입문강의'이고 '추리논증 기초' 교재이다. 대부분의 수강생들이, 심지어 고득점을 획득한 합격생들도 매우 큰 도움이 된 필수강좌라고 적극적으로 추천하고 있는 만큼, 너무 늦게 시험 준비를 시작한 것이 아니라면, 그리고 제대로 학습하고자 한다면, 기초입문교재를 먼저 학습하거나 병행할 것을 권한다.

두 번째 단계의 학습서인 본 교재는 시험을 준비하는 수험생들이 가장 많이 수강하고 있는 필자의 대표강의인 '기본강의'의 교재로, 제한된 지면에 시험에 필요한 내용을 빠짐없이 최대한 담아 왔다. 그러다 보니 강의 도움을 받지 않고 혼자 추리논증 학습을 처음 시작하는 수험생에게는 이 책보다는 기초입문교재가 더 적합하다. 기초입문교재의 경우에는 독습이 가능하도록 최대한 친절하게 그리고 수험적합성 있게, 문제 설명 및 학습가이드를 제공하였기 때문이다.

그럼 이제 본 교재의 특징과 개정된 내용들을 소개하도록 하겠다.

첫째, 가장 효과적인 학습 틀인 '추리논증 핵심이론 및 기출문제 유형별·소재별 학습서'로서의 틀을 유지하면서, 수험적합성을 1순위 기준으로 하여 최신기출을 업데이트하며 완성도를 높이는 쪽으로 개정작업을 진행하였다.

이 책은 크게 3권으로 구성되어 있고 각권 해설집까지 고려하면 총 5권으로 구성되어 있다. 제1권은 '추리논증의 이해와 학습전략'으로 수험에 필요한 학습가이드를 담았고, 제2권은 '추리영역'을, 제3권은 '논증영역'을 담아 구성하였다.

둘째, 개정7판(2018년 출간)까지는, 가능한 중요 기출문제를 모두 유형별로 분류하여 한 권의 책에 담고자 하였기에, 법학전문대학원협의회가 출제를 맡기 시작한 2012 LEET부터 2018 LEET까지의 전체 문항과 추리논증 체계를 파악하는 데 필요한 필수문항들을 유형별·소재별로 모두 분류해서 핵심이론과 함께 기본교재에 실었다. 그러나 개정8판(2019년 출간)부터는 제한된 기본강의시간을 고려할 때 더 이상 한 권의 책에 모든 기출문제를 담을 수 없어, 최대한 기출유형별 분석 및 반복학습의 효과를 극대화할 수 있도록 책을 구성함과 동시에 추가적으로 보충교재제작 및 특강을 진행하였다. 결과적으로 이번 개정10판은 핵심이론과 함께 283문항으로 구성하였다.

참고로, 2021년 모든 기출문제를 함께 학습할 수 있는 훈련용 교재(전체기출문항의 유형별 훈련서 - 훈련편1, 훈련편2)를 출간하였고, 기출 전체 법률형 문제의 학습을 원하는 수험생들의 요구에 부응하여 법률특강1(2014년 진행)에 이어 개정10판 출간 직전인 2022년 10월에 법률특강2를 진행하였다. 따라서 전체 기출문제를 유형별로 학습하고자 하는 수험생의 경우에는 교재 마지막 장에 소개된 훈련용 교재와 강의를 참조하여 학습할 것을 권한다.

셋째, 기본강의 중 가장 최신 시험문제(2023 LEET)는 건드리지 않고 강의가 끝난 후 특강 형태로 실제시험처럼 풀어보고 분석하고자 하는 의도에서, 이번 개정10판에서도 2023 LEET 기출문제는 교재에 싣지 않았다. 따라서 기출특강 수강을 함께 할 수 없는 수험생들은 2023 LEET 기출문제를 법학적성시험 홈페이지(http://www.leet.or.kr)에서 다운받아 풀어보고 법학전문대학원 해설집(또는 메가로스쿨 해설집)을 참고할 것을 권한다.

모쪼록 수험생에게 보다 도움이 되는 교재나 강의가 되도록 나름 최선을 다하고 있는 만큼 본서나 강의를 잘 활용하여 차별화된 결과가 있기를 바란다. 성공하는 사람은 '생각'이 다르고, '생각'이 다른 만큼 다르게 '행동'한다. 이 책을 펼쳐든 여러분이 성공하는 사람의 생각방식과 행동으로 목표한 바를 꼭 성취하고 훌륭한 법조인이 되길 바라면서 글을 맺는다.

2022년 12월

**조성우**

**개정7판 서문 중 일부 발췌**

(앞부분 생략)

수험생 중에는 기출문제를 풀고 한 문제 한 문제 꼼꼼히 분석하였다고 하지만, 판단기준을 구체화하지 못하고 각각의 문제들을 유기적으로 연결시키지 못하여 실력 향상으로 이어지지 않는 사례가 적지 않다. 이러한 측면과 다양한 학습 시 애로사항을 수렴하여 구성한 교재가 바로 'LEET 추리논증 핵심이론 및 기출문제 유형별 학습서'인 이 책이다.

기타 이 책의 특징은 뒤에 이어지는 개정6판 서문을 참조하고, 지난 개정6판과 달라진 본 교재(개정7판)의 특징을 끝으로 언급한다면, 첫째, 2016년 12월 확정되고 2019 LEET부터 전격 반영된 개선안을 고려하여 교재 편제에 변화를 주었고, 지난 개정6판에 비해 완성도와 가독성을 높이고자 하였다.

(뒷부분 생략)

2018년 12월

**조성우**

이 책은 'LEET 추리논증 핵심이론 정리와 기출문제 유형별 학습'을 목적으로 만들어진 '기본강의' 교재이다. 이 책에서는 LEET 추리논증 시험을 위해 반드시 학습해야 할 내용들과 문제들을 다루고 있고 적성평가시험인 추리논증의 학습방법을 구체적으로 제시하고 있다.

필자의 책과 강의는 제1회 법학적성시험(LEET) 이후로 수석합격자를 비롯한 대다수의 합격자로부터 수험적합성이 가장 높은 것으로 평가받아 왔다. 그 이유는 출제기관의 지침을 하나도 빠짐없이 철저히 분석하고 이를 구체화하여 책을 구성하였고 실전을 항상 염두에 두고 강의를 진행하였기 때문일 것이다. 그 결과로 책과 강의를 통해 몸에 익힌 문제유형들이 시험에 다수 출제되어 필자와 함께 추리논증 학습을 제대로 한 학생들은 추리논증 영역에서 기대 이상의 결실을 거두어 왔다.

LEET와 같은 적성시험 내지 능력평가시험은 어떤 특정 지식을 알고 있는지를 확인하는 시험이 아니라 문제를 해결하는 능력을 평가하는 시험이기 때문에 "좋은 문제"를 가지고 "제대로" 학습하는 것이 매우 중요하다. 단순히 논리학, 수학 등을 학습하는 것으로 충분치 않고 그것을 왜 배우는지, 어떻게 문제 해결에 활용할 수 있는지를 문제를 통해 습득하는 것이 중요하다. 특히 언어적 자료인 논증(論證)문제의 경우에는 주관성이 개입될 여지가 많으므로 충분히 객관성이 확보된 문제로 답안 선택의 기준을 익히는 것이 더더욱 중요하다고 할 수 있다.

따라서 개정 6판에서도 여전히 가장 효과적인 학습 틀인 '추리논증 핵심이론 및 기출문제 유형별 학습서'로서의 틀을 유지하면서 좀 더 수험적합성을 높이는 쪽으로 집필의 방향을 설정하고 개정작업을 진행하였다.

LEET 추리논증 학습에 있어 가장 중요한 자료는 "기출문제"이다. 기출문제는 추리논증 학습의 '보고(寶庫)'이자 일종의 '판례(判例)'와 같다. 그래서 필자의 대표강의인 기본강의에서는 "추리논증 핵심이론 및 기출문제 유형별 분석"을 목표로 교재를 구성하여 강의를 진행해 왔다. 그런데 LEET가 시행된 지 벌써 9년이 되다 보니 기본강의에서 다루어야 할 기출문제의 양이 많아져, 2년 전부터는 기본강의에서 자세히 설명하던 기초 이론과 문제의 상당 부분을 입문강의로 내리고 기본강의에서는 "추리논증 핵심이론과 LEET 기출문제"를 보다 집중적으로 다루어 왔다.

이러한 점을 고려할 때 강의의 도움을 받지 않고 혼자 추리논증 학습을 처음 시작하는 수험생에게 이 책은 적절치 않다. 추리논증 입문자의 경우에는 이 책을 보기 전에 〈조성우 추리논증 기초〉를 먼저 학습할 것을 권한다. 입문교재는 독습이 가능하도록 최대한 친절하게 그리고 수험적합성 있게, 문제 설명 및 학습가이드를 제공하였다.

따라서 입문서를 학습한 후에 또는 입문서와 함께 이 책으로 학습한다면 학습의 효과는 배가(倍加)될 것이다. 본서에 수록된 핵심이론 및 문제는 추리논증 문제해결을 위해 꼭 필요한 내용과 LEET 기출문제를 포함한 공인된 시험을 통해 객관적으로 충분히 검증된 좋은 문제들로만 구성되었으므로 한 문제 한 문제 제대로 학습하고 여러 번에 걸쳐 반복적으로 학습하면서 효율적인 문제해결방법 및 객관적인 판단기준을 확립해 갈 것을 권한다.

마지막으로 수험생에게 보다 도움이 되는 교재를 제작하기 위해 나름 고민 고민하며 작업에 임한 만큼 본서와 인연을 맺은 이들에게 차별화된 결과가 있기를 기대해 본다. 성공하는 사람은 '생각'이 다르고, '생각'이 다른 만큼 다르게 '행동'한다. 이 책을 펼쳐든 여러분은 성공하는 사람의 생각방식과 행동으로 목표한 바를 꼭 성취하기 바란다.

2017년 1월

**조성우**

CONTENTS

# 제1부 형식적 추리

## CHAPTER 1 명제논리



## CHAPTER 2 술어 및 관계 논리

## CHAPTER 2
## 연결하기 및 묶기



## CHAPTER 3
## 진실 · 거짓 퍼즐



## CHAPTER 4
## 수학적 퍼즐

# 제4부 수리추리

Legal
Education
Eligibility
Test

# 제1부
# 형식적 추리

출제기관은 추리 영역을 크게 언어 추리와 모형 추리로 나누고, 언어 추리를 함축 및 귀결, 원리 적용, 사실관계 추리 문항으로 세분하였고 모형 추리는 형식적 추리, 논리게임, 수리추리 문항으로 세분하였다. 언어 추리는 언어적 추리를 통해 새로운 정보를 이끌어 내는 능력을 측정하는 문항인 반면에 모형 추리는 기호, 그림, 표, 그래프와 같은 비언어적 모형을 사용하여 새로운 정보를 이끌어 낼 수 있는지를 묻는 문항이라고 밝히고 있다.

제1부에서는 모형 추리로 분류된 형식적 추리를 먼저 살펴보도록 한다. 형식적 추리란 주어진 전제로부터 타당한 추론 규칙을 적용하여 연역적으로 결론을 이끌어 내는 추리로 논리적 추리라고도 한다. 형식적 추리 능력은 단순히 형식적 추리 문항을 해결하기 위해 필요한 능력일 뿐 아니라, 논리게임, 수리추리, 함축 및 귀결 문항을 해결하는 데도 매우 유용한 능력이라고 출제기관 또한 밝히고 있는 만큼 먼저 살펴보도록 한다.

# CHAPTER 1
# 명제논리

본 장에서는 명제를 그 기본 단위로 하는 추론 규칙들을 학습한다. 전제로부터 어떤 결론을 추론할 때 어떤 추론이 논리적으로 타당한지, 부당한지를 학습하고 문제를 통해 타당한 추론과 부당한 추론을 구분하는 훈련을 하게 된다.

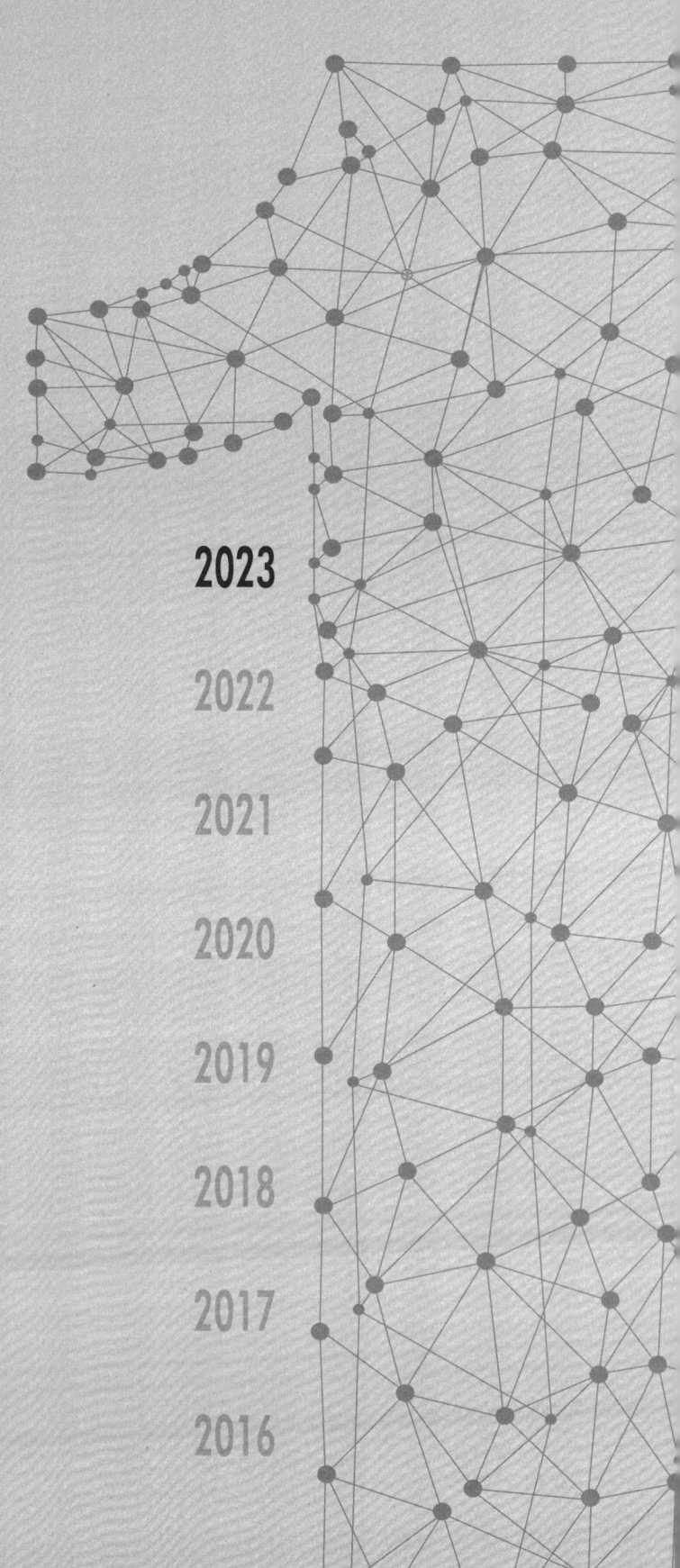

2023

2022

2021

2020

2019

2018

2017

2016

# Ⅰ. 명제논리의 기초(1)

## 1 명제논리의 개념과 구성요소

### (1) 개념

명제논리란 명제[1]를 그 기본단위로 하는 논리체계를 말한다. 기호 논리학의 한 부분으로 논리곱(∧), 논리합(∨), 함의(→), 동등(↔), 부정(~)의 다섯 가지 논리 기호를 이용하여 몇 개의 명제를 결합하여 논리식을 만들고 그것과 본래 명제와의 진위(眞僞) 관계를 밝혀 항상 참이 되는 논리식을 구하는 것을 말한다.[2]

### (2) 명제논리의 구성 요소

명제논리는 기호를 사용하는 기호 논리학의 한 부분으로 두 종류의 기호 즉, 단순명제를 나타내는 기호와 그 명제들을 연결해 주는 기호, 그리고 괄호로 구성되어 있다.

- 단순명제 : A, B, C, …, Z의 영어 대문자로 표시하며 긍정 단순 문장의 주요 내용
- 논리 연결사 : '~', '∧', '∨', '→', '↔'의 5가지로 단순명제 앞이나 단순명제들 사이에 위치해서 복합명제를 만듦.
- 괄호 : ( ), { }, [ ] 등이 쓰이며, 수학에서의 괄호 사용법과 같다.

---

1) 명제(proposition) : 참이거나 거짓인 문장
문장(sentence) : 진술될 수 있도록, 언어의 규칙에 맞게 낱말을 나열한 것
진술(statement) : 논리학에서는 참이거나 거짓인 문장을 구체적인 상황에서 말이나 글로 나타내 사용하는 것

2) 기본단위가 되는 명제를 단순명제라고 하고 논리적 연결사에 의해 구성된 명제를 복합명제라 한다.

# 2 논리연결사의 진리조건

## (1) 논리연결사의 기능

| 논리연결사 | 논리적 기능 | 복합명제의 종류 | 일상 언어에 해당하는 표현들 |
|---|---|---|---|
| ~ | 부정 | 부정명제 | …가 아니다. / …이 사실이 아니다. / …은 거짓이다. |
| • (∧) | 연언 | 연언명제 | 그리고 / 그러나 / 그럼에도 불구하고 /<br>또한 / 그런데 / 더구나 / 비록 … 이지만 / …이면서 / …인 |
| ∨ | 선언 | 선언명제 | 혹은 / 또는 / 이거나 / 적어도 하나는 |
| ⊃ (→) | 단순 함축 | 조건명제 | 만약…라면 …이다. / …는 … 이기 위한 충분조건이다.<br>단지 …인 경우에만 …이다. / …는 … 이기 위한 필요조건이다. |
| ≡ (↔) | 단순 동치 | 쌍조건명제 | 만약 … 라면 그리고 오직 그런 경우에만 …이다.<br>/ …은 …이기 위한 필요충분조건이다. |

## (2) 일상 언어의 기호화

| P : 박찬호는 야구선수이다. Q : 박지성은 축구선수이다. | |
|---|---|
| 박찬호는 야구선수가 아니다. | ~P |
| 박찬호가 야구선수이거나 박지성이 축구선수이다. | P ∨ Q |
| 박찬호는 야구선수이고 박지성은 축구선수이다. | P ∧ Q |
| 박찬호가 야구선수라면 박지성은 축구선수이다. | P → Q |
| 박찬호가 야구선수일 때에만 박지성이 축구선수이다. | Q → P |
| 박찬호가 야구선수라면, 그리고 오직 그 경우에만 박지성은 축구선수이다. | P ↔ Q |

## (3) 논리연결사의 진리조건

| 단순명제 | | 복합명제 | | | | |
|---|---|---|---|---|---|---|
| P | Q | ~P | P∧Q | P∨Q | P→Q | P↔Q |
| T | T | F | T | T | T | T |
| T | F | F | F | T | F | F |
| F | T | T | F | T | T | F |
| F | F | T | F | F | T | T |

※ 여기서 T는 '참'을, F는 '거짓'을 의미한다.

**● 확인문제**

점쟁이가 다음과 같은 약속을 내걸었다. "만일 동쪽에서 온 사람을 만난다면, 돈을 번다." 다음 네 가지 경우 중 점쟁이가 약속을 어겼다고 말할 수 있는 경우는 몇 번일까? 3)

① 동쪽에서 온 사람을 만났고, 돈을 벌었다.
② 동쪽에서 온 사람을 만났는데도 돈을 못 벌었다.
③ 동쪽에서 온 사람을 못 만났고, 돈을 벌었다.
④ 동쪽에서 온 사람을 못 만났고, 돈을 못 벌었다.

해설 이 중 점쟁이의 점괘가 틀렸다고 말할 수 있는 경우는 오직 ②번 "동쪽에서 온 사람을 만났는데도 돈을 못 벌었다." 경우뿐이다. 나머지 ①, ③, ④번은 점쟁이의 점괘가 틀렸다고 주장할 수가 없다.
※ "만일 □이라면 △이다."의 조건 판단에서 거짓이 되는 경우 ⇒ "□인데도 △가 아니다."

### (4) 일상적 용어인 '조건'과 '조건문'과의 관계

- 필요조건(necessary condition)
  : A가 B이기 위한 필요조건이다.

  ~A → ~B , B → A

  A의 발생 없이 B가 발생하지 않는다.

- 충분조건(sufficient condition)
  : A가 B이기 위한 충분조건이다.

  A → B

  A가 발생할 때마다 B가 발생한다.

- 필요충분조건(necessary sufficient condition)
  : A가 B이기 위한 필요조건이고 동시에 충분조건이다.

  A ≡ B

  A의 발생 없이 B가 발생하지 않으며, A가 발생할 때마다 B가 발생한다.

### (5) 내포와 외연

- 내포(intension) : 단어가 적용되는 사물/대상의 모든 속성들.
- 외연(extension) : 내포가 적용되는 대상들의 집합.

내포는 그 단어가 적용되는 사물이 가지는 모든 그리고 오직 그 속성들을 가리키는 용어이며, 내포가 적용되는 대상들의 집합을 '외연'이라고 한다. 예를 들어 '사람'이란 단어는 사람의 속성이라는 내포와 그 속성이 적용되는 대상들의 집합인 외연을 가진다.

3) 위기철, 「반갑다 논리야」, pp. 174~179.

## 3 논리학의 공리

논리학의 공리(公理)라고 불리는 고전 논리학의 논리법칙에는 동일률, 모순율, 배중률이 있는데, 모순율과 배중률은 동일률로 환원될 수 있다. 따라서 논리학은 동일률 하나를 공리로 택하고 있다고 할 수 있다.[4] 동일률은 모든 가능 세계에서 참인 항진명제(恒眞命題)이다.

- 동일률(同一律) : 어떤 명제가 참이면, 그 명제는 참이다.
- 모순율(矛盾律) : 어떤 명제도 참이면서 동시에 거짓일 수는 없다.
- 배중률(排中律) : 어떤 명제나 참이든지, 거짓이든지 둘 중에 하나이다.

## 4 논리적 함축과 동등

진술 A가 진술 B를 논리적으로 함축한다는 것은 A가 참일 경우에 B도 반드시 참이라는 뜻이다. 그리고 A가 B를 논리적으로 함축하지만 그 역은 성립하지 않을 경우, A는 B보다 더 강한 진술이라고 하고, B는 A보다 더 약한 진술이라고 한다. A가 B를 논리적으로 함축하며 그 역도 성립할 경우, A와 B는 논리적으로 동등한 진술이라고 한다. A가 B나 B의 부정을 논리적으로 함축하지 않고 B 또한 A나 A의 부정을 논리적으로 함축하지 않을 경우, A와 B는 논리적으로 무관한 진술이라고 한다.

## 5 추론 규칙

추론 규칙은 크게 두 종류로 나뉜다. 즉 타당한 추론(논증) 형식으로 된 규칙들과 논리적인 동치에 의한 규칙들이 그것이다. 전자는 전제로부터 함축된 결론을 이끌어 내는 데 사용되므로 '함축 규칙'이라고 한다. 후자는 논리적으로 동치인 명제를 바꾸는 데 사용되므로 '대치 규칙'이라고 한다.

---

4) 언급하는 세 가지 논리 법칙들은 겉보기에는 다른 것 같지만 논리적으로는 동치이다. 각각을 논리적 형식으로 나타내어 보면 동일률 : P → P, 모순율 : ~(P • ~P), 배중률 : P V~P 이 되며, 동일률인 'P → P'는 조건문의 정의에 의해 모순율인 '~(P • ~P)'와 동치가 되고, 모순율인 '~(P • ~P)'는 드모르간 규칙에 의해 '~PV~(~P)'와 동치이고 이는 이중부정에 의해 '~PVP'와 동치가 된다. 이는 다시 교환법칙(=자리바꾸기)에 의해 배중률인 'PV~P'와 동치가 되어 이 세 법칙들은 논리적으로 동치가 된다. 따라서 논리학은 동일률 하나를 공리로 택하고 있다고 할 수 있다.

## (1) 함축 규칙

**함축 규칙 : 타당한 논증 (추론) 형식**

| | | |
|---|---|---|
| ① 전건긍정식<br>$P \rightarrow Q$<br>$P$<br>———<br>$\therefore Q$ | ② 후건부정식<br>$P \rightarrow Q$<br>$\sim Q$<br>———<br>$\therefore \sim P$ | ③ 가언 삼단논법<br>$P \rightarrow Q$<br>$Q \rightarrow R$<br>———<br>$\therefore P \rightarrow R$ |
| ④ 선언적 삼단논법<br>(= 선언지 제거법)<br>$P \vee Q$<br>$\sim P$<br>———<br>$\therefore Q$ | ⑤ 양도논법<br>$P \vee Q$<br>$P \rightarrow R$<br>$Q \rightarrow S$<br>———<br>$\therefore R \vee S$ | ⑥ 연언화<br>$P$<br>$Q$<br>———<br>$\therefore P \wedge Q$ |
| ⑦ 단순화(=연언지 단순화)<br>$P \wedge Q$<br>———<br>$\therefore P$ | ⑧ 선언지 첨가법<br>$P$<br>———<br>$\therefore P \vee Q$ | ⑨ 흡수 규칙<br>$P \rightarrow Q$<br>———<br>$\therefore P \rightarrow (P \wedge Q)$ |

## (2) 대치 규칙

**대치 규칙 : 논리적 동치**

| | | |
|---|---|---|
| ① 이중부정<br>$p \equiv \sim\sim p$ | ② 결합법칙(=규칙)<br>(1) $(p \vee q) \vee r \equiv p \vee (q \vee r)$<br>(2) $(p \wedge q) \wedge r \equiv p \wedge (q \wedge r)$ | ③ 한마디법(=동어반복)<br>(1) $p \vee p \equiv p$<br>(2) $p \wedge p \equiv p$ |
| ④ 분배규칙(=배분법칙)<br>(1) $[p \wedge (q \vee r)]$<br>$\equiv [(p \wedge q) \vee (p \wedge r)]$<br>(2) $p \vee (q \wedge r)$<br>$\equiv (p \vee q) \wedge (p \vee r)$ | ⑤ 드 모르간 규칙<br>(1) $\sim(p \vee q) \equiv (\sim p \wedge \sim q)$<br>(2) $\sim(p \wedge q) \equiv (\sim p \vee \sim q)$ | ⑥ 대우(후건부정)규칙<br>$p \rightarrow q \equiv \sim q \rightarrow \sim p$ |
| ⑦ 교환법칙, 치환(=자리바꾸기)<br>(1) $p \vee q \equiv q \vee p$<br>(2) $p \wedge q \equiv q \wedge p$ | ⑧ 전건규칙(=수출입 규칙)<br>$(p \wedge q) \rightarrow r \equiv p \rightarrow (q \rightarrow r)$ | ⑨ 선언화/조건화<br>$p \rightarrow q \equiv \sim p \vee q$ |
| ⑩ 조건문의 정의(=단순함축)<br>$p \rightarrow q \equiv \sim(p \wedge \sim q)$ | ⑪ 쌍조건문의 정의(=단순 동치)<br>$p \leftrightarrow q \equiv (p \rightarrow q) \wedge (q \rightarrow p)$ | ⑫ 쌍조건문의 부정<br>$\sim(p \leftrightarrow q)$<br>$\equiv (p \leftrightarrow \sim q)$ |

# 6 조건증명법과 간접증명법

## (1) 조건증명법

조건증명법은 증명할 논증의 결론에 해당하는 명제가 조건문일 때, 혹은 그것을 조건문으로 대치할 수 있을 때 사용하는 기술이다. 즉, 결론이 "만약 B라면, F이다."일 경우, 'B'를 참이라고 가정하면서, B와 다른 전제들로부터 F를 유도하는 것이다. 조건증명법은 이렇게 도출하려는 명제가 조건문일 때, 그 전건을 가정하는 데에서 시작한다.

## (2) 간접증명법

조건증명법과 달리 간접증명법은 명제논리의 모든 타당한 논증의 결론을 도출하는 데 사용될 수 있다. 즉 도출하려는 명제가 조건문이든 아니든 상관없다. 간접증명법은 도출하려는 결론을 부정하여 모순을 유도하는 것이다. 모순에 이르게 하는 가정은 거짓이기 때문이다. 그러므로 결론은 참이며 그 논증은 타당한 것으로 증명되는 것이다. 이 증명법은 '귀류법'이라고도 한다.

**● 간접 증명 사례 1**

| | |
|---|---|
| 만일 이 선택이 행복한 것이라면, 이 선택은 행복한 것이 아니다. | $P \rightarrow \sim P$ |
| 이 선택은 행복한 것이 아니다. | $\therefore \sim P$ |

**● 간접 증명 사례 2**

| | |
|---|---|
| 만일 그가 범인이라면, 그는 범죄현장에 있었으면서도 없었어야 한다. | $P \rightarrow (Q \land \sim Q)$ |
| 그는 범인이 아니다. | $\therefore \sim P$ |

# 7 진리표를 이용한 논리적 타당성 검증[5)]

## (1) 명제와 진리표

### a. 진리표 작성방법

만약 조사하려는 복합명제가 n 종류의 단순명제로 이루어져 있다면, $2^n$개만큼의 복합명제의 진리값을 판단해야 한다. 즉, 어떤 복합명제가 두 종류의 단순명제로 구성되어 있다면, 전체 진리표는 4줄이 필요하고, 세 종류의 단순명제로 구성되어 있다면, 8줄이 필요하다.

▶ 진리표 작성 예 : ~A ≡ (B → A)

| | A | B | ~ | A | ≡ | (B | → | A) |
|---|---|---|---|---|---|---|---|---|
| ① | T | T | F | T | F | T | T | T |
| ② | T | F | F | T | F | F | T | T |
| ③ | F | T | T | F | F | T | F | F |
| ④ | F | F | T | F | T | F | T | F |

### b. 복합 명제의 성격

(a) 우연적 명제 : 복합 명제의 진리값이 참인 줄과 거짓인 줄이 적어도 하나씩 있음

(b) 필연적으로(논리적으로) 참인 명제 또는 동어 반복인 명제 : 진리값이 모든 경우에 있어 참인 경우 예 P∨~P, [(G→H)∧G]→H

(c) 자기 모순적인 명제 : 진리값이 모든 경우에 있어 거짓인 경우
예 (G∨H) ≡(~G∧~H)

(d) 논리적 동치 관계 : 각 복합 명제의 진리값이 모든 경우에 있어 서로 같은 경우
예 K → L vs. ~L→ ~K

(e) 모순 관계 : 각 복합 명제의 진리값이 모든 경우에 있어 정확히 반대인 경우
예 K → L vs. K∧~L

(f) 일관성이 있는 관계 (양립가능한 관계) : 각 복합 명제의 진리값이 어느 한 경우에서라도 동시에 참으로 나타나는 경우 예 K∨L vs. K∧L

(g) 일관성이 없는 관계 (양립불가능한 관계) : 각 복합 명제의 진리값이 어느 경우에서라도 동시에 참일 수 없는 경우 예 K≡ L vs. K∧~L

---

5) 박은진, 비판적 사고를 위한 논리, pp. 243~260

## (2) 논증과 직접 진리표

### a. 직접 진리표를 이용한 논증의 타당성 판단 방법

진리표(Truth Table)를 이용하여 논증의 타당성[6]을 판단할 수 있다.

- 단계 1 : 일상 언어의 명제를 명제논리의 명제로 옮긴다.
- 단계 2 : 전제와 전제 사이에는 쉼표 ‘,’를, 전제와 결론 사이에는 슬래시 ‘/’를 이용해서 전제와 결론을 구분한다.
- 단계 3 : 전제와 결론을 포함한 각 명제들에 대한 진리표를 작성한다.
- 단계 4 : 작성한 진리표에 따라서, 전제가 모두 참인 줄에 결론이 거짓인 경우가 있는지 살펴본다.
- 단계 5 : 만약 그런 경우가 있다면, 그 논증은 부당하다. 반대로 그런 경우가 없다면, 그 논증은 타당하다.

### b. 논증의 타당성 검증 사례

▶ 사례

| | (기호화) |
|---|---|
| 만일 당신이 미녀라면, 당신은 잠꾸러기이다. | P → Q |
| 당신은 미녀이다. | P |
| ∴ 당신은 잠꾸러기이다. | ∴ Q |

| 단순명제 | | 전제 | | 결론 | 논증의 타당성 판단 |
|---|---|---|---|---|---|
| P | Q | P → Q | P | Q | |
| T | T | T | T | T | 전제가 모두 참인 경우 결론은 참 |
| T | F | F | T | F | 전제가 모두 참이 아니므로 해당되지 않음 |
| F | T | T | F | T | |
| F | F | T | F | F | |

[판단] 위 추론 내지 논증은 전제가 참일 때 결론이 반드시 참이므로 타당한 추론 내지 논증이다.

---

6) 타당한 논증(추론)이란 전제가 참이라고 가정할 때 결론이 항상 참인 논증을 말한다. 추론은 주어진 사실로부터 새로운 사실을 이끌어내는 사고의 과정을 말하고, 논증은 추론이 언어적으로 표현된 것으로 주어진 사실을 나타내는 문장과 새로운 사실을 나타내는 문장으로 구성된다. 일반적으로 추리와 논증은 혼용하여 사용해도 무방하다.

### (3) 논증과 간접 진리표

#### a. 간접 진리표를 이용한 논증의 타당성 판단 방법

어떤 논증에 대한 간접 진리표를 작성하기 위해서 우선 주어진 논증이 부당하다고 가정한다. 즉 주어진 논증의 모든 전제가 참이면서 결론이 거짓이라고 가정한다.

- 단계 1 : 논증을 전제와 결론을 구분해서 나란히 한 줄에 놓는다.
- 단계 2 : 우선 이 논증이 부당하다고 가정한다.
- 단계 3 : 단계 2에서 부여된 진리값에 의해 단순명제의 진리값을 모순 없이 따질 수 있는 데까지 계산한다.
- 단계 4 : 다음과 같은 기준에 의해 논증의 타당성과 부당성을 결정한다.
  1) 모순 없이 모든 전제와 결론 각 부분의 진리값을 계산할 수 있다면, 이 논증은 부당하다.
  2) 만약 모순 없이 모든 전제와 결론 각 부분의 진리값을 계산할 수 없다면, 이 논증은 타당하다.

#### b. 논증의 타당성 검증 사례

| | 전제 | | 결론 | 단계 상세 설명 |
|---|---|---|---|---|
| 단계 1 | ∼ C→ (D ∨ R) | ∼ B | R → C | |
| 단계 2 | T | T | F | 전제가 모두 참, 결론은 거짓이라 가정 |
| 단계 3-1 | | F | T F | 단계 2로부터 1차적으로 추론되는 진리값 |
| 단계 3-2 | T T<br>D의 진리값에 관계없이 R에 의해 D ∨ R 은 참 | | | 단계 3-1로부터 직접 추론되는 진리값 |
| 단계 4 | 모순 없이 모든 전제와 결론 각 부분의 진리값을 계산할 수 있으므로 이 논증은 부당 | | | |

# Ⅱ. 명제논리의 기초(2)

## 1 타당한 논증형식

### (1) 전건긍정식

▶ 타당한 논증형식 : 전건긍정식

| | |
|---|---|
| 만일 당신이 미녀라면, 당신은 잠꾸러기이다. | P → Q |
| 당신은 미녀이다. | P |
| ∴ 당신은 잠꾸러기이다. | ∴ Q |

조건문의 앞 문장을 전건이라 하고 뒷 문장을 후건이라 한다. 위 사례에서 '당신은 미녀이다'는 전건이고, '당신은 잠꾸러기이다'는 후건이다. 이 형식은 자주 사용되는 것으로서 '전건긍정식'이라고 한다. 조건문의 전건을 긍정하여 후건을 도출해 내는 형식이다.

이 논증형식과 혼동하기 쉬운 형식이면서 잘못된 추론으로 '후건긍정의 오류'가 있다. 오류란 논증의 형식적 측면이나 내용의 측면에서 일어나는 잘못이나 결함을 말한다.

▶ 타당하지 않은 논증형식 : 후건긍정의 오류

| | |
|---|---|
| 만일 당신이 미녀라면, 당신은 잠꾸러기이다. | P → Q |
| 당신은 잠꾸러기이다. | Q |
| ∴ 당신은 미녀이다. | ∴ P |

이 형식은 연역적으로 타당하지 않다. 조건문의 후건을 긍정하여 그 전건을 긍정한 것을 결론으로 추론하는 것은 오류이다.

### (2) 후건부정식

▶ 타당한 논증형식 : 후건부정식

| | |
|---|---|
| 만일 공무원들이 이기심을 극복할 수 있다면, 부정부패는 사라질 것이다. | P → Q |
| 부정부패가 사라지지 않았다. | ~Q |
| ∴ 공무원들이 이기심을 극복할 수 없었다. | ∴ ~ P |

이것 역시 많이 쓰이는 타당한 형식으로 '후건부정식'이라고 부른다. 이 형식은 조건문의 후건을 부정하여 전건의 부정을 결론으로 도출해 내고 있다.

▶ 타당하지 않은 논증형식 : 전건부정의 오류

| | |
|---|---|
| 만일 공무원들이 이기심을 극복할 수 있다면, 부정부패는 사라질 것이다. | $P \rightarrow Q$ |
| 공무원들은 이기심을 극복할 수 없다. | $\sim P$ |
| ∴ 부정부패는 사라지지 않을 것이다. | $\therefore \sim Q$ |

이 형식은 '후건부정식'과 혼동하기 쉬운 잘못된 추론으로 '전건부정의 오류'라고 한다. 전건을 부정하여 후건을 부정한 것을 결론으로 추론하는 것은 오류이다.

### (3) 가언 ( = 가정적) 삼단논법

▶ 타당한 논증형식 : 가언 삼단논법

| | |
|---|---|
| 만일 직녀가 부산 영화제에 참석한다면 광주의 동창회에는 불참할 것이다. | $P \rightarrow Q$ |
| 만일 직녀가 광주의 동창회에 불참한다면, 견우를 만나지 못할 것이다. | $Q \rightarrow R$ |
| ∴ 만일 직녀가 부산 영화제에 참석한다면, 견우를 만나지 못할 것이다. | $\therefore P \rightarrow R$ |

이 형식은 '가언삼단논법'이라 불리는 연역적으로 타당한 논리적 형식이다.

### (4) 선언적 삼단논법 ( = 선언지 제거법 )

▶ 타당한 논증형식 : 선언적 삼단논법(=선언지 제거법)

| | |
|---|---|
| 그 문제는 아무도 풀 수 없거나 잘못된 문제이다. | $P \vee Q$ |
| 누군가는 그 문제를 풀 수 있다. | $\sim P$ |
| ∴ 그 문제는 잘못된 문제이다. | $\therefore Q$ |

이 형식은 '선언적 삼단논법(=선언지 제거법)'이라는 것으로 선언문의 선언지들 중 어느 하나를 부정하여 제거한 후 제거되지 않은 선언지를 결론으로 주장하는 형식이다.

▶ **타당하지 않은 논증형식 : 선언지긍정의 오류**

| | |
|---|---|
| 그 문제는 아무도 풀 수 없거나 잘못된 문제이다. | $P \lor Q$ |
| 그 문제는 아무도 풀 수 없다. | $P$ |
| ∴ 그 문제는 잘못되지 않았다. | ∴ $\sim Q$ |

'선언적 삼단논법'과 가장 혼동되는 오류 추리로서 바로 위의 예에서 보는 바와 같이 선언문의 한 선언지를 긍정하여, 긍정되지 않은 다른 선언지의 부정을 결론으로 도출해 내는 소위 '선언지긍정의 오류'가 있다. 이 논증형식은 P와 Q가 모두 참인 경우, 전제들이 모두 참이면서 결론이 거짓인 부당한 형식이라는 것이 드러난다.[7)]

▶ **선언지긍정의 오류가 되지 않은 선언문**

| | |
|---|---|
| 그는 지금 강의실에 있거나 오락실에서 게임을 하고 있다. | $P \lor Q$ |
| 그는 지금 강의실에 있다. | $P$ |
| ∴ 그는 지금 오락실에서 게임을 하고 있지 않다. | ∴ $\sim Q$ |

이 선언문은 P와 Q가 동시에 참일 수 없는 선언문이다. 이렇게 두 선언지가 모두 참일 수 없는 경우의 선언문을 배타적 선언문이라고 하고 이런 경우에는 선언지긍정의 오류가 되지 않는다.[8)]

## (5) 단순양도논법

▶ **타당한 논증형식 : 단순 (구성적) 양도논법**

| | |
|---|---|
| 국가 간에는 평화 아니면 전쟁 상태만 존재한다. | $P \lor Q$ |
| 만일 국제 평화가 유지된다면, UN은 불필요하다. | $P \rightarrow R$ |
| 만일 국가 간에 전쟁이 일어난다면, UN은 전쟁 방지라는 목적을 성취하지 못한 것이기 때문에 불필요하다. | $Q \rightarrow R$ |
| ∴ UN은 불필요하다. | ∴ $R$ |

이 논증의 형식은 '단순양도논법'이라 불리는 연역적으로 타당한 논리적 형식이다.

7) 이와 같이 일반적으로 두 선언지가 동시에 참일 수 있는 경우의 선언문을 포괄적 선언문이라고 한다. 이어서 설명하고 있는 배타적 선언문과 구분해서 기억해 둘 필요가 있다.

8) 논리학에서 일반적으로 다루는 선언문은 포괄적 선언문을 의미한다. 따라서 기호로 제시된 선언문은 포괄적 선언문으로 보는 것이 타당하다.

> ▶ **타당한 논증형식 : 단순 (파괴적) 양도논법**
>
> | | |
> |---|---|
> | 나는 고급 승용차를 타고 다니지 않거나 좋은 아파트에 살지 않는다. | ~R ∨ ~S |
> | 만일 내가 부자라면, 고급 승용차를 타고 다닐 것이다. | P → R |
> | 만일 내가 부자라면, 좋은 아파트에서 살 것이다. | P → S |
> | ∴ 나는 부자가 아니다. | ∴ ~ P |

이 논증의 형식은 단순 구성적 양도논법과 구분하여 단순 파괴적 양도논법이라고 한다.

### (6) 복합양도논법

이 논증은 '복합양도논법'이라 불리는 연역적으로 타당한 논리적 형식을 가지고 있다.

> ▶ **타당한 논증형식 : 복합 (구성적) 양도논법**
>
> | | |
> |---|---|
> | 나는 피셋을 준비하거나 리트를 준비한다. | P ∨ Q |
> | 만일 내가 피셋을 준비한다면, 공무원이 될 것이다. | P → R |
> | 만일 내가 리트를 준비한다면, 법조인이 될 것이다. | Q → S |
> | ∴ 나는 공무원이 되든지, 법조인이 될 것이다. | ∴ R ∨ S |

> ▶ **타당한 논증형식 : 복합 (파괴적) 양도논법**
>
> | | |
> |---|---|
> | 영희가 싫어하지 않든지 엄마가 싫어하지 않을 것이다. | ~R ∨ ~S |
> | 만일 내가 1등을 한다면, 영희가 싫어할 것이다. | P → R |
> | 만일 내가 꼴등을 한다면, 엄마가 싫어할 것이다. | Q → S |
> | ∴ 나는 1등을 하지 않거나 꼴등을 하지 말아야 한다. | ∴ ~P ∨ ~Q |

이 논증은 복합 구성적 양도논법과 구분하여 복합 파괴적 양도논법이라고 한다.

### (7) 연언화

**▶ 타당한 논증형식 : 연언(화)**

| | |
|---|---|
| 공무원은 성실하다. | P |
| 공무원은 정직하다. | Q |
| ∴ 공무원은 성실하고 정직하다. | ∴ $P \wedge Q$ |

이 논증은 '연언화'라고 부르는 연역적으로 타당한 논증이다. 연언화는 위의 형식이 정형이지만, 아래와 같은 변형들도 연언화로 여기기도 한다.

$$\begin{array}{c} P \\ Q \\ R \\ \hline \therefore R \wedge P \wedge Q \end{array}$$

### (8) (연언지) 단순화

**▶ 타당한 논증형식 : 단순(화)**

| | |
|---|---|
| 공무원은 성실하고 정직하다. | $P \wedge Q$ |
| ∴ 공무원은 성실하다. | ∴ P |

이 논증은 '단순화(=연언지 단순화)'라고 부르며 연역적으로 타당한 논리적 형식이다.

다음의 표에서 단순화는 맨 왼쪽이 정형이라 말할 수 있지만 표에 주어진 형식들도 단순화로 여길 수 있다.

**▶ (연언지) 단순화**

| | | |
|---|---|---|
| $P \wedge Q$ | $P \wedge Q$ | $P \wedge Q \wedge R \cdots Z$ |
| ∴ P | ∴ Q | ∴ R |

### (9) 선언지 첨가법

| **▶ 타당한 논증형식 : 선언지 첨가법** | |
|---|---|
| 태풍이 온다. | P |
| 태풍이 오거나 배가 들어온다. | ∴ $P \lor Q$ |

이 논증은 '선언지 첨가법'이라 부르고 표에 주어진 논리적 형식을 가지고 있는데, 언뜻 보기에는 타당하지 않은 듯 보이지만 사실은 타당하다.

### (10) 흡수 규칙

| **▶ 타당한 논증형식 : 흡수규칙** | |
|---|---|
| 그녀가 미녀라면 그녀는 잠꾸러기일 것이다. | $P \rightarrow Q$ |
| 그녀가 미녀라면 그녀는 미녀이고 그녀는 잠꾸러기일 것이다. | ∴ $P \rightarrow P \land Q$ |

이 논증은 '흡수 규칙'이라고 부르며 연역적으로 타당한 논리적 형식이다.

## 2 연쇄논법 (자연적 연역추리)

앞서 언급한 함축규칙과 대치규칙들의 범위를 벗어나는 연역추리에 사용하고 평가하기 위한 추리방법이다.

**| 연쇄논법을 사용한 논증의 예 |**

> 우리의 젊음은 소중하다. 그렇다면, 우리는 젊음을 헛되이 보내서는 안 될 것이다. 그러나 우리는 젊음을 헛되이 보내도 되든지, 젊음을 선용해야 한다. 따라서 우리는 젊음을 선용해야 한다.

먼저 위의 논증을 구성하고 있는 요소 주장들을 기호화해 보면 다음과 같다.

p : 우리의 젊음은 소중하다.

q : 우리는 젊음을 헛되이 보내도 된다.

r : 우리는 젊음을 선용해야 한다.

다음으로 이 기호들을 이용하여 위 논증의 논리적 형식을 추출해 보면 오른쪽과 같이 된다.

$p$
$p \rightarrow \sim q$
$q \lor r$
―――――
$\therefore r$

하지만 이 논증이 타당한지의 여부는 즉각적으로 알 수 없다. 왜냐하면 앞서 소개된 11개의 연역 규칙들 중 이와 같은 논증의 형식은 없기 때문이다.

그럼에도 불구하고 11개의 연역 규칙들을 이용하면 전제로부터 결론이 도출된다는 것을 알 수 있다.

**① 첫 번째**

$p$
$p \rightarrow \sim q$
―――――
$\therefore \sim q$ (전건긍정법)

**② 두 번째**

$\sim q$
$q \lor r$
―――――
$\therefore r$ (선언지제거법)

먼저 처음 두 전제들로부터, 전건긍정법에 의해 '~q'를 도출해 낼 수 있고 그런 다음 도출된 '~q'와 세 번째 전제로부터, 선언지제거법에 의해 결론인 'r' 을 도출할 수 있다. 이러한 두 개의 연쇄적 추론으로 결론을 도출해내는 방법을 '자연적 연역추리'라고 한다.

정리하면『연쇄논법』은 어떤 논증 A의 전제들로부터 결론을 도출해 내는 자연적 연역추리의 방법이라 말할 수 있다.

# 3 보조증명법

**보조증명법을 사용한 논증의 예**

$\sim p \vee s$
$s \rightarrow (\sim s \vee q)$
$(t \rightarrow r) \rightarrow \sim (p \rightarrow q)$

---

$\therefore \sim (t \rightarrow r)$

위에서 기호화된 논증형식을 연쇄논법으로 전개하기 위해 손을 대보려 하면 지금까지 소개된 방법만으로는 뾰족한 수가 보이지 않는다. 이러한 막막한 상황에서 세 번째 전제를 유심히 관찰하면 바로 세 번째 전제가 결론의 부정을 전건으로 하고 있는 조건문임을 알 수 있게 된다. 여기에서 만약 '$(p \rightarrow q)$'이 주어진다면 후건부정법을 통해 결론을 도출시킬 수 있다는 생각을 해볼 수 있다. 바로 이러한 생각을 펴볼 수 있는 방법이 '보조증명법'이다.

'$(p \rightarrow q)$'를 도출하기 위해 먼저 p가 참이라고 가정하면, 다음과 같이 q라는 결과가 도출된다.

if, p [기호로 표현하면, $p \rightarrow$ ]

i) $\sim p \vee s$
$p$
———
$s$
[∵ 선언지 제거법]

ii) $s \rightarrow (\sim s \vee q)$
$s$
———
$q$
[∵ 선언지 제거법]

if, p 가정 + i) + ii) => $p \rightarrow s \rightarrow q$ $\therefore p \rightarrow q$ [∵ 가언삼단논법]

정리해 말하면 보조증명법을 이용한 연쇄논법의 특징은, 조건증명법이나 간접증명법을 이용한 연쇄논법과는 달리, 전제의 일부를 얻기 위한 가정을 도입하고 있다는 점이다. 물론 연쇄논법의 원활한 전개를 위하여 조건증명법, 간접증명법, 그리고 보조증명법을 필요에 따라 사용한다는 점은 공통적이라 할 수 있다.

# Ⅲ. 명제논리 문제의 유형별 학습

## 1 조건문의 의미와 기호의 활용

**01**

제시된 정보의 기호화

5명의 친구 A~E가 모여 '수호천사' 놀이를 하기로 했다. 갑이 을에게 선물을 주었을 때 '갑은 을의 수호천사이다'라고 하기로 약속했고, 다음 〈관계〉처럼 수호천사 관계가 성립되었다. 이후 이들은 다음 〈규칙〉에 따라 추가로 '수호천사' 관계를 맺었다. 이들 외에 다른 사람은 이 놀이에 참여하지 않는다고 할 때, 옳지 않은 것은?

제2회 2010 LEET 문12

〈관계〉
- ○ A는 B의 수호천사이다.
- ○ B는 C의 수호천사이다.
- ○ C는 D의 수호천사이다.
- ○ D는 B와 E의 수호천사이다.

〈규칙〉
- ○ 갑이 을의 수호천사이고 을이 병의 수호천사이면, 갑은 병의 수호천사이다.
- ○ 갑이 을의 수호천사일 때, 을이 자기 자신의 수호천사인 경우에는 을이 갑의 수호천사가 될 수 있고, 그렇지 않은 경우에는 을이 갑의 수호천사가 될 수 없다.

① A는 B, C, D, E의 수호천사이다.
② B는 A의 수호천사가 될 수 있다.
③ C는 자기 자신의 수호천사이다.
④ D의 수호천사와 C의 수호천사는 동일하다.
⑤ E는 A의 수호천사가 될 수 있다.

## 02

조건명제의 진리조건

다음 글로부터 추리한 것으로 옳은 것만을 보기 에서 있는 대로 고른 것은? 제2회 2010 LEET 문14

20장의 카드가 바닥에 겹치지 않게 놓여 있다. 이 20장의 카드 모두 앞면에는 '음' 또는 '양' 중 하나가, 뒷면에는 '해' 또는 '달' 중 하나가 씌어 있음을 철수는 알고 있다. 이 중 12장이 앞면을 보이는데, 그 가운데 10장에 '음'이, 2장에 '양'이 씌어 있다. 나머지 8장 가운데 3장에 '해'가, 5장에 '달'이 씌어 있다. 이 20장의 카드 중 앞면에 '음'이 쓰인 카드의 뒷면에는 반드시 '달'이 씌어 있다고 영희가 말한다. 철수는 이 말의 진위를 확인하기 위해 카드를 뒤집어 보려 한다. 하지만 철수가 카드 1장을 뒤집을 때마다 영희에게 1만 원씩 내야 한다.

보기

ㄱ. 영희의 말이 사실이 아니면, 철수가 영희에게 1만 원을 내고 그 말의 진위를 확인하게 되는 경우가 있을 수 있다.
ㄴ. 영희의 말이 사실이든 아니든, 철수가 영희에게 내는 돈이 12만 원을 초과하기 전에 그 말의 진위를 반드시 확인하게 해주는 방법이 있다.
ㄷ. 영희의 말이 사실이면, 철수가 영희에게 15만 원 이상을 내지 않고는 그 말의 진위를 확인할 수 없다.

① ㄱ ② ㄴ ③ ㄷ
④ ㄱ, ㄴ ⑤ ㄴ, ㄷ

## 2 논리적 함축 및 동등

**03**
논리적 관련성

다음 설명을 따를 때, 옳지 않은 것은? PSAT 기출문제

> 진술 A가 진술 B를 논리적으로 함축한다는 것은 A가 참일 경우에 B도 반드시 참이라는 뜻이다. 그리고 A가 B를 논리적으로 함축하지만 그 역은 성립하지 않을 경우, A는 B보다 더 강한 진술이라고 하고, B는 A보다 더 약한 진술이라고 한다. A가 B를 논리적으로 함축하며 그 역도 성립할 경우, A와 B는 논리적으로 동등한 진술이다. A가 B나 B의 부정을 논리적으로 함축하지 않고 B 또한 A나 A의 부정을 논리적으로 함축하지 않을 경우, A와 B는 논리적으로 무관한 진술이다.

① "부동산 가격이 오르지 않는다."는 진술은 "부동산 가격도 오르고 주가도 오른다는 것은 사실이 아니다."라는 진술보다 강한 진술이다.
② "이자율과 물가가 내린다면 소비가 증가한다."는 진술은 "물가가 내릴 경우, 이자율이 내린다면 소비가 증가한다."는 진술과 논리적으로 동등하다.
③ "원유 가격과 원자재 가격이 오르면, 물가에 악영향을 준다."는 진술은 "원유 가격이나 원자재 가격이 오르면, 물가에 악영향을 준다."는 진술보다 약한 진술이다.
④ "이자율이 오르면 부동산 경기나 주식시장이 침체된다."는 진술은 "부동산 경기나 주식시장이 침체된다면 이자율이 오른다."는 진술과 논리적으로 무관한 진술이다.
⑤ "부동산 경기가 침체될 경우 이자율이나 물가가 오른다."는 진술은 "주식시장이나 부동산 경기가 침체될 경우 이자율이 오른다."는 진술과 논리적으로 무관한 진술이다.

## 04
논리적 동치

다음 진술과 논리적으로 동등한 것은?

제1회 2009 LEET 문1

> 슬픔을 나눌 수 있는 가족이 있거나 즐거움을 나눌 수 있는 친구가 있다면 행복한 사람이다.

① 슬픔을 나눌 수 있는 가족도 없고 즐거움을 나눌 수 있는 친구도 없다면 행복한 사람이 아니다.
② 행복하지 않은 사람은 슬픔을 나눌 수 있는 가족이 없거나 즐거움을 나눌 수 있는 친구가 없다.
③ 슬픔을 나눌 수 있는 가족이 없거나 즐거움을 나눌 수 있는 친구가 없다면 행복한 사람이 아니다.
④ 슬픔을 나눌 수 있는 가족이 없으면 즐거움을 나눌 수 있는 친구가 있어도 행복한 사람이 아니다.
⑤ 슬픔을 나눌 수 있는 가족이 있으면 행복한 사람이고 즐거움을 나눌 수 있는 친구가 있어도 행복한 사람이다.

## 3 생략된 조건 및 전제의 추론

**05**
생략된 전제 추론

어느 과학자는 자신이 세운 가설을 입증하기 위해서 다음과 같은 논리적 관계가 성립하는 여섯 명제 A, B, C, D, E, F의 진위를 확인해야 한다는 것을 발견하였다. 그러나 그는 이들 중 F가 거짓이라는 것과 다른 한 명제가 참이라는 것을 이미 알고 있었기 때문에, 나머지 명제의 진위를 확인할 필요가 없었다. 이 과학자가 이미 알고 있었던 참인 명제는? 제1회 2009 LEET 문24

- ○ B가 거짓이거나 C가 참이면, A는 거짓이다.
- ○ C가 참이거나 D가 참이면, B가 거짓이고 F는 참이다.
- ○ C가 참이거나 E가 거짓이면, B가 거짓이거나 F가 참이다.

① A ② B ③ C ④ D ⑤ E

**06**
보충되어야 할 전제

다음 논증에서 결론을 도출하기 위하여 추가해야 할 것은? 제2회 2010 LEET 문15

공리주의가 정당화될 수 있는 도덕이론이라면 어떤 선험적 원리로부터 도출되거나 도덕적 직관에 어긋나지 않아야 한다. 공리주의가 선험적 원리로부터 도출된다면 공리주의는 경험적 주장이 아니어야 한다. 또한 도덕적 직관에 어긋나지 않는다면 정의감에 반하면서 최선의 결과를 낳는 행위가 없어야 한다. 하지만 정의감에 반하면서 최선의 결과를 낳는 행위들이 있다. 그러므로 공리주의는 도덕이론으로 정당화될 수 없다.

① 도덕적 직관에 어긋나면서 최선의 결과를 낳는 행위들이 있다.
② 정당화될 수 있는 도덕이론은 선험적 원리로부터 도출된다.
③ 공리주의는 선험적 원리로부터 도출된다.
④ 공리주의는 도덕적 직관에 어긋난다.
⑤ 공리주의는 경험적 주장이다.

## 07 보충되어야 할 전제

다음 추론이 타당하기 위해서 추가로 필요한 진술은? 제3회 2011 LEET 문22

> 사고 자동차가 1번 도로를 지나왔다면, 이 자동차는 A마을에서 왔거나 B마을에서 왔을 것이다. 자동차가 A마을에서 왔다면, 자동차 밑바닥에 흙탕물이 튀었을 것이고 자동차 모습을 담은 폐쇄회로 카메라가 적어도 하나 있을 것이다. 자동차가 B마을에서 왔다면, 도로 정체를 만났을 것이고 적어도 검문소 한 곳을 통과했을 것이다. 자동차가 도로 정체를 만났다면 자동차 모습을 담은 폐쇄회로 카메라가 적어도 하나 있을 것이다. 자동차가 적어도 검문소 한 곳을 통과했다면 자동차 밑바닥에 흙탕물이 튀었을 것이다. 따라서 자동차는 1번 도로를 지나오지 않았다.

① 자동차 밑바닥에 흙탕물이 튀었을 것이다.
② 자동차는 도로 정체를 만나지 않았을 것이다.
③ 자동차가 적어도 검문소 한 곳을 통과했을 것이다.
④ 자동차는 검문소를 한 곳도 통과하지 않았을 것이다.
⑤ 자동차 모습을 담은 폐쇄회로 카메라는 하나도 없을 것이다.

## 08

보충되어야 할 정보

'결정적 정보'에 해당하는 것은?

제6회 2014 LEET 문20

A~E의 증언에 대해서 다음과 같은 〈관계〉가 성립한다는 것이 알려졌다.

**〈관계〉**

○ A, B, C 가운데 적어도 한 사람의 증언은 참이다.
○ D와 E 가운데 적어도 한 사람의 증언은 참이다.
○ A의 증언이 참이면, C의 증언도 참이고 D의 증언도 참이다.
○ B의 증언이 참이면, E의 증언은 참이 아니다.

〈관계〉만으로는 5명의 증언이 각각 참인지 아닌지가 결정되지 않지만, 어떤 정보가 추가된다면 이들의 증언이 각각 참인지 아닌지가 완전히 결정될 수 있다. 5명의 증언이 각각 참인지 아닌지를 완전히 결정하게 만드는 추가 정보를 '결정적 정보'라고 하자.

① A의 증언은 참이다.
② B의 증언은 참이다.
③ C의 증언은 참이다.
④ D의 증언은 참이 아니다.
⑤ E의 증언은 참이 아니다.

# 09

조건문의
진리조건

다음 글을 분석한 것으로 옳은 것만을 보기 에서 있는 대로 고른 것은? 제10회 2018 LEET 문15

일상적인 조건문의 진위는 어떻게 결정되는가? 다음 예를 통해 알아보자.

K공항에서 비행기가 이륙하기 위해서는 1번 활주로와 2번 활주로 중 하나를 통해서만 가능하다. 영우는 1번 활주로가 며칠 전부터 폐쇄되어 있다는 것을 안다. 그래서 ㉠"어제 K공항에서 비행기가 이륙했다면, 1번 활주로로 이륙하지 않았다."라고 추론한다. 경수는 2번 활주로가 며칠 전부터 폐쇄되어 있다는 것과 비행기 이륙이 1번 활주로와 2번 활주로 중 하나를 통해서만 가능하다는 것을 알고 있다. 경수는 이로부터 ㉡"어제 K공항에서 비행기가 이륙했다면, 1번 활주로로 이륙했다."라고 추론한다.

위 예에서 영우와 경수가 사용한 정보들은 모두 참이며 영우와 경수의 추론에는 어떤 잘못도 없으므로 ㉠도 참이고 ㉡도 참이라고 결론 내릴 수 있다.

그런데 정말 ㉠과 ㉡이 둘 다 참일 수 있을까? 우리가 일상적으로 'A이면 B이다'라는 조건문의 진위를 파악하는 (가) 방식에 따르면, A를 참이라고 가정하고 B의 진위를 따져본다. 즉 A를 참이라고 가정할 때, B가 참으로 밝혀지면 'A이면 B이다'가 참이라고 판단하고, B가 거짓으로 밝혀지면 'A이면 B이다'가 거짓이라고 판단한다. 이에 따라 A가 참이라고 가정해 보자. 그런데 'B이다'와 'B가 아니다' 중에 하나만 참일 수밖에 없으므로, 'A이면 B이다'와 'A이면 B가 아니다'가 모두 참이라고 판단하는 것이 가능하지 않다. 그렇다면 조건문의 진위를 파악하는 이 방식에 따르면, ㉠과 ㉡ 중 최소한 하나는 참이 아니라고 결론 내려야 한다. 그러나 이는 앞의 결론과 충돌한다.

보기

ㄱ. 영우가 가진 정보와 경수가 가진 정보를 모두 가지고 있는 사람은 "어제 K공항에서는 어떤 비행기도 이륙하지 않았다."를 타당하게 추론할 수 있다.
ㄴ. 영우가 가진 정보가 참이라는 것을 아는 사람이 (가)를 적용하면 ㉡이 거짓이라고 판단할 것이다.
ㄷ. 영우나 경수가 가진 어떤 정보도 갖지 않은 사람이 (가)를 적용하면, ㉠과 ㉡이 모두 거짓이라고 판단할 것이다.

① ㄱ　② ㄷ　③ ㄱ, ㄴ
④ ㄴ, ㄷ　⑤ ㄱ, ㄴ, ㄷ

# CHAPTER 2
# 술어 및 관계논리

본 장에서는 술어논리의 함축 규칙을 알아보고
실용적 대안으로서의 벤다이어그램을 학습한다.
술어논리란 명제논리보다 그 분석 단위가
세분화된 것으로 명제 안에서의 양적인 측면과
질적인 측면까지 다룬다.

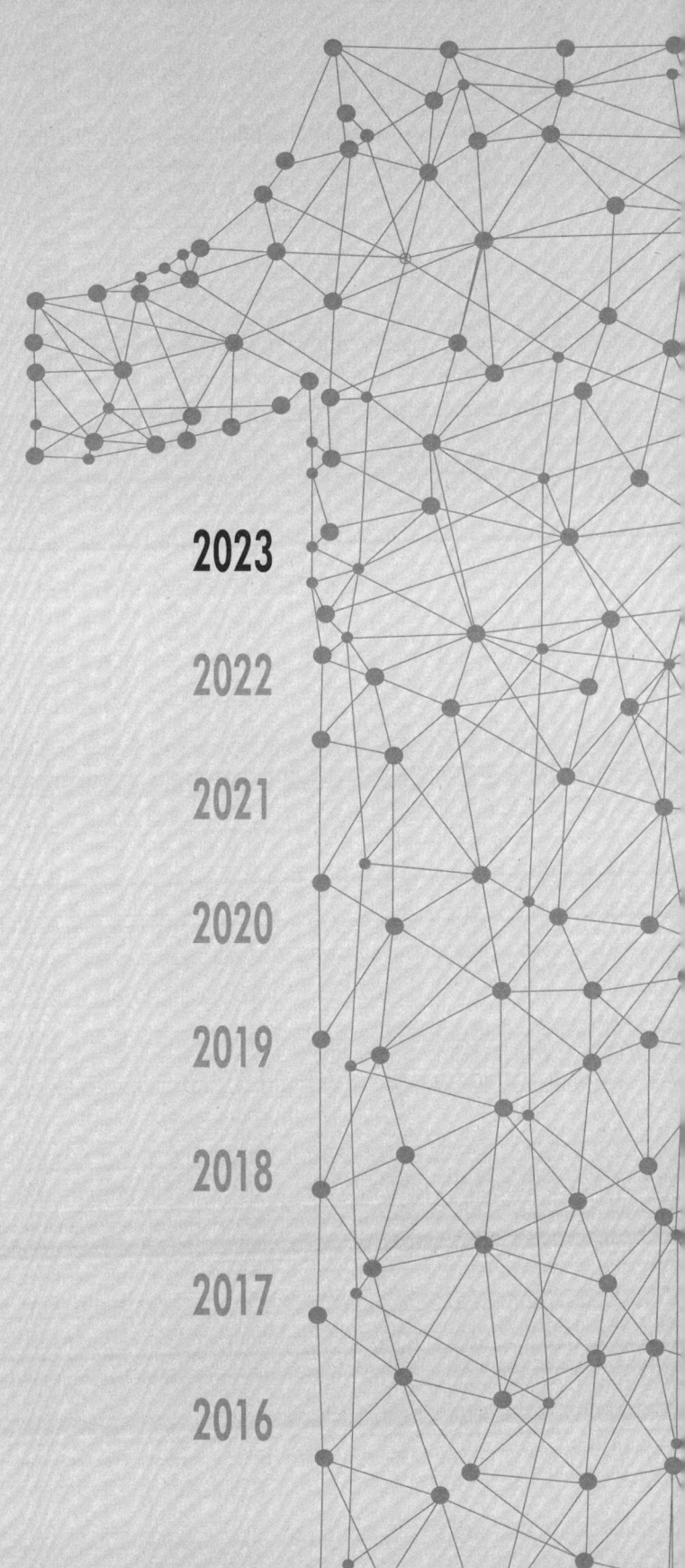

2023
2022
2021
2020
2019
2018
2017
2016

# Ⅰ. 술어논리의 기초

## 1 술어 및 관계 논리의 개념

### (1) 술어논리(述語論理)

술어논리는 그 분석의 단위를 술어(述語)로까지 확장한 기호논리학의 한 분야로서 양화(量化, Quantification) 논리라고도 하며, 보통 명제논리(命題論理)보다 한 단계 위쪽에 놓인다. 명제논리에서의 명제는 분석의 기본 단위로 취급되어 그 내부구조 속으로 파고들어간 분석이 이루어질 수 없다. 예를 들어 우리가 당연시 여기고 있는 "인간은 모두 죽는다. 소크라테스는 인간이다. 그러므로 소크라테스는 죽는다."라는 추론에 대하여 명제논리에서는 분석의 기본 단위가 명제이기 때문에 '그것이 맞다 틀리다.'라는 근거를 제시할 수 없다는 것이다. 그러나 술어논리는 분석의 단위를 명제 자체의 구조에까지 확장함으로써 보다 심층적 분석을 가능케 한다. 술어(述語)란 단칭명제[예, 소크라테스는 인간이다.]에서 특정대상의 이름[즉, 소크라테스]를 제외한 나머지 부분(…는 인간이다)을 말한다.

#### 단칭명제와 일반명제

- 단칭명제(單稱命題) : 어떤 특정 대상에 대하여서만 진술하고 있는 명제
  예 소크라테스는 인간이다.
- 일반명제(一般命題) : 단칭명제에 비해 보다 일반적인 대상에 대해 진술하고 있는 명제
  예 인간은 모두 죽는다.

### (2) 관계논리(關係論理)

두 개 이상의 대상 사이에 성립되는 규정을 관계로 하여 형식화하고, 그 논리 구조를 다루는 학문으로 논리학의 한 분야이다. 불(Boole, G.), 드모르간, 퍼스(Peirce, C. S.) 등이 전개한 기호 논리로 오늘날의 술어(述語) 논리학으로 발전하였다.

# 2 술어논리의 기본 구성 : 정언명제 9)

## (1) 정언명제의 4가지 표준 형식

'정언명제(Categorical proposition)'는 주어와 술어의 두 단어(개념, 집합 혹은 범주)의 포함과 배제 관계를 서술하는 명제이다. 정언명제는 정언논리의 체계에 맞게 표준화한 형식이다.

| 정언명제 | 양(quantity) | 질(quality) | 명제의 표현10) |
|---|---|---|---|
| 모든 S는 P이다. | 전칭 | 긍정 | A |
| 모든 S는 P가 아니다.11) | 전칭 | 부정 | E |
| 어떤 S는 P이다. | 특칭 | 긍정 | I |
| 어떤 S는 P가 아니다. | 특칭 | 부정 | O |

## (2) 일상적 표현의 명제를 정언명제의 표준 형식으로 옮기는 방법 12)

모든 주장들이 앞서 언급한 네 가지 표준 형식들 중의 하나로 제시되는 것이 아니다. 따라서 주장들의 내적 구조를 분석하기 위해서는 일상적인 표현들을 표준 정언적 형식으로 해석할 수 있어야 한다.

- **정언명제의 표준 형식**
  ⇒ 양화사(모든/어떤) + 주어(명사/명사형) + 술어(명사/명사형) + 계사(이다/아니다)

① 술어가 명사나 명사형으로 되어 있지 않은 경우 : 적절한 명사 or 명사형 술어의 도입

(가) "어떤 장미는 붉다." → "어떤 장미는 붉은 장미이다."

(나) "대학을 졸업한 어떤 사람은 교양이 있다."
→ "대학을 졸업한 어떤 사람은 교양 있는 사람이다."

② 양화사가 없을 경우 : 적절한 양화사의 삽입

(가) "에메랄드는 녹색 보석이다." → "모든 에메랄드는 녹색 보석이다."

(나) "그 동물원에는 사자가 있다." → "어떤 사자는 그 동물원에 있는 사자이다."

(다) "이웃에 어린이가 산다." → "어떤 어린이는 이웃에 사는 어린이이다."

---

9) 명제논리에서 논증의 타당성은 논증을 구성하는 기본 단위인 명제에 의해서 결정된다. 그렇지만 "모든 철학자는 사람이다. 소크라테스는 철학자이다. 그러므로 소크라테스는 사람이다."와 같은 논증은 그 명제를 이루는 주어나 술어와 같은 단어(또는 개념)의 일정한 형식에 따라서 그 타당성 여부를 판정해야 한다. 이것은 또 다른 논리 체계이다. 명제논리에서는 단어들이 단순 명제를 구성하는 요소에 지나지 않았다. 그렇지만 단어와 단어의 배열이 논증의 타당성의 기초가 되는 그런 체계가 있다. 이런 방식의 체계를 '정언논리(Categorical Logic)'체계라고 부른다. 정언 논리는 정언명제로 이루어진 논리 체계이다(박은진 외, 전게서, pp. 288~300).

10) 4가지 표준 형식의 명제들은 라틴어의 긍정을 뜻하는 'affirmo'에서 A와 I, 'nego'에서 E와 O가 유래했다.

11) "어떤 S도 P가 아니다."도 같은 의미를 지닌 E유형의 표준 형식이다.

12) 박은진 외, 전게서, pp. 292~295.

③ **양화사는 있으나 표준적이지 않을 경우** : 적절한 표준 형식의 양화사로 바꾸고 동시에 주어, 술어도 적절하게 수정

(가) "몇몇 군인들은 애국심이 있다." → "어떤 군인은 애국심이 있는 군인이다."

(나) "모든 수재민이 구호품을 받는 것은 아니다."

→ "어떤 수재민은 구호품을 받지 못하는 사람이다."

(다) "한 마리의 개도 보이지 않았다."

→ "모든 개는 보이지 않았던 동물이다."

④ **단칭명제일 경우** 13) : '…와(과) 동일한(같은) 모든'이라는 표현을 사용

(가) "철수는 물리학과 학생이다." → "철수와 동일한 모든 사람은 물리학과 학생이다."

(나) "그 집은 지난번에 도둑이 든 집이다."

→ "그 집과 동일한 모든 집은 지난번에 도둑이 든 집이다."

(다) "나는 사과를 싫어한다." → "나와 동일한 모든 사람은 사과를 싫어하는 사람이다."

⑤ **특정한 부사나 대명사가 있는 경우**

| | | |
|---|---|---|
| Ⅰ. 장소를 나타내는 부사 | '어느 곳에서나' '어디에나' '그 어느 곳에도' | 장소 및 시간을 나타내는 부사가 있을 경우 → [장소, 곳, 시간, 때] 라는 단어 사용 |
| Ⅱ. 시간을 나타내는 부사 | '…할 때에 언제나' '…할 때마다'<br>'결코…않는다.' '항상' '언제나' | |
| Ⅲ. '누구든' '무엇이든' '어떤 것이든' 등의 표현<br>→ '모든 사람' or '모든 것'이라는 단어를 사용해서 명사(형)로 만든다. | | |

(가) "그는 출근할 때 항상 정장을 입는다."

→ "그가 출근하는 모든 시간은 정장을 입는 때이다."

(나) "그녀는 학교에 결코 점심을 싸오지 않는다."

→ "그녀가 학교에 오는 모든 때는 점심을 싸오는 때가 아니다."

or "그녀가 학교에 오는 모든 때는 점심을 싸오지 않는 때이다."

(다) 지구상 어디에도 인어가 살지 않는다."

→ "지구상 모든 곳은 인어가 살지 않는 곳이다."

(라) "수민이는 자신이 원하는 것은 무엇이나 얻기 위해 노력한다."

→ "수민이가 원하는 모든 것은 자신이 얻기 위해 노력하는 것이다."

---

13) 단칭명제(singular proposition)는 구체적인 사람이나, 장소, 시간 등에 대해 서술하는 명제이다(박은진, p. 294).

⑥ **조건 명제의 경우** : 전건과 후건의 주어가 동일한 조건 명제
→ A나 E 유형의 표준 형식으로 표현
(가) "만약 그것이 토끼라면 그것은 동물이다." → "모든 토끼는 동물이다."
(나) "만약 그 목걸이가 금으로 만들어져 있다면 그것은 싸지 않다."
→ "모든 금으로 만들어진 목걸이는 싼 것이 아니다."

⑦ **배타적 명제의 경우** : '단지', '오직', '… 이외의 어떤 것도'라는 단어를 포함하는 명제를 배타적 명제라 하고 이 경우 자칫 명제의 내용을 바꿀 수 있기 때문에 주의가 필요
(가) "오직 낙타만이 그 사막의 운행수단이다."
→ "그 사막의 모든 운행수단은 낙타이다."(○)
→ "모든 낙타는 그 사막의 운행수단이다." (×)
(나) "공작 외의 어떤 새도 자신의 꼬리를 자랑하지 않는다."
→ "자신의 꼬리를 자랑하는 모든 새는 공작이다."(○)
→ "모든 공작은 자신의 꼬리를 자랑하는 새이다."(×)

⑧ **'유일한'을 포함하는 명제의 경우** : '유일한'이라는 단어는 '모든'으로 번역되고 그 단어 다음에 나오는 단어가 주어가 됨.
(가) "이 계곡에 사는 유일한 동물은 지네이다."
→ "이 계곡에 사는 모든 동물은 지네이다."
(나) "IT산업이 유일한 대안이다."
→ "모든 대안은 IT산업이다."

⑨ **예외적 명제(exceptive proposition)의 경우** : '…을 제외하고는 모두'를 포함한 명제는 두 개의 정언명제로 번역
(가) "공무원 이외의 모든 노동자는 파업할 수 있다."
→ "모든 공무원은 파업할 수 없는 노동자이다.
(그리고) 모든 비공무원(공무원이 아닌 노동자)은 파업할 수 있는 노동자이다."
(나) "회원 이외의 모든 사람은 입장료를 낸다."
→ "모든 회원은 입장료를 내지 않는 사람이다.
(그리고) 모든 비회원은 입장료를 내는 사람이다."

### (3) 일상적 표현의 명제를 표준 정언적 형식의 명제로 해석하기

〈표〉 일상적 표현 vs. 표준 정언적 형식[14)]

| 일상적 표현 | 표준 정언적 형식 |
|---|---|
| 모든 사람은 죽는다. | 모든 사람은 죽는 존재이다.(A) |
| 불은 뜨겁다. | 모든 불은 뜨거운 것이다.(A) |
| 만일 어떤 것이 물이라면, 그것은 섭씨 0℃에서 언다. | 모든 물은 섭씨 0℃에서 어는 물질이다.(A) |
| 오직 회원들만 초청되었다. | 초청된 모든 사람들은 회원이다.(A) |
| 네가 갔던 곳은 어디라도 갔었다. | 네가 갔던 모든 장소는 내가 갔던 장소이다.(A) |
| 겉모습에 반하여 결혼한 사람치고 후회하지 않는 사람은 없다. | 겉모습에 반하여 결혼한 사람은 모두 후회하는 사람이다.(A) |
| 아무도 영원히 살지도 못한다. | 어떤 사람도 영원히 사는 존재가 아니다.(E) |
| 어떤 사람도 완전하지는 않다. | 어떤 사람도 완전한 사람은 아니다.(E) |
| 누가 되었든지 친구가 없다면, 정상인이 아니다. | 친구가 없는 어떤 사람도 정상인이 아니다.(E) |
| 빛보다 빨리 달릴 수 있는 것은 없다. | 어떤 대상도 빛보다 빨리 달릴 수 있는 대상이 아니다.(E) |
| 어떤 여인은 정숙하다. | 어떤 여인은 정숙한 사람이다.(I) |
| 마음이 따뜻한 사람들이 있다. | 어떤 사람들은 마음이 따뜻한 사람이다.(I) |
| 누군가 우리를 배신했다. | 어떤 사람은 우리를 배신한 사람이다.(I) |
| 적어도 한 사람이 그녀를 사랑했다. | 어떤 사람은 그녀를 사랑한 사람이다.(I) |
| 나는 그가 벼락부자가 되기 전에 그를 알고 있었다. | 내가 그를 알았던 어떤 시간들은 그가 벼락부자가 되기 전의 시간들이었다.(I) |
| 어떤 학생은 낭만을 모른다. | 어떤 학생은 낭만을 아는 사람이 아니다.(O) |
| 사랑을 경험해 보지 못한 사람들이 있다. | 어떤 사람들은 사랑을 경험해 본 사람들이 아니다. (O) |
| 친구간이라고 해서 항상 다정한 것은 아니다. | 친구와 갖는 어떤 시간은 다정하게 보낸 시간이 아니다. (O) |
| 모든 철학자가 비현실적인 것은 아니다. | 어떤 철학자는 비현실적인 사람이 아니다.(O) |

14) 김광수, 논리와 비판적 사고, 2002, pp. 505~506.

## 3 정언명제와 벤다이어그램

아래 벤다이어그램에서 사선으로 빗금 친 부분은 '존재하지 않음'을, '×'는 '적어도 하나는 있음'을 뜻하고, 'ⓧ'는 '모두 해당됨'을 뜻하며, 하얗게 남아 있는 공간은 '정보 부재, 즉 어떠한 언급도 하지 않았음'을 뜻한다.

### (1) 전칭긍정(全稱肯定, universal affirmative) : A 명제

**모든 P는 Q이다.**

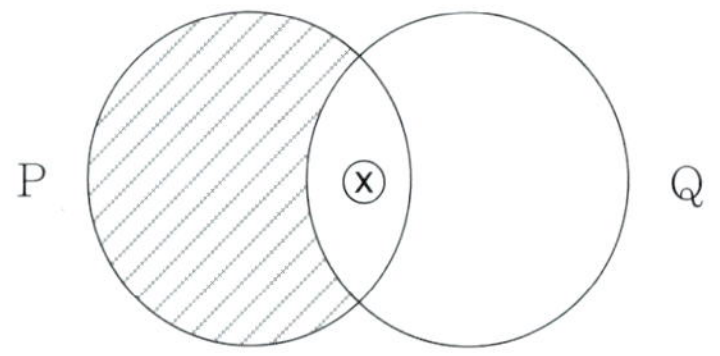


(All P are Q)

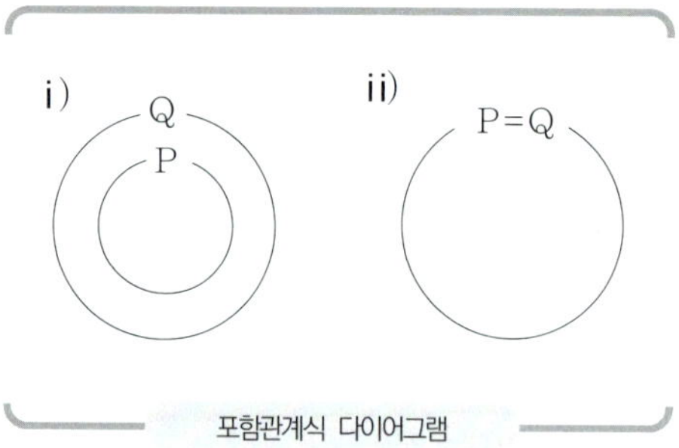


포함관계식 다이어그램

### (2) 전칭부정(全稱否定, universal negative) : E 명제

**어떤 P도 Q가 아니다.**

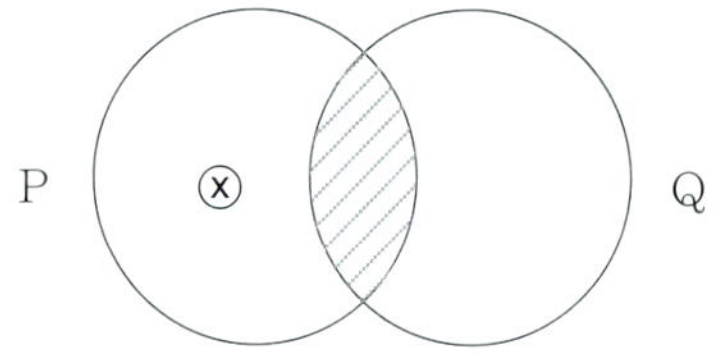


(No P are Q)

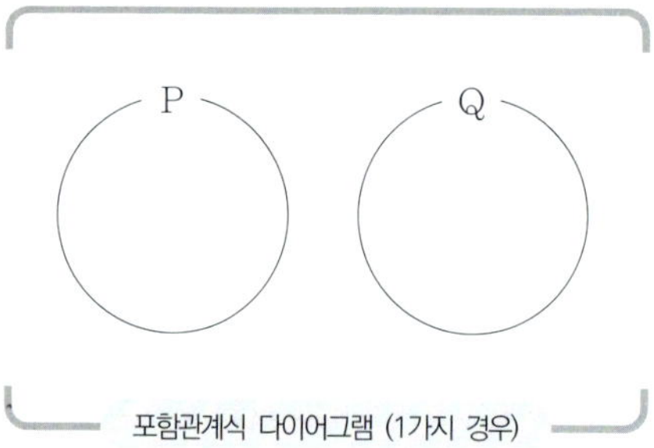


포함관계식 다이어그램 (1가지 경우)

### (3) 특칭긍정(特稱肯定, particular affirmative) : I 명제

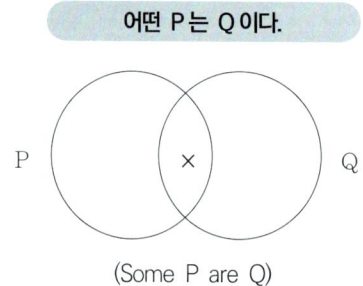

**어떤 P는 Q이다.**

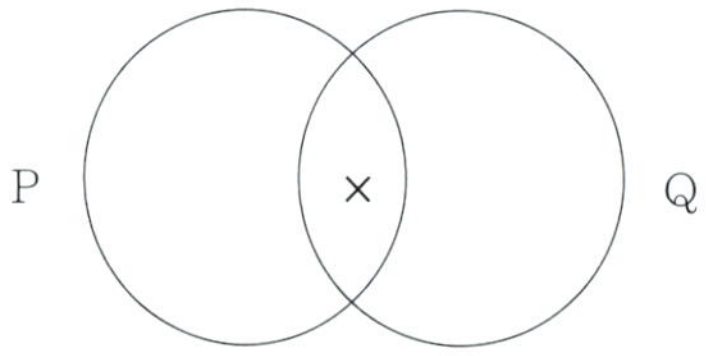


(Some P are Q)

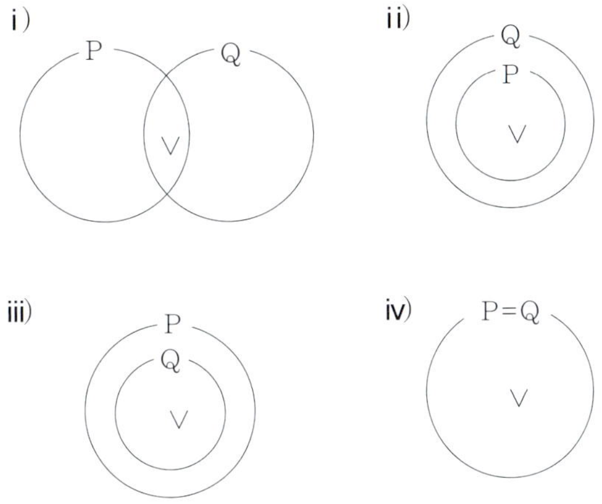


포함관계식 다이어그램 (4가지 경우)

### (4) 특칭부정(特稱否定, particular negative) : O 명제

**어떤 P는 Q가 아니다.**

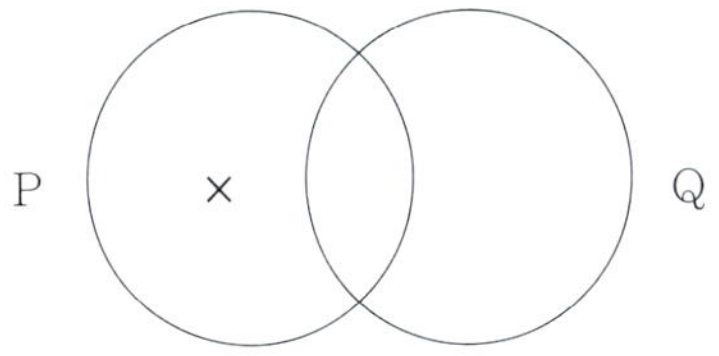


(Some P are Not Q)

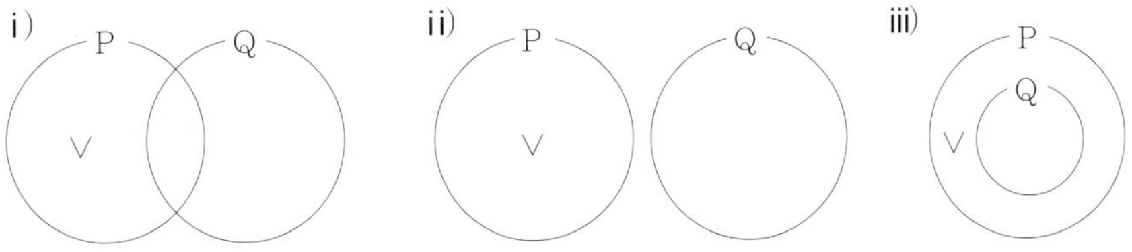


포함관계식 다이어그램 (3가지 경우)

## 4 술어논리의 함축 규칙 : 대당(對當) 사각형

벤다이어그램은 정언적 주장들 간의 관계를 일목요연하게 보여 준다.[15]

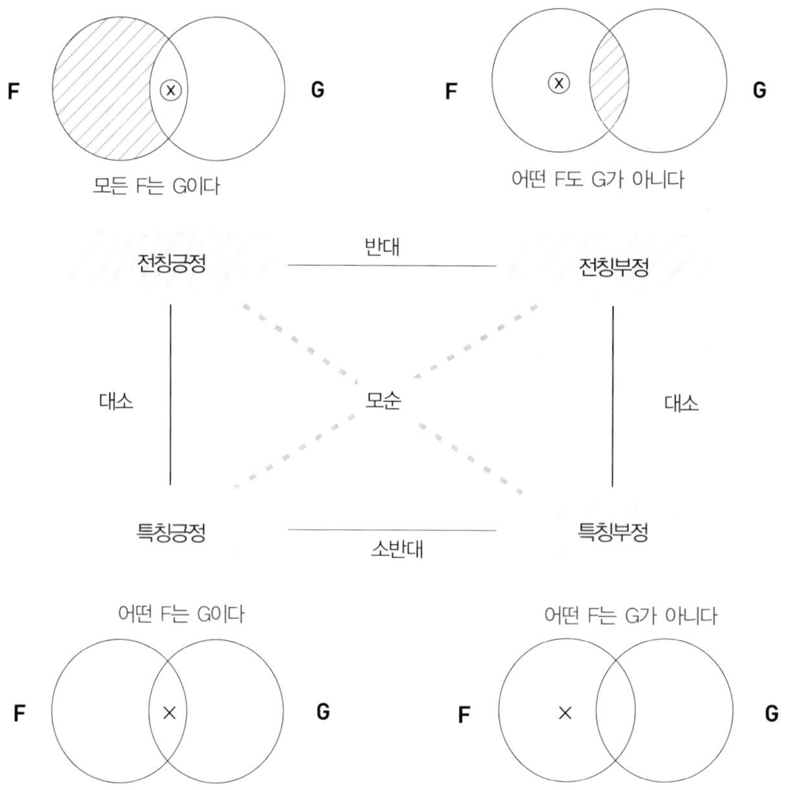


A와 O는 '모순(contradictories)' 관계에 있다. A에서는 비어 있는 부분이 O에서는 비어 있지 않기 때문에, A가 참인 경우 그리고 그 경우에만 O는 거짓인 것이다. 이러한 관계는 E와 I에서도 마찬가지이다. E에서는 비어 있는 부분이 I에서는 비어 있지 않기 때문에, E와 I는 모순 관계에 있는 것이다.

A와 E는 동시에 참일 수는 없으나 동시에 거짓일 수 있는 '반대(contraries)' 관계에 있다. "모든 여자는 정숙하다"와 "어떤 여자도 정숙하지 않다"는 어느 하나가 참이면 다른 하나는 반드시 거짓이지만, 여자들 중 정숙한 사람이 하나만 있어도 모두 거짓인 주장들이다. (이 주장들의 관계를 모순 관계로 보지 않도록 주의해야 한다.)

---

15) 김광수, 전게서, pp. 507~510.

동시에 참일 수 없는 주장들을 서로 '양립할 수 없는(incompatible)' 관계에 있다고 한다. 따라서 모순 관계에 있는 A-O와 E-I는 물론, 반대 관계에 있는 A-E도 각각 양립할 수 없는 관계에 있음을 알 수 있다.

반면에 I와 O는 '양립할 수 있는(compatible)' 관계에 있다. 동시에 참일 수 있는 관계이기 때문이다. "어떤 여자는 정숙하다"와 "어떤 여자는 정숙하지 않다"는 동시에 참일 수 있는 것이다.

그러나 I와 O는 동시에 거짓일 수 없다. I와 O가 동시에 거짓이면, A와 E가 동시에 참이어야 하는데, A와 E는 양립할 수 없기 때문에 동시에 참일 수 없는 것이다. 이와 같은 I-O관계를 '소반대(subcontraries)' 관계라 한다.

위에서 확인한 정언명제 간 관계를 진리표로 나타내면 아래의 표와 같다.

| | T(참) | | | | F(거짓) | | | |
|---|---|---|---|---|---|---|---|---|
| | A | E | I | O | A | E | I | O |
| A | T | F | ? | F | F | ? | F | T |
| E | F | T | F | ? | ? | F | T | F |
| I | T | F | T | ? | ? | T | F | T |
| O | F | T | ? | T | T | ? | T | F |

※ A : 전칭긍정명제　E : 전칭부정명제　I : 특칭긍정명제　O : 특칭부정명제

이 표는 어떤 정언적 주장이 참 또는 거짓일 경우에 다른 정언적 주장들이 어떤 진위치를 갖는가를 보여주고 있다. 가로의 T 또는 F와 AEIO 중 어느 것을 선택하여, 아래 그림의 화살표와 같이 세로로 읽어나가면 된다. 예를 들어 A가 참일 경우 AEIO는 TFTF의 순서로 진위치를 갖는다. 물음표는 참 또는 거짓을 알 수 없는 경우이다.

| | T(참) | | | | F(거짓) | | | |
|---|---|---|---|---|---|---|---|---|
| | A | E | I | O | A | E | I | O |
| A | T | F | ? | F | F | ? | F | T |
| E | F | T | F | ? | ? | F | T | F |
| I | T | F | T | ? | ? | T | F | T |
| O | F ▼ | T | ? | T | T | ? | T | F |

## 확인문제 1

다음 [보기]의 명제 사이의 관계에 대해 타당한 추리를 한 사람들을 모두 고른 것은? [PSAT 기출]

보기

ㄱ : 모든 학생은 교복을 입고 있다.

ㄴ : 모든 학생은 교복을 입고 있지 않다.

ㄷ : 어떤 학생은 교복을 입고 있다.

ㄹ : 어떤 학생은 교복을 입고 있지 않다.

갑 : ㄱ이 참이면, ㄷ은 무조건 참이지만, ㄷ이 참일 경우 ㄱ에 대해서는 참 또는 거짓을 확정으로 결정할 수 없다. 반면에 ㄱ이 거짓일 경우 ㄷ에 대해서는 참 또는 거짓을 확정적으로 결정할 수 없지만, ㄷ이 거짓일 경우 ㄱ은 무조건 거짓이다.

을 : ㄱ이 참이면 ㄹ은 거짓이고, ㄱ이 거짓이면 ㄹ은 참이다. 그리고 ㄹ이 참이면 ㄱ은 거짓이고 ㄹ이 거짓이면 ㄱ은 참이다.

병 : ㄱ과 ㄴ은 양 판단이 동시에 거짓은 될 수 있지만 양 판단이 동시에 참은 될 수 없다.

정 : ㄷ이 참일 경우 ㄹ은 참과 거짓 양 값을 다 가질 수 있지만, ㄷ이 거짓일 경우 ㄹ은 항상 참이다. 그리고 ㄹ이 참일 경우 ㄷ은 항상 거짓이며 ㄹ이 거짓일 경우 ㄷ은 항상 참이다.

무 : ㄴ과 ㄹ의 관계에 대해서는 ㄱ과 ㄷ의 관계에 대한 갑의 추론을 그대로 적용할 수 있고, ㄴ과 ㄷ의 관계에 대해서는 ㄱ과 ㄹ의 관계에 대한 을의 추론을 그대로 적용할 수 있다.

① 갑 ② 갑, 을 ③ 갑, 을, 병

④ 갑, 을, 병, 정 ⑤ 갑, 을, 병, 무

**확인문제 1 해설** 명제 간의 상호 관계를 묻고 있는 문제로 '대당(對當)사각형'을 염두에 두고 [보기]의 명제 간 관계를 그림으로 표현해 보면 다음과 같다.

ㄱ(전칭긍정명제 : A), ㄴ(전칭부정명제 : E), ㄷ(특칭긍정명제 : I), ㄹ(특칭부정명제 : O)

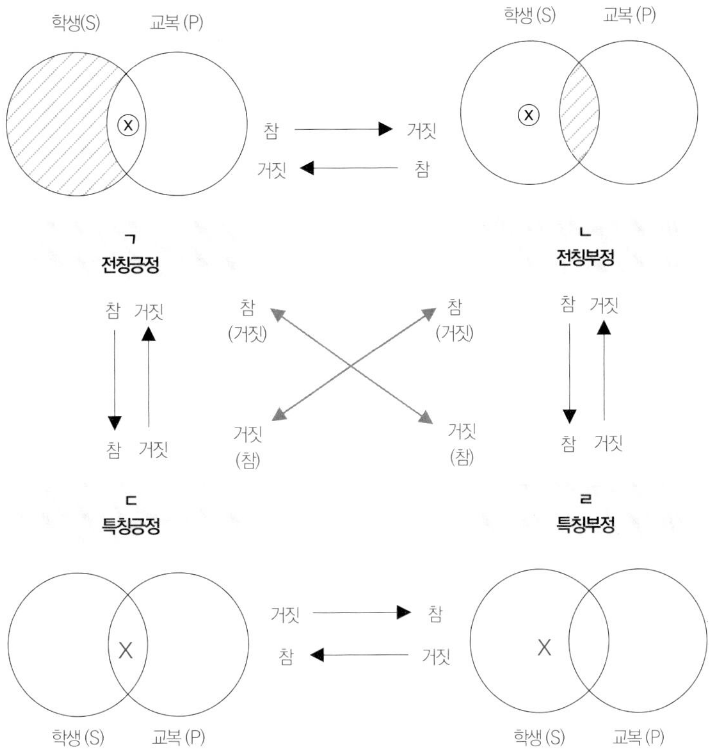


갑 : (O) 전칭긍정명제(ㄱ)과 특칭긍정명제(ㄷ)의 관계로 타당한 추론이다.
을 : (O) 전칭긍정명제(ㄱ)과 특칭부정명제(ㄹ)의 관계로 타당한 추론이다.
병 : (O) 전칭긍정명제(ㄱ)과 전칭부정명제(ㄴ)의 관계로 타당한 추론이다.
정 : (X) 특칭긍정명제(ㄷ)과 특칭부정명제(ㄹ)의 관계로 잘못된 추론이다.

→ 정의 진술에서 ㄷ이 참일 경우 ㄹ은 참과 거짓 양 값을 다 가질 수 있지만, ㄷ이 거짓일 경우 ㄹ은 참이다. 그러나 ㄹ(특칭부정)이 참인 경우 ㄷ(특칭긍정)은 항상 거짓이라고 할 수 없으며 참 또는 거짓 양 값을 가질 수 있다.

무 : (O) ㄴ(전칭부정명제)과 ㄹ(특칭부정명제)의 관계는 위 그림에서 보는 바와 같이 ㄱ과 ㄷ의 관계와 같은 진리값을 갖고, ㄴ(전칭부정)과 ㄷ(특칭긍정)의 관계는 위 그림에서 보는 바와 같이 ㄱ과 ㄹ의 관계와 같은 진리값을 가지므로 각각의 추론을 그대로 적용할 수 있다.

▶ **정답** ⑤

## 확인문제 2

다음은 각 주장들의 대당 관계(전통적 관점)를 이용하여 직접 추리를 시도한 것이다. 그 타당성 여부를 판단하시오. 16)

1. 부모 치고 자식을 사랑하지 않은 사람은 없다.
   따라서 자식을 사랑하는 부모가 있다.
2. 일생을 환상 속에 사는 사람이 있다.
   따라서 일생을 환상 속에 살지 않는 사람이 있다.
3. 어떤 정치가도 다른 정치가의 말을 믿지 않는다.
   따라서 어떤 정치가는 다른 정치가의 말을 믿지 않는다.
4. 열 가지 재주 가진 사람이 다 성공하는 것은 아니다.
   따라서 열 가지 재주 가진 사람은 다 성공하지 못한다.

### 확인문제 2 해설

1. 전제 : 부모치고 자식을 사랑하지 않은 사람은 없다.
   정언명제로 바꾸어 보면, 모든 부모는 자식을 사랑한다(전칭긍정명제).
   결론 : 자식을 사랑하는 부모가 있다.
   정언명제로 바꾸어 보면, 어떤 부모는 자식을 사랑한다(특칭긍정명제).

∴ 전칭긍정명제가 참이면 특칭긍정명제는 항상 참이다(대소 관계). 타당한 추론이다.

2. 전제 : 어떤 사람은 일생을 환상 속에 산다(특칭긍정명제).
   결론 : 어떤 사람은 일생을 환상 속에 살지 않는다(특칭부정명제).

∴ 특칭긍정명제가 참일 경우, 특칭부정명제는 참 또는 거짓일 수 있다(소반대 관계). 부당한 추론이다.

3. 전제 : 모든 정치가는 다른 정치가의 말을 믿지 않는다(전칭부정명제).
   결론 : 어떤 정치가는 다른 정치가의 말을 믿지 않는다(특칭부정명제).

∴ 전칭부정명제가 참이면 특칭부정명제는 항상 참이다(대소 관계). 타당한 추론이다.

4. 전제 : 어떤 열 가지 재주 가진 사람은 성공하지 못한다(특칭부정명제).
   결론 : 모든 열 가지 재주 가진 사람은 성공하지 못한다(전칭부정명제).

∴ 특칭부정명제가 참일 경우, 전칭부정명제는 참 또는 거짓일 수 있다. 부당한 추론이다.

---

16) 김광수, 전게서, p.410.

## 확인문제 3

보기 의 각 경우에 갑과 을은 서로 대립된 주장을 하고 있다. 어떤 경우는 갑과 을 두 사람 중 한 사람의 견해만이 타당하여 둘 중 하나를 선택해야 한다. 하지만 다른 경우는 갑과 을의 주장 모두를 타당하지 않게 하는 제3의 가능성이 있을 수 있다. 갑과 을 모두가 타당하지 않을 수 있는 경우를 고른 것은? [PSAT 기출]

보기

ㄱ. (갑) 위원회 위원들 가운데 한 사람도 오늘 위원회에 참석하지 않았다.
(을) 몇몇 위원들은 오늘 위원회에 참석했다.

ㄴ. (갑) A사의 매출액은 B사보다 크다.
(을) B사의 매출액은 적어도 A사의 매출액만큼은 된다.

ㄷ. (갑) 서울시 시의원이 모두 환영식에 참석하였다.
(을) A씨는 서울시 시의원인데도 환영식에 참석하지 않았다.

ㄹ. (갑) 2005년도의 물가 상승률은 5% 이상이었다.
(을) 2005년도의 물가 상승률은 5%보다 낮았다.

ㅁ. (갑) 하루에 술 한두 잔은 어떤 사람의 건강도 해치지 않는다.
(을) 심장질환자는 건강을 위해 절대 술을 마셔서는 안 된다.

① ㄱ, ㄷ ② ㄱ, ㄴ, ㄹ ③ ㄴ, ㄹ
④ ㄷ, ㅁ ⑤ ㄴ, ㄷ, ㅁ

### 확인문제 3 해설

정언명제 간 관계(=대당사각형)를 응용한 문제로 볼 수 있다. 특히 반대 관계를 추론할 때 두 명제를 모두 거짓으로 만드는 제3의 가능성을 찾는 방식은 본 문제에서도 준용된다.

갑과 을의 주장 모두를 타당하지 않게 하는 제3의 가능성이 있는지를 검토하여 문제를 해결토록 한다. 정언명제 간 관계를 이용하여 설명하면, 대립된 주장을 하고 있는 (갑)과 (을)의 견해 중 한 사람의 견해만이 타당하여 둘 중 하나를 선택해야 하는 경우는 '모순 관계'에 해당되고, 제3의 가능성이 존재하여 갑과 을 모두를 타당치 않게 만드는 경우는 '반대 관계'에 해당된다.

ㄱ. (X) 위원들 가운데 한 사람도 참석하지 않거나 한 사람이라도 참석하지 않거나, 두 가능성밖에 존재하지 않으므로, (갑)과 (을)의 주장 중 하나는 반드시 타당하게 된다.

ㄴ. (X) (갑)의 주장은 'A사 매출액>B사 매출액'이며, (을)의 주장은 'A사 매출액≤B사 매출액'으로 요약할 수 있다. 즉, (갑)과 (을)의 주장은 모든 가능성을 포괄하고 있으므로 둘 중 하나는 반드시 타당하게 된다.

ㄷ. (O) (갑) 서울시 시의원이 모두 환영식에 참석하였다. (을) A씨는 서울시 시의원인데도 환영식에 참석하지 않았다.

→ (갑)과 (을) 모두를 타당하지 않게 하는 제3의 가능성이 존재한다.

i) 서울시 시의원 일부와 A씨가 환영식에 참석하는 경우

서울시 시의원 중 일부가 환영식에 참석하고, 서울시 시의원인 A씨는 환영식에 참석하였다.

→ (갑)의 주장 '서울시 의원 모두 참석하였다'가 거짓이 되고, (을)의 'A씨가 참석하지 않았다' 또한 거짓이 된다.

ii) 서울시 시의원인 A씨만 환영식에 참석하는 경우

A씨가 아닌 다른 서울시 시의원은 환영식에 참석하지 않고, 서울시 시의원인 A씨는 환영식에 참석하였다.

→ (갑)의 '서울시 의원 모두 참석하였다'가 거짓이 되고, (을)의 'A씨가 참석하지 않았다' 또한 거짓이 된다.

ㄹ. (X) (갑)의 주장은 '물가상승률≥5%'라는 것이고, (을)의 주장은 '물가상승률<5%'라는 것이므로, 양 주장은 모든 가능성을 포괄하고 있다. 따라서 둘 중 하나는 반드시 타당하게 된다.

ㅁ. (O) (갑) 하루에 술 한두 잔은 어떤 사람의 건강도 해치지 않는다.

(을) 심장질환자는 건강을 위해 절대 술을 마셔서는 안 된다.

→ 갑과 을을 모두 타당하지 않게 하는 제 3의 가능성이 존재한다.

i) 하루에 술 한두 잔은 간질환자 이외의 어떤 사람의 건강도 해치지 않는다.

→ (갑)의 '어떤 사람의 건강도 해치지 않는다(전칭부정)'는 간질환자 때문에 거짓이 되고, (을)의 '심장질환자는 술을 마셔서는 안 된다' 또한 거짓이 된다. (간질환자만 절대 술을 마셔서는 안 되기 때문)

ii) 하루에 한두 잔의 술은 심장질환자가 아닌 다른 사람의 건강을 해친다.

→ (갑)의 '어떤 사람의 건강도 해치지 않는다(전칭부정)'는 거짓이 되고, (을)의 '심장질환자는 술을 마셔서는 안 된다' 또한 거짓이 된다. (심장질환자의 건강은 해치지 않기 때문)

따라서 정답은 ㄷ, ㅁ 의 ④이다.

▶ **정답** ④

**핵심 포인트** **명제 간 관계**

**1. 전칭긍정명제(A)의 부정은 '부분부정'의 형태임을 기억해야 한다.**

~ (All) ⇒ Not all

| 모든 학생은 교복을 입고 있다.<br>(전칭긍정명제) | ——▶<br>(부정) | 모든 학생은 교복을 입고 있는 것은 아니다.<br>= 어떤 학생은 교복을 입고 있지 않다.<br>(특칭부정명제) |
|---|---|---|

⇒ 한 명의 학생이라도 교복을 입고 있지 않으면 전칭긍정명제(모든 학생은 교복을 입고 있다)는 거짓이 된다.

**2. 특칭(긍정, 부정)명제는 해석할 때 '존재한다'로 해석할 수 있다.**

어떤 학생은 교복을 입고 있다. = 교복을 입고 있는 학생이 존재한다.

어떤 학생은 교복을 입고 있지 않다. = 교복을 입고 있지 않은 학생이 존재한다.

## 5 술어논리의 동치 규칙 : 정언명제의 조작[17)]

대당사각형 또는 벤다이어그램으로 논증의 타당성 여부를 판단하고자 할 때, 원래 명제의 왜곡이 아닌 명제의 구조를 바꾸어 줌으로써 제시된 논증의 타당성 여부 확인이 가능토록 만들어 주는 방법이다.

### (1) 환위(Conversion)

명제의 주어와 술어의 자리를 바꾼다. 이런 조작을 가한 명제를 환위문이라고 한다.

▶ **환위(Conversion)** E와 I 명제에서 논리적으로 동치가 성립

| 원래의 명제 | 환위문 |
|---|---|
| A : 모든 S는 P이다. | 모든 P는 S이다. |
| E : 모든 S는 P가 아니다. | 모든 P는 S가 아니다. |
| I : 어떤 S는 P이다. | 어떤 P는 S이다. |
| O : 어떤 S는 P가 아니다. | 어떤 P는 S가 아니다. |

17) 박은진, 전게서, pp. 325~333.

### (2) 환질 (Obversion)

명제의 질만을 변화시킨 다음, 술어를 부정한다. 이런 조작을 가한 문장을 환질문이라 한다.

▶ **환질(Obversion)** 모든 유형의 명제가 환질문과 논리적으로 동치이다.

| 원래의 명제 | 환질문 |
|---|---|
| A : 모든 S는 P이다. | 모든 S는 비(非) P가 아니다. |
| E : 모든 S는 P가 아니다. | 모든 S는 비(非) P이다. |
| I : 어떤 S는 P이다. | 어떤 S는 비(非) P가 아니다. |
| O : 어떤 S는 P가 아니다. | 어떤 S는 비(非) P이다. |

### (3) 이환 (Contraposition)

명제의 주어와 술어의 자리를 바꾼 뒤에 주어와 술어를 각각 부정하는 것이다. 이런 조작을 가한 명제를 이환문이라고 한다.

▶ **이환(Contraposition)** A와 O 명제에서 논리적으로 동치가 성립된다.

| 원래의 명제 | 이환문 |
|---|---|
| A : 모든 S는 P이다. | 모든 비(非) P는 비(非) S이다. |
| E : 모든 S는 P가 아니다. | 모든 비(非) P는 비(非) S가 아니다. |
| I : 어떤 S는 P이다. | 어떤 비(非) P는 비(非) S이다. |
| O : 어떤 S는 P가 아니다. | 어떤 비(非) P는 비(非) S가 아니다. |

**확인문제**

다음의 세 문장 중 첫 번째 문장이 거짓이라고 가정한다면, 두 번째 문장과 세 번째 문장은 각각 참인가, 거짓인가? [PSAT 기출]

> 국회의 어느 공무원도 소설가가 아니다.
> 모든 소설가는 국회 공무원이다.
> 어떠한 소설가도 국회 공무원이 아니다.

① 두 번째 - 거짓, 세 번째 - 이 내용만으로는 알 수 없다.
② 두 번째 - 거짓, 세 번째 - 거짓
③ 두 번째 - 이 내용만으로는 알 수 없다, 세 번째 - 거짓
④ 두 번째 - 이 내용만으로는 알 수 없다, 세 번째 - 이 내용만으로는 알 수 없다.
⑤ 두 번째 - 참, 세 번째 - 거짓

**확인문제 해설**

첫 번째 문장은 국회 공무원이 주어부에 소설가가 술어부에 위치하나 두 번째 문장과 세 번째 문장은 거꾸로 제시되어 있음에 주의하여 판단하도록 한다.

### 1. 대당관계를 통한 문제 해결

1) 첫 번째 문장 : 전칭부정명제(거짓) → 특칭긍정명제(참)
국회의 어느 공무원도 소설가가 아니다. (모든 국회 공무원이 소설가가 아니다.)
전칭부정명제의 거짓은 특칭긍정명제가 참이라는 것이다. (모순 관계)
→ 어떤 국회공무원은 소설가이다.
→ 어떤 소설가는 국회공무원이다. (특칭긍정명제는 환위가 가능하다.)[18)]
2) 두 번째 문장 : 전칭긍정명제
첫 번째 문장(특칭긍정명제)이 참이라고 할 때 전칭긍정명제는 참일 수도 있고 거짓일 수도 있다. 반드시 참이라고 보기 어렵다.
3) 세 번째 문장 : 전칭부정명제
첫 번째 문장(특칭긍정명제)이 참이라고 할 때, 전칭부정명제는 반드시 거짓이다. (∵모순 관계)

따라서 정답은 ③이다.

### 2. 벤다이어그램을 통한 해결

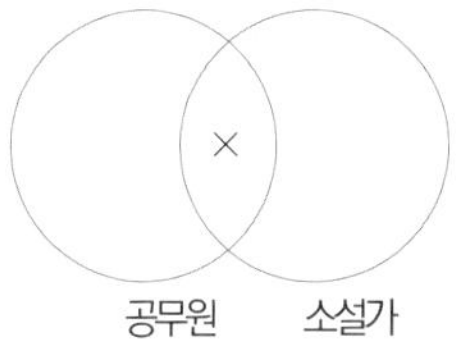


1) 첫 번째 문장 : 전칭부정이 거짓이라면, 특칭긍정이 참이다.
모든 국회공무원은 소설가가 아니다(거짓)
→ 어떤 공무원은 소설가이다.(참)
2) 두 번째 문장 판단 : '모든 소설가가 국회 공무원'이려면 공무원과 겹치지 않는 영역의 소설가 부분이 아무도 존재하지 않아야 한다. 그런데 이에 대해서는 어떠한 언급도 없었으므로 이 내용만으로는 알 수 없다.
3) 세 번째 문장 판단 : '어떠한 소설가도 국회 공무원이 아니다'가 되려면 소설가와 공무원이 겹치는 영역에 아무도 존재하지 말아야 하는데 첫 번째 문장에서 최소한 한 명은 존재한다고 하고 있으므로 반드시 거짓이라 할 수 있다.

**▶ 정답 ③**

---

18) 환위를 통해 정언명제를 조작한 이유는 두 번째 문장 및 세 번째 문장과 비교하기 위해서 동일 개념을 같은 위치에 배치한 것이다.

# 6 정언삼단논법과 논리적 타당성

## (1) 정언삼단논법(Categorical Syllogism)[19]의 표준 형식

▶ **정언삼단논법의 표준 형식**

대전제(대개념 포함) : 양화사(　)은/는 (　)계사
소전제(소개념 포함) : 양화사(　)은/는 (　)계사
결론 : 양화사(소개념)은/는 (대개념)계사

▶ **용어에 대한 정의**

i) 대전제(major premise) : 대개념(결론의 술어, 보통 'P'로 줄여 사용)을 포함한 전제
ii) 소전제(minor premise) : 소개념(결론의 주어, 보통 'S'로 줄여 사용)을 포함한 전제
iii) 매개념(middle term) : 결론에 포함되지 않은 개념으로 삼단논법의 전제에서만 쓰이는 개념 (보통 'M'으로 줄여 사용)

▎제시된 논증의 삼단논법 표준 형식 표현▎

▶ **논증**

첫 번째 전제 : 모든 테러분자는 애국자가 아니다.
두 번째 전제 : 모든 경찰은 애국자이다.
결론 : 모든 테러분자는 경찰이 아니다.

위에 주어진 논증을 삼단논법의 표준 형식으로 배열해 보면
대개념 → 경찰　　소개념 → 테러분자　　매개념 → 애국자

▶ **삼단논법의 표준 형식**

대전제 : 모든 경찰은 애국자이다.
소전제 : 모든 테러분자는 애국자가 아니다.
결론 : 그러므로 모든 테러분자는 경찰이 아니다.

이 정언삼단논법을 줄임 기호로 간단히 나타내면 다음과 같다.

모든 P는 M이다.
모든 S는 M이 아니다.
―――――――――
모든 S는 P가 아니다.

19) 정언삼단논법이란 세 개의 정언명제로만 이루어져 있으며, 그 가운데 둘은 전제이고 나머지 하나는 결론인 연역논증을 말한다(상게서, p. 336).

### (2) 정언삼단논법의 종류

표준 형식의 정언삼단논법은 '식(mood)'과 '격(figure)'에 따라 정리된다.

**▶ 논증의 식(mood)과 격(figure)**

Ⅰ. 식 : 정언적 삼단논법의 표준 형식에서 대전제 -소전제-결론의 명제 유형을 순서대로 적은 것 (예 : AEO, EOI 등)

Ⅱ. 격 : 매개념(M)이 전제에 놓인 상태에 따른 4개의 상이한 격이 있다.

**❙ 제시된 정언삼단논법의 명명 사례 ❙**

앞서 살펴본 정언삼단논법의 식과 격을 아래와 같이 판단해 보면 'AEE-2격' 삼단논법에 해당된다.

1) 식 ⇒ AEE

대전제 : 모든 P는 M이다. → A (전칭긍정명제)
소전제 : 모든 S는 M이 아니다. → E (전칭부정명제)

---

결론 : 모든 S는 P가 아니다. → E (전칭부정명제)

2) 격 ⇒ 2격

대전제 : 모든 P는 M 이다.
소전제 : 모든 S는 M 이 아니다.

---

결론 : 모든 S는 P가 아니다.

| 1격 | 2격 | 3격 | 4격 |
| --- | --- | --- | --- |
| M P | P M | M P | P M |
| S M | S M | M S | M S |
| S P | S P | S P | S P |

표준 형식으로 진술된 정언삼단논법의 종류는 모두 256개이다. 명제의 종류가 4가지이므로 64( = 4×4×4)가지의 식이 가능하고, 각각의 식에 대해 4개의 격이 가능하기 때문이다.

### (3) 논리적으로 타당한 정언삼단논법의 형식

256개의 삼단논법이 모두 타당한 것은 아니다. 전통적 관점에 따르면 24개의 삼단논법이, 현대적 관점에 따르면 15개의 삼단논법이 타당한 논증형식에 해당된다.[20] 정언삼단논법의 타당한 논증형식은 명제논리의 타당한 논증형식에 상응하는 내용이라 할 수 있다. 그러나 이것은 기억하여야 할 내용이 많기도 하고 적용하기가 쉽지 않으므로 살펴보기는 하겠으나 벤다이어그램을 통한 타당성 검토가 권장할 만하다.

**타당한 논증형식 1 ( 현대적 관점, 전통적 관점 )**

| 1격 | 2격 | 3격 | 4격 |
|---|---|---|---|
| AAA<br>EAE<br>AII<br>EIO | EAE<br>AEE<br>EIO<br>AOO | IAI<br>AII<br>OAO<br>EIO | AEE<br>IAI<br>EIO |

**타당한 논증형식 2 ( 전통적 관점 )**

| 1격 | 2격 | 3격 | 4격 |
|---|---|---|---|
| AAI<br>EAO | AEO<br>EAO | AAI<br>EAO | AEO<br>EAO<br>AAI |

20) 현대적 관점과 전통적 관점과의 차이는 전칭명제에 대한 가정 차이에서 비롯된다. 즉, '모든 P는 M이다' 의 경우 M이 아닌 P가 존재하지 않는다는 것만을 의미한다는 것이 현대적 관점이고, 이에 더하여 M인 P가 존재한다는 것까지 가정하고 있는 것이 전통적 관점이다. 여기에 제시된 타당한 논증형식을 굳이 암기할 필요는 없다. 왜냐하면 암기하지 않고서도 벤다이어그램을 통해 판단이 가능하기 때문이다.

### (4) 벤다이어그램을 이용한 논리적 타당성 검토[21)]

정언삼단논법의 타당성을 벤다이어그램으로 풀이할 경우, 우리는 삼단 논법의 세 가지 개념들 각각에 해당하는 세 개의 원을 사용하여 나타낼 수 있다. 세 개의 겹쳐진 원들 위에 각각의 주어진 개념들이 부합되도록 빗금 또는 × 표시를 한다. 그리고 나서 결론의 내용이 벤다이어그램으로부터 읽혀질 수 있는지 확인한다. 전제들이 다이어그램 상에 표시된 후, 결론이 그 다이어그램으로부터 읽혀질 수 있다면 그 삼단논법은 타당하고, 그렇지 않으면 부당한 삼단논법이 된다.[22)]

정언삼단논법에서 사용되는 벤다이어그램

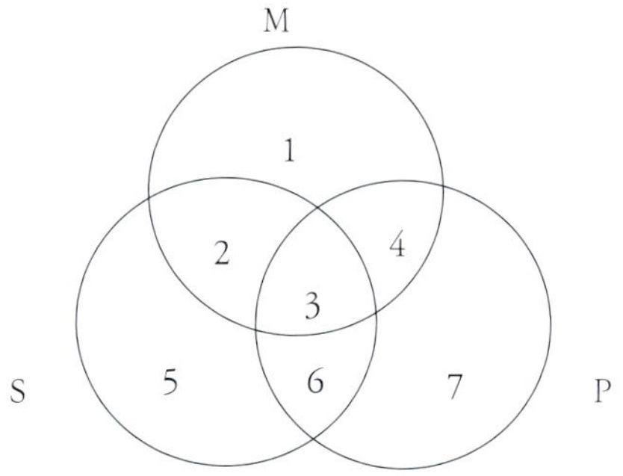


1 : 비-S, 비-P, 그리고 M
2 : 비-P, S, 그리고 M
3 : M , S, 그리고 P
4 : 비-S, M, 그리고 P
5 : 비-M, 비-P, 그리고 S
6 : 비-M, S, 그리고 P
7 : 비-M, 비-S, 그리고 P

**● 정언삼단논법의 타당성 판단 예문**

| | | |
|---|---|---|
| 어떤 음악가는 작곡가이다. | | 어떤 P는 M이다. |
| 모든 작곡가는 예술가이다. | ⇒ | 모든 M은 S이다. |
| 그러므로 어떤 예술가는 음악가이다. | | 어떤 S는 P이다. |

---

21) 박은진 외, 전게서, pp. 343~352.

22) 1. 전제에 대해서만 벤다이어그램을 그린다.
2. 전제에 전칭명제와 특칭명제가 있으면, 전칭명제를 먼저 그리는 것이 편리하다.
(그렇지 않으면, 그림 수정해야 하기 때문이다.)
3. 빗금을 표시할 때, 해당하는 모든 영역에 빗금을 치도록 해야 한다.
4. ×로 표시될 부분에 이미 빗금이 쳐 있다면, 빗금이 없는 영역에만 해당되는 ×를 표시한다.
5. 두 영역이 이미 나누어져 있고 ×가 그 중 적어도 한 영역에 있다는 것을 표시할 때, 경계선 위에 ×를 표시한다.

① 현대적인 관점에서 타당성 판단

▶ **확인과정**

1. 먼저 두 번째에 있는 전칭 명제를 표시 (〈그림 Ⅰ〉참조) M과 S에만 주목해서, A명제의 벤다이어그램을 그린다.
2. P와 M에 주목하여 I 명제의 벤다이어그램을 그린다.(〈그림 Ⅱ〉참조) M과 P가 겹치는 부분 중 일부는 이미 빗금으로 표시되어 있다. 그러므로 그 부분을 제외한 영역에 'X' 표시한다.
3. 마지막으로 결론의 내용(어떤 S는 P이다)을 벤다이어그램에서 찾아볼 수 있는지 확인한다. (주어진 논증의 결론은 I 명제이고, 그림을 보면 S이면서 P인 영역에 'X' 표시가 있다.)

∴ 이 논증은 타당하다고 판정

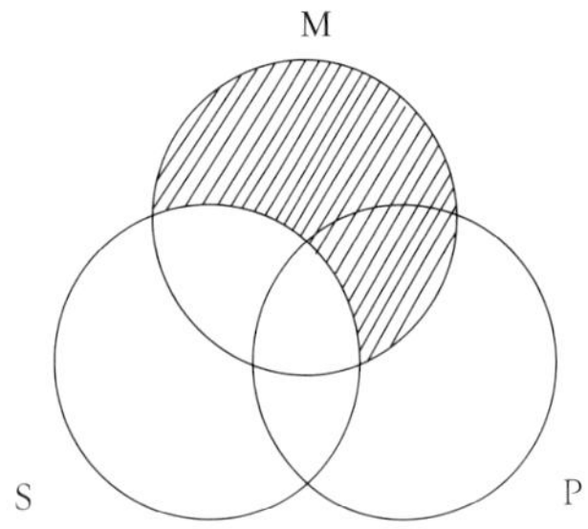


〈그림 Ⅰ〉

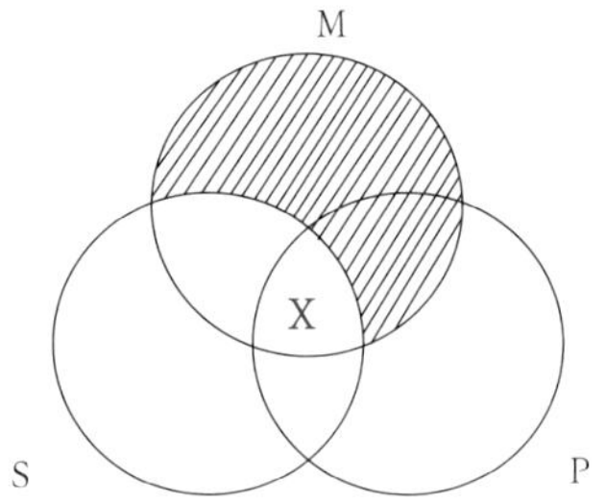


〈그림 Ⅱ〉

② 전통적 관점에서 타당성 판단

현대적 관점에서 타당한 모든 논증은 전통적 관점에서도 역시 타당하다.

▶ **확인과정**

1. 벤다이어그램에다 전칭명제의 존재 함축을 표시하면 된다. 두 번째 전제는 전칭명제이다. 그것의 주어, 즉 M의 존재 함축을 ⓧ로 표시하면 된다. 그런데 M영역에서 빗금 친 부분 이외의 영역이 두 부분으로 나누어져 있다. 어느 영역에 ⓧ가 놓일지 아직 모르므로, 그 경계선에 위에 놓도록 한다. (〈그림 Ⅲ〉참조)
2. 주어진 논증의 결론("어떤 S는 P이다.")을 〈그림Ⅲ〉에서 찾아볼 수 있는지 확인해 본다. 결론은 I명제인데, 전제들을 그린 그림을 보면 S이면서 P인 영역에 'X' 표시가 있다.

(∴ 이 논증은 현대적 관점에서 보았듯이 전통적 관점에서도 타당)

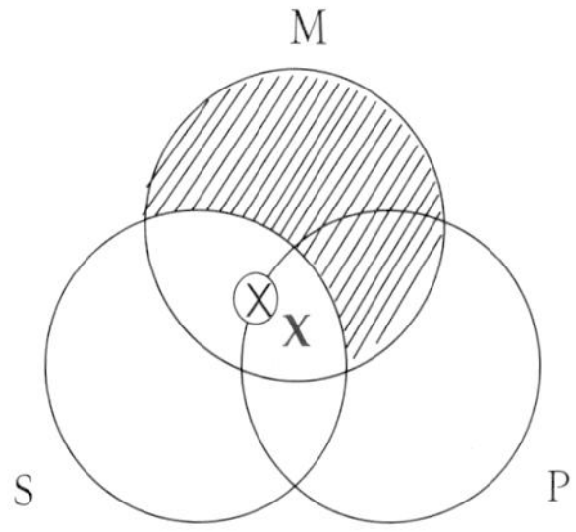


"모든 M은 S이다."

"어떤 P는 M이다."

〈그림 Ⅲ〉

# 7 양화논리 [23)]

### (1) 보편적 예화(UI : Universal instantiation) : 보편 양화사 제거 규칙

보편적 예화(UI : Universal Instantiation)란 보편적 주장으로부터 그 사례 중 하나를 예화시켜 도출시키는 추리를 말한다.

"모든 사람은 죽는다."라는 보편적 주장으로부터 그 사례 중 하나인 "소크라테스가 사람이라면 소크라테스는 죽는다."라는 하나의 예가 도출된다. 따라서 "소크라테스는 사람이다."라는 전제가 있다면, "소크라테스는 죽는다."라는 결론이 도출된다.

이를 정리하면 다음과 같다.

> 모든 사람은 죽는다.
> 소크라테스는 사람이다.
> (소크라테스가 사람이라면 소크라테스는 죽는다.) [보편적 예화]
> 따라서 소크라테스는 죽는다.

### (2) 보편 일반화(UC : Universal Generalization) : 보편 양화사 도입 규칙

일반적으로 우리는 어떤 임의의 개체 u가 'F'라는 속성을 가졌다는 사실로부터 일반화 규칙을 도출할 수 있는데 이를 '보편적 일반화(UC : Universal Generalization)'라 부른다.

> 모든 음악가는 예술가이다.
> 모든 예술가는 천재이다.
> 어떤 임의의 사람 u가 음악가라면 u는 예술가이고, u가 예술가라면 u는 천재이다. [보편적 예화]
> 어떤 임의의 사람 u가 음악가라면 u는 천재이다. [가언삼단논법]
> 따라서 모든 음악가는 천재이다. [보편 일반화]

---

23) 양화논리라는 이름으로 정리한 4가지 규칙은 논리학적 용어와 개념을 사용하여 설명하고 있기 때문에 어렵게 느껴질 수 있으나 이는 보다 증명의 명확한 논리적 근거를 제시하기 위함이고, 사실 우리들은 이미 논리를 전개할 때 당연시 여기며 암묵적으로 받아들이고 있는 규칙들이다. 향후 설명 시 논리적 근거를 명확히 하기 위해 아래와 같이 정리하여 제시하는 것이니 참조하고 학습을 처음 시작하는 수험생은 이런 게 있구나 정도로 한 번 읽고 넘어가도 좋다. 몰라도 시험 문제를 푸는 데에는 지장이 없다. 아래 내용은 김광수 교수의 '논리와 비판적 사고(pp. 427~433)'와 박은진 교수의 '비판적 사고를 위한 논리(박은진, pp. 376~385)'를 참조하였다.

### (3) 존재적 일반화(EG : Existential Generalization) : 존재 양화사 도입 규칙

어떤 특정한 사람이 현명하다고 해서 모든 사람이 현명하다고 일반화할 수는 없다. 그러나 어떤 특정한 사람이 현명하다는 것으로부터 현명한 사람이 적어도 하나는 존재한다는 것을 추리해 낼 수 있다.

이와 같이 어떤 특정한 개체 a가 'F' 라는 속성을 가졌다는 사실로부터, 'F' 라는 속성을 가진 것이 적어도 하나는 존재한다는 추리 규칙을 '존재적 일반화(EG : Existential Generalization)' 라고 한다.

> 다윈은 과학자이다.
> 따라서 과학자가 적어도 한 사람은 존재한다. [존재적 일반화]

### (4) 존재적 예화(EI : Existential Instantiation) : 존재 양화사 제거 규칙

존재적 일반화와는 달리 'F'라는 속성을 가진 것이 적어도 하나 존재한다는 주장으로부터 '어떤 이름을 가진' 특정한 대상이 'F'라는 속성을 가지고 있다는 주장을 도출해 낼 수 있다.

현명한 사람이 적어도 하나 있다고 가정하자. 그러면 우리는 누가 현명한지 알 수 없을 지라도, 그 사람이 어떤 이름을 가지고 있을 것이라는 것을 알 수 있다. 그 이름을 특정한 대상의 이름이 아닌 임의의 'u'로 명명하면, 우리는 'u'라는 대상이 'F'라는 속성을 가지고 있다고 추리할 수 있다. 일반적으로 우리는 다음과 같이 추리할 수 있는 것이다.

이와 같은 존재명제를 이미 알려지지 않은 임의의 개체 이름으로 예화하는 추리 규칙을 '존재의 예화(EI : Existential Instantiation)'라고 한다.

> 모든 변호사들은 법률 공부를 한 사람들이다.
> 어떤 변호사들은 골프를 친다.
> **u는 변호사이고 골프를 친다.** [존재적 예화]
> u가 변호사라면 u는 법률 공부를 한 사람이다. [첫 번째 전제의 보편적 예화]
> 따라서 u는 골프를 치고 법률 공부를 한 사람이다.
> 따라서 골프를 치는 어떤 사람들은 법률 공부를 한 사람들이다. [존재적 일반화]

# Ⅱ. 술어논리 문제의 유형별 학습

## 1 술어논리 문제의 효율적 해결

**01**
문제해결의 시작점

다음 글로부터 추리한 것으로 옳은 것은? 제2회 2010 LEET 문11

> 어떤 회사의 사원 평가 결과 모든 사원이 최우수, 우수, 보통 중 한 등급으로 분류되었다. '최우수'에 속한 사원은 모두 45세 이상이었다. 그리고 35세 이상의 사원은 '우수'에 속하거나 자녀를 두고 있지 않았다. '우수'에 속한 사원은 아무도 이직경력이 없다. '보통'에 속한 사원은 모두 대출을 받고 있으며, 무주택자인 사원 중에는 대출을 받고 있는 사람이 없다. 이 회사의 직원 A는 자녀를 두고 있으며 이직 경력이 있는 사원이다.

① A는 35세 미만이고 무주택자이다.
② A는 35세 이상이고 무주택자이다.
③ A는 35세 미만이고 주택을 소유하고 있다.
④ A는 45세 미만이고 무주택자이다.
⑤ A는 45세 이상이고 주택을 소유하고 있다.

## 02

문제해결의 시작점

다음 글로부터 추론한 것으로 옳은 것만을 보기 에서 있는 대로 고른 것은? 제4회 2012 LEET 문32

다음은 갑과 을이 A~D 4개국에 대해 각자 조사한 결과와 그로부터 추리한 내용이다.

〈갑의 조사 결과와 추리 내용〉

○ 조사 결과 : GDP가 2만 달러 이상인 국가는 모두 국제노동기구에 가입했다. GDP가 2만 달러 미만이거나 인구가 7천만 명 이상인 국가는 모두 사형제 폐지 국가가 아니다. 국제노동기구에 가입하고 GDP가 2만 달러 이상인 국가는 모두 사형제 폐지 국가가 아니다. 세계무역기구 회원국이면서 집단학살방지 협약에 가입한 국가는 모두 사형제 폐지 국가이다. A국은 국제노동기구에 가입하지 않았다. B국은 집단학살방지 협약에 가입했다.

○ 추리 내용 : A국은 사형제 폐지 국가가 아닐 것이다.

〈을의 조사 결과와 추리 내용〉

○ 조사 결과 : 모든 국가는 세계무역기구 회원국이거나 국제노동기구에 가입했다. 국제노동기구에 가입하지 않은 국가는 모두 GDP가 2만 달러 미만이다. 국제노동기구에 가입하고 집단학살방지 협약에 가입한 국가는 모두 사형제 폐지 국가이다. C국의 GDP는 2만 달러 이상이다. D국의 인구는 7천만 명 이상이다.

○ 추리 내용 : C국은 사형제 폐지 국가일 것이다.

보기

ㄱ. 갑의 추리는 옳고 을의 추리는 옳지 않다.

ㄴ. 갑과 을의 조사 결과가 모두 옳다면, B국은 사형제 폐지 국가이다.

ㄷ. 갑과 을의 조사 결과가 모두 옳다면, D국은 집단학살방지 협약에 가입하지 않았다.

① ㄱ ② ㄷ ③ ㄱ, ㄴ

④ ㄴ, ㄷ ⑤ ㄱ, ㄴ, ㄷ

▶ 이 문제는 출제기관의 정답 발표 후 많은 이의제기가 있었으며 상당히 논란이 되었던 문제이다. 출제기관은 이의제기가 일면 타당한 면이 있기는 하나 정답을 바꿀 정도의 오류는 아니라는 결론과 함께 상세답변을 내놓았다. 이에 대한 내용은 해설에 실어 놓았으니 참고하도록 한다.

## 2 술어논리의 응용 및 확장

**03**
술어논리의 응용

(가), (나), (다)의 관계에 대한 판단으로 옳은 것만을 보기 에서 있는 대로 고른 것은?

제3회 2011 LEET 문19

"차별 대우를 정당화하는 차이가 없는 한 개인들을 똑같이 대우해야 한다." 이 말은 차별 대우를 정당화하는 차이가 있어야만 개인들을 차별 대우할 수 있다는 것을 뜻한다.

이 말을 더 잘 이해하기 위해 차별 대우와 그것을 정당화하는 차이 사이에 어떤 관계가 가능한지를 생각해 보자.

(가) 각각의 차별 대우를 정당화하는 차이가 적어도 하나 있다.

(나) 모든 차별 대우를 정당화하는 차이가 적어도 하나 있다. 이에 따르면 개인들 사이에 존재하는 어떤 특정한 차이가 모든 차별 대우를 정당화하는 차이가 된다.

(다) 각각의 차별 대우를 정당화하는 차이는 언제나 다르다. 다시 말해 A와 B가 다른 차별 대우라면, A를 정당화하는 차이와 B를 정당화하는 차이는 언제나 다르다.

보기

ㄱ. (가)가 성립하면 (나)도 성립한다.
ㄴ. (나)가 성립하면 (가)도 성립한다.
ㄷ. (다)가 성립하면 (나)도 성립한다.

① ㄱ ② ㄴ ③ ㄷ
④ ㄱ, ㄷ ⑤ ㄴ, ㄷ

# 04

기호의 활용

다음으로부터 추론한 것으로 옳은 것만을 [보기]에서 있는 대로 고른 것은? 제7회 2015 LEET 문18

수리 센터에서 A, B, C, D, E 5가지 부품의 불량에 대해 조사한 결과 다음 사실이 밝혀졌다.

○ A가 불량인 제품은 B, D, E도 불량이다.
○ C와 D가 함께 불량인 제품은 없다.
○ E가 불량이 아닌 제품은 B나 D도 불량이 아니다.

보기

ㄱ. E가 불량인 제품은 C도 불량이다.
ㄴ. C가 불량인 제품 중에 A도 불량인 제품은 없다.
ㄷ. D는 불량이 아니면서 B가 불량인 제품은, C도 불량이다.

① ㄱ　② ㄴ　③ ㄱ, ㄷ
④ ㄴ, ㄷ　⑤ ㄱ, ㄴ, ㄷ

**05**
술어논리의
응용

다음으로부터 추론한 것으로 옳은 것은?  제7회 2015 LEET 문19 [배치 및 정렬 예시문항]

동물 애호가 A, B, C, D가 키우는 동물의 종류에 대해서 다음 사실이 알려져 있다.

○ A는 개, C는 고양이, D는 닭을 키운다.
○ B는 토끼를 키우지 않는다.
○ A가 키우는 동물은 B도 키운다.
○ A와 C는 같은 동물을 키우지 않는다.
○ A, B, C, D 각각은 2종류 이상의 동물을 키운다.
○ A, B, C, D는 개, 고양이, 토끼, 닭 외의 동물은 키우지 않는다.

① B는 개를 키우지 않는다.
② B와 C가 공통으로 키우는 동물이 있다.
③ C는 키우지 않지만 D가 키우는 동물이 있다.
④ 3명이 공통으로 키우는 동물은 없다.
⑤ 3종류의 동물을 키우는 사람은 없다.

# 06

형식적 추리

다음에서 추론한 것으로 옳은 것만을 보기 에서 있는 대로 고른 것은?

제8회 2016 LEET 문32

3개의 상자 A, B, C가 다음 조건을 만족한다.

○ A, B, C 중 적어도 하나에는 상품이 들어 있다.
○ A에 상품이 들어 있고 B가 비었다면 C에도 상품이 들어 있다.
○ C에 상품이 들어 있다면 상품이 들어 있는 상자는 2개 이상이다.
○ A와 C 중 적어도 하나는 빈 상자이다.

보기

ㄱ. A에 상품이 들어 있다면 B에도 상품이 들어 있다.
ㄴ. B에 상품이 들어 있다면 A와 C 중 적어도 하나에는 상품이 들어 있다.
ㄷ. C에 상품이 들어 있다면 B에도 상품이 들어 있다.

① ㄱ　② ㄴ　③ ㄱ, ㄷ
④ ㄴ, ㄷ　⑤ ㄱ, ㄴ, ㄷ

# 07

형식적 추리

다음으로부터 추론한 것으로 옳지 않은 것은?    제9회 2017 LEET 문20

어느 회사가 새로 충원한 경력 사원들에 대해 다음과 같은 정보가 알려져 있다.

○ 변호사나 회계사는 모두 경영학 전공자이다.
○ 경영학 전공자 중 남자는 모두 변호사이다.
○ 경영학 전공자 중 여자는 아무도 회계사가 아니다.
○ 회계사이면서 변호사인 사람이 적어도 한 명 있다.

① 여자 회계사는 없다.
② 회계사 중 남자가 있다.
③ 회계사는 모두 변호사이다.
④ 회계사이면서 변호사인 사람은 모두 남자이다.
⑤ 경영학을 전공한 남자는 회계사이면서 변호사이다.

## 08

형식적 추리

다음으로부터 추론한 것으로 옳은 것은? 제10회 2018 LEET 문26

어떤 학과의 졸업 예정자 갑~무에 대해 다음이 알려졌다.

○ 취업을 한 학생은 졸업평점이 3.5 이상이거나 외국어 인증시험에 합격했다.
○ 인턴 경력이 있는 학생들 중 취업박람회에 참가하지 않은 학생은 아무도 없었다.
○ 졸업평점이 3.5 이상이고 취업박람회에 참가한 학생은 모두 취업을 했다.
○ 외국어 인증시험에 합격하고 인턴 경력이 있는 학생들은 모두 취업을 했다.

① 취업박람회에 참가하고 취업을 한 갑은 인턴 경력이 있다.
② 외국어 인증시험에 합격했지만 취업을 하지 못한 을은 취업박람회에 참가하지 않았다.
③ 취업박람회에 참가하고 외국어 인증시험에 합격한 병은 취업을 했다.
④ 취업박람회에 참가하지 않았는데 취업을 한 정은 외국어 인증시험에 합격했다.
⑤ 인턴 경력이 있고 졸업평점이 3.5 이상인 무는 취업을 했다.

〈원리〉에 따라 추론한 것으로 옳은 것만을 [보기]에서 있는 대로 고른 것은? 제11회 2019 LEET 문29

수십 명의 직원이 근무하는 정보국에는 A, B, C 세 부서가 있고, 각 부서에 1명 이상이 소속되어 있다. 둘 이상의 부서에 소속 된 직원은 없다. 이들 직원의 감시와 관련하여 세 가지 사실이 알려져 있다.

(1) A의 모든 직원은 B의 어떤 직원을 감시한다. 이는 A 부서에 속한 직원은 누구나 B 부서 소속의 직원을 1명 이상 감시하고 있음을 의미한다.
(2) B의 모든 직원이 감시하는 C의 직원이 있다. 이는 C 부서의 직원 가운데 적어도 한 사람은 B 부서 모든 직원의 감시 대상임을 의미한다.
(3) C의 어떤 직원은 A의 모든 직원을 감시한다. 이는 C 부서에 속한 직원 가운데 적어도 한 사람은 A 부서의 모든 직원을 감시 대상으로 삼고 있음을 의미한다.

**〈원리〉**

갑이 을을 감시하고 을이 병을 감시하면, 갑은 병을 감시하는 것이다.

보기

ㄱ. A의 모든 직원은 C의 직원 가운데 적어도 한 사람을 감시하고 있다.
ㄴ. B의 어떤 직원은 A의 모든 직원을 감시하고 있다.
ㄷ. C의 어떤 직원은 B의 직원 가운데 적어도 한 사람을 감시하고 있다.

① ㄱ
② ㄴ
③ ㄱ, ㄷ
④ ㄴ, ㄷ
⑤ ㄱ, ㄴ, ㄷ

**10**

술어 및 관계논리

다음으로부터 추론한 것으로 옳은 것만을 보기 에서 있는 대로 고른 것은? 제13회 2021 LEET 문22

○ 모든 사업가는 친절하다.
○ 성격이 원만하지 않은 모든 사람은 친절하지 않다.
○ 모든 논리학자는 친절하지 않은 모든 사람을 좋아한다.
○ 친절하지 않은 모든 사람을 좋아하는 사람은 모두 그 자신도 친절하지 않다.
○ 어떤 철학자는 논리학자이다.

보기

ㄱ. 사업가이거나 논리학자인 갑의 성격이 원만하지 않다면, 갑은 친절하지 않은 모든 사람을 좋아한다.
ㄴ. 을이 논리학자라면, 어떤 철학자는 을을 좋아한다.
ㄷ. 병이 친절하다면, 병은 사업가가 아니거나 철학자가 아니다.

① ㄱ  ② ㄷ  ③ ㄱ, ㄴ
④ ㄴ, ㄷ  ⑤ ㄱ, ㄴ, ㄷ

## 3 복합적인 정보로부터의 추론

**11**
연역추리

다음 글로부터 바르게 추론될 수 없는 것은? 제3회 2011 LEET 문33

용의자에 관한 정보를 2개의 서류철에 담아 관리하고 있다. 1번 서류철에는 용의자 A, B, C에 관한 서류가 있고, 2번 서류철에는 D, E, F에 관한 서류가 있다. 이 두 서류철을 근거로 해서 다음과 같이 추가로 두 개의 서류철을 만들었다.

○ 1번 서류철에 포함된 사람이 2번 서류철에 포함된 사람 중 2명과 만난 적이 있을 경우, 이 3명의 서류를 복사하여 3번 서류철에 넣는다.
○ 2번 서류철에 포함된 사람이 1번 서류철에 포함된 사람 중 2명과 만난 적이 있을 경우, 이 3명의 서류를 복사하여 4번 서류철에 넣는다.

다음과 같은 사실이 알려져 있다.

○ A가 만난 적이 있는 사람은 E뿐이다.
○ 3번 서류철은 C에 관한 서류와 D에 관한 서류를 포함한다.

① B와 E가 만난 적이 있다면 4번 서류철은 E에 관한 서류를 포함한다.
② C와 D가 만난 적이 없다면 4번 서류철은 A에 관한 서류를 포함한다.
③ C와 D가 만난 적이 없다면 3번 서류철은 F에 관한 서류를 포함하지 않는다.
④ C와 E가 만난 적이 있다면 4번 서류철은 E에 관한 서류를 포함한다.
⑤ C와 E가 만난 적이 없다면 C와 F는 만난 적이 있다.

# 12

연역추론 응용

다음으로부터 바르게 추론한 것만을 보기 에서 있는 대로 고른 것은? 제5회 2013 LEET 문15

신입사원 선발에서 어학능력, 적성시험, 학점, 전공적합성을 각각 상, 중, 하로 평가하여 총점이 높은 사람부터 선발하기로 하였다. 합격선에 있는 동점자는 모두 선발하기로 하고, 상은 3점, 중은 2점, 하는 1점을 부여하였다. 지원자 A, C, D의 평가 결과는 다음과 같았다.

| | 어학능력 | 적성시험 | 학점 | 전공적합성 |
|---|---|---|---|---|
| A | 중 | 상 | 중 | 상 |
| C | 상 | 중 | 상 | 상 |
| D | 하 | 하 | 상 | 상 |

문서 전달의 실수로 인사 담당자에게 B의 평가 결과가 알려지지 않았다. 그 대신에 다음 사실이 알려졌다.

○ B가 선발되지 않고 C가 선발된다면, A는 선발된다.
○ D가 선발되지 않을 경우, 나머지 세 명의 지원자는 선발된다.

보기

ㄱ. A와 C는 반드시 선발된다.
ㄴ. 두 명을 선발하는 경우가 있다.
ㄷ. B는 상, 중, 하로 평가 받은 영역이 최소한 하나씩은 있다.

① ㄱ ② ㄴ ③ ㄱ, ㄷ
④ ㄴ, ㄷ ⑤ ㄱ, ㄴ, ㄷ

Legal
Education
Eligibility
Test

# 제2부
# 언어추리

앞서 제1부에서 언급한 바와 같이, 출제기관은 추리 영역을 크게 언어추리와 모형추리로 나누고, 언어추리를 함축 및 귀결, 원리 적용, 사실관계 추리 문항으로 세분하였고 모형추리는 형식적 추리, 논리게임, 수리 추리 문항으로 세분하였다. 언어추리는 언어적 추리를 통해 새로운 정보를 이끌어 내는 능력을 측정하는 문항인 반면에 모형추리는 기호, 그림, 표, 그래프와 같은 비언어적 모형을 사용하여 새로운 정보를 이끌어 낼 수 있는지를 묻는 문항이라고 밝히고 있다.

따라서 제1장에서는 출제기관이 소개하고 있는 언어추리 문제유형을 중심으로 살펴보고, 제2장에서는 연역추리(형식적 추리, 함축 및 귀결)와 대별되는 추리인 귀납추리를 살펴보도록 한다.

# CHAPTER 1
# 언어추리

함축 및 귀결 문항은 제시문의 진술이 함축하는 진술과 함축하지 않는 진술을 확인할 수 있는 능력을 평가하는 문항으로, 진술 A가 참이라면 진술 B가 반드시 참일 때 진술 A가 진술 B를 반드시 함축한다고 말한다.
원리 적용 문항은 법규나 원리를 사례에 적용하여 그 귀결을 추리할 수 있는지 묻는 문제로, 함축 및 귀결의 한 유형으로 볼 수 있다.
사실관계 추리 문항은 어떤 정보나 증거가 주어질 경우 이로부터 특정한 사실관계를 추리하거나 특정한 주장의 진위 여부를 판단할 수 있는 능력을 평가한다.
이러한 사실 관계 추리는 그 자체로서 완결적인 타당한 추리가 아니라, 추리하는 사람으로 하여금 제한된 정보와 증거에 기초하여 가장 개연성이 높은 사건의 경과를 합리적으로 재구성할 수 있게 하는 추리이다.

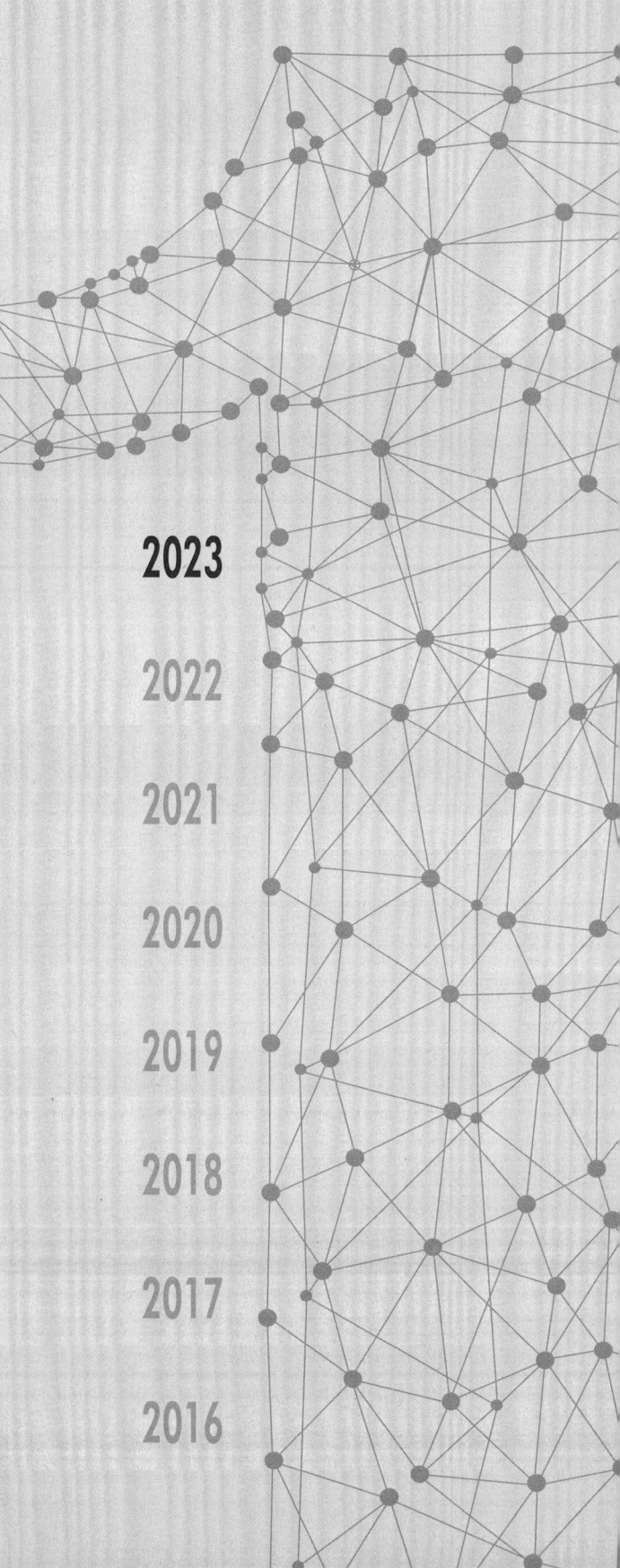

# Ⅰ. 언어추리 개요

## 1 언어추리

일상 언어추리는 형식 논리적으로 도출되는 진술을 파악하는 능력을 측정하는 데 주목적이 있기보다는, 주어진 글이 의미상 말하는 내용과 말하지 않는 내용을 잘 파악하여 이로부터 함축되는 진술과 그렇지 않은 진술을 판별하는 능력을 측정하는데 주목적이 있다.

### (1) 개념에 함축된 정보의 파악

▶ 함축된 정보의 파악 예

- 부사장은 사장의 손자이다.
  ⇒ 부사장은 남자, 사장은 노(老)기혼자
- 재무는 편집책임자의 사위이다.
  ⇒ 재무는 남자이자 기혼자, 편집책임자는 노(老)기혼자
- 보스톡은 총각이다.
  ⇒ 보스톡은 남자, 미혼자
- 알렉스는 북 디자이너와 이복 자매
  ⇒ 알레스는 북 디자이너가 아님. 북디자이너는 여자
- 케니는 사장의 친구이다.
  ⇒ 케니는 사장이 아니다.

### (2) 구절 및 문장에 함축된 정보의 파악

▶ 함축된 정보의 파악 예

- 김 사무관은 다른 파일들과 함께 파일명에 'R'이 포함된 모든 파일들을 한 장밖에 없는 빨간색 CD에 저장해 두었다. 그런데 그 빨간색 CD에 저장된 파일 중, 파일 종류를 말해주는 확장자가 'txt'인 파일은 단 하나도 없다.
  ⇒ R이 포함된 모든 파일은 빨간색 CD에 있으며 확장자 txt인 파일은 하나도 없다.
  ⇒ 확장자가 txt인 파일은 빨간색 CD에 없으며 파일명에 'R'이 포함되어 있지 않다.

### (3) 취지와 맥락을 고려한 해석 및 추론

**"미성년자가 혼인을 할 때에는 부모의 동의를 얻어야 한다."라는 규정으로부터 "성년자의 경우에는 혼인을 할 때 부모의 동의를 요하지 않는다."는 내용을 추론할 수 있을까?**

다음 문제는 법령 규정의 해석 및 적용 방법을 소재로 한 LEET 기출문제 중 일부이다. 위 질문에 대한 답변은 (가)에 제시되어 있다. (가)를 법학에서는 '반대해석'이라고 한다. 그러나 명제논리만을 학습하고 시험에 임하는 수험생은 전건부정의 오류로 부당한 추론이라 답하게 될 것이다.

다음 법적 판단에 대한 진술로 가장 적절한 것은? 제4회 2012 LEET 기출

---

(가) A법률에서 "미성년자가 혼인을 할 때에는 부모의 동의를 얻어야 한다."라는 규정은, 성년자의 혼인에 대해서는 부모의 동의 여부에 관한 특별한 규정이 없다 하더라도 부모의 동의를 요하지 않는다는 취지로 해석된다.

(나) B법률은 개발제한구역 내에 설치할 수 있는 시설로서 '경찰기동대'와 '전투경찰대'의 훈련 시설만을 규정하고 있으므로, '경찰기마대'의 훈련 시설은 이에 포함되는 것으로 볼 수 없다.

(다) C법률이 금지하고 있는 '경품제공행위'에는 경품을 실제 교부·지급하는 경우 이외에도, 경품을 교부·지급하겠다는 의사를 표시한 후 '진열·전시'한 경우도 포함한다고 보는 것이 입법취지에 비추어 타당하다.

(라) 최근 개정된 D법률에서 종전의 '제5항'을 '제6항'으로 항의 숫자를 바꾸어야 함에도 불구하고 이를 그대로 둔 것은 법률 개정 과정상의 실수에서 비롯된 것임이 분명하므로, 현행 개정 법률의 조문에 쓰인 '제5항'을 '제6항'으로 바로잡아 적용해야 한다.

(마) E법률에서 노래연습장업자가 '접대부'를 고용·알선하는 행위를 금지한 것은 노래연습장에서의 퇴폐행위를 방지하는 데 그 취지가 있다. 당시 입법자의 의도를 고려할 때 접대부란 여성을 의미하는 것이었다 하더라도, 영업 형태가 다양화되는 시대 상황에 맞게 여성과 남성 모두 이에 포함되는 것으로 관련 규정을 적용할 수 있다. (후략)

실제로 법률 규정에 대한 해석 및 적용을 소재로 한 LEET 기출문제의 경우 '반대해석'을 광범위하게 인정하고 있다. 그 중 하나의 사례로 다음 문제를 제시한다. 이 문제 또한 LEET 기출문제로 향후 기본교재에서의 학습을 위해 일부만을 제시한다. 보기ㄱ은 옳은 추론일까 아니면 틀린 추론일까? 특히 '을에 의하면 성립되지 않는다.'는 말에 주의하여 판단해 볼 것을 권한다.

갑과 을의 견해를 적용한 것으로 옳은 것만을 보기 에서 있는 대로 고른 것은?

제2회 2010 LEET 기출

갑 : 협박죄는 일반적으로 사람이 공포를 느끼기에 충분한 해악(害惡)을 고지하여 상대방이 그 의미를 인식하면 성립되고, 상대방이 그것에 의하여 실제로 공포를 느낄 필요는 없다.

을 : 협박죄는 일반적으로 사람이 공포를 느끼기에 충분한 해악을 고지하여 상대방이 그 의미를 인식하는 것만이 아니라 실제로 공포를 느껴야 비로소 성립된다.

보기

ㄱ. A가 B를 협박할 의사로 "부인에게 불륜사실을 알리겠다."라고 말하였으나, B는 그것이 차라리 낫겠다고 여겨 공포를 느끼지 않았다. 이 경우 갑에 의하면 협박죄가 성립되지만, 을에 의하면 성립되지 않는다. (후략)

을은 협박죄의 성립요건으로 '충분한 해악 고지' + '상대방이 의미 인식' + '공포 느낌'을 제시하고 있다. 그런데 보기ㄱ은 이중 하나인 '공포 느낌'을 결하고 있다. 따라서 하나의 '조건'을 충족시키지 못하고 있으므로 '협박죄가 성립하지 않는다.'라고 해야 할 것인가 아니면 조건을 결한 경우에 대해서는 언급한 바가 없으니 '협박죄가 성립하는지 그렇지 않은지 알 수 없다.'라고 해야 할 것인가?

명제논리에서 학습한 것을 여기에도 엄격하게 적용한다면 '전건부정의 오류'라고 생각할 수 있겠으나, 법률문제의 경우 을의 견해는 '세 가지 요건을 갖추면 협박죄가 성립되고 그렇지 않으면 협박죄가 성립하지 않는다.'는 반대해석을 함축하고 있는 것으로 해석된다. 따라서 보기ㄱ은 옳게 적용한 내용이 된다.

정리하면, 우리가 추리논증 문제 중 함축된 정보를 추론하는 문제를 대할 때 지금까지 학습한 명제논리와 술어논리의 논리적 해석들을 바탕으로 하되 말하는 이, 듣는 이, 시간, 장소 따위로 구성되는 맥락과 관련한 문장 의미 또한 고려하여 문제를 풀어가야 할 것이다.

## 2 언어추리 문제 유형

### (1) 함축 및 귀결

함축 및 귀결 문항은 제시문의 진술이 함축하는 진술과 함축하지 않는 진술을 확인할 수 있는 능력을 평가하는 문항이다. 여기서 '함축'은 엄격한 의미로 사용되는데, 진술 A가 참이라면 진술 B가 반드시 참일 때 진술 A가 진술 B를 함축한다고 말한다.

일반적으로 어떤 진술이 어떤 진술을 함축하는지 그렇지 않은지 판단하기 위해서 진술의 형태가 아니라 내용을 완전히 파악해야 한다.

제시문의 정보와 상식적인 배경정보에 의해서만 함축되는 진술이 추론되는 진술이고, 제시문의 내용 이외의 어떤 다른 전문 지식의 도움을 받아 함축되는 진술이 있다면 그 진술은 제시문으로부터 추론되는 진술이 아니다.

★★ 함축 및 귀결 문항을 풀기 위해서는 논리학의 추론규칙을 배우는 것도 도움이 될 수 있지만, 그보다는 주어진 글의 내용을 철저히 이해하는 습관을 가지는 것이 매우 중요하다. 함축 및 귀결 문항은 형식 논리적으로 도출되는 진술을 파악하는 능력을 측정하는 것이 아니라, 주어진 글이 의미상 말하는 내용과 말하지 않는 내용을 잘 파악하여 이로부터 함축되는 진술과 그렇지 않은 진술을 판별하는 능력을 측정하기 때문이다.

### (2) 원리 적용

원리 적용 문항은 다음과 같은 능력을 측정하는 문항이다.

- 어떤 특정한 사실관계나 개별 사례에 여러 규범적인 규칙이나 일반 원리 중 어떤 것이 적용될 수 있는지 판단하는 능력
- 여러 사례 중 규범적 규칙이나 일반 원리가 적용될 수 있는 사례를 확인하고, 규범적 규칙이나 일반 원리를 해당되는 사례에 적용하여 올바로 추리하는 능력
- 주어진 사례의 규범적 판단이 제시되었을 때 그 판단의 배후에 어떤 규범적 원칙이 적용되었는지 추리할 수 있는 능력

★ 원리 적용 문항은 함축 및 귀결 문항처럼 '다음 글로부터 바르게 추론한 것은?"과 같은 질문을 가지는 경우가 대부분이다. 원리 적용 문항은 법규나 원리를 사례에 적용하여 그 귀결을 추리할 수 있는지 묻는 문제로, 함축 및 귀결 문항의 한 유형으로 볼 수 있기 때문이다. 원리 적용은 법적 추리의 핵심적인 부분이기 때문에 편의상 구분하여 하나의 유형으로 제시한 것일 뿐이다.

### (3) 사실관계 추리

사실관계 추리 문항은 어떤 정보나 증거가 주어질 경우 이로부터 특정한 사실관계를 추리하거나 특정한 주장의 진위 여부를 판단할 수 있는 능력을 평가한다. 그리고 주어진 사실관계에 비추어 진술이나 주장 사이의 일관적 관계, 모순 관계, 지지관계 등을 판단할 수 있는 능력도 평가한다.

★ 사실관계 추리는 사람들의 사고 내지 행동에 대한 경험적인 일반법칙을 구체적인 사례에 적용하여 결론을 도출하는 형식으로 구성되는 경우가 많다. 그런데 전제가 되는 경험적인 일반법칙이란 사회에 널리 받아들여지는 것이므로 보통 이 일반법칙은 생략되고, 사실관계에 관한 진술로부터 결론을 추론하는 것이 일반적이다.

★ 사실관계 추리는 이렇게 경험적인 일반법칙에 근거한 추론이므로 사안에 따라 개별적인 예외가 존재할 가능성을 언제나 염두에 두어야 한다. 사실 관계 추리는 그 자체로서 완결적인 타당한 추리가 아니라, 추리하는 사람으로 하여금 제한된 정보와 증거에 기초하여 가장 개연성이 높은 사건의 경과를 합리적으로 재구성할 수 있게 해 주는 추리인 것이다.

# Ⅱ. 언어추리 문제의 유형별 학습

## 1 일상 언어추리

**01**

화용론적 함축
언어철학

다음 글에 따라 〈상황〉을 분석한 것으로 옳지 않은 것은? 제4회 2012 LEET 문11

우리가 말하는 문장은 사실의 기술(記述) 이외에도 많은 기능을 수행할 수 있다. 하나의 문장은 단순히 발화(發話)되기도 하지만, 그것을 넘어 정보를 전달하는 행위, 무엇을 물어보는 질문, 무엇을 지시하는 명령 등에도 사용된다. 발화된 문장이 어떤 기능을 수행하는지는 화자의 의도 및 발화의 맥락에 주로 의존한다.

(1) 어느 겨울 날 혼자 길을 걷던 갑순이 전광판에 표시된 기온을 확인하고 "날씨가 춥다."라고 말했다면, 이때 이 문장은 특정한 기상 상황을 기술하는 기능을 수행한 것이다. (2) 갑순이 갑돌에게 날씨 정보를 전달하려는 의도에서 "날씨가 춥다."라고 말했다면 이는 사실의 기술을 넘어 정보 전달 기능을 수행한 것이다. 그런데 (3) 만약 갑순이 갑돌로 하여금 어떤 비언어적 행동을 일으킬 의도, 예컨대 목도리를 풀어 달라는 의도로 그 문장을 말한 것이라면, 이는 사실의 기술 및 정보의 전달기능뿐 아니라 갑돌로 하여금 어떤 행위를 하도록 유발하는 기능을 수행한 것이다.

이때 발화된 문장은 (1)에서는 사실을 기술하는 문자 그대로의 의미, 즉 '문장 의미'만을 지니는 반면, (2)에서는 날씨가 춥다는 것을 알리려는 화자의 의도가 포함된 의미, 즉 '화자 의미'를 지닌다. 또한 (3)에서도 목도리를 풀어 달라는 화자의 의도가 포함된 화자 의미를 지닌다. 그런데 (3)에서는 "문 좀 닫아 주실래요?"처럼 문장 의미와 화자 의미가 가까운 경우도 있는 반면, 문을 닫게 할 의도로 "바람이 차네요."라고 말하는 경우처럼 문장 의미와 화자 의미의 거리가 더 먼 경우도 있다.

〈상황〉

㉠ "프로렌스의 추억, 차이코프스키."라고 중얼거리면서, 큰 테이블 곁에 혼자 서서 예나는 멜로디를 흥얼거렸다. 멀리서 현악기의 소리가 은은히 들렸고, 사람들은 행복해 보였다. "클래식 음악 좋아하시나 봐요? ㉡ 저편으로 가셔서 신랑 신부에게 인사하시지요." 석하가 다가오며 말을 건넸다. ㉢ "다른 하객 분들도 거기 모여 계십니다."라는 석하의 말에 예나는 그 자리를 떠나고 싶지 않아 말했다. ㉣ "이 자리에 있으면 안 되나요?" 이 말을 더 이상 귀찮게 하지 말라는 의도로 이해한 석하는 씁쓸한 표정으로 저편에 있는 사람들에게 돌아갔다.

① ㉠이 대화 상황에서 말해졌다면, (2)는 ㉠이 수행하는 기능 중의 하나일 것이다.
② (3)은 ㉡이 수행하는 기능 중의 하나이다.
③ (2)는 ㉢이 수행하는 기능 중의 하나이다.
④ 화자의 의도를 고려할 때, ㉢은 ㉡보다 문장 의미와 화자 의미의 거리가 멀다.
⑤ ㉣의 경우, 석하가 이해한 문장 의미와 화자 의미의 거리는 예나가 의도한 문장 의미와 화자 의미의 거리보다 가깝다.

## 2 함축 및 귀결

**02** 상관관계와 인과관계

다음 글로부터 추론한 것으로 옳은 것만을 [보기]에서 있는 대로 고른 것은?

제6회 2014 LEET 문13 [함축 및 귀결 예시문항]

사람들은 흡연자이거나 비흡연자이고, 또 폐암에 걸리거나 걸리지 않는다. 흡연자가 폐암에 걸리는 확률이 비흡연자가 폐암에 걸리는 확률보다 높을 때, 다시 말해서 흡연자 중 폐암 발생자의 비율이 비흡연자 중 폐암 발생자의 비율보다 클 때 흡연은 폐암과 긍정적으로 상관되어 있다고 말한다. 가령 흡연자 중 폐암 발생자의 비율이 2%이고 비흡연자 중 폐암 발생자의 비율이 0.5%라면, 흡연과 폐암은 긍정적으로 상관된다.

역으로 흡연자가 폐암에 걸리는 확률이 비흡연자가 폐암에 걸리는 확률보다 낮을 때 흡연은 폐암과 부정적으로 상관되어 있다고 말한다. 상관관계는 대칭적이어서, 흡연이 폐암과 긍정적으로 상관되어 있으면, 역으로 폐암도 흡연과 긍정적으로 상관된다.

두 사건 사이에 직접적인 인과관계가 없을 때에도 그 둘은 상관관계를 가질 수 있다. 가령 그것들이 하나의 공통 원인의 결과일 때 그런 일이 있을 수 있다. 다른 한편, 두 사건 사이에 인과 관계가 있어도 이들 사이에 긍정적 상관관계가 없을 수도 있다. 예를 들어, 흡연은 심장 발작을 촉진하지만, 흡연자들은 비흡연자들보다 저염식 식단을 선호하는 성향이 있다고 하자. 이런 경우 흡연이 심장 발작을 일으키는 성향은 흡연이 흡연자로 하여금 심장 발작을 방지하는 음식을 선호하게 만드는 성향과 상쇄되어 흡연과 심장 발작 사이에는 상관관계가 없을 수 있으며, 심지어는 부정적 상관관계가 있을 수도 있다.

[보기]

ㄱ. 흡연이 비만과 부정적으로 상관되어 있다면, 비만인 사람 중 흡연자의 비율이 비만이 아닌 사람 중 흡연자의 비율보다 작다.
ㄴ. 흡연과 비만 사이에 긍정적 상관관계가 있다면, 비만인 사람 중 흡연자의 수가 비흡연자의 수보다 많다.
ㄷ. 흡연이 고혈압의 원인이고 고혈압이 심장 발작과 긍정적 상관관계를 갖는다면, 흡연은 심장 발작과 긍정적 상관관계를 갖는다.

① ㄱ ② ㄷ ③ ㄱ, ㄴ
④ ㄱ, ㄷ ⑤ ㄴ, ㄷ

## 3 원리 적용

**03**

하자 있는 행정처분의 취소 요건

A국의 법에 대한 다음 글로부터 바르게 추론한 것만을 보기 에서 있는 대로 고른 것은?

제3회 2011 LEET 문5 [원리 적용 예시문항]

국가기관이 하자 있는 처분을 한 경우 그 기관은 별다른 법적 근거가 없더라도 그 처분을 취소할 수 있다. 다만 상대방에게 이익을 주는 처분을 취소할 때에는 이를 취소하여야 할 공익상의 필요와 그 취소로 인하여 상대방이 입게 될 기득권이나 신뢰보호의 침해와 같은 불이익을 비교한 후, 공익상의 필요가 상대방이 입을 불이익을 정당화할 만큼 강한 경우에 한하여 취소할 수 있다. 그러나 국가기관의 하자 있는 처분이 당사자의 사실 은폐나 사기에 의한 신청에 근거한 것이라면 당사자는 자신이 받는 이익이 취소될 수 있다는 가능성도 예상하고 있었다고 보아야 하며, 이러한 개인의 불이익은 법이 보호하고자 하는 범위를 벗어나는 것이므로 그 처분은 취소되어야 한다.

보기

ㄱ. 주변 환경과 미관을 해칠 수 있는 골프장의 건설을 불허하는 처분을 내린 지 1년 후 이 처분이 골프장법에 위반됨을 알게 된 경우, 국가기관은 이 처분을 취소할 수 있다.

ㄴ. 운전면허를 취소하여야 하는 사유가 있는 운전자에게 국가기관이 운전면허법을 위반하여 1개월 면허정지 처분을 내린 경우, 이 처분은 운전자에게 이익을 주는 것이므로 취소할 수 없다.

ㄷ. 노인이 나이를 속여 65세 이상에게만 지급되는 생활보조금을 받을 자로 지정된 경우, 엄격한 법의 집행으로 얻게 될 공익이 노인이 받을 불이익을 정당화시키지 못한다면 국가기관은 지정처분을 취소하지 않을 수 있다.

① ㄱ ② ㄴ ③ ㄷ
④ ㄱ, ㄴ ⑤ ㄴ, ㄷ

# 4 사실 관계 추리

## 04

사실에 함축된 정보의 종합적 판단

다음 글에 비추어 판단한 것으로 옳지 않은 것은? 제4회 2012 LEET 문4 [사실 관계 추리 예시문항]

피고인은 아래 교통사고와 관련한 범죄혐의로 기소되었다. 검사와 피고인의 주장은 다음과 같고, 확인된 사실은 (가)~(바)와 같다.

검 사 : 피고인은 이 사건 당시에 가해 트럭을 운전하였다.
피고인 : 나는 2010년 9월경 사고차량인 트럭을 도난당했고, 사고 당시에 가해 트럭을 운전한 사실이 없다.

(가) 2010년 11월 6일 06 : 00경 OO시의 시내 교차로에서 L이 운전하던 택시를 트럭이 뒤에서 들이받는 교통사고가 발생하였다. 신원불명의 트럭 운전자는 사고 직후 도주하였다.
(나) 피고인은 사고를 낸 트럭의 소유자이지만 도난신고를 한 일은 없었다.
(다) 피고인은 2010년 8월 이후 자동차운전면허가 없었고 다른 범죄혐의로 경찰의 추적을 받고 있었다.
(라) 사고 직후 트럭 안에서 휴대전화 1개, 피고인 앞으로 발부된 범칙금납부고지서가 발견되었지만, 그 외에 운전자의 신원을 짐작할 수 있는 물건은 발견되지 않았다.
(마) 위 휴대전화의 발신번호 및 통화내역을 조회해 본 결과, 사고 당일 01:30경부터 01:33경까지 K의 휴대전화로 5차례 발신된 사실이 있다.
(바) L은 교통사고 당시 피고인과 비슷한 사람이 운전한 것을 목격한 것 같다고 진술하였고, K는 자신이 피고인의 선배이며 (마)의 발신인이 피고인이었다고 진술하였다.

① (가)에서 교통사고가 발생하였다는 사실은 검사 주장의 전제는 되지만 그 사실만으로 피고인 주장의 참·거짓을 판단할 수는 없다.
② 피고인이 운전자라고 주장하는 검사는 (다)를 피고인이 사고 후 도주한 이유에 대한 설명으로 제시할 수 있다.
③ (라)의 범칙금납부고지서가 2010년 8월 10일에 발급된 것으로 확인되었을 경우, 이 사실만으로는 검사와 피고인 주장의 참·거짓을 판단할 수 없다.
④ (바)에서의 L과 K의 진술을 모두 신뢰할 수 있다면, L과 K의 진술은 검사 주장을 강화하는 데 사용할 수 있다.
⑤ 검사와 피고인 주장이 동시에 참일 수 없으며, (가)~(마)가 모두 사실인 경우 두 사람의 주장은 동시에 거짓일 수도 없다.

# Ⅲ. 인문과학 소재 문제의 내용영역별 분석

## 1 철학

**05**

개념의 사례 적용

다음에서 설명된 '자연적'의 의미를 바르게 적용한 것은? 제1회 2009 LEET 문10

> 미덕은 자연적인 것이고 악덕은 자연적이지 않은 것이라는 주장보다 더 비철학적인 것은 없다. 자연이라는 단어가 다의적이기 때문이다. '자연적'이라는 말의 첫 번째 의미는 '기적적'인 것의 반대로서, 이런 의미에서는 미덕과 악덕 둘 다 자연적이다. 자연법칙에 위배되는 현상인 기적을 제외한 세상의 모든 사건이 자연적이다. 둘째로, '자연적'인 것은 '흔하고 일상적'인 것을 의미하기도 한다. 이런 의미에서 미덕은 아마도 가장 '비자연적'일 것이다. 적어도 흔하지 않다는 의미에서의 영웅적인 덕행은 짐승 같은 야만성만큼이나 자연적이지 못할 것이다. 세 번째 의미로서, '자연적'은 '인위적'에 반대된다. 행위라는 것 자체가 특정 계획과 의도를 지니고 수행되는 것이라는 점에서, 미덕과 악덕은 둘 다 인위적인 것이라 할 수 있다. 그러므로 '자연적이다', '비자연적이다'라는 잣대로 미덕과 악덕의 경계를 그을 수 없다.

① 수재민을 돕는 것은 첫 번째와 세 번째 의미에서 자연적이다.
② 논개의 살신성인적 행위는 두 번째와 세 번째 의미에서 자연적이지 않다.
③ 내가 산 로또 복권이 당첨되는 일은 첫 번째와 두 번째 의미에서 자연적이지 않다.
④ 벼락을 두 번이나 맞고도 살아남은 사건은 첫 번째와 두 번째 의미에서 자연적이다.
⑤ 개가 낯선 사람을 보고 짖는 것은 두 번째 의미에서는 자연적이지 않지만, 세 번째 의미에서는 자연적이다.

# 06 윤리학

A~C 모두와 양립할 수 있는 것만을 [보기]에서 있는 대로 고른 것은? 제6회 2014 LEET 문10

A : 오늘날 인류가 지니는 양심은 사회적 감정으로서 타인의 고통과 쾌락에 대한 공감의 감정이 역사적으로 학습된 결과, 즉 인류가 공유하는 습관화된 동정심이다. 타인의 쾌락을 증진시키고 고통을 감소시키는 데 기여하지 않는 양심은 잘못된 양심일 뿐이다. 우리는 양심에서 비롯된 잘못된 행위의 많은 사례들을 실제로 인류 역사에서 확인할 수 있다.

B : 양심은 취득될 수 있는 것이 아니며 양심을 구비해야 할 의무란 없다. 모든 사람은 근원적으로 양심을 자기 내에 가지고 있다. '이 사람은 양심이 없다'고 말하는 것은 그가 양심의 요구를 외면하고 있음을 의미하지, 그가 실제로 양심을 결여하고 있음을 의미하지 않는다. 양심이란 개인적 욕구로부터 독립적인 보편타당한 도덕 판단을 하는 실천이성에 다름 아니다. 어떤 사람이 종교적 이단 처형을 '신의 계시에 따른 내적 확신에서 비롯된 순수한 양심'을 통하여 정당화한다면, 이때의 '양심'은 실은 양심이 아니다.

C : 양심이란 부모의 권위가 내면화된 초자아의 기능이다. 어린이는 특정 시기를 지나면서 부모라는 대상을 향한 성적 욕구를 포기하고, 이러한 포기에 대한 보상으로서 부모와의 동일시를 강화하게 된다. 아이의 초자아는 부모의 초자아에 따라 형성되며 따라서 초자아는 이런 식으로 세대를 넘어 이어진 가치의 계승자가 된다. 많은 신경증적 증후들은 초자아가 지나치게 강한 결과, 즉 양심이 과도하게 열등감이나 죄의식으로 자아를 벌한 결과이다.

[보기]

ㄱ. 양심 없는 인간이 있을 수 있다.
ㄴ. 양심의 명령에 따르는 행동이 비도덕적일 수 있다.
ㄷ. 나의 행동이 양심이 명령하는 바와 일치하지 않을 수 있다.

① ㄴ ② ㄷ ③ ㄱ, ㄴ
④ ㄱ, ㄷ ⑤ ㄱ, ㄴ, ㄷ

## 07
과학철학

다음 글로부터 추론한 것으로 옳지 않은 것은? 제9회 2017 LEET 문30

우리는 다양한 사건을 관찰하여 여러 정보를 획득한다. 이때 우리가 획득하는 정보의 양은 해당 사건의 관찰과 관련된 우리 상태에 따라 달라진다. 특히 어떤 관찰 이후 우리가 획득하는 정보의 양은 해당 관찰에 대해 느끼는 놀라움에 정도에 비례한다. 우리는 검은 까마귀를 관찰했을 때보다 흰 까마귀를 관찰했을 때 더 많이 놀란다. 이런 경우에 우리는 검은 까마귀를 관찰했을 때보다 흰 까마귀를 관찰했을 때 더 많은 정보를 획득한다. 여기서 말하는 놀라움의 정도는 예측의 정도와 반비례한다. 좀처럼 예측되기 어려운 사건이 일어나면 더 놀라움을 느끼고, 쉽게 예측되는 사건이 일어나면 덜 놀라움을 느낀다. 그럼 이 예측의 정도는 어떻게 측정할 수 있는가? 한 가지 방법은 확률을 이용하는 것이다. 즉 어떤 사건을 관찰하기 전에 우리가 그 사건에 부여하고 있었던 확률이 작으면 작을수록 예측의 정도는 더 작아진다. 저 앞에 있는 까마귀의 색을 확인하기 전이라고 해보자. 분명 우리는 그 까마귀가 검은 색이라는 것보다 흰색이라는 것에 더 작은 확률을 부여한다. 바로 이런 확률의 차이를 통해 우리가 검은 까마귀의 관찰보다 흰 까마귀의 관찰을 더 약하게 예측한다는 것을 드러낼 수 있다.

① 서로 다른 두 사람이 무언가를 관찰한 후에 획득한 정보의 양이 서로 같다고 하더라도 그들이 관찰한 사건은 다를 수 있다.
② 어떤 사람이 서로 다른 두 사건을 관찰했을 때 느끼는 놀라움의 정도의 차이는 그 사람이 관찰 이전에 두 사건에 부여했던 확률의 차이에 반비례한다.
③ 어떤 사건이 발생했다는 것을 관찰했을 때 획득되는 정보의 양은 그 사건이 발생하지 않았다는 것을 관찰했을 때 획득되는 정보의 양과 서로 반비례한다.
④ 어떤 사건이 반드시 일어날 수밖에 없다고 생각하는 사람이 그 사건이 일어나는 것을 관찰했을 때 획득하는 정보의 양은 그 어떤 정보의 양보다 크지 않다.
⑤ 주사위를 던져서 나올 결과들에 대해 서로 다른 확률을 부여하는 사람이 있다면, 해당 주사위 던지기의 결과 중 무엇을 관찰하든 그가 느끼는 놀라움의 정도는 서로 다르다.

## 08

윤리학/
미래세대의
행복

다음으로부터 추론한 것으로 옳은 것만을 [보기]에서 있는 대로 고른 것은? 제11회 2019 LEET 문21

우리에게 미래 세대의 행복을 극대화해야 할 책임이 있다고 할 때, 우리는 행복 총량의 증대를 추구해야 할까, 아니면 행복 평균의 증대를 추구해야 할까? 인구가 고정되어 있다면 어느 쪽을 채택하든 결과가 같기 때문에 고민할 필요가 없다. 하지만 미래 인구의 변동을 고려해야 하는 상황이라면, 행복 총량과 행복 평균의 구분이 중요해진다.

먼저, 행복 총량 견해를 선택한다고 해 보자. 행복 총량을 증대하려면 가능한 한 많은 미래 세대를 낳아야 할 것이다. 사람들마다 누리는 행복의 크기는 다르겠지만, 적어도 전혀 행복을 누리지 못하는 사람들만 늘어나는 것이 아닌 한, 인구가 증가하면 어쨌든 행복 총량은 조금이라도 증대될 것이다. 하지만 이것은 행복 총량이 늘어나기만 하면, ㉠행복보다 고통이 더 큰 사람들이 무수히 많아지는 상황을 야기해도 상관없음을 함의한다. 한편, 행복 평균 견해를 선택해도 역시 당혹스러운 결론에 도달한다. 이 선택에 따르면 생활환경이 열악한 지역의 미래 세대는 행복 평균 증대에 도움이 안 될 개연성이 크므로 그런 곳의 인구 증가는 바람직하지 않다. 결국, 생활수준이 높은 지역만이 출산의 당위성을 확보하게 되고 ㉡낙후 지역의 출산율은 인위적으로 통제되는 상황이 이어질 수도 있다.

[보기]

ㄱ. 인구가 감소하면 행복 총량은 감소하고 행복 평균은 증대한다.

ㄴ. 만약 행복 총량 견해가 행복 총량에서 고통 총량을 뺀 소위 '순(純)행복' 총량의 극대화를 목표로 한다면, ㉠이 야기될 가능성이 낮아진다.

ㄷ. 먼저 행복 총량 견해를 선택하고 한 세대가 지난 후 행복 평균 견해로 변경하는 경우, 처음부터 행복 평균 견해만 선택하는 경우보다 ㉡의 확대 가능성이 더 낮아진다.

① ㄱ　② ㄴ　③ ㄱ, ㄷ
④ ㄴ, ㄷ　⑤ ㄱ, ㄴ, ㄷ

# 09

도덕적 비난 가능성 / 도덕 원리의 상황에의 적용

다음으로부터 추론한 것으로 옳은 것만을 [보기]에서 있는 대로 고른 것은? 제12회 2020 LEET 문16

甲, 乙, 丙 세 사람 모두 약속 위반이 잘못된 행위이며 특별한 사정이 없는 한 그런 행위자를 도덕적으로 비난할 수 있다고 생각한다. 이들이 인정하는 특별한 사정이란 "당위는 능력을 함축한다"라는 근본적인 도덕 원리와 관련된 것으로서, 만약 약속을 지킬 수 있는 능력이 없는 경우라면 약속 위반자를 도덕적으로 비난하지 않겠다는 것이다. 이와 더불어 세 사람은 모두 행위자가 물리력을 행사하여 수행할 수 있는 범위 내에 있는 행위라면 '그 행위자에게 그 행위를 할 수 있는 능력이 있는 것'으로 간주한다. 하지만 행위 능력이 있더라도 행위자가 그 능력을 인지하는지 여부에 따라 추가로 특별한 사정이 생길 수 있다는 ㉠ 입장과 그런 여부와 상관없이 특별한 사정은 생기지 않는다는 ㉡ 입장이 갈릴 수 있다.

〈사례〉

丁은 오늘 정오에 戊를 공항까지 태워 주기로 약속했지만 끝내 제시간에 약속 장소에 나타나지 않았다. 밝혀진 바에 따르면, 丁은 약속을 분명히 기억하고 있었고 시간을 착각한 것도 아니면서 제때 방에서 나오지 않았다. 하지만 약속 위반자인 丁에게 특별한 사정이 있었을 수도 있다. 이제 다음 세 가지 상황을 고려해 보자.

〈상황〉

(1) 丁은 집주인이 방문을 잠가 놓았다는 사실을 알게 되었다. 밖에서 방문을 열어 주지 않는 한 그가 나갈 수 있는 방법은 전혀 없었고 외부와의 연락 수단도 없었다.

(2) 丁은 집주인이 방문을 잠가 놓았다는 사실을 알게 되었다. 밖에서 열어 주지 않는 한 방문을 열 수 있는 방법은 전혀 없었고 외부와의 연락 수단도 없었다. 하지만 방 안에는 丁이 전혀 모르는 버튼이 있는데, 그 버튼을 누르면 비밀 문이 열린다. 버튼을 누르는 일은 丁이 물리력을 행사하여 수행할 수 있는 범위 내에 있었다.

(3) 집주인이 방문을 잠가 놓았고 밖에서 방문을 열어 주지 않는 한 丁이 방에서 나갈 수 있는 방법은 전혀 없었다. 방에는 외부와의 연락 수단도 없었다. 하지만 丁은 귀찮아서 방을 나가려 하지 않았고 방문이 잠겨 있다는 사실을 전혀 몰랐다.

[보기]

ㄱ. 甲이 (1)과 (3)의 상황에서 丁에 대한 도덕적 판단이 서로 달라야 할 이유가 없다고 생각한다면, 甲은 ㉡을 채택한 것이다.

ㄴ. ㉡을 채택한 乙은 (2)의 상황에서 丁을 도덕적으로 비난하지 않을 것이다.

ㄷ. 丙은 ㉠을 채택하든 ㉡을 채택하든 (3)의 상황에서 丁이 도덕적 비난의 대상이 될 수 있다는 것을 설명할 수 없다.

① ㄱ ② ㄷ ③ ㄱ, ㄴ ④ ㄴ, ㄷ ⑤ ㄱ, ㄴ, ㄷ

# 10

행위의 합리성 평가/ 인식과 목적측면

〈사례〉에 대한 분석으로 옳지 않은 것은?

제14회 2022 LEET 문24

행위는 인식과 목적 두 측면에서 합리적인 것으로 평가받을 수 있어야 진정으로 합리적이며, 그렇지 않으면 비합리적이다. 두 측면을 이해하는 방식에는 각각 논란이 있다. 행위의 인식 측면에서는, 행위자가 개인적으로 믿고 있는 정보를 기준으로 목적을 달성할 수 있는 행위를 수행한 경우 합리적이라고 평가된다는 입장과 실제로 참인 정보를 토대로 해야 합리적으로 평가된다는 입장이 대립한다. 전자를 '주관적' 입장, 후자를 '객관적' 입장이라고 하자.

행위의 목적 측면에서는, 행위를 수행하는 목적이 행위자 자신에 대한 직접적 해악과 무관하다면 합리적이라고 평가된다는 입장과 그 목적이 비판적으로 정당화되는 도덕이론의 관점에서 부당하지 않은 경우에만 합리적으로 평가된다는 입장이 대립한다. 전자를 '내재주의', 후자를 '외재주의'라고 하자. 이를 조합하면 행위는 '주관적 내재주의', '주관적 외재주의', '객관적 내재주의', '객관적 외재주의'의 네 가지 입장에서 평가할 수 있다.

〈사례〉
- A는 수분을 섭취하기 위해 병에 담겨 있는 액체를 이온음료라고 믿고 마셨지만 그것은 실제로는 벤젠이었고 그 결과 A는 심각한 상해를 입게 되었다.
- B는 이웃돕기 성금을 마련하기 위해 중고 거래 사이트에 허위 매물을 올렸다 그는 이 사이트의 거래 수단이 선입금 구매자의 보호에 취약하다는 사실을 잘 알고 있었다. 이 점을 이용하여 B는 판매 대금만 수령하고 물건은 보내지 않는 방식으로 이웃돕기 성금을 마련할 수 있었다.
- C는 금품 편취를 목적으로 동료에게 이메일을 보냈으나 이메일 주소를 잘못 알고 있었기에 그는 C에게 금품을 편취당하지 않았다.

① A와 C의 행위를 모두 비합리적이라고 평가하는 입장은 1개이다.
② 주관적 내재주의는 A와 B의 행위를 모두 합리적이라고 평가한다.
③ A의 행위의 합리성에 대한 주관적 외재주의와 주관적 내재주의의 평가는 일치한다.
④ 동료가 C에게 이메일 주소를 일부러 거짓으로 알려주었다 하더라도, C의 행위에 대한 합리성 평가는 어떤 입장에 따르더라도 변경되지 않는다.
⑤ 만약 외재주의가 행위의 목적뿐만 아니라 수단의 도덕성을 함께 고려하는 입장이라면, 주관적 외재주의와 객관적 외재주의는 B의 행위를 비합리적이라고 평가한다.

## 2 고전 및 역사

**11**

대통력/
무중치윤법

다음 글로부터 추론한 것으로 옳은 것만을 보기 에서 있는 대로 고른 것은? 제6회 2014 LEET 문31

대통력(大統曆)은 한 해를 12개월, 한 달을 큰달(대, 30일) 혹은 작은달(소, 29일)로 하되, 19년 중 7년은 윤달을 추가하여 1년을 13개월로 하였다. 윤달의 이름은 다음과 같이 정했다. 예를 들어 어느 해의 넷째 달을 윤달로 정하면 그 달은 '윤3월'로 불렀다. 윤달을 어떤 달에 넣을 것인지의 결정은 절기와 깊은 관계가 있었다.

절기(節氣)란 동지점을 기점으로 태양이 지나는 황도(黃道)를 15도 간격으로 24개의 기준점으로 나눈 것인데, 12개의 '중기(中氣)'와 12개의 나머지 절기로 구분된다. 달의 이름이 무엇이 될지는 '중기'의 포함 여부와 어떤 '중기'가 포함되는지에 따라 결정되었다. 예를 들어 '중기' 중 하나인 동지를 포함한 달은 11월이 되는 식이었다.

| 11월 | | 12월 | | 정월 | | 2월 | | 3월 |
|---|---|---|---|---|---|---|---|---|
| … **동지** | - 소한 - | **대한** | - 입춘 - | **우수** | - 경칩 - | **춘분** | - 청명 - | **곡우** … |

(굵은 글씨는 각 달의 '중기')

대통력에서는 '중기' 간의 시간 간격이 태양년의 1년을 12로 나눈, 약 30.4일로 일정하다고 간주하였다. 이 간격은 30일보다 컸으므로, 간혹 어떤 달의 끝에 '중기'가 오고 다음 '중기'가 한 달을 건너뛰어 다다음 달의 처음에 오는 일이 생긴다. 이런 경우 '중기'가 없는 달을 윤달로 삼는데, 이를 무중치윤법(無中置閏法)이라고 한다.

효종(孝宗) 초년 조선에서는 대통력을 썼는데, 효종 1년(경인년)에서 효종 2년(신묘년)에 걸쳐 윤달의 위치와 달의 대소는 다음과 같았다.

경인년 : 10월(대), 11월(소), 윤11월(소), 12월(대)
신묘년 : 정월(소), 2월(대)

보기

ㄱ. 대통력에서는 같은 달에 24절기 중 3개의 절기가 함께 들어 있을 수 없다.
ㄴ. 경인년 윤11월에는 24절기 중 소한만 들어 있을 것이다.
ㄷ. 신묘년 2월에는 24절기 중 경칩과 춘분이 들어 있을 것이다.

① ㄱ ② ㄷ ③ ㄱ, ㄴ
④ ㄴ, ㄷ ⑤ ㄱ, ㄴ, ㄷ

## 3 심리학

**12**
범죄심리학

A, B와 〈조건〉으로부터 바르게 추론한 것만을 보기 에서 있는 대로 고른 것은? 제5회 2013 LEET 문25

A : 표적의 매력성이란 범죄자가 범행대상(표적)을 원하는 정도, 그 대상을 가치 있다고 생각하는 정도를 의미한다. 이는 범행가능성과 범행거리(범죄자의 거주지와 범행 현장 간의 거리)를 결정할 때 고려하는 이익요소이다. 범죄자는 매력 있는 표적에 가치를 두기 때문에 그러한 표적이 있는 지역으로 이동하게 될 것이다. 범죄자가 표적의 매력성을 중시하는 정도가 강할수록 범행할 가능성이 높고, 범행을 위해서 더 먼 거리를 이동하는 경향이 있다. 매력성을 중시하는 경향은 범행의 계획성이 높을수록 그리고 전과가 많을수록 강해진다.

B : 검거위험성이란 범죄자가 범행을 결정할 때 고려하는 손해요소로서 범행가능성과 범행거리에 영향을 미친다. 범죄자들은 범행을 위해 자신의 집에서 비교적 가까운 거리를 이동하려고 하는 특성을 가지고 있지만, 자신의 집으로부터 아주 가까운 지역에서는 범행을 피하려 한다. 자신을 알아보는 사람들이 많아 범행이 발각될 가능성을 우려하기 때문이다. 따라서 범행을 가장 많이 하는 지역은 주로 범죄자의 집에서 약간 떨어진 곳에 위치하며, 범죄자의 거주지로부터 이 지점에 이를 때까지 범행의 빈도는 거리가 늘어남에 따라 증가하지만 이 지점을 넘어선 다음부터는 거리가 늘어남에 따라 범행빈도가 감소한다. 또한 범죄자는 나이가 들수록 검거위험성을 표적의 매력성에 비해 더 많이 고려하는 경향이 있으며, 검거위험성을 매우 중시하면 검거위험성이 높다고 생각하는 곳에서는 표적의 매력성이 높더라도 범행을 하지 않는다.

〈조건〉
○ 다른 조건들이 동일할 때, 같은 유형의 범죄에서는 범행을 위한 이동 거리가 같다.
○ 재산범죄는 폭력범죄보다 계획성이 높다.
○ 범죄자는 자신의 거주지 근처의 지형에 대해 잘 알고 있다.

보기

ㄱ. 젊은 절도범은 같은 동네에 거주하는 나이 든 성폭행범보다 범행거리가 더 길 것이다.
ㄴ. 현재 주거지에 오래 거주한 강도범의 범행거리는 다른 동네에서 갓 이사 온 강도범의 범행거리보다 더 길 것이다.
ㄷ. 검거위험성을 매우 중시하는 두 명의 강도범 중 전과가 많은 쪽이 전과가 적은 쪽보다 보안시스템이 아주 잘 된 은행을 대상으로 범행을 저지를 가능성이 높을 것이다.

① ㄴ ② ㄷ ③ ㄱ, ㄴ ④ ㄱ, ㄷ ⑤ ㄱ, ㄴ, ㄷ

# Ⅳ. 사회과학 소재 문제의 내용영역별 분석

## 1 정치 및 행정

**13**

입법 목적에 따른 법률 개정

선진국 A는 다음에 언급된 합의를 반영하기 위하여 법률 조항을 개정하였다. 개정된 법률 조항에 해당하는 것만을 보기 에서 있는 대로 고른 것은?

제1회 2009 LEET 문31

다국적 제약 회사들이 특허권을 이용하여 의약품 가격을 높게 책정하기 때문에 해마다 수천만 명에 달하는 개발도상국 국민들이 의약품을 적시에 구매할 수 없어서 에이즈 등의 전염성 질병으로 사망한다. 다국적 제약 회사들이 개발도상국에게는 특허권이 부여된 의약품을 자유롭게 생산할 것을 허용하였지만, 개발도상국들은 의약품에 대한 생산 능력도 시설도 갖고 있지 않아 의약품을 생산할 수 없다. 따라서 다국적 제약 회사들의 반대에도 불구하고 선진국과 개발도상국은 인도주의 차원에서 다음과 같은 내용에 합의하였다.

○ 공중 보건과 관련하여 국내 의약품 생산 능력이 결여된 개발도상국의 경우 제3국으로부터 의약품을 수입할 수 있도록 허용한다.
○ 수입국은 필요한 의약품의 명칭 및 예정 수량을 수출국에 설명해야 한다.
○ 수출국은 자국 내에서의 판매 방지를 위하여 수입국이 필요로 하는 양의 의약품만을 생산해야 하며 생산된 의약품에는 특허 의약품과 구별되는 포장, 색깔, 형태 및 특정 서식을 사용해야 한다.

보기

ㄱ. 정부는 전시, 사변 또는 이에 준하는 국가 비상시에 있어 공공의 이익을 위하여 비상업적으로 사용할 필요가 있는 경우에 특허 발명을 권리자가 아닌 자에게 사용하게 할 수 있다.
ㄴ. 특허의 사용을 허락하는 문서에는 특허권을 사용할 수 있는 범위 및 기간, 특허권자가 공급하는 의약품과 외관 상 구분할 수 있는 포장, 표시를 명시하여야 한다.
ㄷ. 수입국은 수입국이 필요로 하는 의약품의 명칭과 수량 및 의약품 생산을 위한 제조 능력이 없거나 부족하다는 것을 확인하여 통지하여야 한다.

① ㄱ　② ㄴ　③ ㄱ, ㄷ
④ ㄴ, ㄷ　⑤ ㄱ, ㄴ, ㄷ

## 14

정치제도

〈가정〉과 〈상황〉으로부터 추론한 것으로 옳은 것만을 보기 에서 있는 대로 고른 것은?

제6회 2014 LEET 문12

법률이나 정책 등을 바꾸려면 '거부권 행사자'라 불리는 일정 수의 개인 또는 집합적 행위자들의 동의가 필요하다. 거부권 행사자는 헌법에 의거한 '제도적' 거부권 행사자와 정치 체제에 의거한 '당파적' 거부권 행사자로 나뉜다.

대통령중심제 국가이면서 양원제를 채택하고 있는 미국에서는 법률이나 정책을 바꾸려고 할 때 대통령, 상원, 하원의 동의를 필요로 하며 이때 제도적 거부권 행사자의 수는 셋이 된다. 의원내각제 국가의 경우에는 행정부가 입법부와 긴밀히 연계되어 있어서 행정부를 별도의 거부권 행사자로 보기 어렵다.

다른 한편, 의원내각제 국가의 경우에는 정치 체제의 특성상 대통령중심제와 달리 당파적 거부권 행사자가 존재한다. 말하자면, 정부를 구성하는 정당들 하나하나가 별도의 거부권 행사자가 되는데, 연립정부는 단일정당정부에 비해 더 많은 수의 당파적 거부권 행사자를 갖게 된다. 국회의원 선거제도에는 소선거구제와 비례대표제가 있다.

**〈가정〉**

○ 거부권 행사자의 수가 많을수록 정책안정성은 높아진다.
○ 소선거구제에서는 양당제가, 비례대표제에서는 다당제가 출현한다.
○ 의원내각제 하에서 다당제가 출현하면 연립정부가 출범한다.

**〈상황〉**

○ A국은 대통령중심제, 비례대표제, 단원제 국가이다.
○ B국은 대통령중심제, 소선거구제, 양원제 국가이다.
○ C국은 의원내각제, 소선거구제, 단원제 국가이다.
○ D국은 의원내각제, 비례대표제, 양원제 국가이다.

보기

ㄱ. A국이 B국보다 정책안정성이 높을 것이다.
ㄴ. D국이 A국보다 정책안정성이 높을 것이다.
ㄷ. D국이 C국보다 정책안정성이 높을 것이다.

① ㄱ　② ㄷ　③ ㄱ, ㄴ
④ ㄴ, ㄷ　⑤ ㄱ, ㄴ, ㄷ

## 2 경제 및 경영

15

노동의 숙련도에 따른 환산율

다음 글로부터 추론한 것으로 옳은 것만을 보기 에서 있는 대로 고른 것은?

제7회 2015 LEET 문25 [함축 및 귀결 예시문항]

한 경제의 노동량을 계산하는 것은 그 자체로 중요한 문제일 뿐 아니라 노동량의 변화 추이를 파악하거나 국가 간 노동량 비교를 위해서도 필요하다. 경제 전체의 노동량을 계산하기 위해서는 숙련도가 다른 노동을 적절한 비율로 환산할 필요가 있다. 숙련노동 1시간과 미숙련노동 1시간을 동일하게 취급할 수는 없기 때문이다. 숙련도가 다른 두 노동이 동일한 상품을 협업 없이 독립적으로 생산한다고 하자. 이 두 노동 간 환산에 관해 다음과 같은 제안이 있다. 단, 하나의 상품은 하나의 가격을 갖는다.

A : 각 노동의 단위 시간당 보수를 계산하여 그 비율을 환산율로 삼는다.

B : 각 노동의 단위 시간당 생산물의 시장 가치를 계산하여 그 비율을 환산율로 삼는다. (시장 가치 = 생산량 × 가격)

보기

ㄱ. A와 B에 따른 환산율이 동일할 수 있다.

ㄴ. 생산물 가격이 변동하면 B에 따른 환산율도 변한다.

ㄷ. 설비 증가에 따라 노동의 단위 시간당 생산량이 같은 비율로 증가할 때 그에 따른 잉여 증가분을 설비 소유자가 모두 가져간다면, A는 숙련도가 다른 두 노동 간의 숙련도 차이를 반영하지 못한다.

① ㄱ　② ㄴ　③ ㄷ

④ ㄱ, ㄴ　⑤ ㄱ, ㄴ, ㄷ

# 16

배출부과금

다음 글로부터 추론한 것으로 옳은 것만을 보기 에서 있는 대로 고른 것은? (단, 정화 기술 개선에 따르는 초기 투자 비용은 고려하지 않는다.)

제1회 2009 LEET 문37

다음 그림은 어느 기업의 오염 정화 시설 가동과 관련한 비용 구조를 나타낸다. 이 기업은 생산 과정에서 발생하는 오염 물질의 발생량에서 일부를 정화하고 나머지를 배출한다. 다음 그림은 오염 물질의 발생량이 일정한 경우를 가정하며, $e_1$과 $e_2$는 각각 배출량을 나타내는 동시에 정화량을 나타낸다. 정화비용곡선은 오염 물질을 추가적으로 정화할 때마다 추가된 비용을 연결한 선이므로, 총정화비용은 정화량까지의 곡선 아래 면적이 된다. 예를 들어, 그림에서 $e_1$만큼 오염 물질을 배출했을 때, 총정화비용은 정화비용곡선$_1$의 경우 D+E이다. 이 기업은 비용을 절감할 수 있다면 정화 기술을 개선하는데, 이 경우 비용곡선은 정화비용곡선$_1$ (기술 개선 이전)로부터 절감된 비용만큼 아래쪽에 위치한 정화비용곡선$_2$ (기술 개선 이후)로 이동한다.

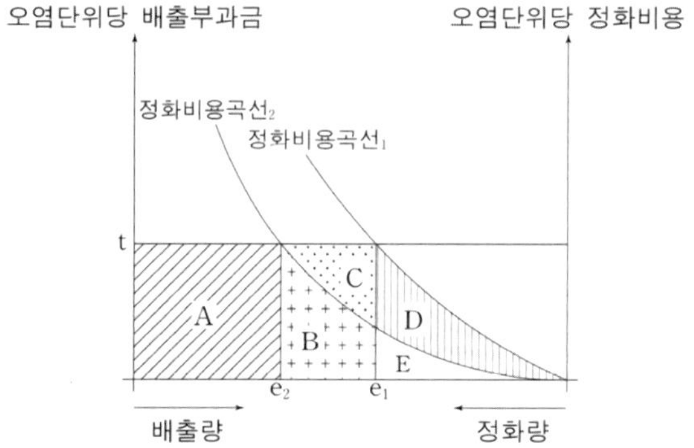


정부는 기업에 대해 배출부과금제를 시행하고 있다. 이 제도 하에서 정부는 오염단위당 배출부과금인 t 원을 배출량의 규모에 곱하여 총부과액을 결정한다. 이때 기업은 특정 시점에서 발생하는 추가적인 오염단위당 정화비용과 t 원을 비교하여 배출량의 규모를 결정한다. 즉, 오염 물질을 추가적으로 정화할 때마다 추가될 오염단위당 정화비용이 t 원보다 크다면 정화량을 줄이고 배출량을 늘릴 것이며, 반대로 t 원보다 작다면 정화량을 늘릴 것이다. 그러므로 정부가 기술 개선 이전의 정화비용곡선$_1$ 에 해당하는 기업에 t 원의 단위당 배출부과금을 적용하면, 이 기업은 $e_1$의 배출량 및 정화량을 선택함으로써 A+B+C 만큼의 총부과액과 D+E 만큼의 총정화비용을 부담해야 한다.

보기

ㄱ. 이 기업이 정화 기술을 개선한 후, 총정화비용이 절감되려면 D가 B보다 커야 한다.
ㄴ. 이 기업이 정화 기술을 개선하여 배출량을 $e_1$에서 $e_2$로 줄일 때 얻게 되는 순이익은 C이다.
ㄷ. 이 기업이 정화 기술을 개선한 후, 기술 개선 이전에 납부하던 총부과액 중 B가 총정화비용의 일부로 전환된다.

① ㄱ ② ㄴ ③ ㄷ
④ ㄱ, ㄴ ⑤ ㄱ, ㄷ

17

재산권 설정이론

다음 글로부터 추론한 것으로 옳은 것만을 보기 에서 있는 대로 고른 것은? 제4회 2012 LEET 문34

다음은 오염 물질을 방류하는 기업과 어로 행위를 하는 어부와 관련된 그림이다. 가로축은 기업의 생산량을 나타내며, 생산량이 증가함에 따라 오염 배출량도 증가한다. 기업의 편익곡선은 기업이 생산량을 증가시킴에 따라 추가로 얻는 편익을, 어부의 피해곡선은 오염 배출량이 증가할 때마다 어부가 추가로 입는 피해를 나타낸다. 기업에게 배출권이 있으면 어부의 규제권은 인정되지 않으며, 기업의 생산량은 $Q$가 된다. 반대로 어부에게 규제권이 있으면 기업의 배출권은 인정되지 않으며, 기업의 생산량은 0이 된다.

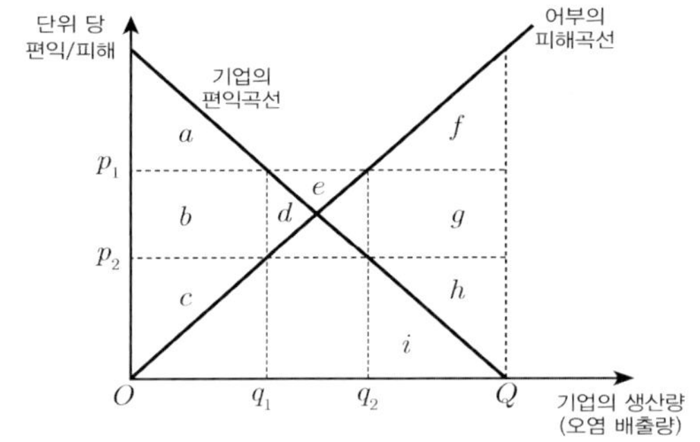


그런데 권리가 있는 쪽이 없는 쪽으로부터 보상을 받는 대가로 권리 행사를 제한하기로 한다면, 서로에게 이득이 되기도 한다. 보상 가격은 권리가 없는 쪽에서 제안하며 생산량은 권리가 있는 쪽에서 결정한다.

예컨대, 기업에게 배출권이 있는 경우 어부가 먼저 생산량 감축에 대한 보상 가격 $p_2$를 제시하면, 기업은 그 가격에서 최선인 $Q_2$까지의 생산량 감축을 제안한다. 이때 양자가 합의하면 어부는 기업에게 $h+i$를 지불하지만 $f+g+h+i$만큼 피해가 감소하므로 $f+g$ 만큼 이득을 얻게 되며, 기업은 어부로부터 $h+i$만큼 받으므로 생산량 감축에 따른 편익 감소분 $i$를 빼고도 $h$만큼 이득을 얻는다. 어부에게 규제권이 있는 경우는 기업이 먼저 보상 가격을 제시하고 어부는 그 가격에서 최선인 허용 생산량을 제안하며, 기업은 제시한 보상 가격과 허용 생산량을 곱한 금액을 어부에게 지급한다.

협상 시 기업과 어부는 각기 자신의 편익 또는 피해 정보만 알고 있으며, 상대방의 피해나 편익 및 기타 비용은 고려하지 않는다.

보기

ㄱ. 어부에게 규제권이 있고 기업이 제안한 $p_1$을 어부가 받아들여 합의한 경우, 어부는 $b+c+d+e$만큼 이득이다.

ㄴ. 기업에게 배출권이 있고 어부가 제안한 $p_1$을 기업이 받아들여 합의한 경우, 어부는 $f-d-e$만큼 이득이다.

ㄷ. 어부에게 규제권이 있고 기업이 제안한 $p_2$를 어부가 받아들여 합의한 경우, 기업은 $a+b$만큼, 어부는 $c$만큼 이득이다.

① ㄱ ② ㄴ ③ ㄱ, ㄷ
④ ㄴ, ㄷ ⑤ ㄱ, ㄴ, ㄷ

**18**

펫보험/
개념이해 및
사례에의 적용

〈사실〉을 근거로 〈사례〉를 분석한 것으로 옳은 것만을 보기 에서 있는 대로 고른 것은?

제12회 2020 LEET 문29

**〈사실〉**

순보험료란 과거에 발생한 보험금 지급 자료에 근거해 계산한 것으로, 보험사가 약정한 사안의 발생으로 가입자에게 지급하게 될 보험금의 기댓값에 상응하는 보험료를 뜻한다. 이를 기반으로 산정된 보험료 대비 실제 지급된 보험금을 나타내는 손해율은 보험사가 예상한 범위에서 벗어날 수 있다. 특히 과거 자료가 부족한 경우 손해율의 변동성은 커지게 된다.

**〈사례〉**

X국의 보험통계기관은 최근까지 축적된 각 보험사의 자료를 통합하여 반려동물보험(펫보험)에 대한 순보험료를 계산해 발표했다. 펫보험은 매년 손해율이 들쭉날쭉해 보험사들이 상품 출시에 소극적이었으나, 최근 반려동물 개체 수가 급증하면서 수요가 커졌다. 발표에 따르면 네 살 반려견을 기준으로 연간 25만 원의 순보험료라면 건수 상관없이 동물병원에서 총 200만 원 한도의 치료를 받을 수 있다고 한다. 반려묘에 대해 같은 수준의 보장을 받으려면 연간 20만 원의 순보험료가 필요한 것으로 계산되었다. ㉠ 반려동물 주인이 치료 비용의 일정 비율을 보험으로 보장받고 나머지는 본인이 부담하는 보험 상품이 출시될 수도 있다. 예를 들어 보장률이 70%인 상품이면 30%는 반려동물 주인이 부담한다. ㉡ 반려동물 주인이 일정 금액까지 치료비를 우선적으로 부담하고 나머지를 보험금으로 전액 충당하는 보험 상품도 나올 것으로 전망된다.

보기

ㄱ. 반려묘의 보험금 수령 건수는 네 살 반려견의 보험금 수령 건수의 80%이다.

ㄴ. 보험통계기관의 순보험료 발표로 개별 보험사의 펫보험 손해율의 변동성이 작아질 것으로 기대된다.

ㄷ. ㉡에 가입하면 ㉠에 비해 진료비가 비싸질수록 진료비에 대한 보험 가입자의 부담이 커진다.

① ㄱ　② ㄴ　③ ㄱ, ㄷ
④ ㄴ, ㄷ　⑤ ㄱ, ㄴ, ㄷ

## 19

주가의
수익률 변동성

다음으로부터 추론한 것으로 옳은 것만을 보기 에서 있는 대로 고른 것은? 제13회 2021 LEET 문29

주가의 수익률 변동성은 예측치 못한 상황으로 인한 수익률의 불확실성 정도를 의미한다. 일반적으로 수익률 변동성이 클수록 주식 투자에 따른 위험이 증가하는데, 투자자들은 위험한 주식을 보유하기를 꺼리므로 이런 주식에 투자할 유인이 생기려면 주가가 낮아 높은 기대 수익률이 보장되어야 한다.

수익률 변동성은 두 가지 특성을 가진다. 첫째, 수익률 변동성은 군집성을 가진다. 즉, 특정일의 변동성이 높으면 익일의 변동성도 높고, 변동성이 낮으면 익일의 변동성도 낮게 나타난다. 변동성의 군집성은 주가에 영향을 미치는 정보가 일정 기간 지속적으로 시장에 유입되기 때문에 나타난다.

둘째, 수익률 변동성은 주가가 상승할 때보다는 하락할 때 상대적으로 더 크게 나타나는 비대칭성을 가진다. 이러한 비대칭성을 설명하기 위한 가설로는 레버리지 효과 가설과 변동성 피드백 가설이 있다. 레버리지 효과 가설에 따르면, 주가 하락이 기업의 부채 비율인 레버리지를 상승시킴으로써 재무 위험이 증가하고 수익률 변동성을 높이는 반면, 주가 상승은 레버리지를 하락시켜 변동성을 낮춘다. 한편, 변동성 피드백 가설은 수익률 변동성의 증가로 주식 투자의 위험이 증가하므로 주식 보유 유인으로서의 위험 프리미엄*이 높아져 주가가 하락한다는 것이다. 두 가설은 수익률 변동성과 주가 간 음(-)의 상관관계를 예측한다는 점에서는 유사하나 인과 구조는 서로 상반된다.

* 위험 프리미엄 : 위험 보상을 위한 추가 수익률

보기

ㄱ. 주가가 상승한 시기보다 하락한 시기에 수익률 변동성의 군집성이 더 오래 지속될 것이다.
ㄴ. 레버리지 효과 가설에 따를 경우, 부채 비율이 동일하게 유지되는 기업에서는 주가와 수익률 변동성 간 음(-)의 상관관계는 나타나지 않을 것이다.
ㄷ. 변동성 피드백 가설에 따를 경우, 수익률 변동성 증가로 인한 위험 프리미엄의 상승이 주식의 기대 수익률을 높이는 요인으로 작용할 것이다.

① ㄱ ② ㄴ ③ ㄱ, ㄷ
④ ㄴ, ㄷ ⑤ ㄱ, ㄴ, ㄷ

# 20

이자율과 물가의 관계

빅셀의 주장으로부터 추론한 것으로 옳은 것만을 보기 에서 있는 대로 고른 것은?

제13회 2021 LEET 문30

리카도는 어음, 수표와 같은 신용 수단은 화폐 사용을 절약하는 도구로만 인식하여 화폐의 범주에서 제외하였다. 그에 따르면 화폐량 증가는 이자율을 하락시키고 물가는 상승시키는 요인이 된다. 이에 반해 투크는 물가는 화폐량뿐만 아니라 신용 수단을 포함한 모든 형태의 신용에 의해 영향을 받는다고 반박하였다. 그는 물가 상승은 기업가의 이윤 동기를 자극하여 투자를 위한 신용 수요를 확대시킴으로써 이자율을 상승하게 만든다고 보았다.

빅셀은 이자율과 물가의 관계에 대한 리카도와 투크의 주장이 서로 배치되지 않음을 보이고자 하였다. 그는 리카도와 투크가 사용하는 이자율을 '화폐 이자율'이라 정의하고 이와는 별개로 '자연 이자율'이라는 새로운 개념을 도입하였다. 화폐 이자율은 은행 신용에 대한 수요와 공급을 일치시키는 이자율이고, 자연 이자율은 자본재에 대한 수요와 공급을 일치시키는 이자율이다. 그는 두 이자율이 같아질 때 경제 내 균형이 달성된다고 보았다.

화폐량 증가로 화폐 이자율이 자연 이자율을 하회하여 경제가 균형에서 이탈하는 상황이 발생하였다고 하자. 이 상황의 초기에는 자본재에 대한 기업들의 투자 수요가 늘어난다. 이런 투자를 실행하기 위해서는 소비재 생산에 투입되던 생산 요소들이 자본재 생산으로 이동하면서 소비재 공급이 감소하고 물가는 상승한다. 한편 시간이 경과하면서 소비재 물가의 상승에 따른 기업들의 이윤 동기가 자극되어 소비재 생산을 위한 투자 수요 역시 증가한다. 이 과정에서 기업들의 은행 신용에 대한 수요가 확대되고 화폐 이자율이 상승하여 장기적으로는 자연 이자율과 일치하는 수준에서 균형이 회복된다. 빅셀은 ㉠<u>두 이자율 간 괴리가 발생하는 초기 상황 및 이후의 동태적 조정 과정</u>을 통해 이자율과 물가의 관계에 대한 리카도와 투크의 주장이 서로 양립 가능함을 보였다.

보기

ㄱ. 자본재와 소비재 간 생산 요소의 이동이 빠를수록 리카도가 주장하는 물가와 이자율의 관계가 더 빨리 나타날 것이다.
ㄴ. 균형에서 벗어나 화폐 이자율이 자연 이자율을 상회할 경우, 은행이 신용 공급을 축소하여 자연 이자율을 상승시키면 두 이자율 간 균형이 회복된다.
ㄷ. ㉠에서 물가와 이자율의 관계는, 초기 상황에서는 리카도의 주장에 부합하고 이후의 동태적 조정 과정에서는 투크의 주장에 부합한다.

① ㄱ　② ㄴ　③ ㄱ, ㄷ
④ ㄴ, ㄷ　⑤ ㄱ, ㄴ, ㄷ

# Ⅴ. 자연과학 소재 문제의 내용영역별 분석

## 1 지구과학

**21**
빙기와 간빙기

다음 글에서 추론한 것으로 옳은 것만을 보기 에서 있는 대로 고른 것은? (단, 지반의 융기와 침강은 고려하지 않는다.)

제1회 2009 LEET 문40

신생대 제4기 플라이스토세에는 수십 차례 빙기(氷期)와 간빙기(間氷期)가 반복하여 나타났다. 약 12.5만 년 전에 시작된 최후 간빙기의 기후는 오늘날과 대체로 비슷했다. 최후 빙기가 시작된 것은 약 7.5만 년 전이었고, 약 6만 년 전까지는 대륙 빙하가 크게 확장되었다. 빙하는 약 4만 년 전부터 기온의 상승으로 어느 정도 후퇴했다가 약 2.5만 년 전에 다시 크게 확장되어 북아메리카에서는 북위 39°, 유럽에서는 북위 52°까지 남하했다.

1만 년 전 최후 빙기가 끝나고 현재까지의 기간은 현세라고 불린다. 현세에 들어와서도 기온 변화에 따라 고산 지대의 곡빙하(谷氷河)는 전진과 후퇴를 반복했다. 최근의 연구 결과에 의하면 약 6,000년 전에는 세계의 기후가 지금보다 따뜻했다. 유럽에서는 연평균 기온이 지금보다 2~3℃ 높았고, 그 영향은 해수면에 반영되었다.

보기

ㄱ. 약 6만 년 전 당시의 해안선은 현재의 해안선보다 바다 쪽을 향해 더 나아갔을 것이다.
ㄴ. 약 2.5만 년 전에 저위도 지역 하천의 평균 길이는 현재보다 더 길었을 것이다.
ㄷ. 약 6,000년 전 당시의 곡빙하는 현재의 곡빙하보다 낮은 고도에서도 형성되었을 것이다.

① ㄱ　② ㄴ　③ ㄷ
④ ㄱ, ㄴ　⑤ ㄴ, ㄷ

# 22

중위도 지역의 겨울 기후

다음 글로부터 추론한 것으로 옳은 것만을 [보기]에서 있는 대로 고른 것은?   제4회 2012 LEET 문28

겨울철 지상의 기압 변화는 지상온도에 의해 결정되는데, 지상온도가 낮으면 고기압이, 높으면 저기압이 잘 생성된다. 그래서 겨울철 북반구 지상에는 지상온도가 낮은 북극권에 고기압이, 상대적으로 온도가 높은 중위도 지역에는 저기압이 나타나며, 이 두 지역 간의 기압 차이는 두 지역 간 지상기온의 차이가 클수록 커진다. 두 지역 간 기압 차이가 크면 북극권의 찬 공기는 중위도 지역으로 내려오지 못하고 기압 차이가 작으면 중위도의 일부 지역으로 내려오는데, 찬 공기가 남하한 중위도 지역에는 한파가 발생한다. 지난해 겨울 우리나라에 발생한 한파도 이런 사례에 해당한다.

중위도의 겨울 기후는 북극권 찬 공기의 흐름 변화에 의존하는데, 이것은 북극진동, 태평양진동, 엘니뇨와 같은 자연적 주기현상들의 작용에 의한 기압계 변화에 원인이 있다.

북극진동은 북극권과 중위도 지역의 기압차가 증감을 반복하는 현상이다. ⓐ북극권이 중위도 지역보다 지상기온이 더욱 낮아지고 지상기압은 더욱 높아지는 모드와 ⓑ그 반대의 모드가 대략 수십 년의 주기로 바뀐다.

태평양진동은 태평양의 중위도 서쪽에 있는 큰 규모의 해역과 동부 열대 태평양의 작은 규모의 해역이 수십 년의 주기로 상반된 온도 변화를 보이는 현상이다. ⓒ동아시아가 포함된 중위도 서부 해역의 수온이 더욱 높아지고 동부 열대 태평양의 수온이 더욱 낮아지는 모드와 ⓓ그 반대의 모드가 불규칙한 주기로 바뀐다.

태평양 적도 부근에는 북동풍이 불어 통상적으로 해수가 동쪽에서 서쪽으로 흐르고 있다. 그런데 수년에 한 번씩 북동풍이 약화되어 서쪽의 해수가 동쪽으로 역류하여 서쪽의 해수온도가 낮아지고 반대로 동쪽의 해수온도가 높아지는데, 이를 엘니뇨라고 한다. 엘니뇨가 발생하면 대체로 중위도 동아시아 지역에는 이상고온의 겨울이 된다.

[보기]

ㄱ. 북극진동, 태평양진동, 엘니뇨의 영향으로 중위도 동아시아 지역의 겨울 지상기압이 가장 높은 경우는 엘니뇨가 발생하고 ⓐ와 ⓒ가 공존할 때이다.
ㄴ. 북극진동과 태평양진동의 작용으로 중위도 동아시아 지역에 겨울 한파가 발생할 가능성이 가장 높은 경우는 ⓑ와 ⓓ가 공존할 때이다.
ㄷ. 엘니뇨의 해에 ⓓ가 발생하면 엘니뇨의 해에 나타나는 적도 태평양 동부 해역의 기온 변화 특성은 약화된다.

① ㄱ   ② ㄴ   ③ ㄷ   ④ ㄱ, ㄴ   ⑤ ㄴ, ㄷ

## 2 생명과학

23
세포막 유동성

다음 글로부터 추론한 것으로 옳은 것만을 보기 에서 있는 대로 고른 것은? 제6회 2014 LEET 문15

콜레스테롤은 지용성 분자로 동물 세포에서 발견된다. 콜레스테롤은 세포막을 구성하는 주요 성분으로, 세포막을 통한 물질 이동과 관련된 세포막 유동성(fluidity)을 조절한다고 알려져 있다. 세포막 유동성은 일반적으로 온도가 올라갈수록 증가한다. 그런데 저온에서는 콜레스테롤이 있는 경우가 없는 경우보다 세포막 유동성이 크고, 고온에서는 콜레스테롤이 있는 경우가 없는 경우보다 세포막 유동성이 작다.

에르고스테롤은 진균의 세포막에 존재하는 물질로 세포막 유동성과 관련하여 콜레스테롤과 같은 기능을 한다. 다만 콜레스테롤과는 구조적인 차이가 있어서 이를 활용한 항진균제 개발이 가능하다. 대표적인 항진균제인 케토코나졸은 에르고스테롤의 생체 내 합성을 방해함으로써 세포막 유동성을 변화시켜 진균의 성장을 억제한다. 반면 또 다른 항진균제인 암포테리신-B는 세포막 유동성에는 거의 영향을 주지 않지만, 에르고스테롤과 결합하여 진균 세포막에 구멍이 나게 함으로써 진균의 성장을 억제한다.

보기

ㄱ. 진균의 세포막 유동성은 케토코나졸로 처리하면 증가할 것이다.
ㄴ. 암포테리신-B로 처리한 진균의 세포막 유동성은 고온보다 저온에서 더 클 것이다.
ㄷ. 암포테리신-B로만 처리할 때보다 케토코나졸과 암포테리신-B로 동시에 처리할 때, 진균 세포막에 구멍이 나는 정도가 줄어들 것이다.

① ㄴ ② ㄷ ③ ㄱ, ㄴ
④ ㄱ, ㄷ ⑤ ㄴ, ㄷ

## 24

면역체계 메커니즘의 사례적용

(라)에 대한 추론으로 옳은 것을 보기 에서 고른 것은? 제8회 2016 LEET 문29

면역체계는 다양한 종류의 항원을 인식하고 파괴하는 방어메커니즘으로, 면역체계의 특징 중 하나는 기억 메커니즘을 가진다는 것이다. 즉, 특정 항원 P에 대한 면역 반응이 유도되면 이후에 이 항원과 동일하거나 유사한 항원은 기억 메커니즘에 의해 효율적으로 제거되고, 어떤 항원 Q가 그 기억 메커니즘에 의해서 효율적으로 제거되면 P와 Q는 동일하거나 유사한 항원이다.

면역체계는 외부 인자뿐 아니라, 암세포도 항원으로 인식하여 효율적으로 제거함으로써 암이 발생하는 것을 방지하는 역할을 수행한다. 암세포는 다양한 종류의 바이러스 혹은 화합물에 의해 유도될 수 있는데, 암 유발 물질의 종류에 따라 서로 같거나 다른 종류의 항원성을 가지는 암세포가 유도될 수 있다.

〈실험〉

(가) 바이러스 SV40으로부터 유발된 암세포 (A1, A2) 및 화합물 니트로벤젠으로부터 유발된 암세포 (B1, B2)를 분리하였다.

(나) 암세포에 노출된 적이 없어 암세포를 이식하면 암이 발생되는 4마리의 생쥐를 준비한 후, 2마리의 생쥐 (X1, X2)에는 A1을 이식하였고, 다른 2마리의 생쥐 (Y1, Y2)에는 B1을 이식하였다. 이들 암세포를 항원으로 하는 면역반응이 유도될 수 있는 충분한 시간이 지난 후, 수술을 통해 암세포로부터 형성된 암조직을 제거하여 암을 완치시켰다.

(다) 암이 완치된 2마리의 생쥐 (X1, Y1)에는 A2를, 암이 완치된 다른 2마리의 생쥐 (X2, Y2)에는 B2를 이식하였다. 이들 암세포를 항원으로 하는 면역반응이 유도될 수 있는 충분한 시간 동안 생쥐를 키우며 암 발생 여부를 관찰한 결과, X1에서만 암이 발생되지 않았다.

(라) (다)실험에서 암이 발생한 생쥐들은 암조직을 제거하여 암을 완치시킨 후, 이 생쥐들 (X2, Y1, Y2) 및 (다)실험에서 암이 발생하지 않은 X1에게 또 다시 암세포를 이식한 후 암 발생 여부를 관찰하였다.

보기

ㄱ. A1을 이식했다면 Y1과 Y2에서 암이 발생했을 것이다.
ㄴ. A2를 이식했다면 X2와 Y2에서 암이 발생했을 것이다.
ㄷ. B1을 이식했다면 X1과 X2에서 암이 발생했을 것이다.
ㄹ. B2를 이식했다면 X1과 Y1에서 암이 발생했을 것이다.

① ㄱ, ㄴ ② ㄱ, ㄷ ③ ㄱ, ㄹ
④ ㄴ, ㄹ ⑤ ㄷ, ㄹ

**25** 단백질의 특성 추론

다음 글로부터 추론한 것으로 옳은 것만을 〈보기〉에서 있는 대로 고른 것은? 제9회 2017 LEET 문35

세포 내에는 수천 가지 이상의 서로 다른 단백질들이 존재하는데, 이들은 서로 간의 작용, 즉 상호작용을 통해 다양한 생명현상에 관여한다. 단백질의 상호작용 중 가장 대표적인 것은 2개 이상의 서로 다른 단백질이 결합을 통해 상호작용하는 것이다. 이때 2개의 단백질이 서로 결합하는 경우 두 단백질은 직접적으로 결합하지만, 3개 이상의 서로 다른 단백질이 결합하여 상호작용하는 경우에는 이 중 두 단백질 사이에 직접적인 결합이 존재하지 않을 수 있다.

세포 내에 존재하는 어떤 단백질을 분리하기 위해 가장 널리 사용되는 방법 중 하나는 단백질과 결합할 수 있는 능력을 가진 항체를 이용하는 것이다. 단백질 A를 분리할 경우, 단백질 A에 결합할 수 있는 항체 X와, 자성(磁性)을 가지면서 항체 X에 결합할 수 있는 항체 Y를 이용한다. 먼저, 항체 X와 항체 Y를 단백질 A가 들어있는 용액에 첨가하여 결합 반응을 유도한다. 이후 자성을 가진 물질이 금속에 붙는 성질을 이용하여 자성을 가진 항체 Y를 금속을 이용해 용액에서 분리하면, 항체 X뿐 아니라 항체 X에 결합된 단백질 A도 함께 분리할 수 있다.

〈실험 및 결과〉

단백질 A와 상호작용하는 세포 내 단백질이 무엇인지 알아보기 위해서 위의 항체 X와 항체 Y를 이용하여 실험을 수행한다. 실험군으로 세포 내의 모든 단백질을 포함하고 있는 세포추출물에 항체 X와 항체 Y를 첨가하여 결합 반응을 유도한 후, 금속을 이용해서 항체 Y를 분리하고 이와 함께 분리된 모든 단백질의 종류를 분석한다. 항체 X와의 결합이 아니라 금속 또는 항체 Y와의 결합으로 분리되는 단백질을 파악하기 위해, 대조군으로는 동일한 세포추출물에 항체 Y만 첨가하여 결합 반응을 유도한 후 실험군과 동일한 분리 및 분석을 수행한다.

실험 결과, 실험군에서는 항체 X 및 항체 Y와 더불어 단백질 A, B, C, D가 검출되었고, 대조군에서는 항체 Y와 단백질 B만 검출되었다. 항체 X와 단백질 사이의 결합을 분석한 결과, 항체 X는 단백질 A뿐 아니라 B에도 직접 결합했으며, 단백질 C와 D에는 직접 결합할 수 없었다.

〈보기〉

ㄱ. 단백질 A, C, D는 자성을 갖지 않는다.
ㄴ. 단백질 B가 대조군에서 검출된 이유는 자성을 갖기 때문이다.
ㄷ. 단백질 C와 단백질 D 둘 다 단백질 A와 직접 결합하는 단백질이다.

① ㄱ ② ㄷ ③ ㄱ, ㄴ ④ ㄴ, ㄷ ⑤ ㄱ, ㄴ, ㄷ

26

인체의 에너지
합성 메커니즘

다음으로부터 추론한 것으로 옳은 것만을 보기 에서 있는 대로 고른 것은? 제11회 2019 LEET 문37

인체에서 에너지는 주로 미토콘드리아의 전자전달계와 ATP 합성효소에 의해 생성된다. 전자전달계는 영양소를 분해할 때 생긴 전자가 단백질 복합체를 거쳐 최종적으로 산소에 전달되는 체계이다. 산소가 전자를 받으면 물이 되므로 전자전달계가 활성화되면 산소 소모량이 증가하게 된다.

1961년 미첼 박사는 전자전달계가 어떻게 ATP 합성과 연결되어 있는지에 대한 이론을 발표하였다. 이 이론에 따르면 전자전달계가 전자를 전달하는 동안 수소이온이 미토콘드리아 내막 바깥으로 투과되어 수소이온 전위차가 형성된다. 이 수소이온은 미토콘드리아 내막에 존재하는 ATP 합성효소를 통과하여 내막 안쪽으로 다시 들어온다. 이로써 전위차가 해소되고 효소가 활성화되어 ATP가 합성된다. 이처럼 전자전달계와 ATP 합성은 전위차를 통해 서로 연결되어 있다. 즉 전자전달이 일어나지 않으면 전위차가 형성되지 않아 ATP 합성이 일어날 수 없으며, 반면에 ATP 합성이 억제되면 전위차 해소가 일어날 수 없기 때문에 전자전달도 중지된다. 전위차가 해소되어야 지속적인 전자전달과 산소 소모가 이루어질 수 있기 때문이다. 이러한 이론은 전자전달계를 억제하는 약물 X 또는 ATP 합성효소 활성을 억제하는 약물 Y를 이용하여 다음과 같이 검증할 수 있다.

미토콘드리아를 분리하여 시험관에 넣은 후 반응을 일으키면 전자전달과 ATP 합성이 시작되어 산소 소모량과 ATP 합성량이 증가하게 된다. 일정 시간 경과 후에 약물 X 또는 약물 Y를 처리하여 변화를 관찰한다. 또한 약물 X 또는 약물 Y를 처리한 후 약물 Z를 처리하고 변화를 관찰한다. 약물 Z는 미토콘드리아 내막의 수소이온 투과도를 높임으로써 전자전달에 의한 전위차를 ATP 합성효소에 의하지 않고 급격하게 해소할 수 있는 약물이다. 약물 X, Y, Z는 모두 독립적으로 작용한다.

보기

ㄱ. 약물 X만 처리한 경우 ATP 합성에는 영향을 주지 못한다.
ㄴ. 약물 Y만 처리한 경우 산소 소모량은 감소한다.
ㄷ. 약물 Y에 이어 약물 Z를 처리한 경우, 약물 Y만 처리한 때에 비해 산소 소모량이 증가한다.

① ㄱ ② ㄴ ③ ㄱ, ㄷ
④ ㄴ, ㄷ ⑤ ㄱ, ㄴ, ㄷ

## 27 철농도 유지 메커니즘

다음으로부터 추론한 것으로 옳은 것만을 [보기] 에서 있는 대로 고른 것은? 제11회 2019 LEET 문40

대부분의 세포는 생명 활동을 위해 금속인 철을 필요로 한다. 세포 내에 철이 부족할 경우 철을 필수적으로 사용하는 효소들이 제대로 기능을 할 수 없고, 철이 많을 경우 세포를 손상시키기 때문에 세포는 적당한 수준의 세포 내 철 농도를 유지하는 것이 필요하다. 세포 내에 철이 부족할 경우, 세포 외부로부터 철을 세포 내로 수송하는 단백질 A는 생산되지만 세포 내에서 철과 결합해 철 농도를 낮추는 단백질 B는 생산되지 않는다. 반대로 세포 내에 철이 많을 경우, 단백질 A는 생산되지 않고 단백질 B는 생산된다. 전사인자 T는 철이 많을 경우 철과 결합하고 철이 부족할 경우 철과 결합하지 않는 단백질로서, 다음 (가)~(다) 단계를 거쳐 단백질 A와 B의 생산을 조절한다.

단계 (가) : 전사인자 T와 DNA의 결합 여부는 다음 중 하나로 결정된다.
ⓐ 철과 결합한 T는 DNA와 결합하고, 철과 결합하지 않은 T는 DNA와 결합하지 않는다.
ⓑ 철과 결합한 T는 DNA와 결합하지 않고, 철과 결합하지 않은 T는 DNA와 결합한다.

단계 (나) : RNA C는 T가 DNA와 결합하면 생산되고, 결합하지 않으면 생산되지 않는다.

단계 (다) : 단백질 A와 B 각각의 생산 여부는 다음 중 하나로 결정된다.
ⓒ RNA C가 있으면 생산되고, 없으면 생산되지 않는다.
ⓓ RNA C가 있으면 생산되지 않고, 없으면 생산된다.

보기

ㄱ. 단백질 A의 생산 조절이 (가)의 ⓐ를 거칠 경우, (다)의 ⓓ를 거칠 것이다.
ㄴ. 단백질 B의 생산 조절이 (가)의 ⓐ를 거칠 경우, (다)의 ⓒ를 거칠 것이다.
ㄷ. 단백질 B의 생산 조절이 (다)의 ⓒ를 거칠 경우, T를 만드는 유전자를 제거한 돌연변이 세포 내에서는 철이 많은 경우라도 B는 생산되지 않을 것이다.

① ㄱ ② ㄷ ③ ㄱ, ㄴ
④ ㄴ, ㄷ ⑤ ㄱ, ㄴ, ㄷ

# 28

효소발현과 유전자조작

다음으로부터 추론한 것으로 옳은 것만을 보기 에서 있는 대로 고른 것은? 제14회 2022 LEET 문40

최근에는 생쥐의 특성 유전자를 인위적으로 조작할 수 있게 되었다. 과학자들은 세포에 A라는 효소가 발현되어야만 특정 유전자가 조작될 수 있는 장치를 고안하였으며, 이를 이용하여 다음과 같이 조건적으로 유전자를 조작할 수 있게 되었다. 첫째는 조직별 조작 시스템으로, A효소 유전자 앞에 특정 조직에서만 작동하는 프로모터를 넣어 두면 이 프로모터가 작동하는 특정 조직에서만 A효소가 발현되어 목적한 유전자가 조작되며, 프로모터가 작동하지 않는 그 이외 조직에서는 유전자가 조작되지 않는다. 둘째는 시기별 조작 시스템으로, 보통 A효소 유전자 앞 프로모터가 어떤 약물이 있어야만 작동하게 설계한다. 이렇게 하면 약물을 투여하는 동안에만 A효소가 발현되어 비로소 목적한 유전자가 조작된다.

이러한 유전자 조작을 이용하여 동물 모델에서 지방 세포의 수와 크기의 증가를 관찰하기 위해 다음 실험을 디자인하였다.

〈실험〉

생쥐를 적당히 조작하여 특정 프로모터에 의해 A효소가 발현되도록 했으며, 이 프로모터가 X약물이 있는 상황에서만 작동하도록 하였다. 또한 A효소가 작동하면 유전자가 조작되어 세포는 파란색이 되며, 한번 파란색이 된 세포는 죽지 않으며 색깔도 잃지 않는다. 이 생쥐에 X약물을 일정 기간 동안 처리한 후 약물을 중단하고 고지방 식이로 비만을 유도하여 변화를 관찰한 실험 결과는 다음과 같다.

〈실험 결과〉

| 세포 종류 | X 약물 처리 후 | | 고지방 식이 후 | |
|---|---|---|---|---|
| | 파란 세포 수 | 세포의 크기 | 파란 세포 수 | 세포의 크기 |
| 내장 지방 세포 | 100 | 정상 | 20 | 증가 |
| 피하 지방 세포 | 100 | 정상 | 100 | 증가 |
| 근육 세포 | 0 | 정상 | 0 | 정상 |

* 파란 세포 수 : 임의의 세포 100개당 파란 세포의 수

보기

ㄱ. 고지방 식이를 하면 내장 지방 세포는 새로 만들어지지만 피하 지방 세포는 그렇지 않다.

ㄴ. 고지방 식이를 하면 체내 내장 지방의 부피는 증가하지만 피하 지방의 부피는 증가하지 않는다.

ㄷ. X약물을 처리한 경우 A효소는 내장 지방 세포와 피하 지방 세포에 발현되지만 근육 세포에서는 발현되지 않는다.

① ㄱ ② ㄴ ③ ㄱ, ㄷ ④ ㄴ, ㄷ ⑤ ㄱ, ㄴ, ㄷ

# 3 물리학 & 화학

**29** 에너지 변환

다음 글로부터 추론한 것으로 옳은 것은? 제5회 2013 LEET 문32

> 제자리에서 높이뛰기를 하는 것보다 도움닫기를 한 후 높이뛰기를 할 경우 훨씬 더 높이 뛰어오를 수 있다. 그 이유를 물리학적으로 설명하면, 제자리높이뛰기를 하는 경우 우리 몸의 근육에 저장되어 있는 에너지가 위치에너지로 변환되지만, 도움닫기를 하는 경우에는 추가적으로 도움닫기 과정의 운동에너지가 위치에너지로 변환되기 때문이다. 이때 우리 몸의 질량, 도움닫기 시 달리는 속도, 중력가속도 및 뛰어오르는 높이를 사용하여 물리학적으로 물체의 운동에너지와 위치에너지를 정의할 수 있는데, 운동에너지는 질량에 속도 제곱을 곱한 양의 절반으로 정의되며, 위치에너지는 질량과 중력가속도, 그리고 높이의 곱으로 정의된다. 이상적인 상황에서 물체의 운동에너지가 모두 위치에너지로 변환된다면, 물체의 높이는 속도 제곱의 절반을 중력가속도인 $10m/s^2$로 나눈 값으로 나타낼 수 있다. 예를 들어 10m/s의 속도를 가진 물체의 운동에너지가 위치에너지로 변환될 경우 물체의 높이는 5m가 된다.
>
> 실제 상황에서는 운동에너지를 모두 위치에너지로 변환시킬 만큼 우리 몸의 근육과 뼈가 충분한 탄성과 강도를 지니고 있지 않고, 또한 마찰 등에 의한 에너지 손실이 있기 때문에 도움닫기로 얻어진 모든 운동에너지가 위치에너지로 변환되는 것은 아니다. 하지만 장대높이뛰기에서처럼 장대를 사용하게 되면 운동에너지를 위치에너지로 효율적으로 변환시킬 수 있기 때문에 같은 도움닫기를 하더라도 다리의 근육과 뼈를 이용한 일반적인 높이뛰기보다 더 높이 뛰는 것이 가능하다. 현재 장대높이뛰기의 세계기록은 6.14m이며 17명만이 6m 이상의 기록을 보유하고 있다고 알려져 있다.

① 같은 양의 운동에너지가 위치에너지로 변환된다면, 다른 모든 조건이 동일한 경우 중력가속도가 클수록 더 높이 뛸 수 있을 것이다.

② 뛰어오르기 직전의 달리기 속도가 10m/s 이하인 경우, 근육으로부터 나오는 에너지의 양이 얼마든 상관없이 장대높이뛰기 세계기록은 갱신될 수 없을 것이다.

③ 높이뛰기에 사용되는 에너지가 오로지 도움닫기에 의한 운동에너지뿐이라면, 다른 모든 조건이 동일한 경우 질량이 작을수록 더 높이 뛸 수 있을 것이다.

④ 두 장대높이뛰기 선수의 도움닫기 속도 및 근육으로부터 나오는 에너지의 총량이 각각 서로 같다면, 다른 모든 조건이 동일한 경우 질량이 작은 선수가 뛸 수 있는 높이는 질량이 큰 선수가 뛸 수 있는 높이 이상일 것이다.

⑤ 도움닫기와 장대의 도움이 있어도 키 높이의 3~4배 정도만 뛰어 오를 수 있는 인간과 달리 일부 곤충이 도움닫기 없이도 자신의 몸 크기의 수십 배 이상을 뛰어오를 수 있는 이유는 이들 곤충의 질량이 인간보다 작기 때문이다.

**30**

췌장의 중탄산 이온분비가설/실험결과의 해석

〈실험〉에 대한 평가로 옳은 것만을 [보기]에서 있는 대로 고른 것은? 제12회 2020 LEET 문38

췌장은 고농도의 중탄산 이온($HCO_3^-$)을 분비하여 위산을 중화시킨다. 췌장의 고농도 $HCO_3^-$ 분비 기전을 알기 위해, 실험으로 다음 가설을 평가하였다.

〈가설〉

췌장에 존재하는 CFTR는 염소 이온($Cl^-$)을 수송하는 이온 통로이나 특정 조건에서는 $HCO_3^-$도 수송한다. 췌장 세포에는 A 단백질과 B 단백질이 존재하는데, 세포 내 $Cl^-$ 농도가 변화하면 CFTR와 직접 결합하여 CFTR의 기능을 변화시킨다.

〈실험〉

A 단백질과 B 단백질을 발현시키는 유전자를 제거한 췌장 세포를 이용하여 CFTR를 통해 이동하는 이온의 종류를 실시간으로 측정해 보았다. 이 세포에 A 단백질, B 단백질을 각각 또는 동시에 세포 내로 주입한 뒤 세포 내 $Cl^-$ 농도 변화에 따라 CFTR를 통해 이동하는 이온 종류가 어떻게 변화하는지 시간별로 측정하고 이를 A 단백질, B 단백질을 주입하지 않은 경우와 비교하였다. 단, 췌장에는 A 단백질, B 단백질 외에 CFTR의 기능을 변화시킬 수 있는 단백질은 없다고 가정한다.

〈결과〉

| 세포 내 $Cl^-$ 농도 | A 단백질 | B 단백질 | 수송되는 이온 종류 | | |
|---|---|---|---|---|---|
| | | | 1분 후 | 5분 후 | 10분 후 |
| 낮음 | × | × | $Cl^-$ | $Cl^-$ | $Cl^-$ |
| 높음 | × | × | $Cl^-$ | $Cl^-$ | $Cl^-$ |
| 낮음 | ○ | × | $HCO_3^-$ | $Cl^-$, $HCO_3^-$ | $Cl^-$ |
| 높음 | ○ | × | $Cl^-$ | $Cl^-$ | $Cl^-$ |
| 낮음 | × | ○ | $Cl^-$ | $Cl^-$ | $Cl^-$ |
| 높음 | × | ○ | $Cl^-$ | $Cl^-$ | $Cl^-$ |
| 낮음 | ○ | ○ | $HCO_3^-$ | $HCO_3^-$ | $HCO_3^-$ |
| 높음 | ○ | ○ | $Cl^-$ | $Cl^-$ | $Cl^-$ |

○ : 있음, × : 없음

보기

ㄱ. CFTR의 기능이 $Cl^-$ 수송에서 $HCO_3^-$ 수송으로 전환되는 데 A 단백질이 있어야 한다.
ㄴ. 세포 내 $Cl^-$ 농도는 A 단백질이 CFTR의 기능을 변화시키는 데 중요한 변수이다.
ㄷ. 세포 내 $Cl^-$ 농도가 낮은 상황에서 A 단백질이 존재할 때, B 단백질은 CFTR의 $HCO_3^-$ 수송 기능을 유지하는 데 중요하다.

① ㄱ ② ㄷ ③ ㄱ, ㄴ
④ ㄴ, ㄷ ⑤ ㄱ, ㄴ, ㄷ

# 31

단백질 분리방법 / 생화학

다음으로부터 추론한 것으로 옳은 것만을 [보기]에서 있는 대로 고른 것은? 제12회 2020 LEET 문39

단백질의 전하량은 각 단백질에 고유한 단백질의 pI와 이 단백질이 들어 있는 완충용액의 pH에 따라 결정된다. 단백질의 pI는 단백질의 전하량이 0이 되도록 하는 완충용액의 pH를 측정함으로써 알 수 있다. 완충용액의 pH가 단백질의 pI보다 낮아질수록 단백질은 양전하를 더 많이 가지게 되고, 높아질수록 음전하를 더 많이 가지게 된다.

이온교환 크로마토그래피는 단백질의 전하량 차이를 이용하여 단백질을 분리하는 방법이다. 이는 음전하를 가진 양이온교환수지를 사용하는 양이온교환 크로마토그래피와 양전하를 가진 음이온교환수지를 사용하는 음이온교환 크로마토그래피로 구분된다. 이온교환 크로마토그래피로 단백질을 분리하기 위해서는, 먼저 적절한 pH의 완충용액을 이용하여 분리하고자 하는 단백질을 이 단백질과 상반되는 전하를 가진 이온교환수지에 결합시키고 이온교환수지와 결합하지 않은 단백질은 씻어 낸다. 이후 완충용액 속의 NaCl 농도를 증가시키면 $Na^+$ 혹은 $Cl^-$가 이온교환수지에 결합해 있는 단백질과 교환됨으로써 단백질이 흘러나오게 된다. 단백질이 가진 전하량이 클수록 이온교환수지와의 결합력이 강해지기 때문에, 더 큰 전하량을 가진 단백질이 더 높은 농도의 NaCl에서 흘러나오게 된다.

**보기**

ㄱ. pI가 7인 단백질은 pH 8인 완충용액에서 양이온교환수지보다 음이온교환수지와 더 잘 결합한다.

ㄴ. pI가 9인 단백질은 pH 7인 완충용액보다 pH 8인 완충용액에서 양이온교환수지와 더 잘 결합한다.

ㄷ. pH 8인 완충용액을 이용하여 pI가 6인 단백질과 pI가 7인 단백질을 분리하고자 할 경우, 음이온교환 크로마토그래피보다 양이온교환 크로마토그래피를 사용하면 이 두 단백질을 서로 더 잘 분리할 수 있다.

① ㄱ ② ㄷ ③ ㄱ, ㄴ
④ ㄴ, ㄷ ⑤ ㄱ, ㄴ, ㄷ

**32**

산화환원반응
/ 언어지문형
수리추리

다음으로부터 추론한 것으로 옳은 것만을 [보기] 에서 있는 대로 고른 것은? 제12회 2020 LEET 문40

갈바니 전지는 금속의 물리화학적 변화를 이용하여 전자를 이동시킴으로써 전기를 생산한다. 예컨대 황산아연 수용액에 들어 있는 아연 전극과 황산구리 수용액에 들어 있는 구리 전극을 이용할 경우, 아연 전극에서는 금속 아연(Zn)이 전자를 잃어 아연 이온($Zn^{2+}$)으로 변하는 산화 반응이 일어나서 아연 전극의 질량이 감소하고, 구리 전극에서는 구리 이온($Cu^{2+}$)이 전자를 얻어 금속 구리(Cu)로 변하는 환원 반응이 일어나서 구리 전극의 질량이 증가한다.

각 전극에서 일어나는 반응은 '표준환원전위'를 이용하면 알 수 있는데, 이 값이 큰 물질일수록 그 물질은 환원되려는 경향이 크다. $Zn^{2+} \rightleftharpoons Zn$의 표준환원전위는 -0.76V이고, $Cu^{2+} \rightleftharpoons Cu$의 표준환원전위는 +0.34V이므로 위와 같은 반응이 일어난다.

표준 조건에서 전지를 구성하는 두 전극의 전위차를 '표준전지전위'라 하며, 이 값은 환원 전극의 표준환원전위 값에서 산화 전극의 표준환원전위 값을 빼서 얻는다. 따라서 구리-아연 전지의 표준전지전위는 1.10V가 된다.

표준 조건에서 금속 A, B, C, D를 이용하여 다양한 종류의 갈바니 전지를 구성했을 때, 다음과 같은 사실이 알려졌다. 단, 각 전극에서 각 금속 원자 및 이온이 잃거나 얻는 전자의 수는 동일하다.

○ A~D에 대한 금속이온$\rightleftharpoons$금속의 표준환원전위는 모두 +1.20V 이하이다.
○ A에 대한 금속이온$\rightleftharpoons$금속의 표준환원전위는 +0.92V이다.
○ C와 A를 이용한 전지에서 환원 반응은 C전극에서 일어났다.
○ A와 B를 이용한 전지에서 양쪽 전극의 전위차는 1.05V이다.
○ C와 D를 이용한 전지에서 양쪽 전극의 전위차는 1.95V이다.

[보기]

ㄱ. D전극의 질량이 증가하는 갈바니 전지 구성이 적어도 하나 존재한다.
ㄴ. 가장 큰 표준전지전위를 갖는 갈바니 전지는 C와 D로 만든 전지이다.
ㄷ. A와 C를 이용한 전지의 표준전지전위는 B와 D를 이용한 전지의 표준전지전위보다 크다.

① ㄱ ② ㄴ ③ ㄱ, ㄷ
④ ㄴ, ㄷ ⑤ ㄱ, ㄴ, ㄷ

## 4 과학기술

### 33

연구 결과의 우선권 인정조건

다음 글로부터 추론한 것으로 옳은 것은? 제7회 2015 LEET 문21

과학자가 자신이 수행한 연구 결과의 우선권을 인정받기 위해 만족해야 할 조건으로 다음을 고려할 수 있다.

F-조건 : 연구 결과는 산출 당시 관련 학문의 지식에 비추어 최초의 것이어야 한다.
I-조건 : 연구 결과는 다른 사람의 연구 내용을 그대로 가져온 것이 아닌, 독립적으로 성취한 것이어야 한다.
P-조건 : 연구 결과가 동료 연구자에게 학술지, 저서 등을 통해 공개되어야 한다.

- 16세기 초 델 페로는 3차 방정식의 한 형태인 '약화된' 3차 방정식의 해법을 최초로 발견하였으나 이를 학계에 공개하지 않고 죽었다. 동시대의 타르탈리아는 독자적으로 '약화된' 3차 방정식을 포함한 3차 방정식의 일반 해법을 최초로 발견하였지만 이를 다른 사람에게 공개하지 않았다. 이 소식을 들은 카르다노는 타르탈리아를 설득하여 이 해법을 알게 되었지만 타르탈리아의 허락 없이는 해법을 공개하지 않겠다는 약속을 했기에 그 내용을 출판할 수 없었다. 그러다가 카르다노는 델 페로가 타르탈리아보다 먼저 '약화된' 3차 방정식의 해법을 발견했다는 사실을 알게 되었고, 이를 근거로 3차 방정식의 일반 해법을 1545년 「위대한 기예」라는 저서에서 발표하였다.
- 뉴턴은 미적분법을 누구보다 먼저 1666년부터 연구해 왔지만 완성된 전체 내용을 공식적으로 출판하지는 않고 있었다. 그 후 라이프니츠는 1675년부터 미적분법에 대한 독자적 연구를 수행하였고, 완성된 내용을 정리하여 1684년 논문으로 출판하였다. 뉴턴은 1687년에야 자신의 미적분법 연구를 「프린키피아」를 통해 처음으로 공식 발표하였다.

① F-조건만을 적용하면, 델 페로는 3차 방정식의 일반 해법에 대한 우선권을 가진다.
② I-조건만을 적용하면, 타르탈리아가 아니라 카르다노만이 3차 방정식의 일반 해법에 대한 우선권을 가진다.
③ F-조건과 I-조건을 모두 적용하면, 타르탈리아와 뉴턴 모두 우선권을 가진다.
④ 세 조건을 모두 적용하면, 우선권을 가지는 사람은 아무도 없다.
⑤ '약화된' 3차 방정식의 해법에 대해 델 페로와 타르탈리아 모두 우선권을 가지도록 허용하는 조건만을 적용하면, 미적분법에 대해 라이프니츠만 우선권을 가진다.

# 34

상관관계와 인과관계

다음으로부터 추론한 것으로 옳은 것은? 제14회 2022 LEET 문37

사건들은 서로 간에 양 또는 음의 상관관계가 성립할 수 있으며, 어떤 상관관계도 없이 서로 독립적일 수도 있다. 이런 상관관계는 주어진 조건에 따라서 달라진다. 특히 상관관계 성립 여부는 사건들이 어떤 인과적 구조에 있느냐에 의존한다.

예를 들어보자. 비가 와서 땅이 젖었으며, 땅이 젖게 되어 그 땅을 딛고 있는 나의 발이 젖었다고 해 보자. 비가 온 것은 땅이 젖은 것의 원인이며, 땅이 젖은 것은 나의 발이 젖은 것의 원인이다. 비가 온다는 것과 발이 젖는다는 것 이외에 어떤 것도 고려하지 않는다면, 우리는 이 두 사건 사이에 상관관계가 성립한다고 말해야 한다. 하지만 그 두 사건을 연결하는 매개 사건, 즉 땅이 젖는다는 조건 아래에서는 비가 온 것과 발이 젖은 것은 서로 독립적인 사건이 된다. 왜냐하면 땅이 젖기만 한다면 비가 오든 오지 않든 발이 젖을 것이기 때문이다. 이렇듯 두 사건 사이를 인과적으로 매개하는 사건은 그들 사이의 상관관계를 지운다.

다른 예도 있다. 비가 와서 땅이 젖고 강물도 범람했다고 하자. 비가 온 것은 땅이 젖은 것의 원인이기도 하며, 강물이 범람한 것의 원인이기도 하다. 이 경우, 땅이 젖은 것과 강물이 범람한 것 이외에 어떤 것도 고려하지 않는다면, 우리는 땅이 젖은 것과 강물이 범람한 것 사이에 상관관계가 성립한다고 말해야 한다. 하지만 두 사건의 공통 원인에 해당하는 사건, 즉 비가 온다는 조건 아래에서는 땅이 젖은 것과 강물이 범람한 것은 서로 독립적인 사건이 된다. 왜냐하면 비가 오기만 했다면, 강물이 범람하든 하지 않든 땅이 젖을 것이기 때문이다. 이렇듯 두 사건의 공통 원인인 사건은 그 두 사건 사이의 상관관계를 지운다.

우리는 이런 두 가지 사례를 모두 포괄하는 방식으로 인과관계와 상관관계 사이의 관계를 다음과 같이 규정할 수 있다. 사건 X의 원인은 사건 X와 이 X의 결과가 아닌 사건 사이에 성립하는 상관관계를 지운다.

① 사건 X를 원인으로 하는 사건이 하나밖에 없다면, X가 지우는 상관관계는 존재하지 않는다.
② 사건 X와 사건 Y 사이에 성립하는 상관관계를 지우는 사건이 있다면, X와 Y 모두의 원인인 사건이 있다.
③ 사건 X가 사건 Y의 원인이고 Y는 사건 Z의 원인이라면, X라는 조건 아래에서 Y와 Z는 서로 독립적인 사건이 된다.
④ 사건 X의 원인은 사건 Y이기도 하고 사건 Z이기도 하다면, X라는 조건 아래에서 Y와 Z는 서로 독립적인 사건이 된다.
⑤ 사건 X가 사건 Y와 사건 Z의 유일한 원인이고 Y는 사건 W의 원인이지만 Z는 W의 원인이 아니라면, X는 Z와 W 사이에 성립하는 상관관계를 지운다.

# CHAPTER 2
# 귀납추리

제1부에서 살펴본 형식적 추리와 제2부 제1장에서 소개한 함축 및 귀결 문항은 연역추리에 해당된다. 본 장에서는 100% 확실성을 보장하지는 못하지만 의미 있는 추리 방법인 귀납추리에 대해 살펴본다.

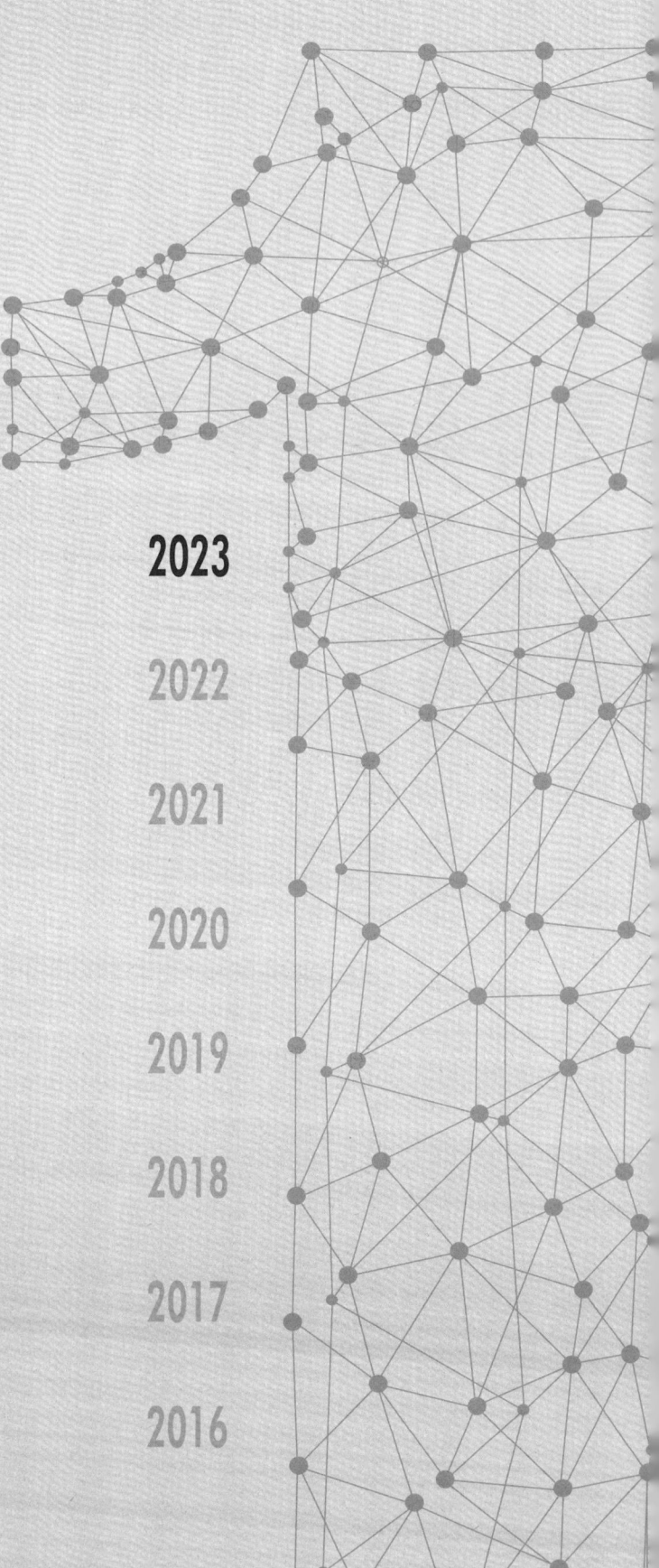

2023

2022

2021

2020

2019

2018

2017

2016

# Ⅰ. 귀납추리의 기초

## 1 귀납추리의 개념 및 종류

### (1) 개념

귀납추리란 연역추리에 대칭되는 개념으로 비연역추리를 의미하는 표현이다. 학자에 따라서는 귀납추리와 비연역추리를 구분하여 비연역추리 중의 하나로 귀납추리를 설명하기도 하나 본서에서는 출제기관의 표현을 좇아 비연역추리를 의미하는 개념으로 귀납추리라는 표현을 사용하도록 한다.

연역추리는 전제가 참이라고 할 때 결론이 100% 참인 추론을 의미하는 데 반해, 귀납추리는 전제가 참이라고 하더라도 결론이 100% 참이라는 것을 담보하지 못하는 추론이다. 즉, 연역추리는 결론이 필연적으로 참인 데 반해, 귀납추리는 결론이 개연적으로만 참인 추론을 말한다.

### (2) 귀납추리의 종류

① 유비추리(類比推理, Inference by Analogy)
② 가설추리(Hypothetical Reasoning)
③ 귀납적 일반화(Inductive Generalization, 협의의 귀납추리)[1)]
  : 단순 일반화(Simple Generalization) / 통계적 일반화(Statistical Generalization)
④ 통계적 삼단논법(Statistical Syllogism)

## 2 유비추리

### (1) 유비추리의 개념 및 형식

유비추리는 서로 다른 대상이나 현상의 유사성을 근거로 한 추리로 전제의 참이 결론의 참을 필연적으로 뒷받침하지 않기 때문에 귀납추리이다.

1) 김광수 교수의 경우 귀납적 일반화에 국한하여 '귀납추리'라는 표현을 사용하고, 본서에서 사용하는 연역추리에 대응되는 개념으로 비연역추리라는 표현을 사용한다.

▎표준 형식 1▎

x와 y는 (다르지만) P라는 속성을 가진 점에서 유사하다.
x는 Q라는 속성을 가지고 있다.
따라서 y도 Q라는 속성을 가지고 있다.

▎표준 형식 2▎

X는 F, G, H 등의 성질을 갖는다.
Y는 F, G, H 외에 Q라는 성질을 갖는다.
따라서 X는 Q라는 성질을 가질 것이다.

▎논증 예▎

사람은 포유류이고, 잡식성이고, 인슐린에 의해서 혈당이 조절된다.
흰 쥐는 포유류이고, 잡식성이고, 인슐린에 의해서 혈당이 조절되고, a라는 약이 흰 쥐의 당뇨병에 효능이 있다.
따라서 a라는 약은 사람의 당뇨병에도 효능이 있을 것이다.

유비 논증은 다른 귀납논증에 비해서 논증의 강도가 비교적 약하다. 다시 말해서 귀납적 일반화의 결과 얻어진 결론이나 통계적 삼단논법의 결론보다 유비 논증의 결론은 그 개연성이 낮다고 할 수 있다. 왜냐하면 비유되는 두 개의 대상이나 상황이 어떤 점에서는 유사하지만 어떤 점에서는 달라서 두 대상의 유사점에 주목할 것인지 차이점에 주목할 것인지를 판단하는 것은 매우 주관적일 수 있기 때문이다. 다시 말해서 유사함이라는 말이 매우 불분명하고, 유사성에 대한 관점이 주관적이라는 점은 유비 논증을 약한 귀납논증이라고 생각하게 만드는 중요한 이유가 된다.

### (2) 유비 논증의 평가

논쟁에서 다른 사람을 설득하려고 할 때 사용할 수 있는 좋은 방법 중 하나는 적절한 유비논증을 구성하여 제시하는 것이라고 할 수 있다. 또한 상대방이 제시한 유비 논증을 가장 효과적으로 논박하는 방법은 유비되는 두 대상 사이에 존재하는 명백한 비유사성을 제시하는 것이다.

유비논증을 평가하는 데는 다음과 같은 몇 가지 요소가 중요하게 고려되어야 한다. 2)

① 전제에 사용된 개체의 수(Y의 수)
② 전제에 사용된 개체(Y)들의 비유사성/다양성의 증가
③ 전제에 사용된 사례의 특성의 수(F, G, H, I, …)
④ 전제와 결론 사이의 관련성
⑤ 주장하는 결론의 강도

### (3) 유비추리를 할 때 오류를 피하기 위한 3가지 고려사항

적절하지 않은 유비를 이용하는 잘못된 논증을 '잘못된 유비추론의 오류'라고 한다. 이를 피하기 위해 고려할 내용은 다음과 같다.3)

가. 가정된 유사성을 조사한다. 가정된 유사성이 참이 아닐 수도 있고, 유사성의 근거로 제시된 속성들이 우연하고 비본질적인 것들일 수 있다. 또한 두 대상은 세 가지 점에서는 유사하지만 다른 열 가지 점에서는 다를 수 있다.
나. 두 대상 중 한 대상이 가지고 있다고 제시된 속성이 그 대상의 우연한 속성이거나 그 대상에게만 적용될 수 있는 속성인지 조사한다.
다. 가정된 유사성을 그대로 받아들일 경우, 그 유사성을 받아들임으로써 받아들이지 않을 수 없는 어리석고 우스꽝스러운 다른 속성이 있는지 조사한다. 그러한 속성이 발견되면, 제시된 유비추리에 대한 반례가 발견된 것이다.

---

2) 위의 논증 예를 통해서 설명하면, 전제에 사용된 개체의 수는 실험에 사용된 흰 쥐의 수를 뜻한다. 즉 실험에 많은 흰 쥐를 사용하면 사용할수록 논증의 강도는 강해질 것이다. 그리고 전제에 사용된 개체들의 다양성이란 실험에 사용된 흰 쥐의 다양성, 즉 어린 쥐, 성인 쥐, 암컷 쥐, 수컷 쥐 등의 다양성을 말한다. 실험에 사용된 흰 쥐의 다양성이 증가하면 증가할수록 논증의 강도는 역시 강해질 것이다. 그리고 전제에 사용된 사례의 특성의 수는 위 논증에서 사람과 흰 쥐 사이에 유사하다고 판단되는 특성의 수가 얼마나 많은가 하는 것이다. 물론 유사한 특성이 많으면 많을수록 그 논증은 설득력이 높아질 것이다. 그리고 전제와 결론 사이의 관련성이란 전제에서 유사하다고 언급된 특성과 결론 내용과의 관련성의 문제이다. 위 논증에서는 사람과 흰 쥐 모두 인슐린에 의해서 혈당이 조절된다는 특성은 a라는 약이 당뇨병에 효능이 있다는 결론의 내용과 관련성이 크다고 할 수 있을 것이다. 만약 위와 같은 논증에서 a라는 약이 흰 쥐의 치매예방에 효과적임이 밝혀졌고 따라서 a라는 약이 사람의 치매예방에도 효과적일 것이라고 결론을 내린다면 원래의 논증보다 강도가 낮아질 것이다. 끝으로 주장하는 결론의 강도는 결론의 내용이 얼마나 포괄적으로 강하게 주장하는 가와 관련된다. 만약 위 논증에서 a가 사람뿐만 아니라 모든 영장류에 효과적이라고 한다든지, a가 당뇨병 치료뿐만 아니라 당뇨병의 예방에도 도움이 된다고 주장한다면, 이는 원래의 논증의 결론보다 강한 주장이기 때문에, 원래의 논증보다 설득력이 떨어지는 논증이 될 것이다(송하석, 『리더를 위한 논리훈련』, p.116).

3) 김광수, 논리와 비판적 사고, 2007, pp.195~196.

# 3 가설추리

## (1) 가설추리의 개념 및 형식

가설(假說, hypothesis)이란 어떤 현상이나 사물을 설명하기 위해 설정된 가정으로 아직 이론적 지위를 획득하지 못한 것들을 말한다. 그리고 가설추리(hypothetical reasoning)란 이러한 가설들을 추리하는 것을 말한다.

가설추리란 대개의 경우 어떤 사실이 발생했을 때, 그 사실이 왜 발생했는가를 추리하는 것이다. 이미 발생한 현상 E가 왜 발생했는지를 설명하기 위해서 E의 원인이라고 생각되는 가설 C를 제시한다는 점에서 '가설추리'라고 하고, 또한 이미 발생한 현상이 왜 발생했는가를 가장 잘 설명할 수 있는 원인을 추론한다는 점에서 '최선의 설명으로서의 추리(Inference to the best explanation)'라고도 한다. 그리고 이때 세운 가설을 추론적 가설(Inferential hypothesis)이라고 한다.

▎표준 형식 ▎

현상
―――
가설

▎가설추리의 예 ▎

> 나는 캄캄한 동굴에서 매우 정확한 위치를 파악하고 그곳으로 날아가는 동물을 보게 되었다. 나는 그 동물이 어떻게 어둠 속에서 잘 날 수 있는지 궁금했다. 나는 그 동물은 어둠 속에서도 사물을 분간할 수 있는 특별한 시각능력을 지녔음에 틀림없다고 추론하게 되었다.

## (2) 최선의 설명으로서의 추론 : 가설의 설정

최선의 설명으로서의 추리인 가설은 다음과 같은 요건을 갖추어야 한다. 첫째, 가설은 설명력을 가지고 있어야 한다. 둘째, 가설은 확립된 지식 체계와 정합해야 한다. 셋째, 과학적 가설은 검증가능하고 반증 가능해야 한다.

## (3) 가설연역 : 가설의 검증

가설의 참·거짓을 입증하기 위해 또는 반증하기 위해 그것으로부터 연역적으로 도출된 예측을 시험한다. 그 예측이 참임을 보여 주면 그 가설은 입증된 것이고, 거짓임을 보여 주면 그 가설은 입증되지 않은 것이다. 가설연역적 방법이라는 용어에서 우리는 언뜻 가설이 입증되는 방식이 연역적이라고 오해할 수 있겠다. 그런데 '연역적'이라는 말이 사용되는 것은 그 가설이 연역적으로 정당화된다는 의미에서가 아니다. 그것은 어디까지나 가설에서 그것을 시험할 예측을 도출하는 방식이 연역적이라는 의미이다.[4]

**▌예측의 표준 형식▐**

| | |
|---|---|
| H | 모든 까마귀는 검다. [가설 H] |
| H → e | 모든 까마귀가 검다면 1번 까마귀도 검다. |
| ∴ e [예측] | ∴ 따라서 1번 까마귀는 검을 것이다. |

연역적 관점에서 타당

**▌가설입증의 표준 형식▐**

| | |
|---|---|
| H → p | 모든 까마귀가 검다면 1번 까마귀도 검을 것이다. |
| p | 1번 까마귀는 검다. [실험, 조사결과] |
| ∴ H | ∴ 따라서 모든 까마귀는 검다. [가설 검증] |

연역적 관점에서는 부당(후건긍정의 오류), 귀납적 관점에서 정당화.

**▌가설반증의 표준 형식▐**

| | |
|---|---|
| H → p | 모든 까마귀가 검다면 1번 까마귀도 검을 것이다. |
| ~p | 1번 까마귀는 검지 않다. [실험, 조사결과] |
| ∴ ~H | ∴ 따라서 모든 까마귀가 검은 것은 아니다. [가설 반증] |

연역적 관점에서도 타당

### (4) 가설추리의 평가

가설추리를 평가할 때는 우선, 그 가설이 다른 가설들과 정합성을 갖는지, 또 일반적인 상식에 부합하는지를 고려해야 한다.

가설추리를 평가할 때 보다 중요한 요소는 설명하고자 하는 현상을 잘 설명할 수 있는 다른 경쟁 가설은 없는가, 있다면 제시된 가설은 그 경쟁 가설을 합리적으로 압도할 수 있는가이다.

4) 박은진, 전게서, p.415.

### (5) 인과 관계 추론의 조건

원인, 결과, 그리고 그 관계의 성격은 무엇이고 이를 어떻게 인식할 것인가에 관하여는 David Hume 이래 과학철학자들 사이에 끊임없는 논란이 계속되어 왔다. 그러나 오늘날까지 과학자들 사이에 널리 받아들여지고 있는 인과 관계 추론의 조건은 J.S. Mill이 제시한 다음과 같은 세 가지의 원칙이다.

첫째, 원인은 결과보다 시간적으로 앞서야 한다. 이 원칙은 원인이 되는 사건이나 현상은 결과보다도 시간적으로 먼저 발생해야 한다는 것으로 '시간적 선행성(temporal precedence)의 원칙'이라고도 부른다. (⇒ 시간적 선후관계)

둘째, 원인과 결과는 공동으로 변화하여야 한다. 이것은 원인이 되는 현상이 변화하면 결과적인 현상도 항상 같이 변화해야 한다는 '상시연결성(constant conjunction)의 원칙' 또는 '공동변화의 원칙'이다. (⇒ 공동변화(covariation) 또는 연관성(association))

셋째, 결과는 원인변수에 의해서만 설명되어져야 하며 다른 변수에 의한 설명가능성은 배제되어야 한다. 마지막 원칙은 '경쟁가설(rival hypothesis)의 배제원칙'이라고 부르는데, 결과변수의 변화가 추정된 원인이 아닌 제3의 변수(third variable) 또는 외재적 변수(extraneous variables)에 의해 설명될 가능성이 없어야 한다는 것이다. (⇒ 비허위적 관계)

### (6) 인과 관계를 찾아가는 방법[5]

인과 관계를 나타내는 방법을 요약하면 다음과 같다.

① **일치법** (The Method of Agreement)
어떤 결과가 발생한 여러 경우들에 공통적으로 선행하는 요인을 찾아 그것을 원인으로 간주하는 방법.

② **차이법** (The Method of Difference)
어떤 결과가 발생하는데 선행하는 요인과 그 결과가 발생하지 않을 때 결여된 요인을 찾아 그것을 원인으로 간주하는 방법.

③ **일치 차이 병용법** (The Joint Method of Agreement and Difference)
일치법과 차이법을 결합하여 원인을 확인하는 방법.( 개연성이 높아진다.)

④ **공변법** (The Method of Concomitant Variation)
두 사건들 간의 변이 양태에 따라 원인을 확인하는 방법.

⑤ **잉여법** (The Method of Residue)
어떤 복합적인 요인들이 복합적인 결과를 낳을 때 기존에 알고 있는 인과 관계를 추출하고 남는 것으로부터 원인을 확인하는 방법.

---

5) 박은진, 전게서, pp. 370~387.

① 일치법 (The Method of Agreement)

어떤 결과가 발생한 여러 경우들에 공통적으로 선행하는 요인을 찾아 그것을 원인으로 간주하는 방법.

〈표 1〉 일치법 관련 예[6)]

| | 증상 | 샐러드 | 프렌치프라이 | 수프 | 햄버거 | 아이스크림 | 커피 | 생선 |
|---|---|---|---|---|---|---|---|---|
| 철수 | 식중독 | ○ | ○ | × | ○ | ○ | ○ | × |
| 영희 | 식중독 | ○ | ○ | ○ | × | ○ | × | ○ |
| 인수 | 식중독 | × | × | ○ | ○ | ○ | × | × |
| 미화 | 식중독 | ○ | × | ○ | × | ○ | ○ | ○ |
| 혜정 | 식중독 | ○ | ○ | × | × | ○ | ○ | ○ |

(○ : 먹은 음식물, × : 먹지 않은 음식물)

② 차이법 (The Method of Difference)

어떤 결과가 발생하는 데 선행하는 요인과 그 결과가 발생하지 않을 때 결여된 요인을 찾아 그것을 원인으로 간주하는 방법.

〈표 2〉 차이법 관련 예[7)]

| | 증상 | 생선구이 | 닭고기 | 달걀 | 아욱국 | 나물 |
|---|---|---|---|---|---|---|
| 친구 | 이상 없음 | ○ | ○ | ○ | ○ | × |
| 나 | 식중독 | × | ○ | ○ | × | ○ |

(○ : 먹은 음식물, × : 먹지 않은 음식물)

6) 예를 들어 어떤 기숙사 식당에서 몇몇 학생들이 점심을 먹고 식중독에 걸렸다고 가정해 보자. 이런 상황이면 보통 점심식사에 문제가 있었다고 생각할 것이고 학생들이 어떤 음식물을 먹었는지 알아보고 그 음식물 가운데 어떤 음식물에 문제가 있는지 찾으려 한다. 먼저 식중독에 걸린 학생들이 먹은 음식물의 조사 후 〈표1〉을 작성하였다. 위의 표에서 철수는 수프와 생선을 먹지 않았기에 수프와 생선은 식중독을 일으킨 원인이 되지 못한다. 영희는 햄버거와 커피를, 인수는 샐러드, 프렌치프라이를 식중독의 원인으로 볼 수 없을 것이다. 이런 과정을 거치고 나면 유일하게 남는 것은 아이스크림이다. 아이스크림은 식중독을 일으킨 학생들이 공통적으로 먹은 것으로 이것은 어떤 결과가 발생하는 데 나타난, 모든 경우의 공통적 요인을 원인으로 간주할 수 있기 때문이다. 하지만 아이스크림이 식중독의 원인이었다고 결론짓는 것은 어떤 제한된 상황 안에서 그렇다는 것이다. 즉, 아이스크림에 문제가 있는 것이 아니라, 아이스크림을 담은 그릇이 오염된 것이거나 한 가지 음식뿐만 아니라 두 가지 음식물을 함께 먹으면서 문제가 일어났을 수도 있다. 그렇더라도 이런 가능성과 또 다른 것이 원인이 될 수 있는 다른 경우를 모두 배제하는 상황이라면, 아이스크림이 식중독의 원인이라는 그럴 듯한 결론을 내릴 수 있다.

7) 예를 들면 친구와 나, 둘이 식당에서 식사를 하고 난 후, 나만 식중독에 걸렸고 그날 먹은 음식물을 따져 보았더니 다음과 같았다. 주어진 표에서 친구의 경우를 보면 생선구이, 닭고기, 달걀, 아욱국은 친구가 먹었음에도 식중독에 걸리지 않았기 때문에 식중독의 원인에서 제외된다. 따라서 나만 먹고, 친구는 먹지 않은 음식물을 찾으면 바로 나물임을 알 수 있다. 그래서 나물을 식중독의 원인이라 간주할 수 있다. 물론 이것도 친구와 내가 먹은 음식물 가운데 어느 한 가지가 식중독의 유일한 원인일 경우 또는 친구는 소화기능이 활발한데, 나는 위장이 예민하고 평소에 식중독이 잘 일어나는 체질이라든지 하는 다른 차이점이 원인일 수도 있다.

③ 일치 차이 병용법 (The Joint Method of Agreement and Difference)

일치법과 차이법을 결합하여 원인을 확인하는 방법(개연성이 높아짐).

〈표 3〉 일치 차이 병용법 관련 예[8)]

| | 증상 | 햄버거 | 아이스크림 | 프렌치프라이 | 익힌 채소 | 샐러드 | 수프 | 생선 |
|---|---|---|---|---|---|---|---|---|
| 철수 | 식중독 | ○ | ○ | ○ | ○ | × | × | × |
| 영희 | 식중독 | × | × | ○ | ○ | ○ | ○ | ○ |
| 인수 | 식중독 | ○ | ○ | ○ | × | ○ | × | × |
| 미화 | 이상 없음 | × | ○ | × | × | ○ | × | ○ |
| 혜정 | 이상 없음 | × | × | × | ○ | ○ | ○ | × |
| 미영 | 이상 없음 | ○ | × | × | ○ | × | ○ | × |

(○ : 먹은 음식물, × : 먹지 않은 음식물)

④ 공변법 (The Method of Concomitant Variation)

두 사건들 간의 변이 양태에 따라 원인을 확인하는 방법.

공변법은 어떤 조건일 때 어떤 유형의 사건 발생의 빈도와 다른 조건일 때의 그와 동일한 유형의 사건발생빈도를 비교해서, 두 현상간의 인과 관계를 확인하는 방법이다. 먼저 공변법을 정식화하면 아래와 같다.

▶ **정식화**

A, B, C가 일어나자, X, Y, Z가 발생했다.
A, B↑, C가 일어나자, X, Y↑, Z가 발생했다.
A, B↓, C가 일어나자, X, Y↓, Z가 발생했다.
그러므로 B는 Y의 원인이다.

▶ **공변법의 예**

사회학자들은 그들의 연구 결과, 이혼율의 상승과 실업률 간에 인과 관계가 있다는 결론을 내렸다. 실업률이 증가했을 때 이혼율이 증가했으며, 실업률이 감소했을 때도 이혼율이 감소했다는 것이다.

8) 여섯 사람의 경우 반은 식중독에 걸렸고, 반은 식중독에 걸리지 않았다. 위의 표에서 식중독에 걸린 세 사람이 공통적으로 먹은 음식은 프렌치프라이이고, 식중독에 걸리지 않은 세 사람은 프렌치프라이를 먹지 않았다. 이 방법은 일치법이나 차이법만을 사용하는 것보다 더 신뢰할 만하다고 할 수 있다. 단순히 프렌치프라이를 먹은 사람들이 식중독에 걸렸다고 말하는 것보다, 프렌치프라이를 먹은 사람들은 식중독에 걸렸고, 그것을 먹지 않은 사람들은 식중독에 걸리지 않았다고 말하는 것이 훨씬 더 정확해보이기 때문이다. 여기서는 프렌치프라이가 식중독의 원인인지 아닌지를 따지는 경우, 일치 차이병용법을 사용하는 것이 훨씬 개연성이 높다.

**▶ 주의할 점**

주의할 점은 단순히 병행해서 일어나는 두 현상들이 서로 인과 관계에 있다고 단정할 수는 없다는 점이다. 위의 예에서 보자면 실업률이 이혼율의 원인일 수도 있지만, 이혼율이 실업률에 의한 것일 수도 있다. 또한 실업율과 이혼율은 여러 가지의 원인에 따른 결과일 가능성도 있다.

⑤ 잉여법 (The Method of Residue)

어떤 복합적인 요인들이 복합적인 결과를 낳을 때 기존에 알고 있는 인과 관계를 추출하고 남는 것으로부터 원인을 확인하는 방법.

이미 알려져 있는 선행 상황과 다른 현상들 사이에 인과 관계가 있다고 추론하는 방법으로 다음과 같이 정식화할 수 있다.

**▶ 정식화**

ABC는 abc의 선행 요인이다.
A는 a의 원인으로 알려져 있다.
B는 b의 원인으로 알려져 있다.
그러므로 C는 c의 원인이다.

**▶ 잉여법의 예**

어느 가게의 주인이 한 달 동안의 손실액을 계산해 보았더니, 1억 원의 적자가 났다. 이를 검토해보니, 불필요한 고용인 때문에 발생한 손실이 2,500만 원이었고, 불량품의 증가에 따른 손실이 3,000만 원이었다. 또 물류비용의 상승으로 지난달에 비해서 2,000만 원을 더 지불하였다. 나머지 손실에 대해서는 다른 원인을 찾을 수 없었고, 생각할 수 있는 가능성은 도난과 분실이었다. 그래서 그는 나머지 2,500만 원의 손실이 도난과 분실에 의한 것이라고 간주했다.

**▶ 주의할 점**

이 논증도 그 결론의 참을 절대적으로 보장할 수 없는 귀납논증이다. 왜냐하면 전제가 모두 참이라 하더라도, 주인이 미처 생각하지 못한 다른 요인이 있을 수 있기 때문이다. 그가 다른 사람에게 빌려준 돈을 잊고 있을 수도 있고, 또 물품구입에 따른 비용의 지불을 미처 포함시키지 않았을 수도 있다.

### 확인문제

다음은 복통 발생과 그 원인에 대한 기술이다. 복통의 원인이 생수, 냉면, 생선회 중 하나라고 할 때, 아래의 진술 중 반드시 참인 것은?

ㄱ. 갑돌이는 생수와 냉면, 그리고 생선회를 먹었는데 복통을 앓았다.
ㄴ. 을순이는 생수와 생선회는 먹지 않고 냉면만 먹었는데 복통을 앓지 않았다.
ㄷ. 병돌이는 생수와 생선회는 먹었고 냉면은 먹지 않았는데 복통을 앓았다.
ㄹ. 정순이는 생수와 냉면은 먹었고 생선회는 먹지 않았는데 복통을 앓지 않았다.

① ㄴ, ㄹ의 경우만 고려한다면 냉면이 복통의 원인이다.
② ㄱ, ㄴ, ㄹ의 경우만 고려한다면 냉면이 복통의 원인이다.
③ ㄱ, ㄷ, ㄹ의 경우만 고려한다면 생수가 복통의 원인이다.
④ ㄴ, ㄷ, ㄹ의 경우만 고려한다면 생선회가 복통의 원인이다.
⑤ ㄱ, ㄴ, ㄷ, ㄹ 모두를 고려한다면 생수가 복통의 원인이다.

#### 확인문제 1 해설

| | | 결과 | 추정 원인 | | |
|---|---|---|---|---|---|
| | | 복통여부 | 생수 | 냉면 | 생선회 |
| ㄱ | 갑돌 | 복통 | ○ | ○ | ○ |
| ㄴ | 을순 | 복통 X | × | ○ | × |
| ㄷ | 병돌 | 복통 | ○ | × | ○ |
| ㄹ | 정순 | 복통 X | ○ | ○ | × |

① (X) 복통이 발생하지 않은 경우만을 고려하고 있는데, ㄴ에 의해 냉면은 복통의 원인이 아니고, ㄹ에 의해 생수도 복통의 원인이 아님을 알 수 있다.
② (X) ㄱ에 의해 복통의 원인으로 가능한 것은 생수, 냉면, 생선회이나, ㄴ에 의해 냉면은 복통의 원인이 될 수 없음을 알 수 있다.
③ (X) ㄱ과 ㄷ에 의해 생수와 생선회가 복통의 원인일 가능성은 배제할 수 없으나, ㄹ에 의해 생수는 복통의 원인이 될 수 없음을 알 수 있다.
④ (O) 복통이 발생했을 때 모두 먹었고, 복통이 발생하지 않을 때 모두 먹지 않은 것을 찾아보면 생선회임을 알 수 있다.
⑤ (X) ㄱ, ㄴ, ㄷ, ㄹ 모두를 고려한다면 생선회가 복통의 원인이다.

▶ 정답 ④

# 4 귀납적 일반화

## (1) 귀납적 일반화의 형식

귀납적 일반화란 개별적인 것들에 관한 관찰을 토대로 일반적인 결론을 이끌어내는 귀납 추론이다.

① 단순 일반화

> **▶ 표준 형식**
> A1은 F이다.
> A2는 F이다.
> 그러므로 모든 A는 F이다.

A에 속하는 특정한 몇 개를 관찰하여 그것들이 모두 어떤 특성 F를 갖는다는 것을 토대로 A에 속하는 모든 것이 F라는 성질을 가지고 있다고 추론하는 것이다.

> **▶ 추론 예**
> 까마귀를 지금까지 100마리 관찰했더니 모두 검정색이었다. 그러므로 모든 까마귀는 검정색일 것이다.

② 통계적 일반화

통계적 일반화는 전체 중 일부를 뽑아서 조사하고, 그 조사된 표본 중에서 어떤 성질 F를 가지고 있는 것이 몇 개나 되는지를 확인한 다음, 그러한 경험적 사실을 토대로 전체 중에서 F라는 성질을 갖는 것이 어느 정도의 비율인가를 추론하는 것이다. 즉 여론조사와 같은 것이 대표적인 통계적 일반화의 논증이라고 할 수 있다.

> **▶ 표준 형식**
> 전체 중에서 x개를 조사하여 그 중에서 y개가 F라는 성질을 갖는다.
> 그러므로 전체의 약 z%(z는 y/x의 백분율)가 F라는 성질을 갖는다.

> **▶ 추론 예**
> 서울시 전체 유권자 중에서 2,000명을 대상으로 조사를 하여, 그 조사 대상이 된 2,000명 중에서 1,200명이 A 후보를 지지하고 나머지 800명이 B 후보를 지지하는 것으로 나타났다. 이를 토대로 여론조사 담당자는 A 후보의 지지율이 60%이고, B 후보의 지지율은 40%라고 말한다.

### (2) 귀납적 일반화의 평가

귀납적 일반화를 평가할 때 중요한 요소 중 하나는, 그 논증에 사용된 표본(sample)의 수가 얼마나 큰가이다. 즉 단순 일반화에서 $A_1$, $A_2$, …… 의 수가 크면 클수록, 통계적 일반화에서 여론조사의 대상이 된 유권자의 수가 많으면 많을수록 그 논증의 설득력은 커진다.

귀납적 일반화를 평가하는 데 있어서 표본의 수보다 더욱 중요한 요소는 표본의 다양성이다. 즉 단순 일반화에서는 $A_1$, $A_2$, …… 의 표본이 다양하면 다양할수록, 통계적 일반화에서는 설문에 응한 사람들의 다양성이 크면 클수록 논증의 설득력은 커진다.

▶ **논증 1**

화학 시간에 구리의 비등점을 조사하는 숙제가 주어졌다. 나는 두 개의 순수한 구리를 테스트하여 각 샘플이 섭씨 2,567도의 비등점을 갖는다는 것을 발견했다. 따라서 나는 이것이 구리의 비등점이라고 결론을 내렸다.

☞ 논증평가 : 받아들일 만한 논증의 결론

▶ **논증 2**

나는 매주 토요일 세탁을 하기 위해서 한 주일 동안 입었던 옷의 호주머니에 있는 소지품을 꺼내서 정리하는데, 5주 전 토요일부터 계속해서 내 호주머니에서 100원짜리 동전만 나왔다. 그러므로 이번 주 토요일에 내 옷의 호주머니에서 100원짜리 동전만 나올 것이다.

☞ 논증평가 : 성급한 일반화의 오류

논증 1의 '구리'는 동질적인 집합이기 때문에 비록 두 개의 표본만을 조사했지만, 표본의 다양성이 이미 확보되어 있다고 할 수 있다. 그러나 논증 2의 표본은 5개이지만 다양성을 갖지 못하고 있다.

▶ **논증 3**

우리나라 성인의 레저 스포츠에 대한 성향과 실태를 조사하기 위해서 스키장에서 500명의 성인에게 현재 골프를 하고 있는지 조사했다. 그 결과 200명이 골프를 하고 있다고 대답했다. 그러므로 우리나라 성인의 40%가 골프를 하고 있다고 할 수 있다.

☞ 논증평가 : 편향된 자료의 오류

논증 3의 문제점은 바로 조사를 위해서 선택된 표본이 편향되어 다양성을 확보하지 못하고 있다는 점이다. 아마 겨울철 스키장을 가는 사람들이라면 비교적 레저 스포츠에 관심이 많고 또한 경제적으로나 시간적으로 여유가 있는 사람들일 것이다. 그런데 그런 사람들을 표본으로 삼아서 우리나라 전체 성인에 대한 평가 자료로 삼는 것은 자료의 편향성이 심한 것이고 표본의 다양성을 확보하지 못한 것이다. 그런 의미에서 이러한 논증은 '편향된 자료의 오류'를 범하고 있는 논증이라고 말하기도 한다.

귀납적 일반화 논증의 표본이 충분히 많고 충분히 다양하다고 할지라도 그 논증의 결론이 반드시 참인 것은 아니다. 귀납논증은 그 논증의 정의상 전제가 참이라고 할지라도 결론이 100% 참은 아니기 때문이다.

## 5 통계적 삼단논법

### (1) 통계적 삼단논법의 형식

▶ 일반 형식

F의 x%가 P이다.
a는 F이다.
그러므로 a는 P일 것이다.

위 논증의 형식은 일반적인 사실로부터 구체적인 사실을 추론하기 때문에 연역논증인 것처럼 보이지만, 전제가 결론을 개연적으로만 뒷받침하는 귀납논증이다.

▶ 논증

우리나라 10대의 75%는 근시이다. 철수는 우리나라의 10대이다. 그러므로 철수는 근시일 것이다. - 통계적 삼단논법

위 논증처럼 첫 번째 전제가 통계적으로 되어 있을 때는, 그 전제가 참이라고 할지라도 결론이 반드시 참인 것은 아니다. 그런 의미에서 이 논증은 귀납논증이고 형식적으로 삼단논법을 닮았지만, 통계적 · 귀납적 논증이라는 의미에서 통계적 삼단논법이라고 부른다.

여기에서 F(우리나라 10대)를 준거집합, P(근시인 집단)를 귀속 집합이라고 한다. 그리고 이러한 통계적 삼단논법을 평가하는 방법은, 첫째 x가 100에 가까울수록 강한 논증이 된다. 통계적 삼단논법을 평가하는 데 있어서 또 하나의 중요한 요소는 준거집단의 구체성이다.

▶ 요약 – 통계적 삼단논법의 귀납논증

| | |
|---|---|
| 표준적 형식 | F의 x%가 P이다. a는 F이다. 그러므로 a는 P일 것이다. |
| 평가기준 | x가 얼마나 큰가?<br>F라는 준거집단이 얼마나 구체적인가? |

## 6 귀납추리의 오류

### (1) 일반화와 관련된 오류

귀납논증이란 전제가 결론을 필연적으로 뒷받침하지 않고, 개연적으로만 뒷받침하는 논증이다. 그렇기 때문에 좋은 귀납논증과 좋지 않은 귀납논증을 구별하는 것이 연역논증보다 어렵다. 그리고 귀납적 일반화의 논증의 경우, 표본의 사례 수와 표본의 다양성이 중요한 기준이다. 이러한 기준을 충족시키지 못하여 받아들이기 어려운 오류를 범하는 논증들이 있다.

❙ 일반화와 관련된 오류 ❙

▶ 성급한 일반화의 오류 : 몇 차례의 특수한 사례를 토대로 모든 경우나 다음 번 관찰 사례도 그럴 것이라고 성급하게 일반화하는 오류

▶ 사실 외면의 오류 : 귀납적 일반화에 사용된 표본이 무작위적이지 않고 편향되어 표본의 다양성을 확보하지 못하거나, 통계적 삼단논법에서 준거집단의 구체성이 지나치게 광범위하여 구체성을 갖지 못하는 등 귀납 추론을 할 때 고려해야 할 중요한 요소를 고려하지 않음으로써 발생하는 오류를 통칭 - 편향된 자료의 오류, 근시안적 귀납의 오류

### (2) 유비추리와 관련된 오류

▶ 잘못된 유비추리의 오류 : 비교되는 두 대상이나 사건 사이의 중요한 차이점을 간과함으로써 발생하는 오류

### (3) 가설추리와 관련된 오류

▶ 거짓 원인의 오류 : 두 사건이 반복해서 우연히 함께 발생하였기 때문에 인과 관계가 없는데 인과 관계가 있다고 추론하는 오류

▶ 본말전도의 오류 : 원인과 결과를 혼동하여 추론하는 오류

▶ 공통 원인 무시의 오류 : 동시에 관찰된 두 사건 사이에는 인과 관계가 없고, 그 두 사건의 공통의 원인이 있는데 이를 무시하고 관찰된 두 사건 사이에 인과 관계가 있다고 추론하는 오류

▶ 발생학적 오류 : 어떤 주장이나 학설의 정당성을 그 주장이나 학설의 발생 기원과 관련하여 판단하는 오류

# Ⅱ. 귀납추리 문제의 유형별 학습

## 1 추론 형식

**01**
인과 추론의 형식

다음 가상의 연구 (가)와 (나)에서 사용한 추론 방식을 보기 에서 골라 짝지은 것으로 옳은 것은?

제2회 2010 LEET 문23

범죄성의 유전 여부에 관한 연구에서는 유전 요인과 환경 요인의 영향을 분리하는 것이 중요하다. 그래서 연구자들은 쌍생아와 입양아를 대상으로 연구한다. 쌍생아 연구에서는 일란성과 이란성 쌍생아의 범죄성 일치율을 비교하는데, 범죄성 일치란 쌍생아 중 한 쪽이 범죄를 저질렀을 때 다른 쪽도 범죄를 저지른 경우를 말한다.

(가) 일란성 쌍생아와 이란성 쌍생아 각 300쌍의 기록을 연구한 결과, 형제 중 한 쪽의 범죄 기록이 있는 경우에 일란성 쌍생아의 범죄성 일치율은 40%, 이란성 쌍생아의 범죄성 일치율은 10%였다. 이로 미루어 유전 요인이 범죄성에 영향을 미친다고 볼 수 있다.

(나) 1,000명의 입양아를 대상으로 생부, 양부, 입양아의 범죄기록을 조사하였다. 입양아가 범죄를 저지른 비율은, 생부와 양부 모두 범죄 기록이 있을 때 40%, 양부만 범죄 기록이 있을 때 15%, 생부만 범죄 기록이 있을 때 35%, 생부와 양부 모두 범죄 기록이 없을 때 10%였다. 이로 미루어 유전 요인이 범죄성에 영향을 미친다고 볼 수 있다.

보기

ㄱ. 여러 다른 요인들의 있고 없음이 달라지는 가운데 어떤 요인(X)이 언제나 있고 결과(Y)에 차이가 없다면 X가 Y의 원인이다.

ㄴ. 여러 다른 요인들이 고정된 상황에서 어떤 요인(X)의 있고 없음에 따라 결과(Y)에 차이가 있다면 X가 Y의 원인이다.

ㄷ. 다양한 요인들 가운데 크기나 양에 있어 연속적인 값을 갖는 어떤 요인(X)이 있어서 X의 정도 변화에 따라 Y의 정도가 일정한 방향으로 변화한다면 X가 Y의 원인이다.

| | (가) | (나) | | (가) | (나) |
|---|---|---|---|---|---|
| ① | ㄱ | ㄴ | ② | ㄴ | ㄱ |
| ③ | ㄴ | ㄴ | ④ | ㄴ | ㄷ |
| ⑤ | ㄷ | ㄷ | | | |

## 2 유비 추론

**02**

동일성 판단

다음 글로부터 추론한 것으로 옳은 것만을 보기 에서 있는 대로 고른 것은? 제4회 2012 LEET 문26

가정부 로봇에 대한 갑, 을, 병의 판단을 기준으로 하여, 몇 가지 가상 사례들에 대하여 동일성 여부를 판단해 보았다.

철수는 시점 t1에 가정부 로봇을 하나 구입하였다. 인공지능회로에 고장이 나서 t2에 같은 종류의 새 부품으로 교체하였으며, t3에 새로운 소프트웨어로 로봇을 업그레이드하였고, t4에 로봇의 외형을 새로운 모습으로 바꾸었다. 화재로 t4의 로봇이 망가지자 철수는 t4 시점의 로봇을 복제한 새 로봇을 t5에 구입하였다. 시점 t1에서 t5에 이르는 로봇의 동일성 여부에 대하여 갑, 을, 병은 각기 다른 기준에 따라 다음과 같이 판단하였다.

갑 : 시점 t1과 t4의 로봇은 동일하지만, t5의 로봇은 이들과 동일하지 않다.
을 : 시점 t2와 t3의 로봇은 동일하지만, t1의 로봇은 이들과 동일하지 않다.
병 : 시점 t3과 t5의 로봇은 동일하지만, t2의 로봇은 이들과 동일하지 않다.

우리는 인간의 신체와 정신의 관계에 대하여 다음 가정을 받아들이기로 한다.

○ 신체와 정신의 관계는 하드웨어와 소프트웨어의 관계와 같다. 두뇌를 포함한 인간의 신체가 하드웨어라면, 정신은 신체를 제어하는 소프트웨어이다.
○ 만약 두뇌가 복제되면, 정신도 함께 복제된다.

보기

ㄱ. 왕자와 거지의 심신이 뒤바뀌어서 왕자의 정신과 거지의 몸이 결합된 사람을 을은 거지라고, 병은 왕자라고 판단할 것이다.
ㄴ. 사고로 두뇌와 신체를 크게 다친 철수는 첨단 기술의 도움으로 인간과 기계가 결합된 사이보그가 되었다. 갑과 을은 둘 다 원래의 철수와 사이보그가 된 철수를 다른 사람이라고 판단할 것이다.
ㄷ. 한 개인의 신체에 관한 모든 정보를 다른 장소로 원격 전송한 다음에, 인근에 있는 분자를 이용하여 그 정보에 따라 신체를 똑같이 조합하였다. 원래의 존재와 조합된 존재를 갑은 다르다고, 병은 같다고 판단할 것이다.

① ㄱ ② ㄴ ③ ㄱ, ㄷ
④ ㄴ, ㄷ ⑤ ㄱ, ㄴ, ㄷ

## 3 원인과 결과의 추론

# 03

인과 관계의 판단

어떤 스포츠용구 회사가 줄의 소재, 프레임의 넓이, 손잡이의 길이, 프레임의 재질 등 4개의 변인이 테니스채의 성능에 미치는 영향에 관하여 실험하였다. 다음 표는 최종 실험 결과를 나타낸 것이다. 표로부터 추리한 것으로 옳은 것은?

제2회 2010 LEET 문13

| | 변 인 | | | |
|---|---|---|---|---|
| 성능 | 줄의 소재 | 프레임의 넓이 | 손잡이의 길이 | 프레임의 재질 |
| ○ | 천연 | 넓다 | 길다 | 보론 |
| × | 천연 | 좁다 | 길다 | 탄소섬유 |
| × | 천연 | 넓다 | 길다 | 탄소섬유 |
| × | 천연 | 좁다 | 길다 | 보론 |
| ○ | 천연 | 넓다 | 짧다 | 보론 |
| × | 천연 | 좁다 | 짧다 | 탄소섬유 |
| × | 천연 | 넓다 | 짧다 | 탄소섬유 |
| × | 천연 | 좁다 | 짧다 | 보론 |
| ○ | 합성 | 넓다 | 길다 | 보론 |
| × | 합성 | 좁다 | 길다 | 탄소섬유 |
| × | 합성 | 넓다 | 길다 | 탄소섬유 |
| × | 합성 | 좁다 | 길다 | 보론 |
| ○ | 합성 | 넓다 | 짧다 | 보론 |
| × | 합성 | 좁다 | 짧다 | 탄소섬유 |
| × | 합성 | 넓다 | 짧다 | 탄소섬유 |
| × | 합성 | 좁다 | 짧다 | 보론 |

( ○ : 좋음  × : 나쁨 )

① 손잡이의 길이가 단독으로 성능에 영향을 준다.
② 프레임의 넓이가 단독으로 성능에 영향을 준다.
③ 손잡이의 길이와 프레임의 재질이 함께 성능에 영향을 준다.
④ 프레임의 넓이와 프레임의 재질이 함께 성능에 영향을 준다.
⑤ 주어진 실험결과로는 변인들이 성능에 미치는 영향을 알 수 없다.

# 4 가설수립

**04**

최선의 설명에로의 추론

다음 글을 토대로 ㉠을 가장 잘 설명한 것은? 제3회 2011 LEET 문16

포유류의 성별은 성염색체인 X 염색체와 Y 염색체에 의해서 결정된다. 그런데 암컷의 체세포* 에서 두 개의 X 염색체 중 하나는 초기 발생 과정에서 극도로 응축되어 기능하지 않는다. 이는 X 염색체에 존재하는 유전자에서 만들어지는 RNA 및 단백질의 양이 수컷에 비해 두 배로 나타나지 않게 하기 위함이다.

발생 과정은 정자와 난자가 합쳐진 수정란에서 시작하여 연속된 세포분열을 통해 이루어지는데, 발생 초기에 배아의 세포들은 성체가 된 후 있어야 할 위치로 움직인다. 이 세포들은 각각 연속된 세포분열을 통해 이웃 세포들을 만들고 이 이웃 세포들이 피부 등의 조직을 형성한다. 그러므로 성체의 조직에서 근거리에 위치하는 같은 종류의 세포들은 하나의 세포로부터 연속된 분열을 통하여 형성된 것이다.

A종(種) 고양이의 털색은 X 염색체에 존재하는 유전자에 의하여 결정된다. X 염색체에 존재하는 A종 고양이 털색 결정 유전자는 흰색을 내는 유전자와 검은색을 내는 유전자 두 가지가 있는데, 하나의 X 염색체에는 이 두 가지 중 하나만 존재한다. A종 수코양이는 X 염색체가 하나밖에 없으므로 흰색이나 검은색의 개체만 관찰된다. ㉠ <u>반면 A종 암코양이의 털색은 흰색, 검은색 그리고 아래 〈그림〉의 왼쪽과 같이 흰색과 검은색의 얼룩무늬로 나타나기도 한다.</u> 하지만 〈그림〉의 오른쪽과 같이 흰 털과 검은 털이 고르게 섞여 회색으로 보이는 형태는 나타나지 않는다.

〈그림〉

* 체세포 : 생식세포(예 : 정자, 난자)를 제외한 세포

① X 염색체 응축이 수정 이전에 어미의 난자에서 일어났기 때문이다.
② 두 개의 X 염색체 중 하나가 응축되는 과정에서 털색 결정 유전자가 응축에서 제외되었기 때문이다.
③ 털을 만드는 세포들이 털이 나기 직전에 두 개의 X 염색체 중 하나를 무작위로 응축시켰기 때문이다.
④ 두 개의 X 염색체 중 어느 쪽이 응축되는가는 발생 초기에 각각의 세포에서 무작위로 정해졌기 때문이다.
⑤ 두 개의 X 염색체가 서로 다른 털색 결정 유전자를 가지고 있을 경우에는 X 염색체 하나가 응축될 필요가 없었기 때문이다.

## 05

가설의 개연성과 설명도

다음 글로부터 바르게 추론한 것은? 제3회 2011 LEET 문14

갑자기 내린 소낙비를 피해 오두막으로 들어온 철수와 영희는 천장에서 마치 옥수수 볶는 것 같은 소리를 들었다. 이런 소리가 들리는 현상을 설명하기 위해 둘은 다음과 같이 나름의 '가설'을 내놓았다.

철수의 가설 : 천장에서 도깨비가 옥수수를 볶고 있다.
영희의 가설 : 비가 거세게 내리면서 지붕을 때리고 있다.

어떤 현상을 설명하고자 내놓은 가설이 얼마나 '설명도'가 높은가 하는 문제와 그 가설의 '개연성'이 얼마나 높은가 하는 문제는 구별될 필요가 있다. '가설의 설명도'란 그 가설이 참이라고 가정했을 때 설명하고자 하는 현상이 참일 확률을 말한다.

반면 '가설의 개연성'이란 어떤 현상이 관찰을 통해 참이라고 밝혀졌다고 가정할 때 그 가설이 참일 확률을 말한다. 예를 들어, 눈앞에 종이 한 장이 놓여 있다는 시각 정보를 갖고 있고 이를 설명하기 위한 두 가설 A와 B가 있다고 해 보자. A는 눈앞에 야구 방망이가 놓여 있다고 주장하고, B는 눈앞에 종이 한 장이 놓여 있다고 주장한다. 당연히 두 가설 중 B가 A보다 주어진 관찰과 관련하여 설명도도 높고 개연성도 높다. 하지만 또 다른 가설 C를 생각해 보자. 이에 따르면 사실 눈앞에는 종이가 없지만 악마가 우리로 하여금 눈앞에 종이 한 장이 있다면 가졌을 그런 시각 정보를 갖도록 만들었다. B와 C 중에서 개연성이 높은 쪽은 당연히 B이다. 하지만 두 가설 중 어느 가설이 더 설명도가 높은지는 말하기 어렵다. 따라서 어떤 가설의 설명도가 높다고 해서 반드시 그 가설을 받아들여야 할 필요는 없는 것이다.

관찰 현상을 표현하는 명제, '눈앞에 종이가 있다'와 이 현상을 설명하려는 두 가설을 생각해 보자. 이 명제로 표현되는 현상과 관련하여 이 중 한 가설이 다른 가설보다 설명도가 높다고 가정한다면, 이 명제의 부정 명제('눈앞에 종이가 없다')로 표현되는 관찰과 관련해서는 반대로 후자의 가설이 전자의 가설보다 설명도가 높다.

① 천장에서 나는 소리와 관련하여 철수의 가설이 영희의 가설보다 개연성이 높다.
② 천장에서 나는 소리와 관련하여 영희의 가설이 철수의 가설보다 설명도가 높다.
③ '눈앞에 종이가 있다'는 관찰과 관련하여 A와 C는 설명도가 비슷하다.
④ '눈앞에 종이가 없다'는 관찰과 관련하여 A가 B보다 설명도가 높다.
⑤ '눈앞에 종이가 없다'는 관찰과 관련하여 C가 A보다 설명도가 높다.

## 5 가설연역

# 06

실험결과의 추론

다음 글로부터 〈실험〉의 결과를 추론한 것으로 옳은 것만을 보기 에서 있는 대로 고른 것은?

제4회 2012 LEET 문22

세균 A는 과산화수소 등의 활성산소를 감지하여 분해하는 시스템을 가지고 있다. 이 시스템은 조절단백질 X와 효소 Y로 이루어져 있는데, X는 과산화수소를 감지하여 Y의 발현을 조절하는 기능을 하고 Y는 과산화수소를 분해하여 그 독성을 제거하는 기능을 한다. X는 다음 두 가지 메커니즘 중 하나를 이용하여 Y의 발현을 조절한다.

- 메커니즘 (가) : 과산화수소를 감지하지 않은 X는 DNA에 결합하지 않지만, 과산화수소를 감지한 X는 DNA에 결합한다. Y는 DNA에 결합한 X가 없으면 발현하지 않지만, DNA에 결합한 X가 있으면 발현된다.
- 메커니즘 (나) : 과산화수소를 감지하지 않은 X는 DNA에 결합하지만, 과산화수소를 감지한 X는 DNA에 결합하지 않는다. Y는 DNA에 결합한 X가 있으면 발현되지 않지만, DNA에 결합한 X가 없으면 발현된다.

〈실험〉

조절단백질 X와 효소 Y의 기능을 알아보기 위해, 세균 A로부터 X를 만드는 유전자를 제거한 돌연변이 세균 B를, A로부터 Y를 만드는 유전자를 제거한 돌연변이 세균 C를, A로부터 X를 만드는 유전자와 Y를 만드는 유전자를 모두 제거한 돌연변이 세균 D를 제조한 후, A~D의 특성을 조사한다.

보기

ㄱ. X가 메커니즘 (가)를 이용한다면 B는 A보다 과산화수소의 독성을 더 잘 제거할 것이다.
ㄴ. X가 메커니즘 (나)를 이용한다면 B는 C보다 과산화수소의 독성을 더 잘 제거할 것이다.
ㄷ. X의 메커니즘에 관계없이 C는 D보다 과산화수소의 독성을 더 잘 제거할 것이다.

① ㄴ ② ㄷ ③ ㄱ, ㄴ
④ ㄱ, ㄷ ⑤ ㄴ, ㄷ

# 6 가설검증

**07** 실험 결과의 해석

다음 실험 결과로부터 알 수 있는 것만을 [보기]에서 있는 대로 고른 것은? 제4회 2012 LEET 문21

공작나비는 평소에는 날개를 접고 있다가 포식자인 박새가 접근하면 날개를 접고 펴는 동작을 반복하여 소리를 내는 동시에 날개 위쪽에 있는 무늬를 보여 준다. 공작나비가 내는 소리와 날개의 무늬가 어떤 역할을 하는지 알아보기 위해 날개의 무늬를 지워 없애는 방법과 날개에서 소리를 내는 부분을 제거하는 방법을 조합하여 실험하였다.

공작나비를 박새의 먹이로 사용한 실험 결과는 다음과 같다.

○ 날개무늬가 있고 소리를 내는 공작나비는 100% 살아남았다.
○ 날개무늬가 있고 소리를 내지 못하는 공작나비는 100% 살아남았다.
○ 날개무늬가 없고 소리를 내는 공작나비는 50% 살아남았다.
○ 날개무늬가 없고 소리를 내지 못하는 공작나비는 20% 살아남았다.
○ 박새가 접근했을 때 날개를 접고 펴는 빈도는 날개무늬가 있는 공작나비보다 날개무늬가 없는 공작나비가 더 높았다.

보기

ㄱ. 박새의 포식을 피해 공작나비가 살아남는 데에는 소리를 내는 것보다 날개무늬가 있는 것이 더 효과적이다.
ㄴ. 날개무늬가 없는 공작나비가 박새에게 더 많이 잡아먹힌 이유는 날개를 접고 펴는 빈도가 높을수록 소리가 커지기 때문이다.
ㄷ. 박새의 포식을 피해 공작나비가 살아남는 데에는 날개무늬만 있는 것보다 날개무늬도 있고 소리도 내는 것이 더 효과적이다.

① ㄱ ② ㄴ ③ ㄱ, ㄷ
④ ㄴ, ㄷ ⑤ ㄱ, ㄴ, ㄷ

# 08

입증과 반증의 논리

다음 글로부터 추론한 것으로 옳지 않은 것은? 제9회 2017 LEET 문31

증거는 가설을 입증하기도 하고 반증하기도 한다. 물론, 어떤 증거는 가설에 중립적이기도 하다. 이렇게 증거와 가설 사이에는 입증·반증·중립이라는 세 가지 관계만이 성립하며, 이 외의 다른 관계는 성립하지 않는다. 그럼 이런 세 관계는 어떻게 규정될 수 있을까? 몇몇 학자들은 이 관계들을 엄격한 논리적인 방식으로 규정한다. 이 방식에 따르면, 어떤 가설 H가 증거 E를 논리적으로 함축한다면 E는 H를 입증한다. 또한 H가 E의 부정을 논리적으로 함축한다면 E는 H를 반증한다. 물론 H가 E를 함축하지 않고 E의 부정도 함축하지 않는다면, E는 H에 대해서 중립적이다. 이런 증거와 가설 사이의 관계는 '논리적 입증·반증·중립'이라고 불린다.

그러나 증거와 가설 사이의 관계는 확률을 이용해 규정될 수도 있다. 가령 우리는 "E가 가설 H의 확률을 증가시킨다면 E는 H를 입증한다."고 말하기도 한다. 이와 비슷하게 우리는 "E가 H의 확률을 감소시킨다면 E는 H를 반증한다."고 말한다. 물론 E가 H의 확률을 변화시키지 않는다면 E는 H에 중립적이라고 하는 것이 자연스럽다. 이런 증거와 가설 사이의 관계에 대한 규정은 '확률적 입증·반증·중립'이라고 불린다.

그렇다면 논리적 입증과 확률적 입증은 어떤 관계가 있을까? 흥미롭게도 H가 E를 논리적으로 함축한다면 E가 H의 확률을 증가시킨다는 것이 밝혀졌다. 반면에 그 역은 성립하지 않는다. 우리는 이 점을 이용해 입증에 대한 두 규정들 사이의 관계를 추적할 수 있다.

① E가 H를 논리적으로 반증하지 않고 H에 논리적으로 중립적이지도 않다면, E는 H에 확률적으로 중립적이지 않다.
② E가 H를 논리적으로 입증한다면 E의 부정은 H를 논리적으로 반증한다.
③ E가 H를 논리적으로 반증한다면 E의 부정은 H를 확률적으로 입증한다.
④ E가 H에 확률적으로 중립적이라면 E는 H를 논리적으로 입증하지 않는다.
⑤ E가 H를 확률적으로 입증하지 않는다면 E는 H를 논리적으로 반증한다.

## 09

인과가설의 입증논리

다음 글로부터 추론한 것으로 옳은 것만을 [보기]에서 있는 대로 고른 것은? 제9회 2017 LEET 문32

과학자들은 "속성 C는 속성 E를 야기한다."와 같은 인과 가설을 어떻게 입증하는가? 다른 종류의 가설들과 마찬가지로 인과 가설 역시 다양한 사례들에 의해 입증된다. 예를 들어 과학자들은 '폐암에 걸린 흡연자의 사례'와 '폐암에 걸리지 않은 비흡연자의 사례'가 "흡연이 폐암을 야기한다."는 인과 가설을 입증한다고 생각한다. 'C와 E를 모두 가진 사례'와 'C와 E를 모두 결여한 사례'가 "C가 E를 야기한다."를 입증한다는 것이다. 여기서 문제의 두 사례들이 해당 인과 가설을 입증하기 위해서는 두 사례 중 하나는 다른 사례의 '대조 사례'여야 한다. 물론, C와 E를 모두 가진 사례와 C와 E를 모두 결여한 사례들이 언제나 서로에 대한 대조 사례가 되는 것은 아니며, 다음 조건들을 만족해야만 "C가 E를 야기한다."를 입증하는 대조 사례라 할 수 있다.

○ 두 사례는 속성 C의 존재 여부를 제외한 거의 모든 측면에서 유사하다.
○ 속성 E를 가진다는 것을 설명할 때, 속성 C를 가진다는 것보다 더 잘 설명하는 다른 속성 P가 존재하지 않는다.
○ 속성 E의 결여를 설명할 때, 속성 C의 결여보다 더 잘 설명하는 다른 속성 Q가 존재하지 않는다.

예를 들어, 오랫동안 흡연한 60대 폐암 환자 갑과 담배에 전혀 노출되지 않고 폐암에도 걸리지 않은 신생아 을은 "흡연이 폐암을 야기한다."를 입증하는 좋은 대조 사례가 아니다. 갑과 을은 흡연 이외에도 많은 차이가 있으며, 흡연을 하지 않았다는 것보다 신생아라는 것이 을이 폐암에 걸리지 않았다는 것을 보다 잘 설명하기 때문이다.

**보기**

ㄱ. 전혀 다른 가정에 입양되어 자란 일란성 쌍둥이 갑과 을이 모두 조현병에 걸렸다면 갑과 을은 "유전자가 조현병을 야기한다."는 인과 가설을 입증하는 대조 사례이다.
ㄴ. $\beta$형 모기에 물린 이후 말라리아에 걸린 갑과 $\beta$형 모기에 물리지 않고 말라리아에 걸리지 않은 을이 "$\beta$형 모기에 물린 것이 말라리아를 야기한다."는 인과 가설을 입증하는 대조 사례가 되기 위해서는 적어도 말라리아에 대한 선천적 저항력과 관련해 갑과 을 사이에는 별 차이가 없다는 것이 밝혀져야 한다.
ㄷ. 총 식사량을 줄이면서 저탄수화물 식단을 시작한 이후 체중이 줄어든 갑과 총 식사량을 줄이지 않고 일반적인 식단을 유지하여 체중 변화가 없었던 을이 "저탄수화물 식단이 체중 감소를 야기한다."는 인과 가설을 입증하는 대조 사례가 되기 위해서는 적어도 갑의 체중 감소가 저탄수화물 식단보다 총 식사량의 감소에 의해서 더 잘 설명되지 않아야 한다.

① ㄱ ② ㄴ ③ ㄱ, ㄴ ④ ㄴ, ㄷ ⑤ ㄱ, ㄴ, ㄷ

# 10

인과추론의 논리/술어논리

다음으로부터 추론한 것으로 옳은 것만을 [보기]에서 있는 대로 고른 것은? 제11회 2019 LEET 문36

질병의 원인을 어떻게 추정할 수 있을까? 19세기 과학자 K가 제안한 단순한 초기 가설에 따르면, 어떤 병원균의 보균 상태가 아님에도 어떤 질병이 발병하거나 그 병원균의 보균 상태임에도 그 질병이 발병하지 않는다면, 그 병원균은 그 질병의 원인이 아니다. 이를테면 결핵 환자들 중에 어떤 병원균의 보균자인 사람도 있고 아닌 사람도 있다면 그 병원균을 결핵의 원인으로 추정할 수 없으며, 어떤 병원균의 보균자들 중에 결핵을 앓고 있는 사람도 있고 아닌 사람도 있다면 그 병원균 역시 결핵의 원인으로 추정할 수 없다는 것이다. 이를 엄밀하게 표현하면 아래와 같다.

다음 두 조건을 모두 만족하는 경우에, 병원균 X를 질병 Y의 원인으로 추정할 수 있다.

조건 1 : Y를 앓는 모든 환자가 X의 보균자이다.
조건 2 : 누구든 X의 보균자가 되면 그 때 반드시 Y가 발병한다.

보기

ㄱ. 질병 D를 앓는 모든 환자들이 병원균 $\alpha$와 $\beta$ 둘 다의 보균자이고, 누구든 $\alpha$와 $\beta$ 둘 다의 보균자가 되면 그 때 반드시 D가 발병하는 경우, $\alpha$도 조건 2를 만족하고 $\beta$도 조건 2를 만족한다.
ㄴ. 질병 D를 앓는 환자에게서 병원균 $\alpha$와 $\beta$가 함께 검출되는 경우가 없다면, $\alpha$와 $\beta$ 중 기껏해야 하나만 위 두 조건을 모두 만족할 수 있다.
ㄷ. 질병 D를 앓는 모든 환자에게서 병원균 $\alpha$와 $\beta$ 중 적어도 하나가 검출된다면, $\alpha$와 $\beta$ 중 적어도 하나는 조건 1을 만족한다.

① ㄱ ② ㄴ ③ ㄱ, ㄷ
④ ㄴ, ㄷ ⑤ ㄱ, ㄴ, ㄷ

## 11

실험설계 / 가설입증실험결과

㉠을 입증하는 실험결과에 포함될 수 없는 것은?

제13회 2021 LEET 문25

사회과학에서 고전적 실험연구는 실험결과를 현실 세계로 일반화시킬 수 없을 가능성이 있다. 예를 들어 '흑인이 영웅으로 등장하는 영화 관람'(실험자극)이 '흑인에 대한 부정적 편견 정도'를 줄이는지를 알아보고자 실험연구를 수행한 결과 다음과 같은 사실이 관찰되었다고 하자. 첫째, 실험자극을 준 실험집단의 경우 사전조사보다 사후조사에서 편견 정도가 낮았다. 둘째, 실험자극을 주지 않은 통제집단에서는 사전과 사후조사에서 편견 정도의 변화가 없었다. 이 경우 영화 관람이 실험집단 피험자들의 편견 정도를 줄였다고 볼 수 있다. 그러나 그 영화를 일상생활 중 관람했다면 동일한 효과가 나타날 것이라고 확신할 수는 없다. 실험에서는 사전조사를 통해 피험자들이 이미 흑인 편견에 대한 쟁점에 민감해져 있을 수 있기 때문이다. 이 문제를 해결하기 위해서는 사전조사를 하지 않는 실험을 추가한 〈실험설계〉를 해야 한다. 이를 통해 ㉠ 영화 관람이 편견 정도를 줄였다는 것을 입증하는 실험결과를 발견한다면 일반화 가능성을 높일 수 있다.

〈실험설계〉

○ 집단 1 : 사전조사 ⟶ 실험자극 ⟶ 사후조사
○ 집단 2 : 사전조사 ⟶ 사후조사
○ 집단 3 : 사전조사 없음 ⟶ 실험자극 ⟶ 사후조사
○ 집단 4 : 사전조사 없음 ⟶ 사후조사

단, 집단 1~4의 모든 피험자는 모집단에서 무작위로 선정되었다.

① 집단 1에서 사후조사 편견 정도가 사전조사 편견 정도보다 낮게 나타났다.
② 집단 1의 사후조사 편견 정도가 집단 2의 사후조사 편견 정도보다 낮게 나타났다.
③ 집단 3의 사후조사 편견 정도가 집단 2의 사전조사 편견 정도보다 낮게 나타났다.
④ 집단 3의 사후조사 편견 정도가 집단 4의 사후조사 편견 정도보다 낮게 나타났다.
⑤ 집단 4의 사후조사 편견 정도가 집단 1의 사후조사 편견 정도보다 낮게 나타났다.

## 7 연구방법의 적절성 판단

**12**

표본의 대표성

A의 계획에 대한 평가로 옳은 것만을 [보기] 에서 있는 대로 고른 것은?　　제10회 2018 LEET 문19

> 연구자 A는 우리나라 기독교인들의 특성을 알아보기 위해 설문조사를 시행하려고 한다. 이를 위해서는 우리나라 기독교인을 대표할 수 있는 표본을 뽑아야 한다. 이 표본으로부터 얻은 정보에서 모집단인 우리나라 전체 기독교인의 정보를 추론하려는 것이다. 이를 위해서는 A가 뽑은 표본의 총체적 특성이 모집단인 전체 기독교인의 총체적 특성에 거의 근접해야 하며, 이러한 표본을 대표성 있는 표본이라고 한다. 표본의 대표성을 확보하기 위해서는 전국의 모든 기독교인들이 표본으로 뽑힐 확률을 동일하게 해야 한다. 또한 표본의 대표성은 많은 수의 기독교인을 뽑을수록 높아질 것이다. 만약 우리나라 모든 기독교인의 명단이 있다면, 이로부터 충분히 많은 수의 교인을 무작위로 뽑으면 된다. 하지만 그러한 명단은 존재하지 않는다. 대신 초대형교회부터 소형교회까지 전국의 모든 교회를 포함하는 교회 명단은 존재하므로, A는 이 명단으로부터 일정 수의 교회를 무작위로 뽑기로 하였다. 다음 단계로 이 교회들의 교인 명단을 확보하여 이 명단으로부터 각 교회 당 신도 일정 명씩을 무작위로 뽑기로 하였다. 이렇게 하여 A는 1,000명의 표본을 대상으로 설문조사를 실시하려고 계획한다. 여기서 고려할 점은 집단의 구성원들이 동질적일수록 그 집단으로부터 뽑은 표본은 그 집단을 더 잘 대표할 것이며, 교회처럼 자연스럽게 형성된 집단에 속한 사람들은 전체 모집단에 속한 사람들과 비교할 때 일반적으로 더 동질적이라는 사실이다.

**보기**

ㄱ. 이 표본은 전국의 모든 기독교인들이 뽑힐 확률을 동일하게 하였으므로 대표성이 높다.

ㄴ. 뽑을 교회의 수를 늘리고 각 교회에서 뽑을 신도의 수를 줄이는 것보다, 뽑을 교회의 수를 줄이고 각 교회에서 뽑을 신도의 수를 늘리는 것이 표본의 대표성을 더 높인다.

ㄷ. 표본의 대표성을 높이기 위해서는 교회가 뽑힐 확률을 교인 수에 비례하여 정해야 한다.

① ㄱ　② ㄷ　③ ㄱ, ㄴ
④ ㄴ, ㄷ　⑤ ㄱ, ㄴ, ㄷ

# 13

실험연구의
편향요인

다음으로부터 추론한 것으로 옳은 것만을 [보기]에서 있는 대로 고른 것은? 제10회 2018 LEET 문23

개발 중인 신약의 효과를 확인하기 위해서 실험연구를 시행한다. 약 처방에서 원래 의도한 효과를 '직접적인 생리적 효과'라고 부른다면, 이와 대비되는 효과로 '간접적인 생리적 효과'가 있다. 후자를 ㉠플라시보 효과라고 하는데 피험자가 실제 아무런 생리적 효과가 없는 가짜 약을 복용하고 있음에도 자신이 진짜 약을 처방받았다고 생각하여 그러한 생각이 몸의 상태에 영향을 주어 실제로 긍정적 신체 효과가 나타난 경우이다. 이처럼 생리적으로 활성이 없는 약이 실험에서 애초에 의도했던 효과와는 다른 방식으로 실험 결과에 영향을 끼칠 수 있는 효과가 세 가지 더 있다.

먼저 ㉡피험자 보고편향은 긍정적 신체 효과가 없는데도 진짜 약을 처방받았다고 생각하여 자신의 기분을 보고하는 방식에서 생기는 효과를 일컫는다. ㉢기대성 효과는 실험자가 신약의 잠재력에 대해서 분명하게 낙관적일 경우, 그 낙관적 느낌이 피험자에게도 전달되어 피험자 보고편향과 플라시보 효과를 강화하는 경우이다. ㉣실험자 보고편향은 신약의 효과를 시험하는 실험자들이 실험의 결과에 대해 특정한 희망과 기대를 가지기 때문에 생기는 효과이다. 실험 결과가 애매할 경우 실험자들이 결과를 읽는 방식은 그들이 보고자 하는 것에 의해 강하게 영향을 받는다.

보기

ㄱ. 동일한 예방조치로 ㉠과 ㉡을 차단할 수 없다.
ㄴ. ㉢과 ㉣을 차단하기 위한 예방조치는 서로 다를 수 있다.
ㄷ. ㉣을 차단하기 위해서는 어떤 피험자가 진짜 약을 처방하는 집단에 속하고 어떤 피험자가 가짜 약을 처방하는 집단에 속하는지에 대해 실험자가 몰라야 한다.

① ㄱ ② ㄴ ③ ㄱ, ㄷ
④ ㄴ, ㄷ ⑤ ㄱ, ㄴ, ㄷ

Legal
Education
Eligibility
Test

# 제3부
# 논리게임

출제기관은 2016년 확정개선안에서 논리게임 문항을 제약조건하에서 항목 배열하기, 항목 연결하기, 묶기 등의 '배치 및 정렬' 문항과, 부분적인 정보나 증거가 주어졌을 때 가능한 상황을 구성하거나 그 함축을 추리하게 하는 '논리퍼즐' 문항으로 크게 나누어 제시하였다. 하지만 이러한 논리게임에 대한 소개만으로는 논리게임의 전체 범위와 유형을 파악하는 데에는 한계가 있다. 따라서 출제기관이 새롭게 제시한 문항분류와 이전의 체계를 고려하여 논리게임 문항들을 포괄적으로 살펴보도록 한다. 과거 출제지침에서는 논리게임을 '배열하기 또는 속성 찾기, 연결하기 또는 묶기, 진실 또는 거짓, 수학적 퍼즐'로 나누어 소개하였다.

| 인지활동영역 | | 하위 범주 |
|---|---|---|
| 2016 확정개선안 | 배치 및 정렬 | 배열하기, 연결하기, 묶기 등 |
| | 논리 퍼즐 | 진실 혹은 거짓 문항, 리그전/토너먼트 등 |
| 과거 출제지침 | 배열하기 / 속성 찾기 | 배열하기 또는 속성 매칭시키기 문제 |
| | 연결하기 / 묶기 | 연결하기 또는 그룹핑하기 문제 |
| | 진실 또는 거짓 | 진실 또는 거짓 퍼즐 |
| | 수학적 퍼즐 | 수학적인 퍼즐 |

# CHAPTER 1
# 배열하기

본 장에서는 논리게임 해결의 기본적인 전략과 전통적인 유형들을 개관하고, 배열하기 문제를 중심으로 문제 해결의 일반적인 접근방법과 개별 문제의 특징에 맞는 해결 방법을 모색해 보도록 한다.

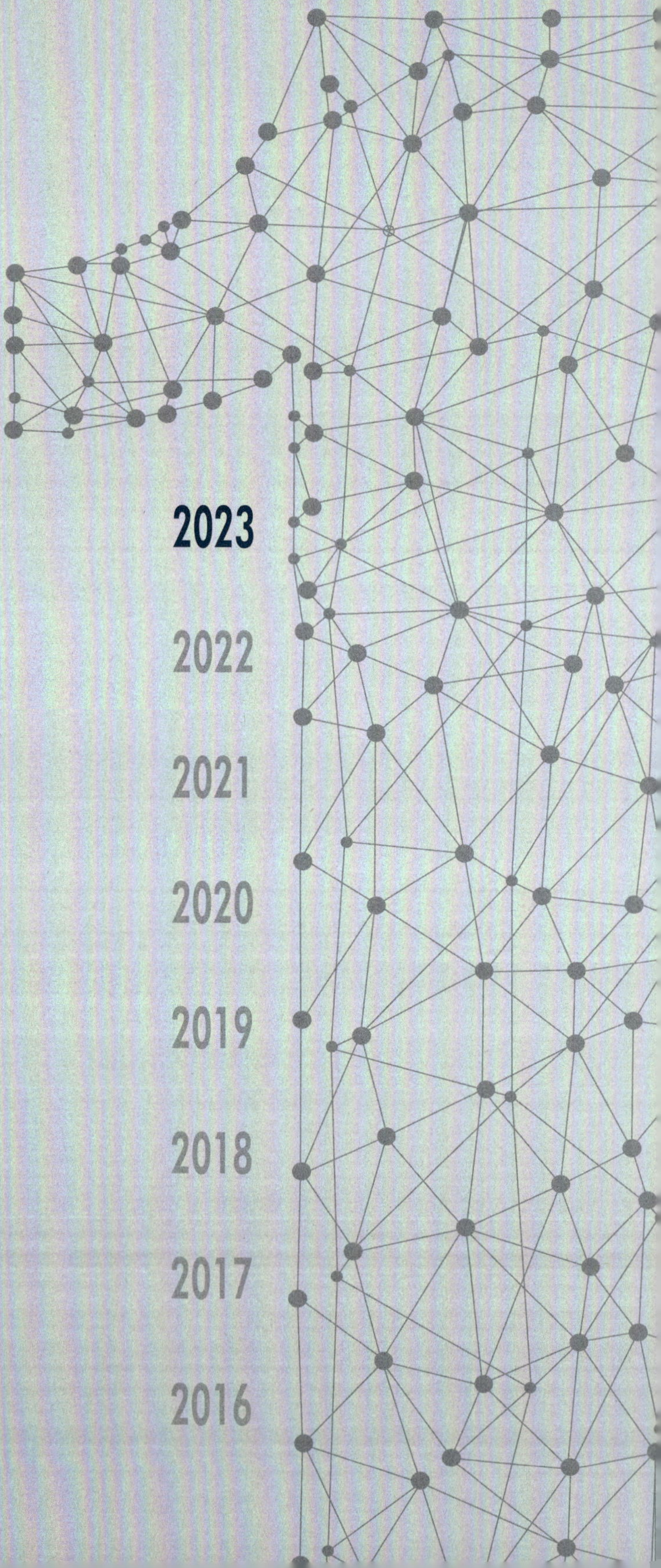

# Ⅰ. 논리게임 개관

## 1 논리게임 해결의 기본 전략[1]

### (1) 먼저 시각화하는 것이 가장 중요하다(Make It Visual).

게임 문제는 일종의 시각화 능력을 테스트하는 문제라고도 할 수 있다. 복잡하고 혼란스럽게 구성된 요소들을 지면에 얼마나 잘 표현하는가가 문제 해결의 Key가 된다. 말로 구성된 것은 전제와 관계를 파악하기 어려우나 시각적으로 표현된 이미지들은 문제 해결을 용이하게 한다. 때때로 많은 문제의 경우 그림 또는 표로 정리하는 것만으로도 문제가 해결되기도 한다. 일단 시각화(visual symbols)하여 표현하면 혼란스러운 말의 덩어리를 다시 참고할 필요가 없고, 정확성을 기할 수 있다.

| Clues (단서, 실마리) | Symbol (표상, 기호) |
|---|---|
| A는 B의 오른쪽에 앉아 있고, C의 왼쪽에 앉아 있다. | B – A – C |
| A는 B보다 2층 위에 산다. | A<br> <br>B |

### (2) 일관성 있게 표현해야 한다(Be Consistent).

주어진 정보를 기호화(symbolize)하고 도식화(diagram)하는 방법은 매우 다양할 수 있지만, 어떤 방법을 선택할지라도 일관성 있게 표현하여야 한다. 많은 문제를 접하면서 일종의 자신만의 표현 방법을 가져갈 필요가 있다.

### (3) 유연성을 가지고 대처해야 한다(Be Flexible).

전통적인 논리게임 문제의 경우, 접하는 문제들은 조금씩 차이가 있지만 그 안에서 공통점을 발견할 수 있다. 너무 개별 사실에 집착하다보면 문제 전체를 파악하지 못하여 문제 해결이 어려울 수 있으므로 큰 그림을 보며 문제를 해결할 수 있도록 연습할 필요가 있다.[2]

---

1) Adam Robinson and Kevin Blemel, "Cracking the LSAT", 2008 (ed), pp. 116~221.

2) 우리나라 PSAT(공직적격성평가) 시험의 경우, 전통적 유형뿐 아니라 새로운 유형의 논리게임이 개발되어 출제되고 있으므로 실전에서는 자신이 해결할 수 있는 문제와 그렇지 못한 문제를 골라내는 것이 상당히 중요한 능력으로 자리잡아가고 있다. LEET에서도 이러한 점을 간과할 수 없으므로 자신이 접해본 문제는 정확히 이해하여 새로운 문제해결에 응용하여야겠지만, 그렇지 못한 문제의 경우에는 합리적인 선택이 필요하다.

## 2 전통적 유형의 논리게임

### (1) 배열하기 : 순서 정하기, 위치 정하기

배열하는 문제란 문제에서 요구하는 등장요소(인물)의 순서를 정하는 문제라 할 수 있는데, 단순히 선후 관계만을 물을 수도 있고, 선후 관계에 더하여 각 등장요소의 위치 또는 특정 랭킹까지도 물을 수 있다. 전자를 순서 정하기라 말할 수 있고 후자는 위치 정하기라 구분하여 표현할 수도 있겠다.

### (2) 대응 문제 : 일대일(一對一) 대응, 일대다(一對多) 대응

대응 문제는 등장인물의 이름과 직업을 연결하는 문제와 같이 연결해야 할 변수가 두 개인 경우와 이름과 직업, 나이, 사는 집의 색깔 등 연결해야 할 변수가 여러 개인 경우로 나누어 볼 수 있는데, 전자를 '일대일 대응'이란 이름으로, 후자를 '일대다 대응'이란 이름으로 살펴볼 것이다.

### (3) 그룹핑 문제

묶기(Grouping) 문제는 등장인물(내지 요소)들을 제시된 조건에 맞게 그룹별로 나누거나 묶어 정리하는 유형의 문제로 선택(Selection) 또는 분배(Distribution)의 형태를 띤다고 할 수 있다.

### (4) 참거짓 문제

진실 또는 거짓 퍼즐 문제란 참인 진술과 거짓인 진술로 구성된 된 퍼즐 문제를 말한다. 제시된 진술이 참과 거짓으로 구성되어 있으나 어느 진술이 참인지 거짓인지 모르는 상황에서 주어진 정보를 이용하여 문제에서 요구하는 바를 찾아가는 문제이다. 참인 진술과 거짓인 진술을 찾을 것을 요구하기도 하고, 진술에 근거한 특정 사실을 찾을 것을 요구하기도 한다.

### (5) 수학적 퍼즐

수학적 퍼즐의 유형에는 숫자를 이용한 퍼즐, 도형을 이용한 퍼즐, 수학적 논리를 요구하는 퍼즐 등이 있다. 구체적으로는 논리퍼즐, 정수론, 게임, 저울질, 확률과 경우의 수, 산술, 복면산, 마방진, 수열, 기하 그리고 성냥개비 등이 있다.

## 3 논리게임 문제해결 가이드[3)]

법률가에게는 소송이나 법적 분쟁에서 부분적인 정보나 증거가 주어졌을 때 사실관계를 추리하고, 사실관계에 적용될 수 있는 법규와 원리를 찾아내고, 법규나 원리를 해당 사례에 적용하여 그 결과를 추리하는 능력 등이 필요하다. 다양한 전공의 학생들을 대상으로 이러한 문제해결 능력을 측정하기 위해, 추리 영역의 문항은 논리게임 문항을 포함한다. 논리게임 문항은 제약조건하에서 항목 배열하기, 항목 연결하기, 묶기 등의 '배치 및 정렬' 문항과, 부분적인 정보나 증거가 주어졌을 때 가능한 상황을 구성하거나 그 함축을 추리하게 하는 '논리퍼즐' 문항으로 나누어지는데, 이러한 문항은 법적 맥락에서 주어진 부분적 정보나 증거를 분석하여 증거와 양립 가능한 상황을 추리하는 능력, 주어진 정보와 증거로부터 어떤 상황이 반드시 성립하는지 추리하는 능력 등을 효과적으로 측정할 수 있다.

### (1) 배치 및 정렬

**일반적으로 논리게임의 배치 및 정렬 문항은 다음과 같은 단계를 통해 해결한다.**

#### ▪ 그림이나 표를 그리라.

문항의 성격을 파악하여 제시된 사실적 정보와 규칙을 반영한 그림이나 표를 그리라. 논리게임의 배치 및 정렬 문항은 펜과 종이를 사용하여 직접 그림이나 표를 그려서 해결하는 것이 필수적이다.

#### ▪ 규칙을 그림이나 표에 나타내라.

제시된 규칙이나 사실은 가능한 한 직접 그림이나 표 속에 나타내는 것이 좋다. 만일 규칙이나 원리를 직접 그림이나 표에 나타내는 것이 불가능하다면 그림이나 표의 아래에 원리를 빠짐없이 간결하게 적는 것이 좋다.

#### ▪ 추리하라.

그림이나 표를 보면서 규칙과 제약 조건으로부터 추리할 수 있는 것을 최대한 추리하라. 이렇게 추리된 새로운 사실들은 빠짐없이 그림이나 표에 표시되어야 한다. 선택지를 살펴보기 전에 이렇게 최대한의 도출을 하는 것은 오답을 선택하는 것을 피하게 하고 문항 해결 시간을 단축해 준다. 연역될 수 있는 최대한의 사실이 빠짐없이 표현된 최종 그림이나 표를 완성하라.

#### ▪ 선택지를 보고 정답을 찾으라.

최종 그림/표가 완성되었다면 각각의 선택지가 옳은지 그렇지 않은지 확인 하는 것은 쉬운 작업일 것이다. 최종 그림/표를 보면서 선택지 중 정답을 찾으라.

---

3) 법학전문대학원협의회,「법학적성시험안내서(개정판)」, 2020. 5. pp.117~129.

**한편 상기의 단계를 통해 논리게임 문항을 풀 때 다음 사항을 주의해야 한다.**

- **질문과 제시문의 조건을 정확히 파악하라.**

다른 문항 유형에서도 정확한 독해가 중요하지만, 논리게임에서는 특히 단어 하나라도 잘못 이해할 경우 문제를 풀 수 없거나 답이 틀리게 된다. 질문과 제시된 조건을 꼼꼼하게 읽는 것이 필요하다.

- **문제에서 제공된 정보를 그림이나 기호로 완전히 표현하라.**

배치 및 정렬 문항은 그림이나 표를 그려 해결하는 것이 필수적이다. 그리고 질문이나 제시문에서 주어진 정보는 그림이나 표에 빠짐없이 간략하게 적는 것이 필요하다. 만일 어떤 정보를 그림이나 표에 나타내지 않고 실수로 누락한다면 정답을 찾지 못할 것이다.

- **주어진 조건 중 더 많은 정보를 가진 조건이나 그림/표로 나타내기 용이한 조건부터 먼저 그림/표에 표현하라.**

더 구체적이고 더 많은 정보를 주는 조건이나 그림/표에 나타내기 용이한 조건부터 먼저 그림/표에 표현하는 것이 좋다. 빈약한 정보를 주는 조건을 먼저 그림/표에 나타내려고 한다면, 많은 경우의 수를 허용할 것이기 때문에 문제해결이 어렵거나 문제해결에 더 많은 시간이 소요될 것이다.

- **그림/표의 정보와 언어적 정보를 결합하여 새로운 정보를 추리하고 이렇게 추리한 정보도 빠짐없이 그림으로 표현하라.**

문제에서 제공된 언어적 정보와 그림/표의 정보를 결합할 경우 어떤 가능성이 배제되는지 주의 깊게 분석한다. 이러한 분석으로부터 추리된 새로운 정보도 반드시 그림/표 속에 나타내어야 한다.

- **주어진 조건을 만족하는 가능한 상황이 너무 많다면 문제의 선택지를 먼저 검토하라.**

주어진 조건을 만족하는 가능한 상황이 너무 많다면 그것을 모두 그림으로 나타낼 경우 시간과 노력이 과도하게 소모된다. 따라서 이 경우에는 선택지부터 먼저 검토하여 정답을 찾는 것이 효율적이다.

배치 및 정렬 문항은 반복 학습으로 성적이 쉽게 오를 수 있는 문제 유형이므로, 충분한 연습을 통해 문제 풀이 요령을 익히는 것이 중요하다. 이론적 학습보다는 혼자 힘으로 많은 문제를 풀어 보며 풀이 요령을 습득하는 시행착오(trial and error) 방법이 적절하다.

### (2) 논리퍼즐

논리게임에 속하는 논리퍼즐 문항은 문제해결에 논리적 분석 능력이 요구되는 '진실 혹은 거짓' 문항과 '리그/토너먼트 게임' 문항을 포함한다. 이 유형의 문항을 해결하기 위해서는 주어진 상황을 논리적으로 분석하고 추리할 수 있는 능력이 가장 중요하다. '진실 혹은 거짓' 문항은 주어진 진술에 대해 참 거짓을 언급하는 조건이 포함되어 있는 문제이고, '리그/토너먼트 게임' 문항은 리그전 게임 상황이나 토너먼트 게임 상황을 제시하고 이로부터 경기 결과 등을 추리할 수 있는지 묻는 문제이다. 다음 문제는 토너먼트 게임 상황과 참 거짓을 언급하는 조건이 제시되어 있는 논리퍼즐 문제이다.

**다음 사항을 염두에 두고 논리퍼즐 문제를 해결하는 것이 바람직하다.**

■ **경우의 수를 크게 줄일 수 있는 정보를 먼저 찾아 분석하라.**

'진실 혹은 거짓' 문제를 풀 때는 먼저 가능한 경우들을 몇 가지 경우로 줄일 수 있는 정보를 찾아 분석하는 것이 문제해결의 핵심이다. 이를 위해 주어진 정보를 면밀하게 검토하여 어떤 정보를 결합하는 것이 경우의 수를 대폭적으로 줄일 수 있는지 살펴본다. 경우의 수를 크게 줄일 수 있는 정보를 찾아 분석했다면 거의 문제의 반은 해결한 것으로 볼 수 있다.

■ **주어진 상황의 논리를 잘 파악하라.**

'리그/토너먼트 게임'의 문제를 해결하기 위해서는 리그/토너먼트 게임 논리를 잘 이해해야 한다. 예를 들면 D팀의 총득점이 0이라면, A팀이 D팀과 경기 하여 2:1로 승리했다는 것은 참이 아니다. 왜냐하면 경기 결과가 2:1이라면 D팀이 최소한 1점을 득점했다는 것을 의미하는데, 이것은 D팀의 총득점이 0이 라는 것과 모순되기 때문이다.

■ **필요하다면 '조건 증명법', '귀류법', '경우를 나누어서 추리하기'를 이용하라.**

논리퍼즐 문제를 해결하기 위해서는 '조건 증명법', '귀류법', '경우를 나누어서 추리하기'를 이용하는 것이 편리한 경우가 많다. '조건 증명법'과 '귀류법'에 관해서는 앞의 '형식적 추리' 부분을 참조하라. '경우를 나누어서 추리하기'는 바로 앞의 문항(2019학년도 31번)의 해설에서 설명한 바와 같이 제시된 상황을 여러 경우로 나누어서 추리하는 방식이다. 예를 들면, A인 경우 C가 성립하고, B인 경우 C가 성립하면, 'A 또는 B'로부터 C를 추리하는 방식이다. 증명 방식은 제시된 상황이 하나의 경우로 결정되지 않고 다수의 경우로 나누어질 때 유용하게 이용할 수 있는 방식이다.

■ **주어진 정보로부터 더 이상의 유의미한 정보를 추론하는 데 어려움이 있다면 주어진 선택지를 보고 판단하라.**

주어진 정보로부터 경우의 수를 줄일 수 없어서 더 이상 유의미한 정보를 추리하는 데 어려움을 겪는다면, 시간을 소비하지 말고 각 선택지를 먼저 검토하여 정답을 찾는 것이 좋다.

논리퍼즐 문제를 해결하기 위해서는 형식적 추리 능력도 필요하지만, 제시된 문제 상황을 논리적으로 분석하는 능력이 매우 중요하다. 이러한 논리적 분석 능력은 유사한 문제를 많이 풀어 봄으로써 습득할 수 있다. 혼자 힘으로 가능한 한 많은 논리퍼즐 문제를 풀어 보면서 논리적 분석 능력을 기르도록 하자.

## 4 배열하기 유형의 문제 해결방법

### (1) 배열하기(순서 또는 위치 정하기)

배열하는 문제란 문제에서 요구하는 등장요소(인물)의 순서를 정하는 문제라 할 수 있는데, 단순히 선후 관계만을 물을 수도 있지만, 선후 관계에 더하여 각 등장요소의 위치 또는 특정 랭킹까지도 물을 수 있다. 전자를 순서 정하기라 말할 수 있고 후자는 위치 정하기라 구분하여 표현할 수도 있겠다.

이러한 문제는 주어진 상황에 따라 선형인 것, 원형인 것, 네모의 탁자형인 것, 두 줄의 선형에 등장 요소를 배열하는 등의 문제가 있을 수 있는데, 크게는 선형과 원형으로 나누어 볼 수 있다.

### (2) 배열하기 유형의 문제 해결

제시된 정보를 통해 각각의 등장 요소 간 순서를 하나씩 표현하고 이들 간의 연계 고리를 찾아 전체를 고려할 수 있도록 표현한 후 가능한 경우를 검토하여 문제를 해결한다. 나뭇가지 형태의 시각화 방법을 이용하는 것이 문제 해결에 유용하다.

▶ 시각화 예

( ) …… (병) …… (갑)

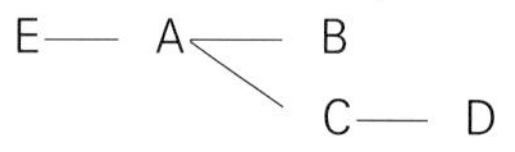


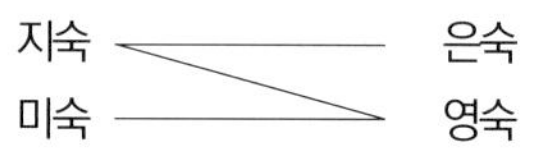

# Ⅱ. 배열하기 문제의 유형별 학습

## 1 순서 및 위치 정하기 유형 문제의 해결

**01**

추가적 조건을 고려한 판단

다음 글로부터 추론한 것으로 옳지 않은 것은? 제4회 2012 LEET 문19

어떤 회사의 직원은 A~G 7명이다. 그들은 다음과 같은 방법으로만 연락한다.

○ 바로 아래 하급 직원으로부터 연락받으면 자신의 바로 위 상급 직원 한 명에게만 연락한다.
○ 바로 위 상급 직원으로부터 연락받으면 자신과 같은 직급의 모든 직원에게 연락한다.
○ 같은 직급의 직원으로부터 연락받으면 같은 직급의 다른 직원 한 명에게만 연락한다.

다음과 같은 사실이 알려져 있다.

○ B는 D보다 직급이 한 등급 높다.
○ D가 B에게 연락하자 B는 A에게만 연락했다.
○ G가 C에게 연락하자 C는 B에게만 연락했다.
○ C가 F에게 연락하자 F는 D와 E에게 연락했다.

① C와 G가 같은 직급이고 D가 E에게 연락하면, E는 F에게만 연락할 수 있다.
② C와 G가 같은 직급이고 E가 C에게 연락하면, C는 A에게만 연락할 수 있다.
③ C와 G가 같은 직급이고 F가 G에게 연락하면, G는 A에게만 연락할 수 있다.
④ C와 G가 다른 직급이고 A가 B에게 연락하면, B는 C에게만 연락할 수 있다.
⑤ C와 G가 다른 직급이고 D가 C에게 연락하면, C는 G에게만 연락할 수 있다.

02

특정 조건 하에서의 추론

한국화학회는 〈시상규칙〉에 따라 학술상을 수여한다. 어느 해 같은 계절에 유기화학과 무기화학 분야에 상을 수여하였다면, 그해의 시상에 대한 진술 중 참일 수 <u>없는</u> 것은? 제5회 2013 LEET 문12

〈시상규칙〉

○ 매년 물리화학, 유기화학, 분석화학, 무기화학의 네 분야에 대해서만 수여한다.
○ 봄, 여름, 가을, 겨울에 수여하며 매 계절 적어도 한 분야에 수여한다.
○ 각각의 분야에 매년 적어도 한 번 상을 수여한다.
○ 매년 최대 여섯 개까지 상을 수여한다.
○ 한 계절에 같은 분야에 두 개 이상의 상을 수여하지 않는다.
○ 두 계절 연속으로 같은 분야에 상을 수여하지 않는다.
○ 물리화학 분야에는 매년 두 개의 상을 수여한다.
○ 여름에 유기화학 분야에 상을 수여한다.

① 봄에 분석화학 분야에 수여한다.
② 여름에 분석화학 분야에 수여한다.
③ 여름에 물리화학 분야에 수여한다.
④ 가을에 무기화학 분야에 수여한다.
⑤ 겨울에 유기화학 분야에 수여한다.

## 03

위치 정하기

다음으로부터 추론한 것으로 옳지 않은 것은? 제9회 2017 LEET 문21

아래 배치도에 나와 있는 10개의 방을 A, B, C, D, E, F, G 7명에게 하나씩 배정하고, 3개의 방은 비워두었다. 다음 〈정보〉가 알려져 있다.

| | | |
|---|---|---|
| 1호 | | 6호 |
| 2호 | | 7호 |
| 3호 | | 8호 |
| 4호 | | 9호 |
| 5호 | | 10호 |

**〈정보〉**

○ 빈 방은 마주 보고 있지 않다.
○ 5호와 10호는 비어 있지 않다.
○ A의 방 양옆에는 B와 C의 방이 있다.
○ B와 마주 보는 방은 비어 있다.
○ C의 옆방 가운데 하나는 비어 있다.
○ D의 방은 E의 방과 마주 보고 있다.
○ G의 방은 6호이고 그 옆방은 비어 있다.

① 1호는 비어 있다.
② A의 방은 F의 방과 마주 보고 있다.
③ B의 방은 4호이다.
④ C와 마주 보는 방은 비어 있다.
⑤ D의 방은 10호이다.

# 04

위치 정하기

다음으로부터 추론한 것으로 옳은 것만을 보기 에서 있는 대로 고른 것은? 제9회 2017 LEET 문22

대형 전시실 3개와 소형 전시실 2개를 가진 어느 미술관에서 각 전시실 별로 동양화, 서양화, 사진, 조각, 기획전시 중 하나의 주제로 작품을 전시하기로 계획하였다. 설치 작업은 월요일부터 금요일까지 〈작업 계획〉에 따라 하루에 한 전시실씩 진행한다.

**〈작업 계획〉**

○ 동양화 작품은 금요일 이전에 설치한다.
○ 수요일과 금요일에는 대형 전시실에 작품을 설치한다.
○ 조각 작품을 설치한 다음다음날에 소형 전시실에 사진 작품을 설치한다.
○ 기획전시 작품을 설치한 다음다음날에 대형 전시실에 작품을 설치하는데, 그 옆 전시실에는 서양화가 전시된다.

보기

ㄱ. 서양화 작품은 수요일에 설치한다.
ㄴ. 동양화 전시실과 서양화 전시실은 옆에 있지 않다.
ㄷ. 기획전시가 소형 전시실이면 조각은 대형 전시실이다.

① ㄴ ② ㄷ ③ ㄱ, ㄴ
④ ㄱ, ㄷ ⑤ ㄱ, ㄴ, ㄷ

## 05 위치 정하기

다음으로부터 추론한 것으로 옳은 것만을 보기 에서 있는 대로 고른 것은? 제11회 2019 LEET 문32

사회관계망 서비스(SNS)는 온라인에서 사용자를 연결해 주는 기능을 제공한다. 두 사용자가 다른 사용자를 거치지 않고 연결 되어 있는 경우 '직접 연결'되어 있다고 한다. 어느 SNS를 이용하는 일곱 명의 사용자 A, B, C, D, E, F, G는 다음과 같이 연결되어 있다.

- ○ A와 직접 연결되어 있는 사용자는 D, E를 포함하여 세 명이다.
- ○ B와 직접 연결되어 있지 않은 사용자는 D를 포함하여 두 명이다.
- ○ C와 직접 연결되어 있는 사용자는 F를 포함하여 세 명이다.
- ○ A와 C 둘 다에게 직접 연결된 사용자는 G뿐이다.
- ○ D와 직접 연결된 사용자는 한 명이다.
- ○ E와 직접 연결된 사용자는 두 명이고, F와 직접 연결된 사용자는 세 명이다.

보기

ㄱ. A와 F는 직접 연결되어 있지 않다.
ㄴ. C와 D 둘 다에게 직접 연결된 다른 사용자가 있다.
ㄷ. 팀의 구성원들 각자가 나머지 구성원들 모두와 직접 연결되어 있도록 팀을 만들 때, 가능한 팀의 최대 인원은 4명이다.

① ㄱ ② ㄴ ③ ㄱ, ㄷ
④ ㄴ, ㄷ ⑤ ㄱ, ㄴ, ㄷ

# 06

순서 정하기

다음으로부터 추론한 것으로 옳은 것은? 제12회 2020 LEET 문33

어떤 교수가 피아노 연주회에서 자신이 지도하는 6명의 학생 甲, 乙, 丙, 丁, 戊, 己의 연주 순서를 정하는 데 다음 〈조건〉을 적용하고자 한다.

〈조건〉
- 각자 한 번만 연주하며 두 명 이상이 동시에 연주할 수 없다.
- 丙은 戊보다 먼저 연주해야 한다.
- 丁은 甲과 乙보다 먼저 연주해야 한다.
- 戊는 甲 직전 또는 직후에 연주해야 한다.
- 己는 乙 직전에 연주해야 한다.

① 甲이 己 직전에 연주하면 丙과 丁의 순서가 결정된다.
② 乙이 丙 직전에 연주하면 甲과 戊의 순서가 결정된다.
③ 丙이 戊 직전에 연주하면 甲과 乙의 순서가 결정된다.
④ 丁이 甲 직전에 연주하면 丙과 己의 순서가 결정된다.
⑤ 戊가 己 직전에 연주하면 丙과 丁의 순서가 결정된다.

# 07

위치 정하기

다음으로부터 추론한 것으로 옳은 것만을 〈보기〉에서 있는 대로 고른 것은? 제13회 2021 LEET 문21

아래 그림과 같이 크기가 모두 같고 번호가 한 개씩 적혀 있는 빈 상자 12개가 일렬로 나열되어 있다.

| | | | | | | | | | | | |
|---|---|---|---|---|---|---|---|---|---|---|---|
| 1 | 2 | 3 | 4 | 5 | 6 | 7 | 8 | 9 | 10 | 11 | 12 |

이 중 5개의 상자에 5개의 구슬 A, B, C, D, E를 담는다. 한 개의 상자에는 한 개의 구슬만 담을 수 있고, 서로 다른 두 상자 사이에 놓여 있는 상자의 개수를 그 두 상자의 '거리'로 정의한다. 예를 들면 4번 상자와 8번 상자의 거리는 3이다.

이때 다음 정보가 알려져 있다.

○ 구슬이 담겨 있는 임의의 두 상자의 거리는 모두 다르다.
○ 구슬 A와 D가 각각 담겨 있는 두 상자 사이에 구슬이 담겨 있는 상자는 한 개뿐이다.
○ 구슬 A와 E가 각각 담겨 있는 두 상자의 거리는 0이다.
○ 구슬 B와 D가 각각 담겨 있는 두 상자의 거리는 1이다.
○ 구슬 C와 E가 각각 담겨 있는 두 상자의 거리는 2이다.

보기

ㄱ. 구슬 A와 B가 각각 담겨 있는 두 상자 사이에는 구슬이 담겨 있는 상자가 없다.
ㄴ. 구슬 C가 담겨 있는 상자의 번호는 구슬 D가 담겨 있는 상자의 번호보다 크다.
ㄷ. 7번 상자와 8번 상자는 모두 비어 있다.

① ㄱ ② ㄴ ③ ㄱ, ㄷ
④ ㄴ, ㄷ ⑤ ㄱ, ㄴ, ㄷ

# 08

순서 정하기

다음으로부터 추론한 것으로 옳은 것은?

제13회 2021 LEET 문23

총 4번의 경주로 치러지는 육상 대회를 준비하는 한 팀의 코치는 5명의 주자 갑, 을, 병, 정, 무 중 4명을 선발하여 이들 각각이 몇 번째 경주에 참가할 것인지를 결정해야 한다. 선발된 4명의 주자 각각은 첫 번째, 두 번째, 세 번째, 네 번째 경주 중 꼭 하나의 경주에만 참가하고, 2명 이상의 주자가 같은 경주에 참가하지는 않는다.

코치의 주자 선발과 그에 따른 결정은 다음 조건을 만족시키고, 선발되지 않은 1명은 육상 대회에 참가하지 않는다.

○ 만약 을을 선발하면, 갑을 선발하지 않는다.
○ 무는 두 번째 경주에 참가하지 않는다.
○ 정은 병이 참가한 경주의 바로 다음 번 경주에 참가한다.
○ 만약 갑이 첫 번째 경주에 참가하지 않는다면, 을이 세 번째 경주에 참가한다.

① 갑은 첫 번째 경주에 참가한다.
② 을은 두 번째 경주에 참가한다.
③ 병은 첫 번째 경주에 참가한다.
④ 정은 세 번째 경주에 참가한다.
⑤ 무는 네 번째 경주에 참가한다.

## 2 언어지문형 논리게임 문제의 해결

**09**

역사/
음양오행설

다음 글로부터 추론한 것으로 옳은 것만을 [보기] 에서 있는 대로 고른 것은? 제6회 2014 LEET 문19

> 주상께서는 오제 가운데 저희 왕조를 낳아 주신 신께 남교에서 제사를 올려야 합니다. 오제는 적제, 흑제, 청제, 백제, 황제를 말하는데, 각기 오행(화, 수, 목, 금, 토)을 상징하는 신들입니다. 역대 각 왕조는 오덕종시설(五德終始說) 즉 오행의 상생 또는 상극의 순환 순서에 따라서 왕조 교체가 규칙적으로 이루어진다는 주장을 받아들여, 오덕 중 자신의 덕에 맞는 신에게 제사를 올렸던 것입니다. 그러나 상극설과 상생설에 따른 오행의 순환 순서에는 차이가 있습니다. 예를 들어 상극설에서는 화 다음에 수가 이어지지만, 상생설에서는 금 다음에 수가 이어집니다.
>
> 상생설과 상극설에 따른 오행의 순환 순서가 논란이 되자, 한(漢)왕조는 우선 자신을 중심으로 상생설과 상극설의 순환순서를 결정하였습니다. 만약 한왕조가 상극설에 따라 토덕(土德)을 받들고 이후 여러 왕조에서 모두 상극설을 따랐다면, 저희 왕조는 한왕조가 망한 뒤 여섯 번째에 들어선 왕조이므로 목덕(木德)을 받들어야 했을 것입니다. 그러나 한왕조는 상생설에 따라서 화덕(火德)을 받들었고, 이후 여러 왕조에서는 모두 상생설을 따랐습니다. 한의 다다음 왕조는 금덕(金德)을 받들었는데, 한과 그 이후 왕조가 계속 상극설을 따랐어도 이는 마찬가지였을 것입니다. 저희 왕조도 한왕조 이후의 전례에 따라 상생설을 따르는 것이 좋으니, 원컨대 주상께서는 토덕을 받들어 황제(黃帝)께 제사 드리기를 바라옵니다.

**보기**

ㄱ. 현 왕조의 직전 왕조는 한왕조와 마찬가지로 화덕을 받들었을 것이다.

ㄴ. 한왕조부터 상극설이 채택되어 계속 유지되었다면 현 왕조의 전전 왕조는 황제에게 제사 지냈을 것이다.

ㄷ. 상생설과 상극설 중 한왕조가 어떤 설을 선택하든 그 설이 이후 왕조에서 계속 유지된다면, 현 왕조의 다음 왕조는 백제에게 제사 지낼 것이다.

① ㄱ ② ㄴ ③ ㄱ, ㄷ
④ ㄴ, ㄷ ⑤ ㄱ, ㄴ, ㄷ

# CHAPTER 2
# 연결하기 및 묶기

본 장에서는 연결하기와 묶기 유형의 문제를 중심으로

효율적인 문제 해결 방법을 모색해 보도록 한다.

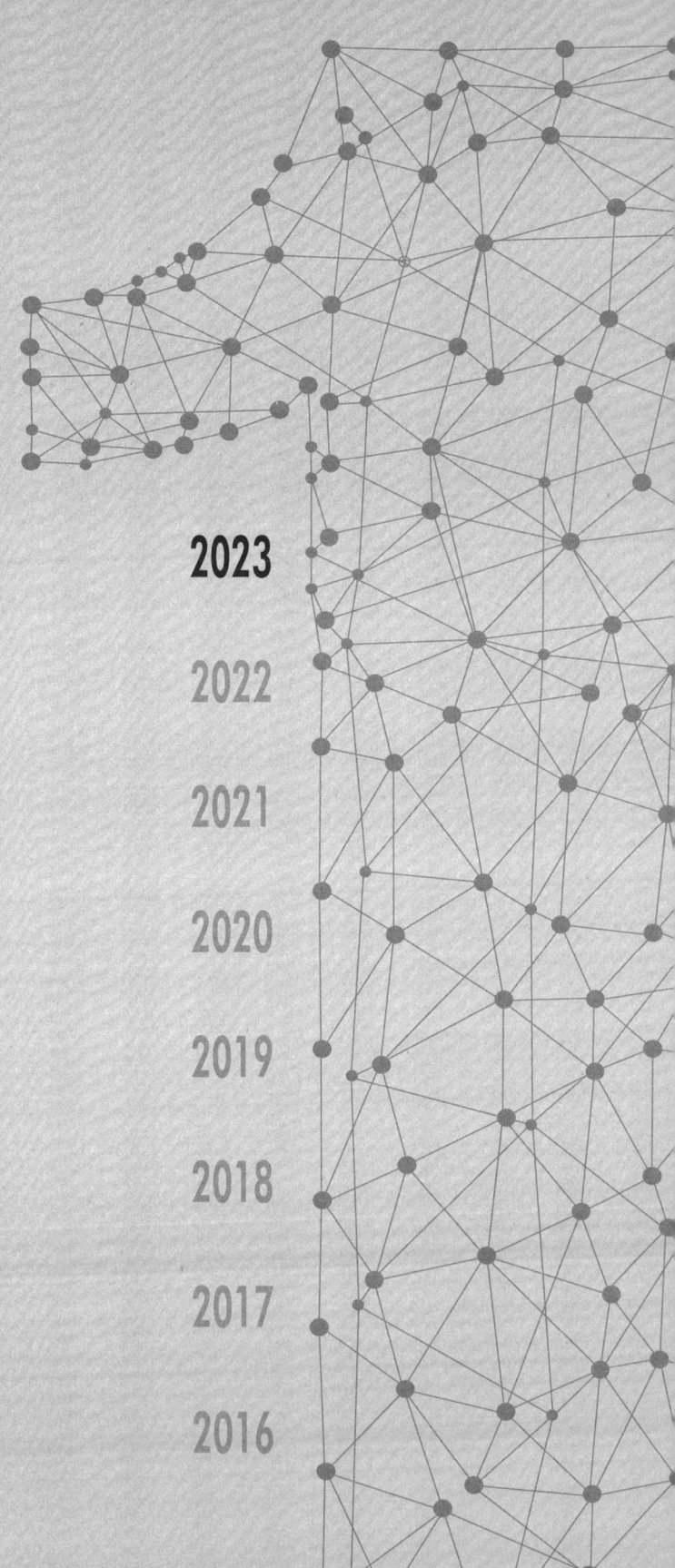

2023

2022

2021

2020

2019

2018

2017

2016

# Ⅰ. 연결하기 및 묶기 유형 개관

## 1 연결하기 또는 대응(對應, matching) 유형의 문제 해결방법

### (1) 문제 유형 정의

연결하기 문제는 제시된 조건에 맞게 등장요소(또는 인물)들을 연결시키는 문제라 할 수 있다. 본서에서는 대응문제라는 표현을 함께 쓰도록 할 것이며, 이것은 등장인물의 이름과 직업을 연결하는 문제와 같이 연결해야 할 변수가 두 개인 경우와 이름과 직업, 나이, 사는 집의 색깔 등 연결해야 할 변수가 여러 개인 경우로 나누어 볼 수 있는데, 전자를 일대일 대응이란 이름으로, 후자를 일대다 대응이란 이름으로 살펴볼 것이다.

### (2) 연결하기 유형의 문제 해결

연결하기 문제 또한 제시된 정보를 가장 잘 분석할 수 있는 분석틀을 구성하는 것이 문제 해결의 관건이다. 달리 말하면, 제시된 정보를 한 눈에 볼 수 있게 시각화하는 것이 중요하다. 일대일 대응 관계의 경우 가장 일반적으로 사용되는 것이 좌표 형태를 띤 대응표이다. 그러나 일대다 대응의 경우에는 문제 특성에 맞게 시각화 틀(표 또는 그림)을 구성하여야 한다.

▶ 일대일(一對一) 대응

5명의 청년과 5명의 청년의 여동생간의 미팅 파트너를 추론하는 문제의 경우 다음과 같은 분석틀(대응표)을 구성하여 제시된 정보를 일단 정리하고 문제를 해결해 갈 수 있다.

| 청년 \ 여동생 | A의 여동생 | B의 여동생 | C의 여동생 | D의 여동생 | E의 여동생 |
|---|---|---|---|---|---|
| A | | × | | × | |
| B | | | × | × | |
| C | | × | | | × |
| D | | | | | × |
| E | × | | | × | |

▶ 일대다(一對多) 대응

수건과 수건의 주인과 잘못 사용한 사람을 연결시키는 문제를 제시된 정보가 가장 많은 수건을 기준으로 하여 표를 구성한 후 주인과 사용자를 조건에 맞춰 찾아나가면 문제 해결이 용이하다.

| 수건종류 | 주인 | 사용자 | 조건을 검토 |
|---|---|---|---|
| O | ㅁ) 윤국 | 재윤 | 나머지 한 사람인 '재윤'이가 수건 사용자 |
| X | ㄹ) 영환 | ㄹ) 은호 | |
| # | ㄴ) 은호? O | ㄴ) 은호? X ㅂ) 동훈 | 은호 - 주인 또는 사용자 |
| ※ | 재윤 | 영환 | ㄱ의 한 쌍이 들어갈 곳은 이곳밖에 없음 |
| ∀ | ㄷ) 영환 X동훈 | ㄷ) 윤국 | 나머지 한 사람인 '동훈'이가 수건의 주인 |

## 2 묶기(Grouping) 유형의 문제 해결방법

### (1) 문제 유형 정의

묶기(Grouping) 문제는 등장인물(내지 요소)들을 제시된 조건에 맞게 그룹별로 나누거나 묶어 정리하는 유형의 문제로 선택(Selection) 또는 분배(Distribution)의 형태를 띤다고 할 수 있다.[4)]

### (2) 그룹핑 문제의 해결

그룹핑 문제 또한 제시된 정보를 가장 잘 분석할 수 있는 분석틀을 구성하는 것이 문제 해결의 관건이 된다.

▶ 분석틀 예

9명의 구성원을 조건에 따라 3명씩 세 개의 팀을 구성하는 문제의 경우 다음과 같이 분석틀을 구성할 수 있다. 중요한 것은 등장요소를 구분하는 단서가 될 항목을 기준으로 셀을 구성하되, 가능하면 세분화하는 것이 문제 해결에 용이하다.

| | A팀(3명) | B팀(3명) | C팀(3명) | 제시된 조건 정리 |
|---|---|---|---|---|
| 한국인(가, 나, 다, 라) | | | | |
| 외국인(마, 바, 사, 아, 자) | | | | |
| 최종 결과 | | | | |

4) 선택 내지 뽑기(selection)를 Grouping의 일부로 파악하는 이유는 하나의 전체적인 큰 그룹에서 그 요소들을 뽑음으로써 하나의 작은 그룹을 형성할 뿐만 아니라 뽑혀진 작은 그룹과 뽑히지 않은 작은 그룹의 두 그룹으로 나누어지기 때문이다.(Jeff Kolby, Scott Thornburg , "Master the LSAT", Publisher : Nova Press)

# Ⅱ. 연결하기 및 묶기 문제의 유형별 학습

## 1 일대일(一對一) 대응 문제

**01**
두 가지 경우가 존재하는 문제

여동생이 1명씩 있는 A, B, C, D, E 5명의 청년이 있다. 이 5명의 청년과 각각의 여동생을 합한 10명 모두가 아래의 〈전제조건〉 하에 단체미팅을 하여 5쌍의 커플이 탄생했다. 〈미팅결과〉로 볼 때, C의 여동생의 상대가 된 청년은 누구인가?

PSAT 기출문제

〈전제조건〉

1. 미팅에 참가한 청년은 자신의 여동생과 커플이 될 수 없다.
2. 두 사람이 서로의 여동생과 커플이 될 수 없다.
   (예, 갑이 을의 여동생과 커플이 되었다면, 을은 갑의 여동생과 커플이 될 수 없다.)

〈미팅결과〉

1. A의 상대는 B의 여동생도 D의 여동생도 아니었다.
2. B의 상대는 C의 여동생도 D의 여동생도 아니었다.
3. C의 상대는 B의 여동생도 E의 여동생도 아니었다.
4. D의 상대는 E의 여동생이 아니었다.
5. E의 상대는 A의 여동생도 D의 여동생도 아니었다.

① A ② B ③ C
④ D ⑤ E

## 2 일대다(一對多) 대응 문제

**02**

갑과 을에 대한 신하들의 의견 추론

A~D의 의견을 추론한 것으로 옳지 않은 것은? 제1회 2009 LEET 문13

○ 사건 개요 : 북위 선무제 때인 514년에 백성 갑은 모친이 사망했지만 가난하여 장례를 치를 수 없었기 때문에 7세 된 자식을 을에게 양민임을 알리고 노비로 팔았다.

○ 선무제의 판결 : 그대들 네 명의 의견을 보면 갑에 대해 각각 사면, 1년 형, 5년 형, 사형으로 다 다르고, 역시 을에 대해 사면, 1년 형, 5년 형, 사형으로 다 다르오. 또한 갑과 을에 대해 동일한 처분을 내리자고 하는 사람도 없소. 갑을 사면하거나 사형에 처해야 한다는 의견을 내놓은 두 명은 을에게 1년 형이나 5년 형을 내려야 한다고 하는데 이 견해는 받아들이겠소. 갑은 모친의 장례를 치르고자 자식을 팔았으니 특별히 사면하도록 하시오. 하지만 을은 5년 형에 처하도록 하시오.

〈판결 이후 네 명의 대화〉

A : 결국 우리 중에서 황제의 판결과 완전히 일치하는 견해를 내놓은 사람은 없구려. 갑이나 을 누구도 사형시켜서는 안 된다는 내 의견을 다행히 황제께서 받아들이셨소.

B : 그 의견은 나도 올렸소. 다만 갑을 사면해서는 안 된다는 내 의견을 받아들이지 않으신 것은 안타깝구려.

C : 을을 사형시키자는 D의 의견도 받아들이지 않으셨소.

D : 그런데 내가 갑에 대해 주장한 처분이 공교롭게도 A가 을에 대해 주장한 처분과 같구려.

① A는 갑을 5년 형에 처하자고 했을 것이다.
② B는 을을 사면하자고 했을 것이다.
③ C는 갑을 사형에 처하자고 했을 것이다.
④ C는 을을 5년 형에 처하자고 했을 것이다.
⑤ D는 갑을 1년 형에 처하자고 했을 것이다.

A~E 사건 중 인질범이 투항할 가능성이 높은 것은?　　제2회 2010 LEET 문29

인질협상팀은 '위압적 언동 약화', '범인·인질 간 대화 증가', '교섭 빈도 증가', '요구 수준 저하', '합의 사항 이행'이라는 5개 징후를 통해 인질범과의 협상 진전 여부를 판단한다. 이 5개 징후 사이에는 다음과 같은 〈관계〉가 있으며, 이 중 4개 이상의 징후가 나타나면 인질범이 투항할 가능성이 높은 것으로 본다. 인질사건 A, B, C, D, E에서 아래 〈상황〉이 나타났다.

〈관계〉
- ○ '위압적 언동 약화'와 '교섭 빈도 증가'는 동시에 나타난다.
- ○ '요구 수준 저하'가 나타나면 '범인·인질 간 대화 증가'가 나타난다.
- ○ '합의 사항 이행'이 나타나면 '범인·인질 간 대화 증가'와 '교섭 빈도 증가'가 나타난다.

〈상황〉
- ○ '위압적 언동 약화'가 A 사건에서 나타났다.
- ○ '범인·인질 간 대화 증가'가 B 사건에서 나타났고 C 사건에서는 나타나지 않았다.
- ○ '교섭 빈도 증가'가 C 사건과 D 사건에서 나타났다.
- ○ '요구 수준 저하'가 E 사건에서 나타났고 A 사건에서는 나타나지 않았다.
- ○ '합의 사항 이행'이 D 사건에서 나타나지 않았다.
- ○ 각 징후는 1개 이상 3개 이하의 사건에서 나타났다.

① A　　② B　　③ C
④ D　　⑤ E

# 04

대응표의 응용

다음으로부터 추론한 것으로 옳은 것만을 보기 에서 있는 대로 고른 것은? 제6회 2014 LEET 문21

6명의 선수 A, B, C, D, E, F가 참가하는 어떤 게임은 다음 조건을 만족한다고 한다. 이 게임에서 선수 X가 선수 Y에게 우세하면 선수 Y는 선수 X에게 열세인 것으로 본다.

- A, B, C 각각은 D, E, F 중 정확히 2명에게만 우세하다.
- D, E, F 각각은 A, B, C 중 정확히 2명에게만 열세이다.
- A는 D와 E에게 우세하다.

보기

ㄱ. C는 E에게 우세하다.
ㄴ. F는 B와 C에게 열세이다.
ㄷ. B가 E에게 우세하면 C는 D에게 우세하다.

① ㄱ ② ㄴ ③ ㄷ
④ ㄱ, ㄷ ⑤ ㄴ, ㄷ

다음에서 추론한 것으로 옳은 것만을 보기 에서 있는 대로 고른 것은? 제8회 2016 LEET 문31

어떤 국가는 A, B, C, D, E, F의 6개 주(州)로 구성되어 있다. 각 주는 하나의 덩어리 형태이며 다음과 같이 접경을 이루고 있다.

- A는 C 이외의 모든 주와 접경을 이루고 있다.
- B는 A, C, D, F와만 접경을 이루고 있다.
- C는 B, D와만 접경을 이루고 있다.
- D, E, F는 서로 접경을 이루지 않는다.

이제 빨강, 주황, 초록, 파랑, 보라의 5개 색을 사용하여 6개 주를 색칠하려고 한다. 각 주는 하나의 색만을 사용하여 색칠되어야 한다. 또한 아래와 같은 조건들이 주어진다.

〈조건 1〉 A는 초록색으로 칠한다.
〈조건 2〉 C와 F는 보라색으로 칠한다.
〈조건 3〉 접경을 이룬 주끼리 같은 색을 사용해서는 안 된다.
〈조건 4〉 파란색과 보라색은 접경을 이룬 주끼리 사용될 수 없다.
〈조건 5〉 5개의 색이 모두 사용되어야 한다.

보기

ㄱ. E는 파란색이다.
ㄴ. B가 주황색이면 D는 빨간색이다.
ㄷ. 위의 조건들 중 〈조건 5〉를 없애면 최소 3개의 색으로 6개의 주를 모두 색칠할 수 있다.

① ㄱ ② ㄷ ③ ㄱ, ㄴ
④ ㄴ, ㄷ ⑤ ㄱ, ㄴ, ㄷ

## 06

일대다 대응문제

다음에서 추론한 것으로 옳은 것만을 [보기] 에서 있는 대로 고른 것은? 제8회 2016 LEET 문33

일렬로 위치한 5개 사무실에 회사 A, B, C, D, E가 입주해 있다. 각 회사는 로고 색이 한 가지 색으로 되어 있고, 음료와 과자를 하나씩 생산하며, 수출대상국이 한 국가씩 있다. 5개 회사의 로고 색, 음료, 과자, 수출대상국은 모두 다르다.

로고 색 : 연두색, 회색, 보라색, 하늘색, 검정색
음료 : 생수, 커피, 이온음료, 녹차, 주스
과자 : 와플, 전병, 비스킷, 마카롱, 쌀과자
수출대상국 : 싱가포르, 중국, 태국, 일본, 대만

- ○ 생수를 생산하는 회사의 사무실은 정 가운데 위치한다.
- ○ C회사의 사무실은 가장 왼쪽에 위치하고, 보라색 로고의 회사 사무실 옆에 위치한다.
- ○ 연두색 로고의 회사는 커피를 생산하고, 그 사무실은 회색 로고의 회사 사무실 왼쪽에 붙어있다.
- ○ A회사의 로고는 하늘색이다.
- ○ 검정색 로고의 회사는 싱가포르로 수출하며, 와플을 생산하는 회사 사무실 옆에 위치한다.
- ○ 태국에 수출하는 회사의 사무실은 주스를 생산하는 회사의 사무실 오른쪽에 붙어있다.

보기

ㄱ. A회사는 생수를 생산한다.
ㄴ. 싱가포르에 수출하는 회사는 주스를 생산한다.
ㄷ. 보라색 로고의 회사는 중국에 수출한다.

① ㄱ　② ㄴ　③ ㄷ
④ ㄱ, ㄴ　⑤ ㄴ, ㄷ

# 07

일대다
대응문제

다음으로부터 추론한 것으로 옳은 것만을 보기 에서 있는 대로 고른 것은? 제14회 2022 LEET 문32

오래 전에 바다가 침몰했던 배에서 총 6개의 유물 A, B, C, D, E, F가 발견되었다. 이 유물들은 각각 고구려, 백제, 신라 중 한 나라에서 만들었다고 한다. 역사학자들은 이 6개의 유물을 정밀 조사하여 다음과 같은 사실을 밝혀냈다.

○ C와 E는 같은 나라에서 만들었다.
○ A와 C는 다른 나라에서 만들었다.
○ 신라에서 만든 유물의 수는 백제에서 만든 유물의 수보다 크다.
○ B는 고구려에서 만들었고 F는 백제에서 만들었다.

보기

ㄱ. A는 백제에서 만든 유물이 아니다.
ㄴ. C가 고구려에서 만든 유물이면 D는 신라에서 만든 유물이다.
ㄷ. E를 만든 나라의 유물이 가장 많다.

① ㄱ ② ㄴ ③ ㄱ, ㄷ
④ ㄴ, ㄷ ⑤ ㄱ, ㄴ, ㄷ

## 3 묶기(Grouping) 문제

**08**
가정에 따른 모순 여부 판단

다음으로부터 바르게 추론한 것만을 [보기] 에서 있는 대로 고른 것은? 제5회 2013 LEET 문13

(가)~(마) 팀이 현재 수행하고 있는 과제의 수는 다음과 같다.

(가) 팀 : 0
(나) 팀 : 1
(다) 팀 : 2
(라) 팀 : 2
(마) 팀 : 3

이 과제에 추가하여 8개의 새로운 과제 a, b, c, d, e, f, g, h를 다음 〈지침〉에 따라 (가)~(마) 팀에 배정한다.

〈지침〉
- 어느 팀이든 새로운 과제를 적어도 하나는 맡아야 한다.
- 기존에 수행하던 과제를 포함해서 한 팀이 맡을 수 있는 과제는 최대 4개이다.
- 기존에 수행하던 과제를 포함해서 4개 과제를 맡는 팀은 둘이다.
- a, b는 한 팀이 맡아야 한다.
- c, d, e는 한 팀이 맡아야 한다.

[보기]

ㄱ. a를 (나) 팀이 맡을 수 없다.
ㄴ. f를 (가) 팀이 맡을 수 있다.
ㄷ. 기존에 수행하던 과제를 포함해서 2개 과제를 맡는 팀이 반드시 있다.

① ㄱ ② ㄴ ③ ㄱ, ㄷ
④ ㄴ, ㄷ ⑤ ㄱ, ㄴ, ㄷ

# CHAPTER 3
# 진실·거짓 퍼즐

본 장에서는 참 · 거짓 유형의 문제를 중심으로
문제 해결의 일반적인 접근방법과 개별 문제의 특징에 맞는
해결 방법을 모색해 보도록 한다.

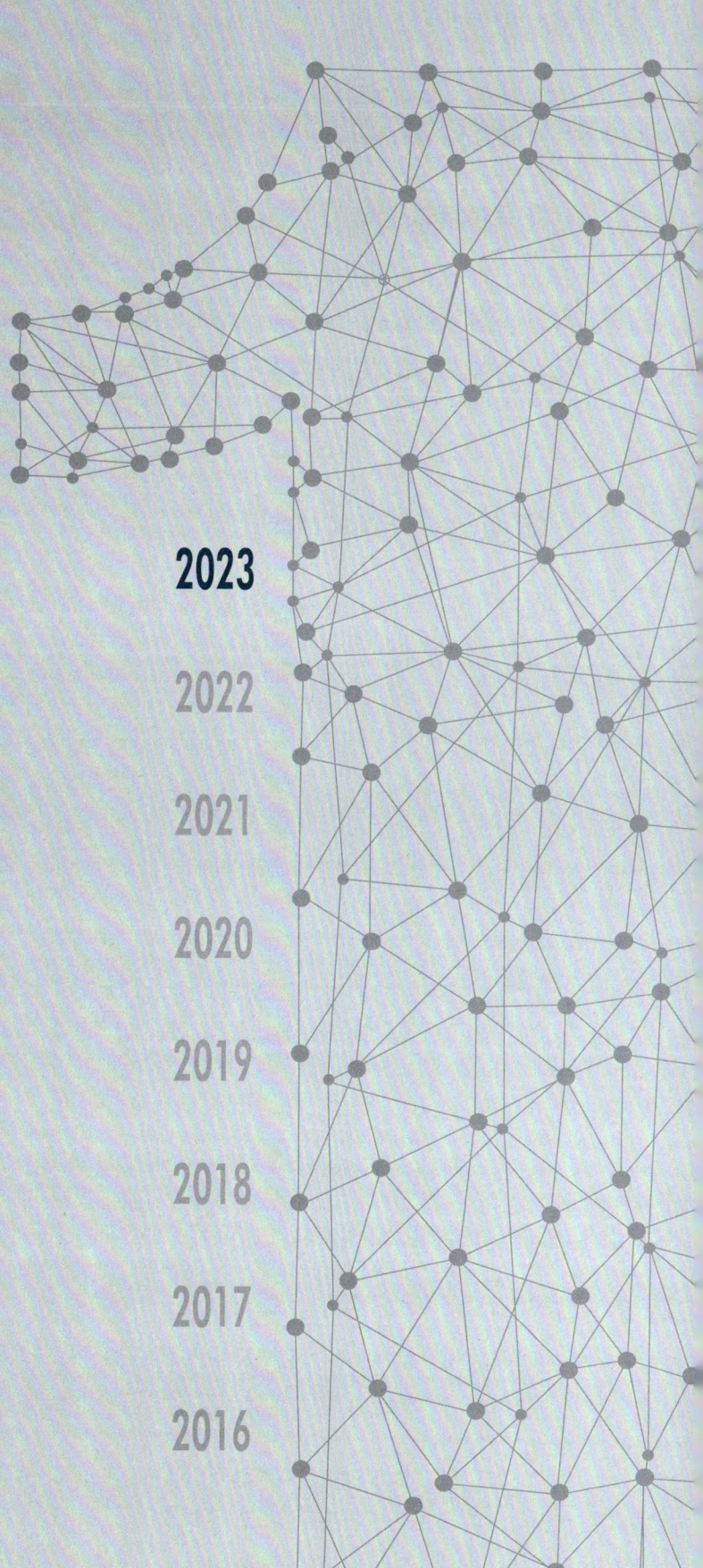

2023
2022
2021
2020
2019
2018
2017
2016

# Ⅰ. 참·거짓 퍼즐 유형 개관

## 1 문제 유형 정의

진실 또는 거짓 퍼즐 문제란 참인 진술과 거짓인 진술로 구성된 퍼즐 문제를 말한다. 제시된 진술이 참과 거짓으로 구성되어 있으나 어느 진술이 참인지 거짓인지 모르는 상황에서 주어진 정보를 이용하여 문제에서 요구하는 바를 찾아가는 문제이다. 어느 진술이 참인 진술이고 어느 진술이 거짓인 진술인지 찾을 것을 요구하기도 하고, 제시된 진술에 근거하여 특정 정보를 찾을 것을 요구하기도 한다.

## 2 참 · 거짓 문제의 해결

참 · 거짓 문제 해결의 기본적인 아이디어는 참인 진술과 거짓인 진술 간에는 모순이 발생한다는 점을 이용하는 것이다.

▶ 직접추론

주어진 조건에 따라 가능한 경우를 하나씩 검토하면서 다른 진술과의 조화 여부를 통해 가능성 유무를 판단하여 문제를 해결한다.

▶ 간접추론

판단해야 하는 진술이 참이라고 가정하고서 모순이 발생하는지 여부를 따져 문제를 해결한다. 특히 제시된 정보가 상당히 제한적일 때 직접추론을 통해서는 너무나 많은 경우를 고려해야 한다면 간접추론을 통한 문제 해결이 더 적절할 수 있다.

# Ⅱ. 참·거짓 퍼즐 문제의 유형별 학습

## 1 기본 문제

**01**
참·거짓 퍼즐

다음 다섯 사람 중 오직 한 사람만이 거짓말을 하고 있다. 거짓말을 하고 있는 사람은? PSAT 기출

A : B는 거짓말을 하고 있지 않다.
B : C의 말이 참이면 D의 말도 참이다.
C : E는 거짓말을 하고 있다.
D : B의 말이 거짓이면 C의 말은 참이다.
E : A의 말이 참이면 D의 말은 거짓이다.

① A ② B ③ C ④ D ⑤ E

## 2 효율적인 문제해결 방법의 모색

**02**

효율적인 문제 해결의 단서

다음으로부터 바르게 추론한 것은? 제5회 2013 LEET 문14

이번 학기에 4개의 강좌 〈수학사〉, 〈정수론〉, 〈위상수학〉, 〈조합수학〉이 새로 개설된다. 수학과장은 강의 지원자 A, B, C, D, E 중 4명에게 각 한 강좌씩 맡기려 한다. 배정 결과를 궁금해 하는 A~E는 다음과 같이 예측했다.

A : "B가 〈수학사〉 강좌를 담당하고 C는 강좌를 맡지 않을 것이다."
B : "C가 〈정수론〉 강좌를 담당하고 D의 말은 참일 것이다."
C : "D는 〈조합수학〉이 아닌 다른 강좌를 담당할 것이다."
D : "E가 〈조합수학〉 강좌를 담당할 것이다."
E : "B의 말은 거짓일 것이다."

배정 결과를 보니 이 중 한 명의 진술만 거짓이고, 나머지는 참임이 드러났다.

① A는 〈수학사〉를 담당한다.
② B는 〈위상수학〉을 담당한다.
③ C는 강좌를 맡지 않는다.
④ D는 〈조합수학〉을 담당한다.
⑤ E는 〈정수론〉을 담당한다.

다음으로부터 추론한 것으로 옳은 것만을 보기 에서 있는 대로 고른 것은? 제6회 2014 LEET 문33

한 아파트에서 발생한 범죄 사건의 용의자로 유석, 소연, 진우가 경찰에서 조사를 받았다. 사건이 발생한 아파트에서 피해자와 같은 층에 사는 사람은 이 세 사람뿐인데, 이들은 각각 다음과 같이 차례로 진술하였다. 이 중 진우의 두 진술 ⓔ와 ⓕ는 모두 참이거나 또는 모두 거짓이다.

유석
- ⓐ: “범행 현장에서 발견된 칼은 진우의 것이다.”
- ⓑ: “나는 피해자를 만나본 적이 있다.”

소연
- ⓒ: “피해자와 같은 층에 사는 사람은 모두 피해자를 만난 적이 있다.”
- ⓓ: “피해자와 같은 층에 사는 사람 중에서 출근이 가장 늦은 사람은 유석이다.”

진우
- ⓔ: “유석의 두 진술은 모두 거짓이다.”
- ⓕ: “소연의 두 진술은 모두 참이다.”

보기

ㄱ. ⓑ가 거짓이면, 범행 현장에서 발견된 칼은 진우의 것이다.
ㄴ. ⓒ가 참이면, 범행 현장에서 발견된 칼은 진우의 것이다.
ㄷ. ⓐ가 거짓이고 ⓓ가 참이면, 소연과 진우 중 적어도 한 사람은 피해자를 만난 적이 없다.

① ㄱ ② ㄴ ③ ㄱ, ㄷ
④ ㄴ, ㄷ ⑤ ㄱ, ㄴ, ㄷ

다음으로부터 추론한 것으로 옳은 것은? 제7회 2015 LEET 문20

어떤 회사가 A, B, C, D 네 부서에 한 명씩 신입 사원을 선발하였다. 지원자는 총 5명이었으며, 선발 결과에 대해 다음과 같이 진술하였다. 이중 1명의 진술만 거짓으로 밝혀졌다.

지원자 1 : 지원자 2가 A 부서에 선발되었다.
지원자 2 : 지원자 3은 A 또는 D 부서에 선발되었다.
지원자 3 : 지원자 4는 C 부서가 아닌 다른 부서에 선발되었다.
지원자 4 : 지원자 5는 D 부서에 선발되었다.
지원자 5 : 나는 D 부서에 선발되었는데, 지원자 1은 선발되지 않았다.

① 지원자 1은 B 부서에 선발되었다.
② 지원자 2는 A 부서에 선발되었다.
③ 지원자 3은 D 부서에 선발되었다.
④ 지원자 4는 B 부서에 선발되었다.
⑤ 지원자 5는 C 부서에 선발되었다.

05

문제해결의
단서 찾기

다음으로부터 추론한 것으로 옳지 않은 것은? 제12회 2020 LEET 문32

네 명의 피의자 甲, 乙, 丙, 丁은 다음과 같이 진술하였다. 단, 이 네 명 이외에 범인이 존재할 가능성은 없다.

甲 : 丙이 범인이다.
乙 : 나는 범인이 아니다.
丙 : 丁이 범인이다.
丁 : 丙의 진술은 거짓이다.

① 범인이 두 명이면 범인 중 적어도 한 명의 진술은 거짓이다.
② 거짓인 진술을 한 사람이 세 명이면 乙은 범인이다.
③ 범인이 세 명이면 두 명 이상의 진술이 거짓이다.
④ 丙과 丁 중에 적어도 한 명의 진술은 거짓이다.
⑤ 乙이 범인이 아니면 두 명 이상의 진술이 참이다.

# 06

두 문장으로 구성된 진술

다음으로부터 추론한 것으로 옳은 것만을 보기 에서 있는 대로 고른 것은? 제14회 2022 LEET 문34

어떤 사건에 대하여 네 명의 용의자 갑, 을, 병, 정에게 물었더니 다음과 같이 각각 대답하였다.

갑: "병은 범인이다. 범인은 두 명이다."
을: "내가 범인이다. 정은 범인이 아니다."
병: "나는 범인이다. 범인은 나를 포함하여 세 명이다."
정: "나는 범인이 아니다. 갑은 범인이다."

각각 두 문장으로 구성된 갑, 을, 병, 정 네 사람 각자의 대답에서 한 문장은 참이고 다른 한 문장은 거짓이라고 한다.

보기

ㄱ. 갑의 대답 중 "범인은 두 명이다."는 거짓이다.
ㄴ. 을은 범인이다.
ㄷ. 병과 정 중에서 한 명만 범인이면 갑은 범인이 아니다.

① ㄱ ② ㄴ ③ ㄱ, ㄷ
④ ㄴ, ㄷ ⑤ ㄱ, ㄴ, ㄷ

# CHAPTER 4
# 수학적 퍼즐 및 기타

본 장에서는 수학적 원리를 기초로 구성된 퍼즐 문제와 기타 논리퍼즐을 중심으로 문제 해결 방법을 모색해 보도록 한다.

2023

2022

2021

2020

2019

2018

2017

2016

# Ⅰ. 수학적 퍼즐 및 기타 유형 개관

## 1 수학적 퍼즐 문제의 유형 정의

수학적인 퍼즐 문제는 수학적 원리를 기반으로 구성된 퍼즐 문제로 이해하면 좋을 듯하다. 사실 수리추리의 문제와 수학적 퍼즐 문제를 구분하는 명확한 기준을 제시하는 것이 쉽지는 않다. 따라서 본서에서는 수리추리에서 다루지 않은 문제들을 수학적 퍼즐이라는 이름으로 살펴보도록 하겠다. 일반적으로 수학적 퍼즐에는 숫자를 이용한 퍼즐, 도형을 이용한 퍼즐, 수학적 논리를 요구하는 퍼즐 등이 있다. 구체적으로는 논리퍼즐, 정수론, 게임, 저울질, 확률과 경우의 수, 산술, 복면산, 마방진, 수열, 기하 그리고 성냥개비 등이 있다.

## 2 토너먼트와 풀리그 게임

풀리그란 참가한 각 팀이 같은 조에 있는 다른 팀과 각기 한 번씩 대전하는 방식이며, 토너먼트는 각 경기마다 패자는 탈락하고 최후에 남는 두 팀이 우승을 겨루는 방식이다.

## 3 규칙성을 찾아내는 문제

규칙성을 찾아내는 문제로 대표적인 것은 암호를 해독하는 문제가 있다. 암호 문제는 일본공무원적성시험에서 이미 전형적인 유형으로 자리 잡은 문제 유형으로 원문과 주어진 암호문을 잘 비교하여 암호의 특징을 파악하여야 하는 유형이라 할 수 있다.

## 4 마방진과 복면산[5]

### (1) 마방진(魔方陣, magic square)

자연수를 정사각형 모양으로 나열하여 가로, 세로, 대각선으로 배열된 각각의 수의 합이 전부 같아지게 만든 것을 말한다. 마방진(魔方陣)은 $n^2$개의 수를 가로, 세로, 대각선 방향의 수를 더하면 모두 같은 값이 나오도록 $n \times n$ 행렬에 배열한 것이다. 일반적으로 마방진의 각 칸에는 1부터 $n^2$까지의 수가 한 개씩 들어간다. 마방진은 n이 2일 때를 제외하고 항상 존재한다.

각 행의 합과 각 열의 합, 그리고 각 대각선의 합 M은 n에만 관계가 있고, 이 값은 다음과 같다.

5) 위키백과 인용

$$M(n) = \frac{n^3 + n}{2}$$

| | | | |
|---|---|---|---|
| 1 | 15 | 14 | 4 |
| 12 | 6 | 7 | 9 |
| 8 | 10 | 11 | 5 |
| 13 | 3 | 2 | 16 |

### (2) 복면산(覆面算)

복면산(覆面算)은 수학 퍼즐의 한 종류로, 문자를 이용하여 표현된 수식에서 각 문자가 나타내는 숫자를 알아내는 문제이다. 숫자를 문자로 숨겨서 나타내므로 숫자가 "복면"을 쓰고 있는 연산이라는 뜻에서 복면산이라 이름 지어졌다.

복면산의 예로는 헨리 어니스트 듀드니가 1924년 7월에 발표한 다음 문제가 특히 유명하다.

S E N D + M O R E = M O N E Y

복면산 문제는 특별한 언급이 없는 한, 같은 문자는 같은 숫자를 나타내고 서로 다른 문자는 서로 다른 문자를 나타내는 것으로 생각하며, 첫 번째 자리의 숫자는 0이 아니라고 가정하는 것이 보통이다. 또한, 대개의 경우 복면산 문제의 답은 유일해야 한다.

**▶ 복면산의 예**

예 1) ABCD × E = DCBA

⇒ A = 2, B = 1, C = 7, D = 8, E = 4

예 2) SEND + MORE = MONEY

이 문제와 같이 뜻이 있는 문장을 이루는 경우를 특별히 alphametic이라 구별하여 부르기도 한다.

⇒ D = 7, E = 5, M = 1, N = 6, O = 0, R = 8, S = 9, Y = 2

예 3) FORTY + TEN + TEN = SIXTY

문장 자체가 참인 등식을 뜻할 경우를 특별히 이중으로 옳은 복면산(doubly true alphametic)이라 부른다.

⇒ E = 5, F = 2, I = 1, N = 0, O = 9, R = 7, S = 3, T = 8, X = 4, Y = 6

## 5 복합적인 추리를 요하는 논리퍼즐 문제

인문, 사회, 과학기술 분야의 개념, 가설, 이론, 실험 등의 소재를 가공하여 특정한 상황에서의 복합적인 추리를 요구하는 논리게임 문항들이 하나의 문제 유형으로 자리잡아가고 있다.

# Ⅱ. 수학적 퍼즐 및 기타 문제의 유형별 학습

## 1 토너먼트와 리그전

**01**
경기 수 및 상대전적의 추론

다음은 '갑', '을', '병' 세 사람이 벌인 탁구 시합의 진행 방법과 결과이다. 이에 대한 추론으로 옳은 것만을 보기 에서 있는 대로 고른 것은? 제1회 2009 LEET 문6

〈진행 방법〉
○ 첫 시합을 할 두 선수는 제비뽑기로 정한다.
○ 두 사람이 시합을 하고 나머지 한 사람은 대기한다.
○ 시합에서 이긴 사람은 대기한 사람과 시합을 한다.
○ 7번을 이긴 사람이 처음 나올 때까지 시합을 계속한다.
○ 무승부는 없다.

〈결과〉
갑과 병이 첫 시합을 하였다. 모든 시합이 끝났을 때, 갑은 7번을, 을은 6번을, 병은 2번을 이겼다. 을과 병 두 사람 사이의 시합에서는 서로 이긴 횟수가 같았다.

보기

ㄱ. 총 시합 수는 30이다.
ㄴ. 갑은 병과 모두 4번 시합을 하였다.
ㄷ. 을과 병 사이의 전적은 2승 2패이다.

① ㄴ　② ㄷ　③ ㄱ, ㄴ
④ ㄱ, ㄷ　⑤ ㄴ, ㄷ

다음으로부터 추론한 것으로 옳은 것만을 보기 에서 있는 대로 고른 것은? 제6회 2014 LEET 문35

A, B, C, D 네 팀이 서로 한 번씩 상대하여 총 6번 경기를 치르는 축구 리그전에서 각 팀이 2번씩 경기를 치렀다. 각 팀은 다음 〈규칙〉에 따라 승점을 얻는다.

〈규칙〉
○ 이기면 승점 3점, 비기면 승점 1점, 지면 승점 0점을 얻는다.
○ 승부차기는 없다.

4번의 경기를 치른 결과가 다음과 같다.

| 팀 | 승점 | 득점 | 실점 |
|---|---|---|---|
| A | 4 | 3 | 2 |
| B | 4 | 2 | 1 |
| C | 3 | 3 | 2 |
| D | 0 | 0 | 3 |

보기

ㄱ. A와 B는 0 : 0으로 비겼다.
ㄴ. B는 C와 아직 경기를 하지 않았다.
ㄷ. C는 D에 2 : 0으로 이겼다.

① ㄱ ② ㄴ ③ ㄱ, ㄷ
④ ㄴ, ㄷ ⑤ ㄱ, ㄴ, ㄷ

# 03

토너먼트/ 참거짓퍼즐

다음으로부터 추론한 것으로 옳은 것만을 보기 에서 있는 대로 고른 것은? 제11회 2019 LEET 문31

8개의 축구팀 A, B, C, D, E, F, G, H가 다음 단계 1~3에 따라 경기하였다.

단계 1 : 8개의 팀을 두 팀씩 1, 2, 3, 4조로 나눈 후, 각 조마다 같은 조에 속한 두 팀이 경기를 하여 이긴 팀은 준결승전에 진출한다.

단계 2 : 1조와 2조에서 준결승전에 진출한 팀끼리 경기를 하여 이긴 팀이 결승전에 진출하고, 3조와 4조에서 준결승전에 진출한 팀끼리 경기를 하여 이긴 팀이 결승전에 진출한다.

단계 3 : 결승전에 진출한 두 팀이 경기를 하여 이긴 팀이 우승한다.

무승부 없이 단계 3까지 마친 경기 결과에 대하여 갑, 을, 병, 정이 아래와 같이 진술하였다.

갑 : A는 2승 1패였다.
을 : E는 1승 1패였다.
병 : C는 준결승전에서 B에 패했다.
정 : H가 우승하였다.

그런데 이 중에서 한 명만 거짓말을 한 것으로 밝혀졌다.

보기

ㄱ. 을의 진술은 참이다.
ㄴ. 갑이 거짓말을 하였으면 H는 준결승전에서 E를 이겼다.
ㄷ. H가 1승이라도 했다면 갑 또는 병이 거짓말을 하였다.

① ㄴ
② ㄷ
③ ㄱ, ㄴ
④ ㄱ, ㄷ
⑤ ㄱ, ㄴ, ㄷ

## 2 규칙성 추론

04

효율적인 문제 해결 방법의 모색

다음 글로부터 추론한 것으로 옳은 것만을 보기 에서 있는 대로 고른 것은? 제4회 2012 LEET 문29

번역사 P는 고객 A, B, C로부터 문서를 의뢰받아 번역 일을 한다. P는 하루에 10쪽씩 번역한다. 모든 번역 의뢰는 매일 아침 업무 시작 전에 접수되며, A, B, C가 의뢰를 처음 시작하는 날짜는 동일하다. 고객들은 다음과 같이 일정한 주기로 일정한 분량을 의뢰하고, 모든 문서에는 각각 작업 기한이 있다.

○ A는 3일 주기로 10쪽의 문서를 의뢰하고, 기한은 3일이다.
○ B는 4일 주기로 20쪽의 문서를 의뢰하고, 기한은 4일이다.
○ C는 5일 주기로 10쪽의 문서를 의뢰하고, 기한은 5일이다.

P는 다음 원칙에 따라 번역한다.

○ 남은 기한이 짧은 문서를 우선 번역한다.
○ 남은 기한이 같으면 먼저 의뢰받은 문서를 우선 번역한다.
○ 우선순위가 더 높은 문서가 들어오면 현재 번역 중인 문서는 보류하고 우선순위가 높은 문서를 먼저 번역한다.

보기

ㄱ. P는 5일째 되는 날 A의 두 번째 문서를 번역한다.
ㄴ. P는 8일째 되는 날 C의 문서를 번역한다.
ㄷ. P는 60일째 되는 날, 그날까지 의뢰받은 A, B, C의 모든 문서를 번역할 수 있다.

① ㄱ ② ㄷ ③ ㄱ, ㄴ
④ ㄴ, ㄷ ⑤ ㄱ, ㄴ, ㄷ

다음 글로부터 추론한 것으로 옳은 것만을 보기 에서 있는 대로 고른 것은? 제4회 2012 LEET 문31

컴퓨터 운영체제는 메모리를 여러 개의 영역으로 나누어서 관리한다. 메모리가 4개의 영역으로 구성된 컴퓨터가 있다고 하자. 운영체제는 표를 이용하여 각 영역이 사용되는 순서를 다음의 방법으로 기록한다.

○ 표를 하나 만들어 초기 상태를 〈표 1〉과 같이 설정한다.
○ 영역 k가 사용되면 표의 k번째 행의 모든 값을 1로 바꾼 후, k번째 열의 모든 값을 0으로 바꾼다(k는 1, 2, 3, 4 중 하나이다). 예를 들어 〈표 1〉이후 영역 1, 2, 3이 순서대로 사용되었다면, 표는 〈표 2〉, 〈표 3〉, 〈표 4〉와 같이 순서대로 변한다.

| | | | |
|---|---|---|---|
| 0 | 0 | 0 | 0 |
| 1 | 0 | 0 | 0 |
| 1 | 1 | 0 | 0 |
| 1 | 1 | 1 | 0 |

〈표 1〉

| | | | |
|---|---|---|---|
| 0 | 1 | 1 | 1 |
| 0 | 0 | 0 | 0 |
| 0 | 1 | 0 | 0 |
| 0 | 1 | 1 | 0 |

〈표 2〉

| | | | |
|---|---|---|---|
| 0 | 0 | 1 | 1 |
| 1 | 0 | 1 | 1 |
| 0 | 0 | 0 | 0 |
| 0 | 0 | 1 | 0 |

〈표 3〉

| | | | |
|---|---|---|---|
| 0 | 0 | 0 | 1 |
| 1 | 0 | 0 | 1 |
| 1 | 1 | 0 | 1 |
| 0 | 0 | 0 | 0 |

〈표 4〉

보기

ㄱ. 〈표 4〉 이후에 영역 4, 1, 3이 순서대로 사용되었다면 결과는 〈표 5〉와 같다.
ㄴ. 모든 영역이 한 번 이상 사용된 이후의 결과가 〈표 6〉과 같다면 가장 최근에 사용된 것은 영역 3이다.
ㄷ. 모든 영역이 한 번 이상 사용된 이후의 결과가 〈표 7〉과 같다면 X의 값은 0이다.

| | | | |
|---|---|---|---|
| 0 | 1 | 0 | 1 |
| 0 | 0 | 0 | 0 |
| 1 | 1 | 0 | 1 |
| 0 | 1 | 0 | 0 |

〈표 5〉

| | | | |
|---|---|---|---|
| 0 | 0 | 0 | 1 |
| 1 | 0 | 1 | 1 |
| 1 | 0 | 0 | 1 |
| 0 | 0 | 0 | 0 |

〈표 6〉

| | | | |
|---|---|---|---|
| 0 | 1 | 0 | X |
| 0 | 0 | 0 | 0 |
| 1 | 1 | 0 | 1 |
| 1 | 1 | 0 | 0 |

〈표 7〉

① ㄱ　② ㄴ　③ ㄷ
④ ㄱ, ㄷ　⑤ ㄴ, ㄷ

# 06
규칙성 추론

다음으로부터 추론한 것으로 옳은 것만을 보기 에서 있는 대로 고른 것은? 제6회 2014 LEET 문34

어떤 경비업체는 보안 점검을 위탁받은 한 건물 내에서 20개의 점검 지점을 지정하여 관리하고 있다. 보안 담당자는 다음 〈규칙〉에 따라서 20개 점검 지점을 방문하여 이상 여부를 기록한다.

〈규칙〉

○ 첫 번째 점검에서는 1번 지점에서 출발하여 20번 지점까지 차례로 모든 지점을 방문한다.

○ 두 번째 점검에서는 2번 지점에서 출발하여 한 개 지점씩 건너뛰고 점검한다. 즉 2번 지점, 4번 지점, …, 20번 지점까지 방문한다. 또한 세 번째 점검에서는 3번 지점에서 출발하여 두 개 지점씩 건너뛰고 점검한다. 즉 3번 지점, 6번 지점, …, 18번 지점까지 방문한다.

○ 이런 식으로 방문이 이루어지다가 20번째 점검에서 모든 점검이 완료된다.

보기

ㄱ. 20번 지점은 총 6회 방문하게 된다.

ㄴ. 2회만 방문한 지점은 총 8개이다.

ㄷ. 한 지점을 최대 8회 방문할 수 있다.

① ㄱ ② ㄷ ③ ㄱ, ㄴ

④ ㄴ, ㄷ ⑤ ㄱ, ㄴ, ㄷ

## 3 기타

**07**
암호의
논리적 추론

다음으로부터 추론한 것으로 옳은 것만을 보기 에서 있는 대로 고른 것은? 제11회 2019 LEET 문30

다음과 같이 10개의 숫자가 사각형 안에 적혀 있다.

| | | |
|---|---|---|
| 1 | 2 | 3 |
| 4 | 5 | 6 |
| 7 | 8 | 9 |
| | 0 | |

숫자가 적혀 있는 두 사각형이 한 변을 서로 공유할 때 두 숫자가 '인접'한다고 하자. 서로 다른 6개의 숫자를 한 번씩만 사용하여 만든 암호에 대하여 다음 정보가 알려져 있다.

○ 4와 인접한 숫자 중 두 개가 사용되었다.
○ 6이 사용되었다면 9도 사용되었다.
○ 8과 인접한 숫자 중 한 개만 사용되었다.

보기

ㄱ. 8이 사용되었다.
ㄴ. 2와 3은 모두 사용되었다.
ㄷ. 5, 6, 7 중에 사용된 숫자는 한 개이다.

① ㄱ ② ㄴ ③ ㄱ, ㄷ
④ ㄴ, ㄷ ⑤ ㄱ, ㄴ, ㄷ

Legal
Education
Eligibility
Test

# 제4부
# 수리추리

출제기관은 2016년 확정개선안에서 수리추리 문항을 수, 도형, 표, 그래프로 표현된 비언어적 정보로부터 추리나 간단한 수리 연산을 통해 새로운 정보를 추리할 수 있는지를 묻는 문항이라고 소개한 후, 수리추리를 간단한 수 계산이 필요한 '수리 연산' 문항과 도형, 표, 그래프, 통계 등에 의해 주어진 정보로부터 새로운 정보를 도출할 수 있는 능력을 평가하기 위한 '도형, 표, 그래프' 문항으로 나누어 설명하였다. 과거의 출제지침과 비교할 때 간략 제시한 것 외에는 크게 달라진 것은 없고 단지 출제비중을 낮추고자 하는 의도는 엿볼 수 있다.

| 인지활동영역 | | 하위 범주 |
|---|---|---|
| 2016 확정개선안 | 수리 연산 | 논리적 추리와 수 연산을 통해 새로운 정보를 추리 |
| | 도형, 표, 그래프 | 도형, 표, 그래프, 통계 등에 의해 주어진 정보로부터 새로운 정보를 도출 |
| 과거 출제지침 | 수리 연산 및 대수 | 간단한 수 계산이나 방정식을 포함한 대수식을 이용하여 해결할 수 있는 문제 |
| | 도형 및 기하 | 도형의 성질이나 도형들의 관계를 이용하여 해결할 수 있는 문제 |
| | 게임이론 및 이산수학 | 경우의 수를 따져보거나 게임이론의 간단한 보수행렬 계산이나 비교를 통하여 해결할 수 있는 문제 |
| | 표, 그래프 다이어그램 | 표나 그래프, 다이어그램 등으로 주어진 자료에서 필요한 정보를 추출, 추리하는 문제 |

# CHAPTER 1
# 수리 연산 및 대수

출제기관에서는 수리추리를 수학의 훈련이나 수학적 지식을 요구하지 않는 정도의 비언어적(non-verbal) 추리라고 정의하고 있다. 따라서 본 장에서 다룰 수리 연산 및 대수 역시 수학적으로 깊이 들어가기보다는 기본 개념에 대한 점검 후 관련 문제들을 학습하도록 한다. 특히 실전에서는 제한된 시간 내에 문제를 풀어야 한다는 점을 고려하여 '어떻게 하면 문제를 보다 효율적으로 해결할 수 있을까' 하는 점에 초점을 두어 학습하도록 한다.

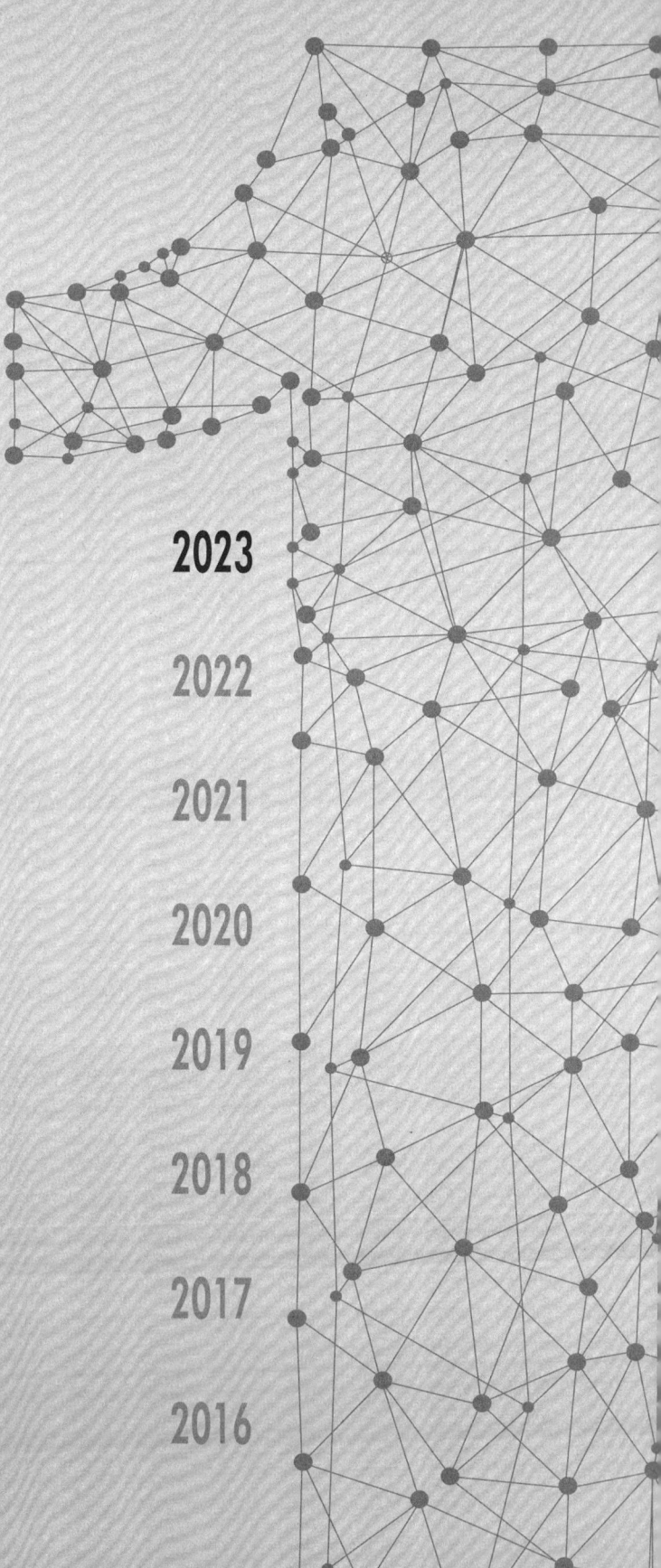

**2023**

2022

2021

2020

2019

2018

2017

2016

# Ⅰ. 수리 연산 및 대수의 개념

수리 연산 및 대수를 비롯한 수리추리 문제는 문제를 풀어냈다는 데 만족하지 말고, 보다 빠른 해결에 초점을 두어 학습하여야 한다.

## 1 수리 연산(數理 演算)의 개념

출제기관은 수리연산 문항을 "언어적 정보와 수 정보로부터 논리적 추리와 수 연산을 통해 새로운 정보를 추리할 수 있는 능력을 측정하는 문항"이라고 소개하고 있다. 즉 수리연산은 간단한 수(數)의 계산(計算)[1]을 포함한 논리적 추리라 할 수 있다.

### (1) 연산 (演算, operation/calculation)

일반적으로 어떤 집합의 원소 사이에 일정한 조작을 적용하여 다른 원소를 이끌어 내는 것을 말한다. 즉 집합 S에 속하는 임의의 두 원소 a, b의 순서쌍 (a, b)에 S의 어떤 원소 c를 대응시키는 것 '(a, b) → c'를 연산이라고 한다. 이것을 연산기호 ⊙를 사용하여 나타내면 $a \odot b = c$이다.

### (2) 연산기호

연산기호란 연산에서 사용되는 덧셈기호 +, 뺄셈기호 —, 곱셈기호 ×, 나눗셈기호 ÷, 등호 =, 제곱근풀이 기호 √ 등을 말한다. 연산 가운데 특히 덧셈 · 뺄셈 · 곱셈 · 나눗셈을 총칭하여 사칙연산이라 한다.

한편 집합 S에 어떤 연산 ⊙이 정의되어 있을 때, S에 속하는 임의의 두 원소 a, b에 대하여 $a \odot b$가 S에 속하면 집합 S는 연산 ⊙에 대하여 '닫혀 있다'고 한다. 예를 들면 자연수의 집합은 덧셈 · 곱셈에 대하여 닫혀 있고 뺄셈 · 나눗셈에 대하여 닫혀 있지 않으며, 정수의 집합은 덧셈 · 뺄셈 · 곱셈에 대하여 닫혀 있고 나눗셈에 대하여 닫혀 있지 않다. 또 유리수의 집합과 실수의 집합은 사칙연산에 대하여 모두 닫혀 있다(나눗셈의 경우 0으로 나누는 것은 제외).

### (3) 연산의 기본법칙

연산의 기본법칙으로는 교환법칙 · 결합법칙 · 배분법칙이 있다. 실수 전체의 집합에서 덧셈 · 곱셈에 대하여 다음의 연산법칙이 성립한다.[2]

---

1) 간단한 수의 계산이란 수학의 훈련이나 수학적 지식을 요구하지 않는 정도의 계산을 의미한다. 한국교육평가원에서는 수리추리 영역을 정의함에 있어 '수리 추리'란 수학의 훈련이나 수학적 지식을 요구하지 않는 정도의 비언어적 추리라고 정의하고 있다.

2) 집합의 연산에서는 임의의 세 집합 A, B, C에 대하여 교환법칙 $A \cup B = B \cup A$, $A \cap B = B \cap A$, 결합법칙 $(A \cup B) \cup C = A \cup (B \cup C)$, $(A \cap B) \cap C = A \cap (B \cap C)$, 분배법칙 $A \cup (B \cap C) = (A \cup B) \cap (A \cup C)$, $A \cap (B \cup C) = (A \cap B) \cup (A \cap C)$가 성립한다. 또 전체집합을 U라 할 때 임의의 부분집합 A, B에 대하여 ① $A \cup A^C = U$, $A \cap A^C = \emptyset$ ② $(A^C)^C = A$ ③ $U^C = \emptyset$, $\emptyset^C = U$ ④ $A - B = A \cap B^C$이 성립한다. 유리연산(더하기, 빼기, 곱하기, 나누기의 4가지 연산)에 대하여 거듭제곱, 거듭제곱근의 연산이 도입되었으며, 함수를 정의할 때 독립변수에 종속변수를 대응시키는 것도 일종의 연산이다. 연산은 컴퓨터에서도

- **교환법칙** a+b=b+a, a×b=b×a
- **결합법칙** (a+b)+c=a+(b+c), (a×b)×c=a×(b×c)
- **분배법칙** a×(b+c)=(a×b)+(a×c), (a+b)×c=(a×c)+(b×c)

## 2 대수의 개념

### (1) 대수 [代數, 代數學, algebra]

대수(代數)란 대수학(代數學)을 의미한다. 대수학이란 수학의 한 분야로 수 대신에 문자를 쓰거나, 수학법칙을 간명하게 나타내는 것을 말한다.[3] 대수학은 방정식의 문제를 푸는 데서 시작되었다.

⇒ 수리추리 영역 내 대수의 의미 : 방정식[4]을 포함한 대수식이 사용되는 문제

### (2) 대수식 [ 代數式, algebraic expression ]

문자와 숫자를 사칙연산 및 거듭제곱근풀이의 연산기호로 연결한 식이다. 유리식[有理式, rational expression]과 무리식[無理式, irrational expression]을 포함한다.[5]

a, 2a+b, ab, $(a+b)^2$, $a^2+b^2$, xyz+2, 2+3은 모두 대수식이다. 여기서 a와 같이 계산 기호를 포함하지 않은 것과 2+3과 같이 문자를 전혀 포함하지 않은 것도 대수식이다.

---

쓰이는 용어로 산술연산과 논리연산이 있다. 산술연산은 +, -, ×, ÷ 등의 산술연산자를 이용하여 산술규칙에 따라 결과를 얻는 것이고, 논리연산은 논리곱(and), 논리합(or), 부정(not) 등의 논리연산자를 이용하여 논리적 사고방식에 따라 결과를 얻는 것이다.

3) 영어의 algebra는 al-jabr라는 아라비아어에서 유래하며, 방정식(方程式)의 이항을 의미한다. 우리말의 대수학은 중국어로 번역한 것을 답습하여 쓰고 있으며, 수 대신 문자를 써서 문제 해결을 쉽게 하고, 또 수학적 법칙을 일반적으로 또 간명하게 나타내는 것을 뜻한다. 어쨌든 방정식을 푸는 것이 이 분야의 출발점이었으나, 오늘날의 대수학은 그것에 그치지 않고 널리 수학 일반의 기초 분야가 된다. 넓은 뜻의 대수학에는 ① 대수방정식의 해법 및 연립방정식의 해법에 관한 사항을 중심으로 하는 <고전(古典)대수학> ② 추상적인 군(群)·체(體)·환(環) 등의 대수계(代數系)를 중심으로 한 <추상(抽象)대수학> ③ 정수론(整數論)·대수기하학 등에서의 연구방법이 앞의 ②의 방법과 깊은 관련성이 있는 분야가 포함된다.

4) 방정식이란 문자의 값에 따라 참, 거짓이 달라지는 등식을 말하고, 어떤 값을 대입하여도 성립하는 등식을 항등식이라 한다. 또, 방정식을 성립시키는 x의 값을 해 또는 근이라 한다. cf) 부등식이란 부등호 〉, 〈, ≧, ≦를 사용하여 두 수 또는 두 식의 대소 관계를 나타낸 식을 말한다.

5) 다항식과 분수식을 합쳐서 유리식이라고 하며 이러한 유리식 가운데서 분모에 문자를 포함하지 않은 것을 다항식, 분모에 문자를 포함한 것을 분수식이라고 한다. 식을 정리했을 때, 근호 안에 문자가 포함되어 있는 식을 무리식이라 한다.

# Ⅱ. 수리 연산 및 대수 문제의 유형별 학습

## 1 시간과 속력을 이용한 문제

**01**

효율적인 문제 해결의 모색

어떤 시합에 대한 다음의 설명으로부터 추론한 것으로 옳은 것만을 보기 에서 있는 대로 고른 것은?

제1회 2009 LEET 문5

갑, 을, 병은 A에서 동시에 출발하여 B를 거쳐 C까지 경주한다. 출발선에서 갑, 을, 병은 각각 구두, 등산화, 운동화를 신고 있다. 등산화와 운동화를 신었을 때 구두의 경우에 비해 각각 2배와 4배의 속도로 달린다.

B에 도착한 사람은 신고 있던 신발을 앞 사람이 벗어 놓고 간 신발로 갈아 신고 가는 방식으로 경기를 진행한다. B에 처음 도착한 사람은 미리 놓여 있는 운동화로 갈아 신는다. 신발을 갈아 신는 데 모두 같은 시간을 사용한다.

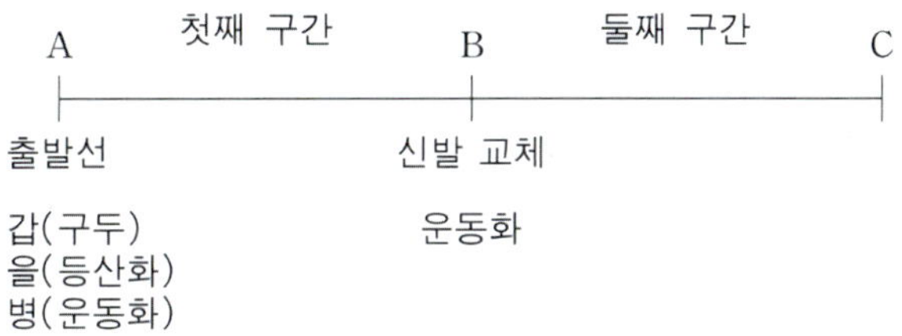


첫째 구간에서 갑은 쉬지 않고 B까지 달렸고, 을은 B에 도달하는 데에 걸린 시간 중에서 40%를 쉬는 데에 사용하였으며, 병은 걸린 시간의 80%를 쉬는 데에 사용하였다.

B부터 C까지 가는 데에 걸린 시간은 세 사람 중 두 명이 같았으며, 이 구간에서 세 사람 중 한 명만이 중간에 쉬었다. 결승점 C에 을이 가장 먼저 들어오지는 않았다.

보기

ㄱ. B에 가장 먼저 도착한 사람은 을이다.
ㄴ. 병은 둘째 구간에서 쉬지 않았다.
ㄷ. C에 가장 먼저 도착한 사람은 갑이다.

① ㄱ ② ㄷ ③ ㄱ, ㄴ
④ ㄴ, ㄷ ⑤ ㄱ, ㄴ, ㄷ

## 2 방정식의 활용 1

**02**

방정식 문제의 효율적 해결

컴퓨터 단층 촬영 장치의 원리를 설명한 다음의 글에서 추론한 것으로 옳은 것만을 [보기]에서 있는 대로 고른 것은?

제1회 2009 LEET 문25

X-선이 물체에 투과될 때 그 물체는 일정 비율의 X-선을 흡수하고 나머지만 통과시킨다. 이때 물체에 따라 X-선을 흡수하는 정도가 다르며 이것을 '흡수도'로 나타낸다.

그림은 정육면체 모양의 네 가지 물체 A~D가 겹쳐 있을 때 X-선을 화살표 방향으로 각각 투과시켜 측정한 흡수도를 숫자로 나타낸 것이다.

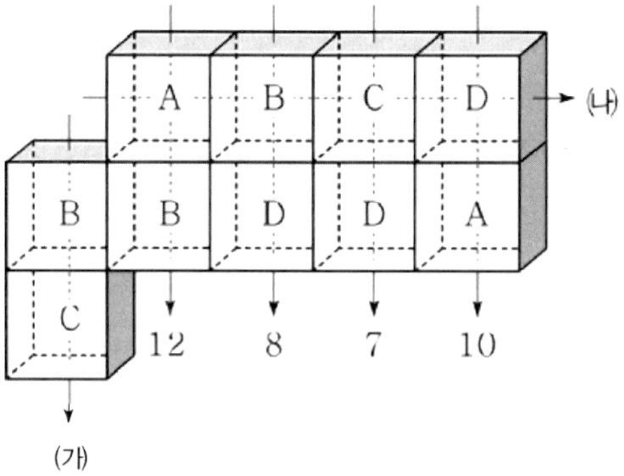


여러 개의 물체를 투과할 때의 흡수도는 각 물체의 흡수도를 더한 값이다. 따라서 여러 방향에서 측정된 흡수도로부터 물체 A~D 각각에 대한 흡수도를 알아낼 수 있다.

이와 같은 과정을 인체 여러 부위에서 반복 시행한 결과들을 컴퓨터를 이용하여 합성하면 인체 내부의 3차원적 영상을 얻게 된다.

**보기**

ㄱ. A~D 중 흡수도가 가장 작은 물체는 D이다.

ㄴ. 흡수도 (가)는 10보다 크다.

ㄷ. 흡수도 (나)는 20보다 작다.

① ㄱ　② ㄴ　③ ㄱ, ㄷ

④ ㄴ, ㄷ　⑤ ㄱ, ㄴ, ㄷ

# 03

수형도의
활용

세 상품 A, B, C에 대한 선호도 조사를 실시했다. 조사에 응한 사람은 가장 좋아하는 상품부터 1~3순위를 부여했다. 두 상품에 같은 순위를 표시할 수는 없다. 조사의 결과가 다음과 같을 때 C에 3순위를 부여한 사람의 수는?

제3회 2011 LEET 문34

- ○ 조사에 응한 사람은 20명이다.
- ○ A를 B보다 선호한 사람은 11명이다.
- ○ B를 C보다 선호한 사람은 14명이다.
- ○ C를 A보다 선호한 사람은 6명이다.
- ○ C에 1순위를 부여한 사람은 없다.

① 8　② 7　③ 6
④ 5　⑤ 4

## 3 방정식의 활용 2

**04**

해가 여러 개인 방정식

다음 글로부터 제품 X와 Y에 대해서 추론한 것으로 옳은 것만을 [보기]에서 있는 대로 고른 것은?

제1회 2009 LEET 문8

제품 X와 Y는 원료 a, b, c, d 중에서 한 가지 이상의 원료를 1g 단위로 사용하여 전체가 10g이 되도록 섞어서 만들었다. 원료들이 섞이면 a와 b는 질량비 1 : 1로 반응하고 c와 d도 질량비 1 : 1로 반응하는데, 반응하는 물질 중에서 어느 한쪽 원료가 완전히 소진될 때까지 이 반응이 일어난다. 이 외의 경우에는 어떤 원료들 사이에도 반응이 일어나지 않는다. 제품의 부피는 반응 전 원료들의 총부피에서 반응한 원료 2g당 1mL씩 감소한 값이 된다. 제품의 이익은 사용된 원료에 따라 1g당 a는 10원, b는 20원, c는 100원, d는 200원 발생한다.

○ X의 부피는 사용된 원료의 총부피보다 5mL 작고, 이익은 150원 발생했다.
○ Y의 부피는 사용된 원료의 총부피보다 2mL 작고, 이익은 690원 발생했다.

보기

ㄱ. X에 a가 사용되었다.
ㄴ. X에 세 가지 원료만이 사용되었다.
ㄷ. Y에 a는 3g만 사용되었다.

① ㄱ　　② ㄴ　　③ ㄱ, ㄷ　　④ ㄴ, ㄷ　　⑤ ㄱ, ㄴ, ㄷ

# 05

방정식의 활용

다음으로부터 추론한 것으로 옳은 것만을 보기 에서 있는 대로 고른 것은? 제7회 2015 LEET 문35

A, B, C가 추리논증 영역 35문항을 풀었다. 세 명이 모두 25문항씩 정답을 맞혔으며 아무도 정답을 맞히지 못한 문항은 없었다. 한 명만 정답을 맞힌 문항을 '어려운 문항', 세 명 모두 정답을 맞힌 문항을 '쉬운 문항'이라 한다.

보기

ㄱ. 쉬운 문항이 어려운 문항보다 5개 더 많다.
ㄴ. 어려운 문항의 개수는 최대 10개이다.
ㄷ. 두 명만 정답을 맞힌 문항의 개수는 최소 2개이다.

① ㄱ ② ㄴ ③ ㄱ, ㄷ
④ ㄴ, ㄷ ⑤ ㄱ, ㄴ, ㄷ

## 4 범위 및 순서 추론

**06**

순서 추론하기

다음으로부터 추론한 것으로 옳은 것만을 보기 에서 있는 대로 고른 것은?

제7회 2015 LEET 문34 [수리연산 예시문항]

심사단 100명이 가수 A, B, C, D의 경연을 보고 이중 제일 잘했다고 생각하는 한 명에게 투표한다. 각 심사자는 1표를 행사하며 기권은 없다. 이런 경연을 2번 실시한 뒤 2번의 투표 결과를 합산하여 최종 순위가 결정되고, 최하위자는 탈락한다. 1차와 2차 경연에 대해 다음 사실이 알려져 있다.

○ 1차 경연 결과 순위는 A, B, C, D 순이고, A는 30표, C는 25표를 얻었다.
○ 2차 경연 결과 1등은 C이고 2등은 B이며, B는 30표, 4등은 15표를 얻었다.
○ 각 경연에서 동점자는 없었다.

보기

ㄱ. 탈락자는 D이다.
ㄴ. A의 최종 순위는 3등이다.
ㄷ. 2차 경연에서 C가 얻은 표는 35표를 넘을 수 없다.

① ㄱ　② ㄷ　③ ㄱ, ㄴ
④ ㄴ, ㄷ　⑤ ㄱ, ㄴ, ㄷ

# 07

범위 추론하기

다음으로부터 추론한 것으로 옳지 않은 것은?

제14회 2022 LEET 문33

이웃한 네 국가 A, B, C, D는 지구 온난화로 발생하는 환경 문제를 개선하고자 2,000억 달러의 기금을 조성하기로 하였다. 1차와 2차로 나누어 각각 1,000억 달러의 기금을 만들기로 하였으며 경제 규모와 환경 개선 기여도를 고려하여 국가별 분담금을 정하였다. 합의된 내용 중 알려진 사실은 다음과 같다.

- 국가별 1차 분담금은 A, B, C, D의 순서대로 많고, B는 260억 달러, D는 200억 달러를 부담한다.
- 국가별 2차 분담금은 B가 가장 적고, 250억 달러를 부담하는 C가 그 다음으로 적고, 가장 많은 금액을 부담하는 국가의 분담금은 300억 달러이다.

① 가장 많은 분담금을 부담하는 국가는 A이다.
② B의 분담금은 460억 달러 이하이다.
③ A의 분담금이 570억 달러이면, D의 분담금은 500억 달러이다.
④ C의 분담금과 D의 분담금의 차이는 50억 달러 이하이다.
⑤ 어떤 국가의 1차 분담금과 2차 분담금이 같으면, A의 분담금은 600억 달러 이하이다.

## 5 언어지문형 수리추리

**08**

역사/
군사제도

다음 글로부터 추론한 것으로 옳은 것만을 보기 에서 있는 대로 고른 것은? 제6회 2014 LEET 문18

17세기 중국의 사상가 황종희는 국가 재정이 넉넉해지려면 지금 국가가 지고 있는 군대 부양(扶養)의 부담을 줄여야 하는데, 이를 위해서는 직업 군인제 대신 병농 일치의 군사 제도를 채택해야 한다고 주장하였다. 그는 구체적으로 다음과 같은 방안을 제안했다.

(1) 병사는 마땅히 구(口)에서 취해야 하고, 병사 부양은 마땅히 호(戶)에서 취해야 한다. 구에서 취한다는 말은 50인마다 훈련병 1인과 복무병 1인을 차출한다는 것이다. 호에서 취한다는 말은 10호마다 1인의 복무병을 부양토록 한다는 것이다. 지금 천하 호구(戶口)의 숫자를 보면 구가 약 6,000만 인, 호가 약 1,000만 호이니, 충분한 병력을 확보하면서도 백성의 부담은 무겁지 않게 할 수 있다. 병역을 지는 남자는 만 20세에 의무를 시작하여 만 30년 동안 의무를 지고, 훈련병의 훈련은 생업에 지장이 없게 실시하여 따로 부양할 필요가 없도록 한다.

(2) 궁성 수비는 수도가 위치한 강남 지방의 군현에 거주하는 병역 의무자 중에서 차출하여 충당한다. 먼저 강남 지방의 병역 의무자 전원을 복무병 2개 조, 훈련병 2개 조로 나누고, 각 조의 병력 수를 같도록 한다. 이 중 복무병의 첫 번째 조 10만 명은 각자 소속된 군현을 지키게 하고, 두 번째 조 10만 명은 궁성을 수비하게 한다. 이듬해에는 군현을 지키던 자로 궁성을 지키게 하고, 궁성을 수비하던 자는 돌아가서 군현을 지키게 한다. 그 다음 해에는 훈련병을 동원하여 복무하게 하고, 복무병은 귀가하여 훈련만 받게 한다.

**보기**

ㄱ. 17세기 중국의 인구 중 약 6분의 1이 강남 지방에 거주하고 있었다.
ㄴ. 국가 재정의 부담 없이 유지할 수 있는 복무병은 최대 100만 명이다.
ㄷ. 강남 지방의 병역 의무자가 일생 동안 궁성 수비를 맡는 기간은 최대 5년이다.

① ㄴ
② ㄱ, ㄴ
③ ㄱ, ㄷ
④ ㄴ, ㄷ
⑤ ㄱ, ㄴ, ㄷ

# 09

역사/
고대 아테네
행정

다음 글로부터 추론한 것으로 옳은 것만을 보기 에서 있는 대로 고른 것은? 제7회 2015 LEET 문15

고대 아테네의 클레이스테네스는 지연과 혈연에 따른 참주의 출현을 방지하기 위해 다음과 같이 행정을 개편하였다. 모든 아테네인들을 총 139개의 데모스에 등록하게 한 다음, 아테네를 세 지역(도시, 해안, 내륙)으로 나누어 각 지역에 데모스를 할당하였다. 그 방식은 우선 각 지역에 균등하게 데모스를 할당하되, 남는 데모스는 도시 지역에 포함시키는 것이었다. 다음으로 각 지역마다 10개씩의 트리튀스를 만들고, 그 안에 데모스를 할당하였다. 그 방식은 우선 각 트리튀스에 균등하게 데모스를 할당하되, 남는 데모스는 1개의 트리튀스에 포함시키는 것이었다.

그런 다음 추첨으로 각 지역마다 트리튀스 1개씩을 뽑아 3개의 트리튀스로 1개의 필레를 구성하였다. 그리고 각 필레에서 추첨으로 50명씩 뽑아 평의회를 구성하였다. 역사가 A는 필레에 포함된 데모스 1개의 정원을 100명으로 가정할 경우, 각 지역에 거주하는 아테네인이 평의회에 뽑힐 확률을 분석하였다.

보기

ㄱ. 트리튀스는 최소 4개의 데모스를 포함한다.
ㄴ. 필레는 최대 31개의 데모스를 포함한다.
ㄷ. A의 가정에 따르면, 평의회에 뽑힐 확률이 가장 낮은 사람은 도시 지역 거주자이다.

① ㄱ ② ㄷ ③ ㄱ, ㄴ
④ ㄴ, ㄷ ⑤ ㄱ, ㄴ, ㄷ

다음으로부터 추론한 것으로 옳은 것만을 보기 에서 있는 대로 고른 것은? 제12회 2020 LEET 문23

형사사건에서는 검사의 입증이 '합리적 의심'의 수준을 넘어서야 한다. 정의의 관점에서 무고한 사람을 처벌하는 것이 범죄를 저지른 사람을 풀어 주는 것에 비해 훨씬 더 나쁘기 때문이다. 왜 그런지 보기 위해 유죄 입증 수준을 수치화할 수 있다고 해 보자. 가령 판사는 95% 이상으로 유죄를 확신할 수 있을 때만 유죄를 선고한다고 가정하자. 10명의 피고인이 있고 그들 각각이 90%의 확률로 범죄자일 가능성이 있다고 생각해 보자. 검사는 이 확률로 각 피고인에 대해 유죄를 확신할 수 있는 증거를 확보하였다. 이때 판사가 자신의 역할을 제대로 수행한다면 모든 피고인이 처벌받지 않을 것이다. 검사가 95%라는 유죄 입증 수준을 충족하지 못한 셈이기 때문이다. 하지만 10명의 피고인 각각이 범죄를 실제로 저질렀을 확률이 90%이므로, 피고인 10명 중 9명이 실제로는 범죄를 저질렀지만 처벌받지 않은 것이라고 생각할 수 있다. 이는 정의롭지 못한 것이 틀림없으나 중요한 것은 그중 무고한 1명이 처벌받을 가능성을 없앨 수 있다는 점이다.

같은 계산을 구체적인 상황에 적용해 보자. 유죄 입증 수준을 다르게 설정한 A상황, B상황은 다음과 같다. 단, 각 상황에서 피고인의 수는 300명이며, 검사는 각 피고인이 실제 범죄자일 확률로 증거를 확보하였다.

| 상황 | 유죄 입증 수준 | 피고인의 수, 각 피고인이 실제 범죄자일 확률 | 유죄가 선고되는 피고인의 수 | 무죄가 선고되는 피고인의 수 | 범죄자인데도 처벌받지 않은 피고인의 수 | 범죄자가 아닌데도 처벌받은 피고인의 수 |
|---|---|---|---|---|---|---|
| A | 90% | 100, 95% | 100 | 0 | 0 | 5 |
| | | 100, 80% | 0 | 100 | 80 | 0 |
| | | 100, 65% | 0 | 100 | 65 | 0 |
| B | 75% | 100, 95% | 100 | 0 | 0 | 5 |
| | | 100, 80% | 100 | 0 | 0 | 20 |
| | | 100, 65% | 0 | 100 | 65 | 0 |

가령 범죄자인데도 처벌받지 않은 피고인이 1명 있을 경우 나쁨의 값을 1, 범죄자가 아닌데도 처벌받은 피고인이 1명 있을 경우 나쁨의 값을 10이라고 한다면, A상황에서보다 B상황에서 나쁨의 값의 총합이 더 크기 때문에 A상황보다 B상황이 더 나쁘다고 할 수 있다.

보기

ㄱ. 한 사람의 무고한 피고인을 처벌하는 것이 세 사람의 범죄자를 방면하는 것과 똑같은 정도로 나쁘다고 가정한다면, A상황이 B상황보다 더 나쁘다.

ㄴ. B상황에서 피고인들이 실제로 범죄를 저질렀을 확률이 10%p 낮아져 각각 85%, 70%, 55%라면, 유죄 입증 수준을 65%로 낮추어도 무고하게 처벌받은 사람의 수는 변하지 않는다.

ㄷ. A상황에서 유죄 입증 수준을 95%로 높인다면, 무고하게 처벌받는 사람의 수를 줄일 수 있다.

① ㄱ　② ㄴ　③ ㄱ, ㄷ

④ ㄴ, ㄷ　⑤ ㄱ, ㄴ, ㄷ

# CHAPTER 2
# 도형 및 기하

본 장에서는 도형 및 기하의 개념을 살펴보고
시험에 출제될 수 있는 문제 유형에는
어떠한 것들이 있는지 학습하도록 한다.

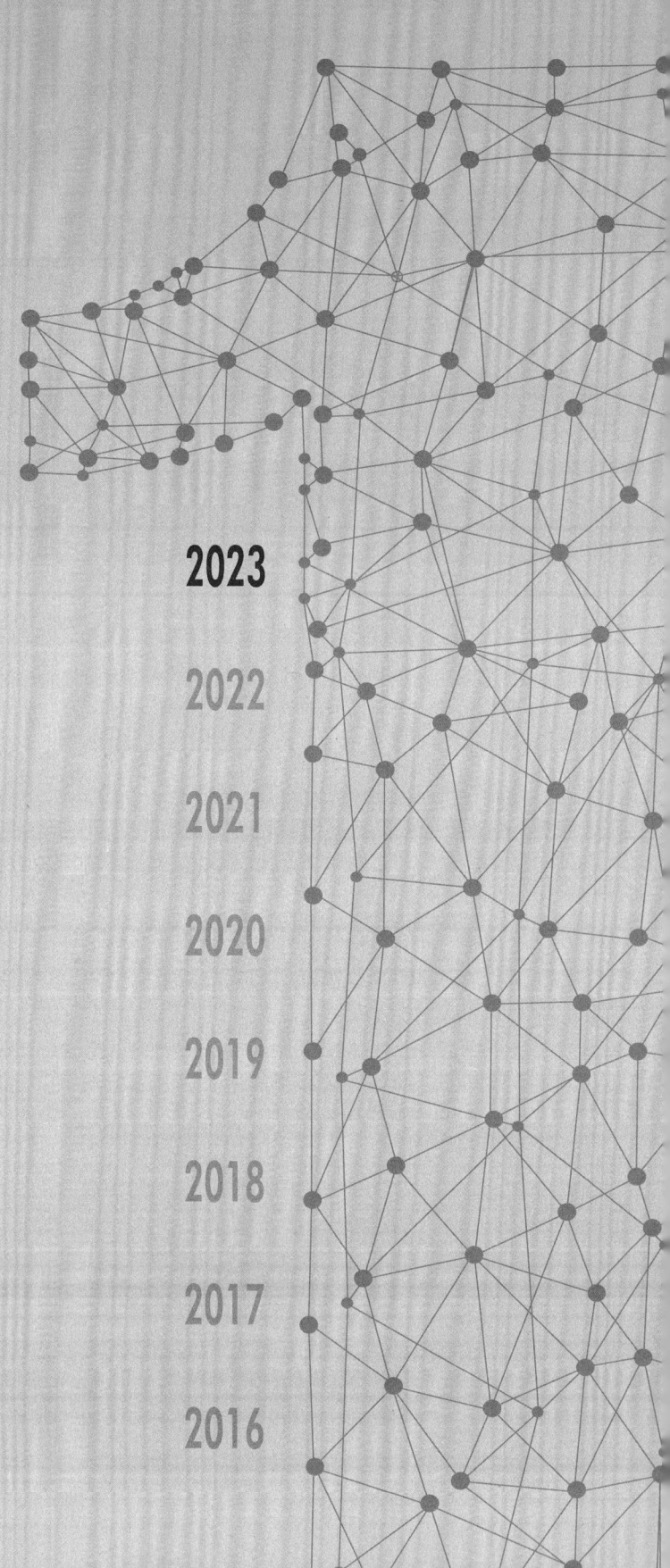

2023
2022
2021
2020
2019
2018
2017
2016

# Ⅰ.도형 및 기하의 개념

## 1 도형[圖形, figure]의 개념

기하학에서 어떤 모형을 위치와 모양· 크기만으로 생각할 때, 점·선·면·입체 또는 이들 집합으로 이루어진 것을 도형이라 한다. 특히, 점·선·면· 입체의 4개를 기초도형이라고 한다. 모든 물체는 위치· 모양· 크기· 빛깔· 무게 등을 가지고 있다. 그러나 기하학에서의 물체의 연구는 그 물체가 어떻게 이루어져 있는가, 무게 또는 빛깔은 어떤가 등에 관해서는 전혀 문제 삼지 않고, 다만 그 위치와 모양· 크기만을 생각하게 된다. 따라서 물체를 이와 같이 생각할 때 비로소 도형이라는 말을 쓰게 된다. 평면 위에 있는 도형은 평면도형, 공간에 있는 도형은 공간도형이라 한다. 또, 공간도형에서 위치와 모양·길이·폭·두께를 가지는 것을 입체도형이라고 한다.

## 2 기하의 개념

기하는 어떤 형태, 도형, 상태 등을 뜻하는 것으로서 기하학은 그러한 것들을 연구하는 학문이다. 토지 측량을 위해 도형을 연구하는 데에서 기원했으며, 공간의 수리적(數理的) 성질을 연구하는 수학의 한 분야이다. 고대 이집트에서 시작된 이래 현재에 이르기까지 그 연구의 대상 및 방법은 다양하다. 고대 이집트인은 홍수로 나일강이 범람한 후에는 토지를 적절하게 재분배하기 위하여 측량이 필요하였다. 이와 같은 토지 측량에 의한 도형의 연구를 기하학의 기원이라고 보고 있다.

현재 기하학은 영어로 geometry라 하는데, geo-는 토지를, metry는 측량을 뜻한다. 이집트인이 개발한 이와 같은 도형에 관한 지식은 지중해를 건너 그리스로 전파되었는데, 경험적이었던 이집트인과는 대조적으로 추상적인 사고방식에 능했던 그리스인은 도형에 대한 개념을 새로이 형성하고, 연역적(演繹的)으로 이를 논하였으며, 특히 탈레스와 피타고라스의 노력에 의해 비약적으로 발전하였다.

두 삼각형의 합동, 비례정리 등은 탈레스의 발견이었고, 또 피타고라스 학파에 의해 피타고라스의 정리가 발견되고 증명되었다. 그 당시의 기하학에 관한 지식은 유클리드의 《기하학원본 : Stoicheia》에 집대성됨으로써 유클리드기하학(초등기하학)의 체계가 비로소 완성되었다.

17세기에 접어들어 R.데카르트는 좌표라는 개념을 기하학에 도입하여 해석기하학(解析幾何學)을 확립하였다. 이것은 L.오일러의 노력으로 더욱 진전되었고, 그 후 I.뉴턴과 G.W.라이프니츠에 의해서 미적분학이 발견됨에 따라 기하학은 다시 미분기하학(微分幾何學)으로 발전하였다.

한편, 르네상스의 성당 건축의 필요에서 탄생된 석공술(石工術)과 축성술(築城術)에 자극을 받아 몽즈의 화법기하학(畵法幾何學)이 탄생되었고, 이것은 사영기하학(射影幾何學)으로 발전하였다. 또 유클리드의 평행선공리는 그 이전부터 비판의 대상이 되었는데, 19세기에 접어들어 그것을 부정한 비(非)유클리드 기하학이 N.I.로바체프스키, 보야이, G.F.B.리만에 의해 확립되었다.

또한 19세기 말 이래 위상수학(位相數學)의 탄생과 더불어 도형에의 위상도입, 두 도형의 동상(同相)과 위상사상(位相寫像) 등의 개념을 도입한 위상기하를 비롯해 군(群)과 다양체이론(多樣體理論)의 발전과 함께 탄생한 미분위상기하학 등은 수학뿐 아니라 자연과학 전반에 걸쳐 크게 기여하였다.

# Ⅱ. 도형 및 기하 문제의 유형별 학습

## 1 도형을 이용한 문제

**01**
규칙성 추론

한 변의 길이가 3인 정삼각형과 한 변의 길이가 1인 정사각형 ABCD가 있다. 그림과 같이 고정된 정삼각형 둘레를 따라 시계방향으로 정사각형 ABCD를 미끄러지지 않게 회전시키면서 이동시킨다.

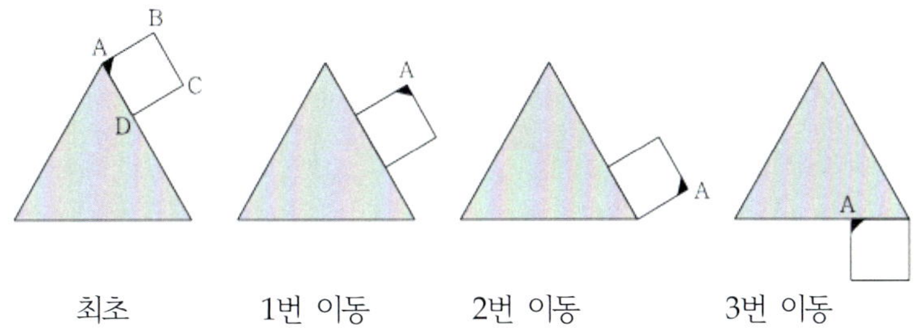


다음 중 정사각형을 817번 이동하였을 때 나타나는 모양으로 옳은 것은? LEET 2차 예시

①
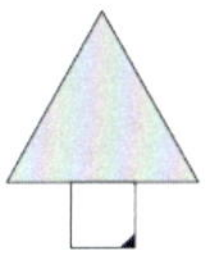

②
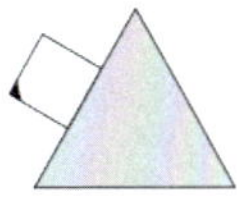

③
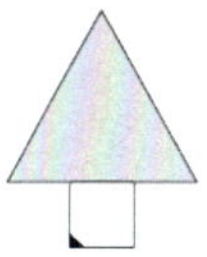

④
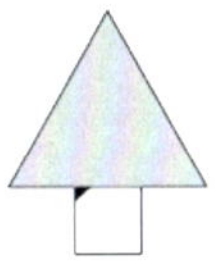

⑤
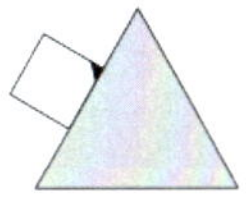

## 2 도형 및 기하의 응용

**02**
공간적 관계의 추론 및 수리연산

〈자료〉와 〈사실〉로부터 추론한 것으로 옳은 것만을 [보기] 에서 있는 대로 고른 것은? 제4회 2012 LEET 문35

〈자료〉

산수(汕水)는 금강산 절경인 만폭동 서북쪽에 있는 말휘령에서 발원하여 서쪽으로 110리를 흘러 보리진에 이른다. 말휘령에서 만폭동까지는 육로로 50리 떨어져 있다.

산수는 보리진에서 다시 남쪽으로 60리를 흘러 다경진에 이르며, 다경진 앞에서 북동쪽에서 흘러온 통구수(通溝水)와 합류한다. 통구수의 발원지는 금강산 가는 길목에 있는 단발령이다. 통구수의 길이는 70리이며, 단발령에서 만폭동까지는 육로로 40리이다.

산수는 다경진에서 다시 동남쪽으로 50리를 흘러 합관진에 이르러, 만폭동에서 발원하여 120리를 흘러온 만폭수(萬瀑水)를 받아들인다. 만폭수는 경사가 급하고 여울이 많아 배가 다니지 못하며, 대신 물길을 따라 육로가 나 있다.

〈사실〉

경신년 가을, 선비 갑과 을은 각기 다른 길로 금강산 만폭동을 유람하였다. 보리진에 사는 갑은 배를 타고 말휘령까지 간 뒤, 육로로 만폭동에 갔으며 같은 길로 되돌아왔다. 합관진에 사는 을은 배를 타고 다경진과 통구수를 거쳐 단발령까지 간 뒤 육로로 만폭동에 갔으며, 가장 시간이 적게 걸리는 길로 합관진으로 귀가하였다.

이동 시간은 상류에서 내려올 때는 수로가 육로의 절반, 상류로 거슬러 올라갈 때는 수로가 육로의 두 배이다.

[보기]

ㄱ. 갑의 이동 거리가 을보다 길었을 것이다.
ㄴ. 을의 이동 시간이 갑보다 더 걸렸을 것이다.
ㄷ. 을은 귀가할 때 육로만 이용하였을 것이다.

① ㄴ
② ㄷ
③ ㄱ, ㄴ
④ ㄱ, ㄷ
⑤ ㄱ, ㄴ, ㄷ

# 03

유클리드 공간과
도로 공간

다음에서 추론한 것으로 옳은 것만을 보기 에서 있는 대로 고른 것은? 제8회 2016 LEET 문34

도시의 두 지점 사이를 건물을 가로지르지 않고 도로만으로 이동하였을 때의 최단 거리를 '도로거리'라 하고, 두 지점 간에 장애물이 없는 최단 거리를 '직선거리'라고 한다. 직선거리가 적용되는 공간을 유클리드 공간이라고 하고, 도로거리가 적용되는 공간을 도로 공간이라고 한다. 모든 도로는 같은 크기의 정사각형으로 이루어진 바둑판 모양이고 도로 공간에서의 모든 지점은 도로의 교차점에서만 정의된다고 가정한다.

아래 그림에서 실선은 A지점에서 B지점까지의 직선거리를, 점선은 도로거리를 표시한다.

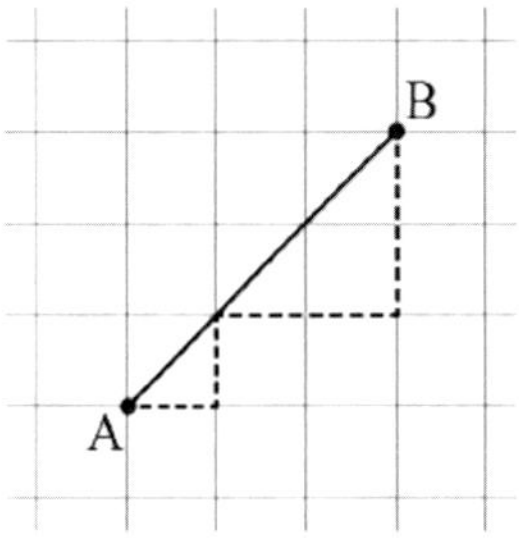


보기

ㄱ. A지점까지의 도로거리와 B지점까지의 도로거리가 같은 모든 지점들은 유클리드 공간에서 한 직선 위에 있다.

ㄴ. 서로 같은 도로거리에 있는 세 지점을 유클리드 공간에서 선분으로 서로 연결하면 정삼각형 모양이 된다.

ㄷ. 한 지점에서 같은 도로거리에 있는 모든 지점을 유클리드 공간에서 정사각형 모양이 되도록 연결할 수 있다.

① ㄱ ② ㄴ ③ ㄷ
④ ㄱ, ㄴ ⑤ ㄱ, ㄷ

# CHAPTER 3
# 게임이론 및 이산수학 1

| 의사결정이론 |

본 장에서는 게임이론 및 이산수학에 관련된 이론들을 살펴보고 관련문제들의 유형별 학습을 통해 효율적인 문제해결방법을 모색하도록 한다.

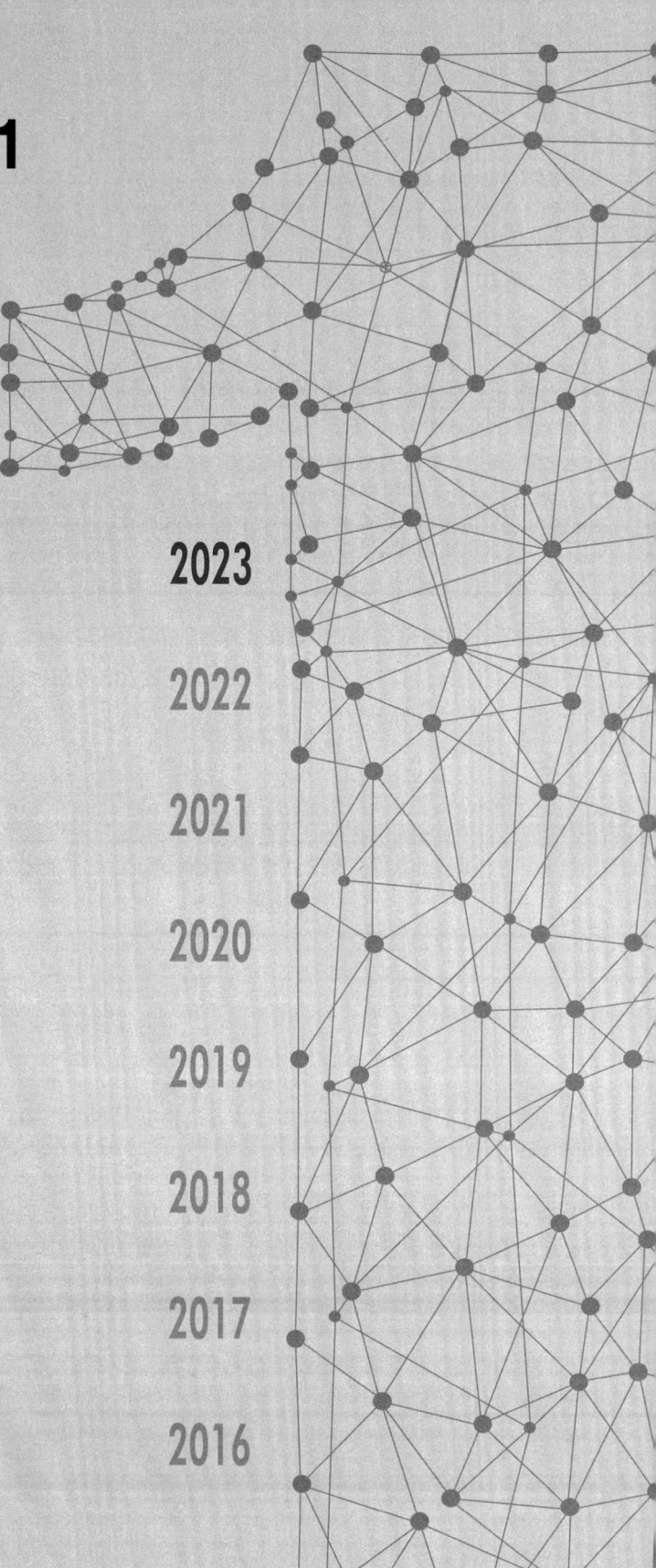

2023
2022
2021
2020
2019
2018
2017
2016

# Ⅰ. 게임이론 및 이산수학의 학습 범위

## 1 게임이론 [6)]

### (1) 개념

게임이론이란 게임 상황 즉, 경쟁적 상황에서의 의사결정을 다루는 이론으로 결과가 개인의 선호에 의해서만 결정되는 것이 아니라, 결정에 참여한 다른 행위자들의 선호와 개인 선택의 서로 다른 집합의 결과에 따라 이루어지는 집단적 선택 상황에 대한 연구이다. 달리 말하면 합리적으로 행동하는 경쟁자 간의 경쟁 상태를 모형화하는 수리적 접근법이다.

### (2) 게임이론의 구성 요소

① 경기자 : 게임에 참여하는 각 의사결정자
② 전략 : 게임에서 각 경기자에게 주어진 각각의 행동대안
③ 결과에 따른 보상(pay-off)

| 세은 \ 상훈 | 가위 | 바위 | 보 |
|---|---|---|---|
| 가위 | 5 / 5 | 4 / 6 | 8 / 2 |
| 바위 | 5 / 5 | 5 / 5 | 5 / 5 |
| 보 | 5 / 5 | 6 / 4 | 7 / 3 |

### (3) 게임의 유형, 형태, 균형과 해를 얻는 방법

| 구분 | 내용 | 비고 |
|---|---|---|
| 게임의 유형 | 제로섬 게임(Zero-sum game, 영합게임)과<br>난제로섬 게임 (Non zero-sum game, 비영합게임) | 보수의 합이 0인지 여부 |
| | 정합게임과 비정합게임 | 보수의 합이 일정한지 여부 |
| | 협조 게임과 비협조게임 | 참여자들의 협조여부 |
| | 유한반복게임과 무한반복게임 | 반복여부 |
| 게임의 형태 | 정규형게임(=동시게임)과 전개형 게임(=순차게임) | |
| 게임의 균형 | 우월전략균형, 내쉬균형, 완전균형, 혼합전략균형 | |
| 게임의 균형에<br>이르는 방법 | 반복제거에 의한 해법, 상대행위자들의 전략선택에<br>대한 최선의 응답에 의한 해법, 역진귀납법 등 | |

6) 백승기, 전게서, pp.217-222.

## 2 이산수학(discrete mathematics)

### (1) 개념

① 이산집합(discrete set)[7] 위에 정의된 수학적 체계에 대하여 연구하는 학문 분야를 이산수학(discrete mathematics)이라고 한다. 조합론(Combinatorics), 그래프 이론(Graph Theory), 기호 논리학(Symbolic Logic), 이산적 최적화(Discrete Optimization), 암호론(Coding Theory), 정수론(Number Theory), 알고리즘 분석(Analysis of Algorithms) 등 수학의 다양한 분야들이 이산수학에 포함된다.

② 이산수학이란 연속적 성질을 가지는 대상과는 달리 이산적인 양 또는 이산수학 구조를 갖는 대상에 대하여 수학적으로 분류하고, 정리하며, 논리적으로 사고하여 문제를 해결하는 여러 이론을 통틀어 말한다.

### (2) 이산수학의 학습범위

이산수학은 1997년 교육부에서 제시한 제7차 교육과정에서 고등학교 선택교육 과목으로 지정되었다. 이를 통해 이산수학의 범위와 내용을 개괄적으로 파악해 보도록 한다. 다음은 1997년 교육부에서 제시한 이산수학의 주요 내용이다.

가. 목 표

'이산수학'의 전반적 목표는 수학의 기본적인 지식과 기능을 가지고 실생활의 이산적인 상황의 문제를 수학적으로 사고하는 능력을 기르고, 합리적으로 의사를 결정하며, 창의적인 문제 해결력 배양에 두며, 세부적 목표는 생활 속의 여러 가지 이산 현상에 대하여, 여러 가지 '경우의 수'를 구하는 능력, 그래프와 행렬 등을 이용하여 조직해석하는 능력, 알고리즘적으로 사고하고 처리하는 능력, 의사결정 능력 등을 기르는 데 중점을 둔다.

나. 내 용

'이산수학'은 선택과 배열, 그래프, 알고리즘, 의사결정과 최적화의 4개 영역으로 구성한다. 각 영역별 내용을 요약하여 기술하면 다음과 같다.

(1) 선택과 배열

정의나 공식을 무리하게 도입하지 말고 예를 통하여 직관적으로 세기의 방법과 분배의 수를 구하도록 한다. 즉, 순열과 조합의 분석적 공식의 단순한 적용만이 아니라 조합적인 추론이 강조되어야 한다.

---

7) 이산집합이란 원소들의 개수를 셀 수 있는(countable) 집합을 말한다.

(2) 그래프

여러 가지 그래프에 관한 정의, 수형도, 회로, 그래프의 행렬 표시 등과 그 풍부한 응용성은 수학의 내적 아름다움이나 실생활과의 밀접한 관련성을 인식시키는데 큰 도움이 된다. 행렬은 따로 독립된 영역으로 하지 않고 그래프와 연계하여 다루도록 한다. 그래프와 연계하여 두 지점간의 '경로의 수'를 행렬로써 알아보는 등 행렬 표현의 편리성과 행렬 연산의 의미를 알게 한다. 색칠 문제 등과 같은 그래프를 이용한 문제 해결을 통하여 이산적인 방법의 힘을 느끼게 한다. 일상을 계획할 때 잠재적인 충돌 상황을 꼭지점, 변으로 모델링하고 그 관계를 그래프로 표현하는 경험이 이루어지도록 한다.

(3) 알고리즘

수와 관련된 수학적 대상들이 규칙적으로 나열될 때는 일반적인 절차를 거친다는 것에 유의하여, 등차수열이나 등비수열 등의 용어로서 형식화하여 전개하기보다는 두 항 또는 세 항 사이의 관계식 등을 보다 강조하고 그 변화 과정을 살필 수 있어야 한다. 학생들은 알고리즘적인 관점에서 수학을 구성하는 경험을 갖게 하여, 알고리즘의 개발과 분석을 할 수 있도록 한다.

(4) 의사결정과 최적화

어떤 과제의 수행에서 행해지는 각각의 절차의 타당성의 판단과 효율적인 절차의 선택에는 지혜로운 의사결정 과정이 필요하다. 게임이나 선거 등과 같은 사회적인 현상이나 상황은 수학으로 표현되고 문제를 해결할 수 있으며, 의사결정 과정에서 객관적인 효율성을 확보할 수가 있다. 또한, 여행 계획이나 과제 수행 일정의 수립 등에서도 그래프 표현과 알고리즘적인 사고로 타당한 절차와 효율성의 문제를 적절히 해결할 수 있다.

**다. 평 가**

전반적인 평가 관련 사항은 '수학 I'과 동일하나, 특히, 다음 사항을 강조하여 평가한다.

(1) 실생활에서 여러 가지 '경우의 수'를 구하는 능력
(2) 사물의 현상을 그래프와 행렬을 이용하여 조직, 해석, 활용하는 능력
(3) 합리적인 의사결정 능력

**| 이산수학의 학습범위 |**

| 영 역 | 내 용 | 세부 학습 내용 |
|---|---|---|
| 선택과 배열 | 순열과 조합<br>세기의 방법 | 여러 가지 경우에 순열과 조합을 이용하여 개수를 세고, 비둘기 집의 원리, 포함배제의 원리, 간단한 수와 집합의 분할의 개수 및 중복조합, 중복순열을 학습한다. |
| 그래프 | 그래프<br>수형도<br>여러 가지 회로<br>그래프의 활용 | 그래프에서 오일러회로와 해밀턴회로의 존재를 알아보고 실생활에서 그래프를 이용하여 쉽게 해결할 수 있는 문제를 탐구하고, 색칠 문제 등의 실생활의 문제를 그래프를 이용하여 해결할 수 있다. (간단한 그래프에서 인접한 꼭지점은 다른 색깔을 갖도록 그래프의 모든 꼭지점을 색칠할 때 필요한 색깔의 최소수를 구할 수 있게 한다.) |
| 알고리즘 | 수와 알고리즘<br>점화 관계 | 알고리즘의 영역은 정수와 관계된 수의 배열에서 규칙성을 찾아보고, 십진법과 이진법의 수의 체계, 소수 판정, 최대공약수와 최소공배수 등을 알고리즘의 관점에서 살핀다. 수의 배열에서 두 항 사이의 관계나 세 항 사이의 관계를 파악하여 점화적인 관점으로 접근하고 실세계의 문제를 해결하고 실험해본다. |
| 의사결정의 최적화 | 의사결정 과정<br>최적화와 알고리즘 | ① 결정적인 2×2 게임에서 의사결정 과정의 변화를 안다.<br>(2×2게임에서는 가능한 결과를 수치화하고 행렬을 이용하여 나타내며 각 참여자의 최선의 전략을 알아보게 한다.)<br>② 실생활에 나타나는 계획 세우기의 최적화 문제를 해결할 수 있다.<br>(배낭꾸리기 등과 같은 계획 세우기 문제를 이해하게 한다.)<br>③ 도로망에서 최적 경로를 구할 수 있다. |

## 3 의사결정이론

의사결정이론이란 어떤 문제를 해결하기 위해 여러 대안 중에서 상황에 따른 최적의 대안을 선택하는 방법을 설명하는 것이다. 의사결정이론은 문제를 해결하기 위한 분석틀을 제공한다. 분석틀을 사용해 정보를 수집하고, 그 정보에 따라 의사결정대안을 분류하고 의사결정기준을 제공하여, 각 대안에 따른 결정이 제대로 이루어졌는지를 검토할 수 있다. 의사결정이론은 개인의 의사결정뿐 아니라 집단, 조직, 국가의 의사결정을 모두 포함한다.

일반적으로 의사결정이론은 대자연을 상대로 하는 게임이론과 같다. 즉 의사결정에 대한 결과는 우리의 힘으로 어쩔 수 없는 대자연의 변화에 달려 있기 때문이다. 예를 들어 외출 시 우산을 가지고 갈 것인가의 의사결정은 개인의 의지이지만, 의사결정에 따른 결과 즉 비가 와서 옷이 젖게 될 것인지는 대자연의 마음이다. 의사결정이론은 수집 가능한 정보로서 대안의 결과를 예측하고 최선의 선택을 할 수 있게 도와주는 의사결정기법일 뿐이다.

확실성하의 의사결정이란 대자연의 상황이 어떻게 일어날 것인지 알고 있는 경우의 의사결정을 말한다. 예를 들어서 비가 올 것이라는 사실이 확실하면 무조건 우산을 갖고 나간다. 선형계획법, 정수계획법, 네트워크 모형 등 확정적 의사결정모형은 모두 확실성하에서의 의사결정에 해당된다.

의사결정 후 대자연의 상황이 어떻게 일어날지 확신하지 못하는 경우가 있다. 미래의 일은 예측할 수 없는 경우가 많기 때문이다. 이처럼 상황에 따라 예상되는 결과를 확신할 수 없는 경우의 의사결정을 위험성하의 의사결정이라고 한다. 위험성하의 의사결정은 여러 상황이 발생하는 확률을 근거로 해서 기대값을 구하여 문제를 해결한다.

위험성하의 의사결정에서는 과거의 경험에 의해 도출된 확률을 사용하여 기대값을 구할 수 있으나, 그러한 확률에 대한 어떤 정보도 없는 경우에는 어떻게 기대값을 구할 수 있을까? 이처럼 어떤 확률정보도 없는 경우를 불확실성하의 의사결정이라고 한다. 따라서 불확실성하의 의사결정에서는 주관적 확률을 정하든가 아니면 모든 상황이 동일한 확률에서 발생한다고 가정을 하는 등 나름대로의 기준에 따라 의사결정을 할 수 있다.

❙ 의사결정이론 분류 ❙

| 상황 / 모형 | 전략 산출모형 |
|---|---|
| 확정적 상황 | 선형계획모형 |
| 위험(모험, 확률) 상황 | 의사결정나무분석 (연속적인 의사결정) |
| 불확실 상황 | 비관적 기준, 낙관적 기준, 후르비츠 기준, 라플라스 기준, 기회손실 기준, 게임이론 (전략적 행동) |

## 4 집합적 의사결정[8)]

시장은 경제주체들의 자발적 교환에 토대를 두고 있기 때문에 시장에서 이루어지는 의사결정은 경제주체 한 사람 한 사람의 분권화된 의사결정의 결과이고, 각 의사결정자들은 그 결과에 따른 책임을 스스로 져야만 하는 것이다. 이에 반하여 민주주의 하에서 정부나 NGO에서 이루어지는 의사결정은 구성원 개개인의 선호를 바탕으로 하여 전체의 선호를 도출하는 집합적 의사결정(collective decision-making)에 의존하게 된다. 이 경우 각 구성원들은 자신의 선호가 집합적 선호와 다르더라도 거기에 복종해야 하지만, 그 결과에 대해 책임을 지는 모습은 시장의 경우와 사뭇 다르다.[9)]

8) 전상경,「정책분석의 정치경제」, 2001, pp. 76-119.

9) 집합적(사회적) 선택이론이란 국가나 어떤 조직이 국가나 그 조직의 이름으로서 의사결정을 내릴 때 그 집합체의 결정과 그 개개 구성원들이 갖는 선호(preferences)와의 관계에 관한 것이다. 이와 같은 관계에서는 여러 가지 가능한 유형의 집합적 선택이 도출될 수 있다. 자세한 내용은 전상경 저『정책분석의 정치경제』를 참조하기 바란다.

### (1) 의사결정 과정으로서의 교환과 투표

교환은 하나의 사회적 의사결정 과정이며, 투표는 그러한 의사결정과정의 구체적인 한 수단이다. 비록 투표 자체가 완벽한 것은 아니지만, 집합적 의사결정 메커니즘으로서 가장 널리 활용되고 있다. 인간은 자신에게 부여된 주권의 행사를 통하여 여러 가지 유형의 사회적 질서에 참여한다. 시장질서에 참가할 때 인간이 갖는 주권은 소비자주권(consumer sovereignty)이라고 불리며, 정치질서에 참가할 때는 그것이 투표자주권(voter sovereignty)이 된다.

### (2) 집합적 선택의 두 가지 접근방법

집합적(사회적) 선택의 문제를 다룰 때 경제학자와 정치학자들은 서로 다른 방법론적 시각을 갖는다. 즉 정치학자들은 공익적 [公益的, public interest] 접근방법을 택하는 경향이 있지만, 경제학자들은 사익적 [私益的, self-interest] 접근방법을 택하는 것이 일반적 성향이다.

### (3) 집합적 의사결정규칙

① 만장일치제와 다수결제도

만장일치제(unanimity rule)란 집합체의 구성원 모두가 찬성할 때만 어떤 결정이 이루어지는 것을 뜻한다. 구성원 모두의 동의하에 이루어지는 결정이므로 만장일치에 의한 의사결정은 분명히 파레토 증진적(Pareto improvement)이라고 할 수 있다. 그러나 실제로 만장일치제는 그렇게 효율적인 결과만을 초래하지는 않는다.

다수결제도란 집합체의 의사결정에 있어 집합체의 구성원들 중 다수가 찬성하면 어떤 결정이 이루어지는 것을 의미한다. 다수가 어떻게 구성되는가에 따라서 다수결제도는 단순 다수결(simple majority) 제도 혹은 종다수(從多數)제도, 과반수(majority)제도, 조건부 다수결(quali - fied majority)제도 등으로 구분할 수 있다.

② 과반수투표제도

민주주의 하에서 가장 널리 사용되는 집합적(사회적) 선택규칙이 과반수투표제도이다. 그러다 보니 가장 최적제도로 생각하는 경향이 있다. 그러나 과반수제도는 대안이 세 가지 이상일 경우 어떤 대안도 과반수를 얻지 못할 가능성이 있고, 과반수투표의 결과가 불안정할 수도 있으며, 전략적 조작(strategic manipulation)의 가능성도 내포하고 있다.

# Ⅱ. 게임이론 및 이산수학 문제의 유형별 학습

## 1 보수표의 이해 및 활용

**01**
보수표의
이해 및 활용

다음은 오염을 발생시키는 기업과 이를 규제하는 정부의 의사결정에 관한 설명이다.

기업은 규제를 위반할 경우 $g$ 의 이득을 얻고, 이로 인해 오염 피해액이 $d$ 만큼 발생한다고 하자. 그러나 기업이 위반을 할 때는 정부가 규제를 하는 경우 반드시 적발되어 벌금으로 $p$를 납부해야 하며, $p$ 는 정부의 수입으로 간주된다. 정부는 기업의 행위를 규제할 경우 비용 $c$ 를 지불한다. 기업이 규제를 위반할 때 당국이 감시 행위를 하지 않으면 오염 피해만큼 사회적 비용이 발생하고, 정부는 이를 자신의 비용으로 인식한다.

아래의 표에서 각 칸의 첫째 값은 기업의 이익, 둘째 값은 정부의 이익을 뜻하며, $g$, $d$, $p$, $c>0$ 이다.

| 기업 \ 정부 | 규제함 | 규제 안 함 |
|---|---|---|
| 위반함 | $-p+g$, $p-d-c$ | $g$, $-d$ |
| 위반 안 함 | 0, $-c$ | 0, 0 |

기업과 정부는 상대방의 행동에 따라 자신에게 유리한 의사결정을 한다. 기업이 위반을 하면 정부는 규제를 하고 정부가 규제를 하면 기업은 위반을 하지 않고, 기업이 위반하지 않으면 정부가 규제를 하지 않고 정부가 규제를 하지 않으면 기업은 위반을 하게 되고, 기업이 위반을 하면 정부가 다시 규제를 하게 된다. 이와 같이 기업과 정부의 의사결정이 어느 한 상태에서 고정되지 않고 지속적으로 변화하게 되는 조건을 보기 에서 모두 고른 것은? 2009 LEET 예비시험 문24

보기

ㄱ. $p>g$　　ㄴ. $p>c$
ㄷ. $d>c$　　ㄹ. $g>d$

① ㄱ, ㄴ　② ㄱ, ㄷ　③ ㄴ, ㄹ
④ ㄱ, ㄷ, ㄹ　⑤ ㄴ, ㄷ, ㄹ

## 2 전형적인 형태의 투표방식 문제

선거관리위원회의 김 사무관은 총선을 대비하여 다음과 같은 다양한 투표방법을 조사하였다.

2004년 행정외무고시 자료해석

- ○ 단순다수투표 : 유권자가 한 명의 후보에게만 기표할 수 있고 최다득표자가 당선되는 방식
- ○ 결선투표 : 단순다수투표에서 과반수 득표자가 없을 경우 1, 2위 득표자를 놓고 다시 투표를 하는 방식
- ○ 찬성투표 : 좋아하는 후보가 몇 명이든 찬성표를 던지고 찬성표를 가장 많이 얻은 후보가 당선되는 방식
- ○ 선호투표 : 유권자가 모든 후보에게 순위를 매긴다. 그중 1순위만 집계하여 과반수 득표를 얻은 후보가 없는 경우 최하위 득표자를 탈락시키고, 탈락 후보를 1순위로 지지한 유권자의 2순위 지지표를 해당 득표자에게 나누어 주어 최종 과반수 득표자를 선출하는 방식
- ○ 점수투표 : 마음에 드는 후보일수록 높은 점수를 주고 합계 점수가 가장 높은 후보가 당선되는 방식

15명의 유권자로 구성된 선거구에 갑, 을, 병 세 명의 후보가 출마하였고, 이때 갑>을>병 후보 순으로 지지하는 유권자가 6명, 을>병>갑 후보 순으로 지지하는 유권자가 4명, 병>을>갑 후보 순으로 지지하는 유권자가 5명이었다. 각 투표 방식에 따른 당선자가 올바르지 않은 것은? (단, 유권자는 지지하는 순으로 투표를 한다.)

① 단순다수투표 방식을 이용하면 갑이 당선된다.
② 결선투표 방식으로 이용하면 병이 당선된다.
③ 찬성투표 방식으로 유권자가 2순위 지지자까지 찬성표를 던진다면 갑이 당선된다.
④ 선호투표 방식을 이용하면 병이 당선된다.
⑤ 점수투표 방식으로 유권자가 1순위에 3점, 2순위에 2점, 3순위에 1점을 준다면 을이 당선된다.

# 03

단순다수제와 결선제

다음 '상황'과 '가정'으로부터 추론한 것으로 옳은 것은? 제1회 2009 LEET 문35

〈상황〉

○ 총유권자가 60만 명인 어떤 나라에서 대통령 선출 방식으로 단순 다수제와 결선(투표)제를 두고 토론을 진행 중인데, 투표 방식이 결정되면 ○○일 후 대통령 선거가 실시된다.

○ 단순 다수제는 1회 투표에서 최다 득표자가 당선되는 방식이고, 결선제는 1차 투표에서 과반수 득표자가 없을 경우, 상위 1, 2위 득표자를 놓고 2차 투표를 실시하여 다득표자가 당선되는 방식이다. (각 투표 시 유권자는 1명에게만 기표한다.)

〈후보 선호도 및 연합의 가정〉

○ 후보 A~F가 출마할 경우, 4개 계층으로 나뉜 유권자의 선호도는 표와 같다. 투표율은 항상 100%이다.

| 계층 | 인원수 (만 명) | 순위 | | | |
|---|---|---|---|---|---|
| | | 1순위 | 2순위 | …… | 6순위 |
| 1계층 | 10 | F | D | …… | A |
| 2계층 | 26 | C | B | …… | F |
| 3계층 | 18 | D | E | …… | F |
| 4계층 | 6 | A | D | …… | F |

○ 단순 다수제나 결선제 1차 투표에서 후보 간 연합이 이루어질 경우, 유권자의 후보에 대한 충성도가 높아 각 후보 지지자는 연합 후보를 100% 지지한다.

○ 결선제 1차 투표에서 후보 연합을 통해서도 당선자를 결정하지 못할 경우, 2차 투표에서 후보들이 연합을 하더라도 유권자는 이를 고려하지 않고 선호도 표의 순위에 따라 투표한다. 예를 들면 4계층은 A가 후보에서 탈락되면 D를 선택하는 방식이다.

○ 투표 전 이루어진 연합이 선거에서 최종 승리할 경우, 이 승리 연합은 연합 정부를 구성한다.

① 결선제를 채택하면 C-A 연합 정부는 나타날 수 없다.

② 단순 다수제나 결선제 중 어느 것을 채택하든 D-F 연합 정부가 나타날 수 있다.

③ 결선제 1차 투표에서 당선자를 결정하지 못할 경우 D-F-A 연합 정부가 탄생할 수밖에 없다.

④ 단순 다수제에서 D, A, B가 연합하고 F와 C는 독자 출마한 채 투표가 실시되는 경우, D-A-B 연합 정부가 나타날 수 있다.

⑤ 결선제를 채택하면 이번 선거에서 2차 투표를 실시할 수밖에 없을 것이고, 또한 이로 인해 단순 다수제보다 선거 비용이 증대될 것이다.

## 3 토너먼트 형태의 투표방식



정부는 공기업 지방 이전을 추진하면서, 갑, 을, 병 3개 도시에 이전되는 공기업의 수를 달리하는 네 개의 안을 아래의 〈표〉와 같이 마련하였다. 각 도시의 대표자들은 비교되는 두 안 중 자신의 도시에 더 많은 공기업을 이전하는 안에 투표한다고 가정한다. 다만, 두 안의 비교 시 자신의 도시로 이전할 공기업 수가 동일한 경우, 공기업이 여러 도시로 분산되는 안에 투표한다. 〈결정방식〉이 다음과 같을 때, 보기 중 올바른 것을 모두 고르면?

2006년 행정외무고시

〈표〉 도시별 공기업 배치안

| 대안 / 도시 | A안 | B안 | C안 | D안 |
|---|---|---|---|---|
| 갑 | 2개 | 3개 | 0개 | 1개 |
| 을 | 2개 | 0개 | 0개 | 1개 |
| 병 | 0개 | 1개 | 4개 | 2개 |

〈결정방식〉

가. 투표는 다음 예시와 같은 방식으로 이루어진다.

| 예시 | 투표의 순서가 CDAB라면, 먼저 C와 D를 비교하여 선택된 안을 다시 A와 비교하고 여기서 선택된 안을 B와 비교하여 최종안을 선택한다.

나. 각 단계의 투표에서는 다수 도시의 표를 얻은 안이 선택된다.

보기

ㄱ. 투표 순서가 BADC로 정해진다면 갑이 공기업을 유치하는 데 가장 유리하다.

ㄴ. 병이 4개의 공기업을 모두 유치할 수 있는 투표 순서는 전혀 없다.

ㄷ. 투표 순서를 CDAB로 하는 것보다 CDBA로 하는 것이 갑에게 더 유리하다.

ㄹ. 투표 순서를 ACBD또는 DBCA로 하면 갑과 을이 최소 1개 이상의 공기업을 유치할 수 있다.

① ㄱ, ㄴ　② ㄱ, ㄷ　③ ㄴ, ㄷ
④ ㄴ, ㄹ　⑤ ㄷ, ㄹ

## 4 특수 형태의 투표방식

**05**
중위투표모형

다음에서 추론한 것으로 옳은 것만을 보기 에서 있는 대로 고른 것은? 제8회 2016 LEET 문24

유권자들이 오로지 후보자의 정치성향만을 고려하여 투표한다고 가정할 때, 다음과 같은 한 지역구의 선거 상황을 생각해 보자.

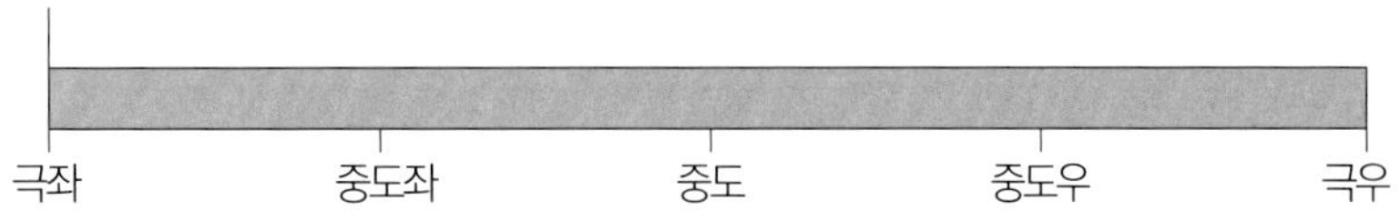


이 지역구에는 매우 많은 유권자가 존재하는데, 정치성향에 따른 이들의 분포는 위의 그림과 같다. 즉 이 지역구의 유권자들은 극좌에서 극우까지 연속적으로 동일한 비율로 균등하게 분포되어 있다. 후보자들은 위에 제시된 5가지의 정치성향 중 하나만을 선택하여 공표할 수 있고, 유권자는 자신의 정치성향과 가장 가까운 정치성향을 공표한 후보자에게 투표한다. 극좌, 중도좌, 중도, 중도우, 극우 간의 간격은 동일하고, 동일한 정치성향을 선택한 후보자가 둘 이상이면 해당 득표를 균등하게 나누어 갖는다. 가령 두 후보자 A, B가 출마하고 A는 '중도좌', B는 '극우'를 선택한다면, A는 5/8를 득표하고 B는 3/8을 득표하게 된다. 당선 결과는 가장 많은 표를 얻는 후보자가 당선되는 다수결 원칙으로 결정되며, 최다 득표자가 둘 이상이면 임의로 승자를 결정한다.

그런데 각 후보자는 하나의 정치성향을 반드시 공표해야 하며, 다른 후보자의 선택에 대응하여 자신의 당선 가능성을 극대화하는 방향으로 자신의 정치성향을 바꾼다고 하자. 가령 앞의 예에서 B는 자신의 성향을 '중도'로 바꿈으로써 자신의 득표를 3/8에서 5/8로 바꾸어 당선 가능성을 극대화할 수 있다. 만약 정치성향의 변경이 당선 가능성에 변화를 가져오지 않는다면 더 이상 정치성향을 바꾸지 않는다. 모든 후보자가 더 이상 자신의 정치성향을 변경할 유인이 없어지면 균형에 이르렀다고 한다.

보기

ㄱ. 후보자가 2명인 경우, 두 후보자 모두 '중도'를 선택하는 것이 균형이다.
ㄴ. 후보자가 3명인 경우, 균형에서 각 후보자의 당선 가능성은 모두 같다.
ㄷ. 후보자가 4명인 경우, 균형에서 모든 후보자가 같은 정치성향을 선택한다.

① ㄱ ② ㄷ ③ ㄱ, ㄴ
④ ㄱ, ㄷ ⑤ ㄴ, ㄷ

# 06

전략적 투표

다음 글로부터 추론한 것으로 옳은 것만을 보기 에서 있는 대로 고른 것은? 제9회 2017 LEET 문29

세 명의 위원 갑, 을, 병으로 구성된 위원회에서 세 명의 후보 a1, a2, b 중 한 사람을 선발하는 상황을 고려해 보자. a1과 a2는 동일한 A당(黨)에 속한 사람이고, b는 다른 B당 사람이다. 각 위원의 후보에 대한 선호는 다음과 같이 알려져 있다. (예를 들어, a1 〉 b는 a1을 b보다 선호한다는 의미다.)

| 위원 | 선호 |
|---|---|
| 갑 | a1 〉 a2 〉 b |
| 을 | a2 〉 a1 〉 b |
| 병 | b 〉 a1 〉 a2 |

위원회의 결정은 다수결 투표에 따른다. 각 위원은 자신의 선호에 따라 정직하게 투표에 임할 수도 있고, 전략적으로 투표에 임할 수도 있다. 전략적 투표란 자신이 더 선호하는 후보가 선발되게 만들기 위해 정직하지 않게 투표를 하는 행위다. 예를 들어, 위원 갑이 a1이 최종 선발될 가능성이 없다고 판단하여 자신이 가장 싫어하는 b가 당선되는 경우를 막기 위해 a2에게 투표하는 것이 이에 해당한다.

보기

ㄱ. 1차 투표에서 후보 세 명을 대상으로 투표한 후 만약 승자가 없다면 갑이 최종 결정한다고 하자. 이 경우 전략적 투표를 허용하더라도 정직하게 투표한 결과와 같다.

ㄴ. A당의 두 후보 중 한 사람을 1차 선발하고, 그 승자를 b와 결선하여 최종 승자를 결정하는 방식을 고려하자. 이 경우 위원 을은 전략적 투표를 할 유인이 있다.

ㄷ. A당과 B당 중 하나를 1차 투표로 결정하고, 만약 A당이 선택되면 a1과 a2의 결선의 승자를, 만약 B당이 선택되면 b를 최종 승자로 결정하는 방식을 고려하자. 이 경우 전략적 투표를 허용하면 b가 선발될 것이다.

① ㄱ ② ㄷ ③ ㄱ, ㄴ

④ ㄴ, ㄷ ⑤ ㄱ, ㄴ, ㄷ

# CHAPTER 4

# 게임이론 및 이산수학 2

| 최적결정을 위한 분석기법 |

본 장에서는 이산수학의 구체화된 학습내용으로서 중요 분석기법들과 경우의 수, 순열과 조합, 확률 등을 학습하도록 한다.

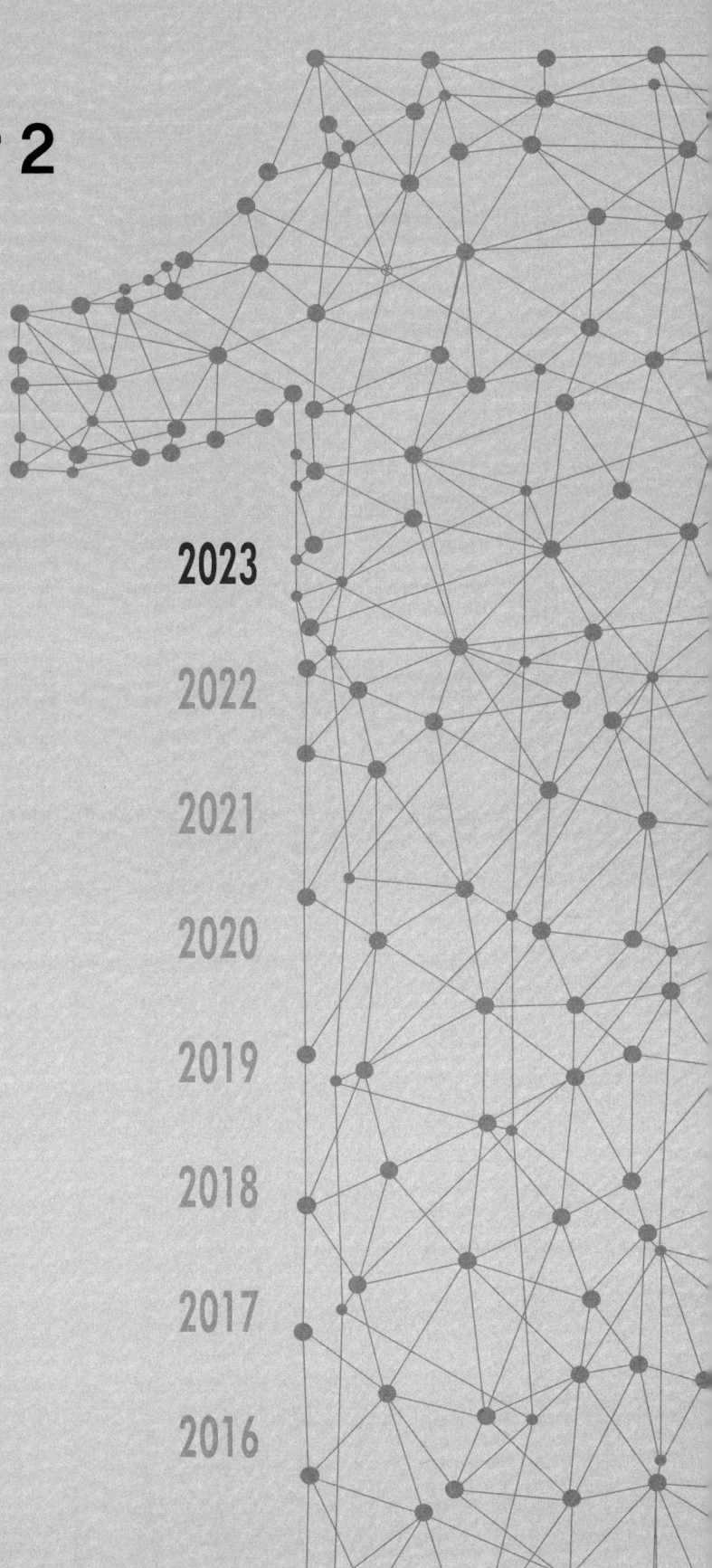

2023

2022

2021

2020

2019

2018

2017

2016

# Ⅰ. 각종 분석기법과 확률

## 1 최적화 결정을 위한 분석기법의 종류

분석기법은 크게 양적분석기법과 질적분석기법으로 분류할 수 있다.[10)]

### (1) 양적 분석 기법

| | |
|---|---|
| **선형계획법** | 주어진 자원의 제약과 한계 내에서 목표를 만족시키는 최선의 대안을 선택하는 방법(제약조건과 목적함수) |
| **네트워크 모형** | 각 지점을 연결하는 가장 빠르고 적은 비용이 드는 경로를 발견하는 모형(접합점, 연결선 또는 가지, 네트워크 도표) |
| **PERT와 CPM** | PERT(Program Evaluation Review Technique) CPM(Critical Path Method) |
| **비용과 손익분기점 분석** | 전체 수입과 전체 지출이 똑같은 상태, 즉 이윤이 0이 되는 경우(균형예산) |
| **비용편익분석** | 여러 대안의 비용과 편익을 계산하여 비교한 후 최적대안을 선택하는 방법 |
| **의사결정이론** | 수집 가능한 정보로서 대안의 결과를 예측하고 최선의 선택을 할 수 있게 도와주는 기법 |
| **의사결정나무** | 연속적인 의사결정을 도표로 나타내는 기법 |
| **시뮬레이션** | 실제 상황과 똑같은 체계 내지는 실험장치를 만들어 경험을 해 보는 것 |
| **게임이론** | 참여자, 정보, 전략 또는 대안, 성과, 전략기준 |
| **예측기법** | 양적예측(인과예측과 시계열예측), 질적예측(합의배심원과 델파이) |

10) 자료 : 정철현, 행정의사결정론, 2001

### (2) 질적 분석 기법

| | |
|---|---|
| **발표 관리** | 문제의 확인과 해결과정에 관한 연구/ 발표준비와 발표 후의 평가를 포함 |
| **막대그래프**<br>**파이 도표** | ▶ 자료를 시각적으로 보여주어 데이터들의 차이와 비교가 가능<br>▶ 각 항목이 전체의 어느 정도를 차지하는가의 비율을 보여준다. |
| **파레토 도표** | 중요한 원인은 막대그래프로 그린 다음 누적 꺾은선 그래프를 그려 작성 |
| **브레인스토밍과**<br>**명목집단기법** | ▶ 문제 해결을 위한 아이디어 창출기법<br>▶ 해결책의 우선순위를 부여, 합의 도출(투표) |
| **우선순위 도표** | 문제의 중요성에 대해 합의 |
| **원인결과 도표** | ▶ 문제(결과)에 대한 원인들을 파악, 생선뼈도표(Fish-bone diagram)<br>▶ 가능한 모든 원인들을 탐색, 원인의 근원, 사소한 원인도 포함 |
| **설문조사** | 정부의 잠재적 고객인 주민요구의 조사 필요 |
| **흐름 도표** | ▶ 업무의 흐름을 쉽게 그림으로 나타낸 것<br>▶ 작업의 순서, 예상업무, 담당자, 전체과정에 대한 이해 |
| **운영 도표** | ▶ 사업 활동을 통제하고 조정하는데 사용<br>▶ 경향도표(trend charts) : 특정시기의 자료형태나 경향을 보여줌 |
| **관찰 도표** | 행정업무가 어떻게 진행되고 있는지를 관찰하는 도구 |
| **이정표 도표** | 사업의 진척에 대한 그래픽 설명 |
| **영향력 분석** | ▶ 행정업무의 수행에 있어 긍정적인 힘과 부정적인 힘을 파악<br>▶ 영향력의 목록 + 영향력에 가중치 부여<br>▶ 문제점 분석과 해결책 제시, 우선순위 결정 |
| **문제해결전략**<br>**매트릭스** | ▶ 문제 해결에 필요한 자원, 소요되는 비용, 집행의 어려움 등을 고려하는 체계적인 방법<br>▶ 평가기준의 설정으로 문제 해결방안의 우선순위 결정<br>▶ 문제 해결방안에 다른 의견이 존재할 때, 이를 비교평가 |
| **변화전략** | ▶ 변화에 대한 조직 구성원의 반발을 무마할 수 있는 변화전략이 필요<br>▶ 업무과정의 개선과 계획변경 시 야기되는 여러 문제 해결을 위한 전략 |

# 2 비용편익분석

## (1) 비용편익분석의 의의와 절차

▎비용편익의 절차 ▎

| 절차 | 내용 |
|---|---|
| 문제구조화 | 목적, 목표, 대안, 대상집단, 비용, 편익의 경계를 규정한다. |
| 목표의 구체화 | 일반적인 목표를 직접적, 간접적으로 측정 가능한 구체적 목표로 전환한다. |
| 대안의 구체화 | 문제구조화 단계에서 규정된 잠재적 해결 방안들 중에서 가장 타당한 것으로 보이는 정책 대안을 선정한다. |
| 정보탐색, 분석 및 해석 | 구체화된 정책대안이 가져올 결과를 예측하는 데 필요한 정보를 수집, 분석한다. |
| 대상집단과 수혜집단의 식별 | 정책대안에 의해 혜택을 받는 집단과 손해를 받는 집단을 모두 나열한다. |
| 비용과 편익의 추정 | 각 정책대안이 가져올 모든 종류의 구체적 비용과 편익을 화폐가치로 추정한다. |
| 비용과 편익의 할인 | 미래에 발생할 편익과 비용을 현재가치로 환산한다. |
| 위험과 불확실성의 추정 | 편익과 비용이 미래 시점에서 발생할 확률을 추정하기 위해 민감도 분석과 보강 조건 분석을 사용한다. |
| 결정기준의 선택 | 파레토개선, 순능률 개선, 재분배의 개선, 내부수익률, 순현재가치 등 최적대안의 선택에 사용될 기준을 선택한다. |
| 제안 | 대립적인 윤리적, 인과적 가설들을 고려하여 가장 타당성 높은 대안을 선택한다. |

자료 : 백현관, 공공정책의 제문제, 2004, p.248

## (2) 대안 선택 기준

① **비용변제기간(Pay-back period)** : 비용변제기간 기준에 따르면 사업의 총비용을 가장 짧은 기간에 변제할 수 있는 사업이 가장 우선적으로 선정된다.

② **순평균수익률(Net average rate of return)** : 순평균수익률이란 사업의 전기간에 걸쳐 발생하는 순편익의 합계를 사업기간 연수로 나눈 것을 의미한다.

③ **순현재가치(Net present value)** : NPV = (편익의 현재가치) - (비용의 현재가치)
0보다 크면 그 사업은 타당성 있는 사업이라 하여 채택할 수 있으며, 복수의 사업인 경우 순현재가치가 가장 큰 사업을 선택한다.

④ **비용 · 편익 비율(Benefit-cost ratio)** : B/C 비 = (편익의 현재가치)/(비용의 현재가치)
1보다 크면 그 사업은 타당성 있는 사업이라 하여 채택할 수 있으며, 복수의 사업인 경우 비용편익비율이 가장 큰 사업을 선택한다.

⑤ 내부수익률(Internal rate of return: IRR) : NPV = 0 이 되도록 하는 할인율
NPV가 0이 되도록 하는 할인율이 큰 대안을 선택한다.

### (3) 민감도분석

민감도분석(sensitive analysis)은 비용편익분석 또는 비용효과 분석의 결과가 비용이나 효과의 발생확률에 대한 가정의 변동에 대하여 얼마나 예민하게 변동하는가를 분석하는 기법이다.

## 3 PERT (Program Evaluation and ReviewTechnique) 분석

사업평가 및 검토기법(PERT: Program Evaluation and Review Technique)이란 특정 정책의 적극적 실현을 위해 1950년대의 후반에 미 해군에 의해서 개발된 작업단계의 장기적 계획화 기술이다.

### (1) 활동 정의 단계

활동은 독립된 작업단위에 의해서 독립적으로 수행되는 일로서 일의 성질을 고려하여 활동단위를 적정수준에서 정해주어야 한다. 이때 활동에는 선행활동과 후행활동이 있는바, 전자(선행활동)는 그 활동이 완료되어야만 특정 활동을 수행할 수 있게 되는 활동이고, 후자(후행활동)는 그 특정 활동(선행활동)이 완료된 이후에만 수행할 수 있는 활동을 의미한다.

### (2) 활동표의 작성

| 활동번호 | 활동이름 | 선행활동 | 후행활동 | 소요시간 |
|---|---|---|---|---|
| 1 | 1-2 | - | 2-5 | 2 |
| 2 | 1-3 | - | 3-4 | 2 |

### (3) PERT NETWORK 작성

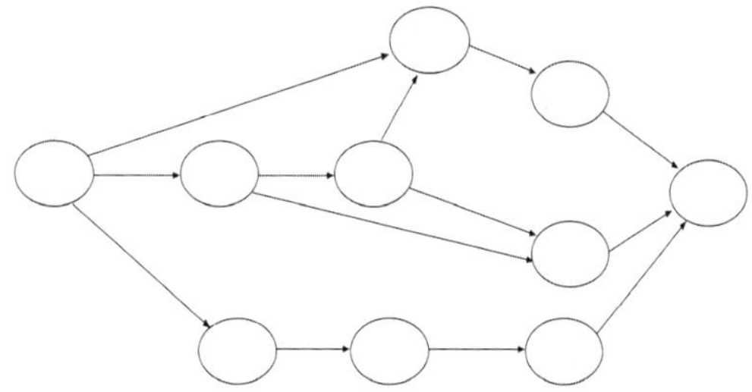

### (4) 준비일자 계산

- 아무리 빨라도 시간(earliest time) : '아무리 빨라도' 그 시간 이전에는 특정 활동을 시작할 수 없는 시간을 말한다. 이것은 특정 활동은 그 활동의 선행활동이 종료된 이후에만 시작할 수 있다는 조건 때문에 나타난다.
- 아무리 늦어도 시간(latest time) : 이것은 특정 활동이 '아무리 늦어도' 그 시간까지 작업을 시작해야 함을 나타낸다. 그 시간을 넘으면 전체준비일자가 그만큼 늦어지기 때문이다.

### (5) 중요한 활동(critical activity)과 중요한 흐름(critical path)의 계산 11)

여기서 '중요하다'라는 의미는 차질이 발생하면 예정행사를 마칠 수 없다는 의미이며, '중요한 흐름'은 중요한 활동을 연결한 활동의 집합이다. 먼저 중요한 활동을 계산하는 과정은 FINISH에서 시작하여 START로 향한다.

- 여유시간 = 아무리 늦어도 시간 - 아무리 빨라도 시간
- 중요한 활동 = 여유시간이 0 인 활동

| 활동이름 | 아무리 늦어도 시간 | 아무리 빨라도 시간 | 여유시간 |
|---|---|---|---|
| 1-2 | 0 | 0 | 0 |
| 1-3 | 24 | 0 | 24 |
| 1-7 | 14 | 0 | 14 |
| 2-5 | 2 | 2 | 0 |

여유시간이 0인 흐름인 1-2, 2-5가 중요한 활동으로 인식되므로 이들(1-2, 2-5)은 '중요한 흐름'이 된다. 이들에 속하는 준비활동은 예정일보다 하루라도 늦으면 행사일자가 그만큼 늦어진다는 것을 의미한다.

11) PERT/CPM(Critical Path Method)은 대규모 사업을 효과적으로 추진하기 위해 최소의 비용으로 최단 시간 내에 사업을 완성하는 계획을 수립하는 데 사용되는 기법이다. PERT와 CPM은 상호 유사한 분석기법이지만 각각 독자적으로 발전되어 왔다. 대체로 PERT는 소요시간이 불확실한 경우 사업의 순서를 정하는 데 주로 사용되고, CPM은 소요 시간이 확실한 경우에 최우선 작업과 전체 프로젝트의 최단 소요 시간을 추정하는 데 주로 사용된다.

# 4 경우의 수

### (1) 합의 법칙

두 사건 A, B가 동시에 일어나지 않을 때, 사건 A, B가 일어날 경우의 수를 각각 m, n 이라 하면

A 또는 B가 일어나는 경우의 수는 → m+n 가지

### (2) 곱의 법칙

두 사건 A, B에 대하여 사건 A, B가 일어나는 경우의 수를 각각 m, n 이라 하면

A, B가 잇달아 일어나는 경우의 수는 → m×n 가지

# 5 순열

### (1) 순열의 수와 $_{n}P_{r}$

서로 다른 n개의 원소에서 r개를 택하여 순서 있게 늘어놓는 것을 n개에서 r개 택한 순열(Permutation)이라 한다. 또, 이 순열의 수를 $_{n}P_{r}$ 로 나타내며 다음과 같이 계산한다.

$$_{n}P_{r} = \underbrace{n(n-1)(n-2)\times\cdots\times(n-r+1)}_{r\text{개}}$$

### (2) $_{n}P_{r}$의 변형식과 0!, $_{n}P_{0}$의 정의

① $_{n}P_{r} = n!/(n-r)!$ ② $0! = 1$ ③ $_{n}P_{0} = 1$

### (3) 중복순열의 수와 $_{n}\Pi_{r}$

서로 다른 n개의 원소에서 중복을 허락하여 r개를 택하여 일렬로 배열한 것을 n개에서 r개를 택한 중복순열이라 한다. 또, 이 중복순열의 수를 $_{n}\Pi_{r}$ 로 나타내며, 다음과 같이 계산한다.

$$_{n}\Pi_{r} = n^{r}$$

### (4) 같은 것을 포함한 경우의 순열

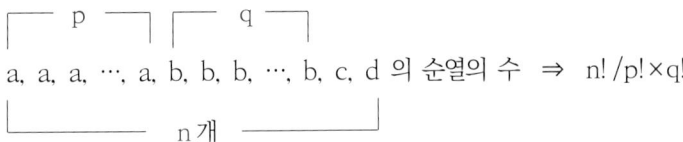

$\overbrace{a, a, a, \cdots, a}^{p}, \overbrace{b, b, b, \cdots, b}^{q}, c, d$ 의 순열의 수 ⇒ $n!/p!\times q!$

(전체 n개)

### (5) 원순열의 수

서로 다른 n개의 원소를 원형으로 배열하는 것을 원순열이라 한다.
서로 다른 n개의 원소를 원형으로 배열하는 방법의 수 ⇒ $(n-1)!$

## 6 조합

### (1) 조합의 수와 nCr

서로 다른 n개의 원소에서 순서를 생각하지 않고 r개를 택할 때, 이 r개로 이루어진 각각의 집합을 n개에서 r개 택한 조합(Combination)이라 하고, 이 조합의 수를 $_{n}C_{r}$로 나타낸다.

### (2) $_{n}C_{r}$의 계산공식과 $_{n}C_{0}$의 정의

① $_{n}C_{r} = {_{n}P_{r}} / r!$ , $_{n}C_{r} = n!/r!(n-r)!$ ② $_{n}C_{0} = 1$

ex) $_{5}C_{2} = 5\times4/2\times1 = 10$, $_{5}C_{3} = 5\times4\times3/3\times2\times1 = 10$

## 7 확률

### (1) 확률의 정의

어떤 시행에서 표본공간의 원소의 개수를 n(S)라 하고, 개개의 근원사건이 일어나는 것이 같은 정도로 확실할 때, 사건 A의 원소의 개수를 n(A)라 하면 사건 A가 일어날 확률 P(A)는

▶ P(A) = n(A) / n(S) = (A에 속하는 근원사건의 개수) / (근원사건의 총 개수)

이와 같이 정의된 확률을 특히 수학적 확률이라 한다.

### (2) 통계적 확률

같은 시행을 n번 반복하여 사건 A가 일어난 회수를 r이라 할 때, n을 충분히 크게 하면 상대도수 r/n 은 일정한 값 p에 가까워진다. 이 p를 사건 A가 일어날 통계적 확률 또는 경험적 확률이라 한다.

### (3) 기하학적 확률

연속적인 변량 a, b를 크기로 갖는 영역 A, B가 있어 점 P는 이 영역 A속의 어느 점이든 같은 정도로 잡을 수 있다고 하자. 이제 영역 B가 영역 A에 포함되어 있을 때, 영역 A에서 임의로 잡은 점 P가 영역 B에 속할 확률은 b/a 라 정한다.

곧, P(A) = (A가 일어나는 영역의 크기)/(일어날 수 있는 전 영역의 크기)

### (4) 확률의 덧셈정리

① 두 사건 A, B에 대하여

$P(A \cup B) = P(A) + P(B) - P(A \cap B)$

② 두 사건 A, B가 배반사건일 때, 곧 $A \cap B = \varnothing$일 때

$P(A \cup B) = P(A) + P(B)$

### (5) 조건부 확률

확률이 0이 아닌 두 사건 A, B에 대하여 사건 A가 일어났다고 가정했을 때 사건 B가 일어날 확률을 '사건 A가 일어났을 때의 사건 B의 조건부확률'이라 하고, P(B/A) 또는 PA(B)로 나타낸다.

$P(B/A) = P(A \cap B) / P(A)$ 단, $P(A) > 0$ 이 성립하며 다음 곱셈정리를 얻는다.

▶ $P(A) > 0$, $P(B) > 0$ 일 때

$P(A \cap B) = P(A) \cdot P(B/A) = P(B) \cdot P(A/B)$

# Ⅱ. 최적화 분석기법 및 경우의 수 문제의 유형별 학습

## 1 비용편익분석 문제

**01**
순현재가치와
편익비용비율

정부가 정책대안 X, Y, Z의 비용과 편익을 분석한 결과가 〈표〉에 제시되어 있다. 〈표〉에서 볼 수 있듯이, 정부는 고소득층과 저소득층의 비용과 편익을 구분하여 분석하고 있다. 정부는 '순현재값 (net present value)' 과 '편익비용비율 (benefit-cost ratio)' 등의 두 가지 기준을 사용하여 정책대안을 평가한다. 다음 설명 중 옳은 것은?

2007년 입법고시

| | 정책대안 X | | 정책대안 Y | | 정책대안 Z | |
|---|---|---|---|---|---|---|
| | 비용의 현재값 | 편익의 현재값 | 비용의 현재값 | 편익의 현재값 | 비용의 현재값 | 편익의 현재값 |
| 소득 상위 50% | 100 | 225 | 300 | 200 | 550 | 50 |
| 소득 하위 50% | 100 | 225 | 100 | 600 | 50 | 850 |
| 계 | 200 | 450 | 400 | 800 | 600 | 900 |

주) '순현재값(net present value)' : 현재의 가치로 환산한 편익과 비용의 차이(편익의 현재값-비용의 현재값)
'편익비용비율(benefit-cost ratio)' : 현재의 가치로 환산한 편익과 비용의 비율 (편익의 현재값/비용의 현재값)

① 소득 계층 구별 없이 전체를 고려할 경우 정책대안 X가 가장 큰 '순현재값'을 갖는 정책대안이다.
② 소득 계층 구별 없이 전체를 고려할 경우 정책대안 Y가 '순현재값'과 '편익비용비율' 등 두 가지 기준에서 모두 가장 적절한 정책대안이다.
③ 소득 하위 50% 계층의 입장에서 본다면 정책대안 Y가 가장 큰 '편익비용비율'을 갖는 정책대안이다.
④ 소득 상위 50% 계층의 입장에서 본다면 정책대안 Z가 가장 큰 '순현재값'을 갖는 정책대안이다.
⑤ 소득 하위 50% 계층의 입장에서 본다면 정책대안 Z가 '순현재값'과 '편익비용비율' 등 두 가지 기준에서 모두 가장 적절한 정책대안이다.

# 02

기대순편익

L 사무관은 저소득층의 노후소득 보장을 위해 세 가지 정책방안을 마련하여 최종적으로 하나의 방안을 국회에 제출하고자 한다. 국회 제출 후, 입법화될 경우와 입법화되지 못할 경우의 비용과 편익을 검토한 결과는 다음 〈표〉와 같았다. 보기 중 L 사무관이 취할 행동으로 적절한 것을 모두 고르면? 2007년 입법고시

〈표〉 각 방안의 채택 확률 및 비용과 편익

| 구분 | 입법여부 | 확 률 | 편 익 | 비 용 |
|---|---|---|---|---|
| 방안 A | 입법(가결) | 0.7 | 300 | 200 |
| | 비입법(부결) | 0.3 | 200 | 200 |
| 방안 B | 입법(가결) | 0.5 | 400 | 300 |
| | 비입법(부결) | 0.5 | 100 | 200 |
| 방안 C | 입법(가결) | 0.3 | 500 | 400 |
| | 비입법(부결) | 0.7 | 300 | 100 |

주 : 순편익 = 편익 − 비용   기대순편익 = Σ(확률×순편익)

보기

ㄱ. 기대순편익에 의거해 판단한다면 C 방안을 가장 선호하고 다음으로 A 방안, 끝으로 B 방안 순일 것이다.

ㄴ. 저소득층 노인의 소득보장이 매우 시급하여 제도의 시급한 도입을 방안 선택의 기준으로 한다면 A 방안을 제출할 것이다.

ㄷ. 입법화될 경우에 발생할 편익만을 고려한다면 B 방안을 가장 우선적으로 제출하고자 할 것이다.

ㄹ. 입법화되지 못할 경우의 순편익에 의거해 판단한다면 C 방안보다는 B 방안을 제출할 것이다.

① ㄱ, ㄴ　② ㄱ, ㄷ　③ ㄴ, ㄷ

④ ㄴ, ㄹ　⑤ ㄷ, ㄹ

## 2 최소시간(비용, 인원 등) 추론문제

**03**
최소시간 추론

〈그림〉의 라우터에서 입력포트에 대기 중인 패킷들이 모두 출력포트로 전달되는 데 걸리는 최소 시간은?

제8회 2016 LEET 문35

라우터는 입력포트로 들어오는 패킷을 목적지 방향에 연결된 출력포트로 전달하는 역할을 한다. 〈그림〉의 라우터는 어떤 패킷이 입력포트 A, B, C, D 중 하나로 들어와서 X, Y, Z 출력포트 중 하나로 나가는 구조를 가지고 있다. 입력포트 A, B, C, D에는 각각 4개의 패킷이 도착해 있고, 각각의 패킷은 자신의 출력포트인 X, Y, Z로 나가기 위해 대기 중이다.

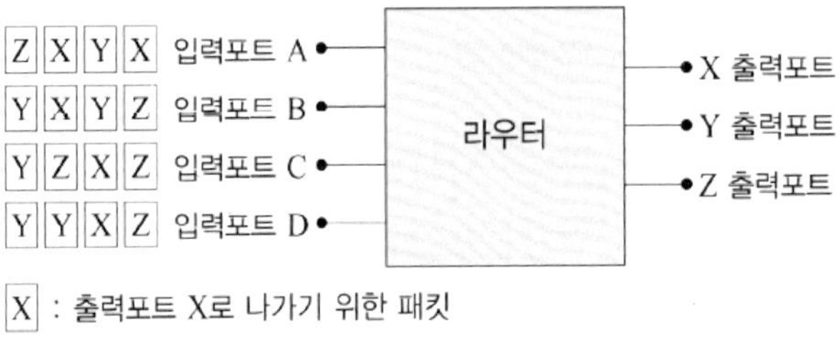


〈그림〉

라우터는 출력포트만 겹치지 않으면 서로 다른 입력포트에서 서로 다른 출력포트로 동시에 패킷을 전달할 수 있다. 예를 들어, 〈그림〉에서 입력포트 A, B의 첫 번째 패킷은 출력포트가 각각 X, Z이므로 동시에 전달될 수 있다. 그러나 입력포트 B, C, D의 첫 번째 패킷과 같이 출력포트가 같으면 동시에 전달되지 못하고 이들 중 하나만 무작위로 선택되어 출력포트로 전달되고 나머지 두 패킷은 앞선 패킷의 출력이 완료될 때까지 기다려야 한다. 그리고 한 입력 포트에 대기 중인 패킷들은 입력포트에 들어온 순서에 따라 출력포트로 전달된다. 모든 패킷의 길이는 동일하고, 입력포트에 있는 하나의 패킷이 출력포트로 전달되는 데 걸리는 시간은 1 ms(1/1000초)이다.

① 9 ms ② 8 ms ③ 7 ms
④ 6 ms ⑤ 5 ms

## 3 경우의 수

**04**
공통지식

상자 A, B, C에 금화 13개가 나뉘어 들어 있다. 금화는 상자 A에 가장 적게 있고, 상자 C에 가장 많이 있다. 각 상자에는 금화가 하나 이상 있으며, 개수는 서로 다르다. 이 사실을 알고 있는 갑, 을, 병이 아래와 같은 순서로 각 상자를 열어 본 후 말하였다. 이들의 말이 모두 참일 때 상자 A와 C에 있는 금화의 총 개수는?
제4회 2012 LEET 문30

> 갑이 상자 A를 열어 본 후 말하였다.
> "B와 C에 금화가 각각 몇 개 있는지 알 수 없어."
>
> 을은 갑의 말을 듣고 상자 C를 열어 본 후 말하였다.
> "A와 B에 금화가 각각 몇 개 있는지 알 수 없어."
>
> 병은 갑과 을의 말을 듣고 상자 B를 열어 본 후 말하였다.
> "A와 C에 금화가 각각 몇 개 있는지 알 수 없어."

① 10 ② 9 ③ 8
④ 7 ⑤ 6

다음으로부터 바르게 추론한 것만을 보기 에서 있는 대로 고른 것은? 제5회 2013 LEET 문16

4개의 부서 A, B, C, D의 업무 역량을 평가하기 위해서 두 부서끼리 빠짐없이 한 번씩 서로 비교하려 한다. 이 업무 역량 평가는 매 평가마다 서로 다른 요인을 평가하기 때문에 평가 결과끼리는 서로 영향을 주지 않는다. 예를 들어, A가 B보다 우월하고 B가 C보다 우월하더라도 A가 C보다 반드시 우월하다고 할 수 없다. 두 부서의 업무 역량에 우열이 드러나면, 업무 역량이 더 나은 부서에 5점, 상대 부서에 0점을 부여한다. 두 부서의 업무 역량이 서로 동등하다고 평가되면, 두 부서 모두에 2점씩 부여한다. 평가 결과는 다음과 같았다.

A : 7점
B : 7점
C : 4점
D : 10점

보기

ㄱ. A와 C의 비교에서 두 부서는 동등하다고 평가되었다.
ㄴ. B와 D의 비교에서 B가 더 나은 평가를 받았다.
ㄷ. A와 B의 비교에서 A가 더 나은 평가를 받았다는 정보를 추가하면 우열 관계에 대한 나머지 모든 결과를 알 수 있다.

① ㄱ ② ㄴ ③ ㄱ, ㄷ
④ ㄴ, ㄷ ⑤ ㄱ, ㄴ, ㄷ

## 06

〈성적 산출 기준〉으로부터 추론한 것으로 옳지 않은 것은? 제12회 2020 LEET 문31

어떤 교수가 수업 시간에 문제1과 문제2의 두 문제로 구성된 쪽지 시험을 실시하고 그 채점 결과로 성적을 산출한다. 각 문제의 채점 결과는 정답, 오답, 무답 중 하나만 가능하다. 정답, 오답, 무답에 따른 다음의 〈성적 산출 기준〉을 반영하여 각 학생에게 A, B, C, D 중 하나의 성적을 부여하고자 한다.

〈성적 산출 기준〉

○ 문제1과 문제2의 채점 결과가 모두 정답이면 A를 부여한다.

○ 문제1의 채점 결과가 정답이 아니고 문제2의 채점 결과도 정답이 아닌 경우 D를 부여한다. 단, 이때 문제1과 문제2의 채점 결과 중 적어도 하나가 무답이 아니면 풀이 내용에 따라 C를 부여할 수도 있다.

① 甲이 C를 받을 가능성이 없다면 B를 받을 수 없다.
② 乙이 두 문제 모두 무답으로 제출한 경우 반드시 D를 받는다.
③ 丙이 B를 받았다면 두 문제의 채점 결과 중 반드시 어느 한 쪽이 정답이어야 한다.
④ 丁의 답안지에서 문제1의 채점 결과가 오답, 문제2의 채점 결과가 정답이면 C를 받을 수 없다.
⑤ 戊가 문제2를 무답으로 제출한 경우, 문제1의 채점 결과가 정답이 아닌 한 B를 받을 수 없다.

# 4 최적 의사결정

## 07 확률적 의사결정

〈사례〉에 대해 추론한 것으로 옳은 것만을 [보기] 에서 있는 대로 고른 것은? 제8회 2016 LEET 문30

우리는 미래에 일어날 사건의 확률을 결정하기 위해 관련된 여러 정보를 이용한다. 그럼 어떤 정보도 없는 경우에는 어떻게 확률을 결정해야 하는가?

갑 : 동전에 대한 아무 정보도 없다면, 그 동전을 던졌을 때 앞면이 나온다는 것을 더 믿을 이유가 없고, 뒷면이 나온다는 것을 더 믿을 이유도 없다. 따라서 우리는 앞면이 나온다는 것과 뒷면이 나온다는 것이 동일한 확률 0.5를 가진다고 생각해야 한다.

을 : 그렇지 않다. 동전이 어느 쪽으로도 편향되지 않았다는 정보를 획득한 경우를 생각해 보자. 이 경우, 누구나 인정하듯이, 앞면이 나온다는 것의 확률은 0.5여야 한다. 이에, 당신의 입장은 편향되지 않았다는 정보가 있는 경우와 그렇지 않은 경우를 구분하지 못한다. 편향되지 않았다는 정보를 가지고 있을 때와 달리, 그런 정보가 없을 때는 앞면이 나올 확률의 최솟값은 0이고 최댓값은 1이라고만 말할 수 있을 뿐이다.

〈사례〉

구슬 100개가 잘 섞여 있는 항아리가 있다. 각 구슬들의 색깔은 붉거나, 희거나, 검으며, 각 구슬들의 재질은 나무이거나 금속이다. “붉은색 구슬은 모두 50개다.”라는 정보는 주어졌지만, 다른 색 구슬의 개수에 대한 정보는 주어지지 않았다. 그리고 “나무로 된 흰색 구슬의 개수와 금속으로 된 흰색 구슬의 개수는 같다.”라는 정보는 주어졌지만, 다른 구슬에 대해서는 이런 정보가 주어지지 않았다. 이제 이 항아리에서 무작위로 구슬을 하나 뽑을 것이다.

보기

ㄱ. 나무로 된 흰색 구슬이 뽑힐 확률에 대해서 갑과 을은 동일한 값을 부여할 것이다.
ㄴ. 붉은색 구슬이 뽑힐 확률이 흰색이 아닌 구슬이 뽑힐 확률보다 크지 않다는 것에 대해서 갑과 을은 동의할 것이다.
ㄷ. 나무로 된 구슬은 모두 흰색이라는 정보가 주어진다면, 흰색 구슬이 뽑힐 확률이 검은색 구슬이 뽑힐 확률보다 작지 않다는 것에 대해서 갑과 을은 동의할 것이다.

① ㄱ ② ㄴ ③ ㄱ, ㄴ
④ ㄱ, ㄷ ⑤ ㄴ, ㄷ

# CHAPTER 5
## 표·그래프·다이어그램

본 장에서는 표나 그래프, 다이어그램 등으로부터
정보를 추출하는 문제들을 살펴본다.
특히 PSAT 자료해석 영역의 평가항목들을 개괄적으로
살펴봄으로써 세부 유형들을 구체화하도록 한다.

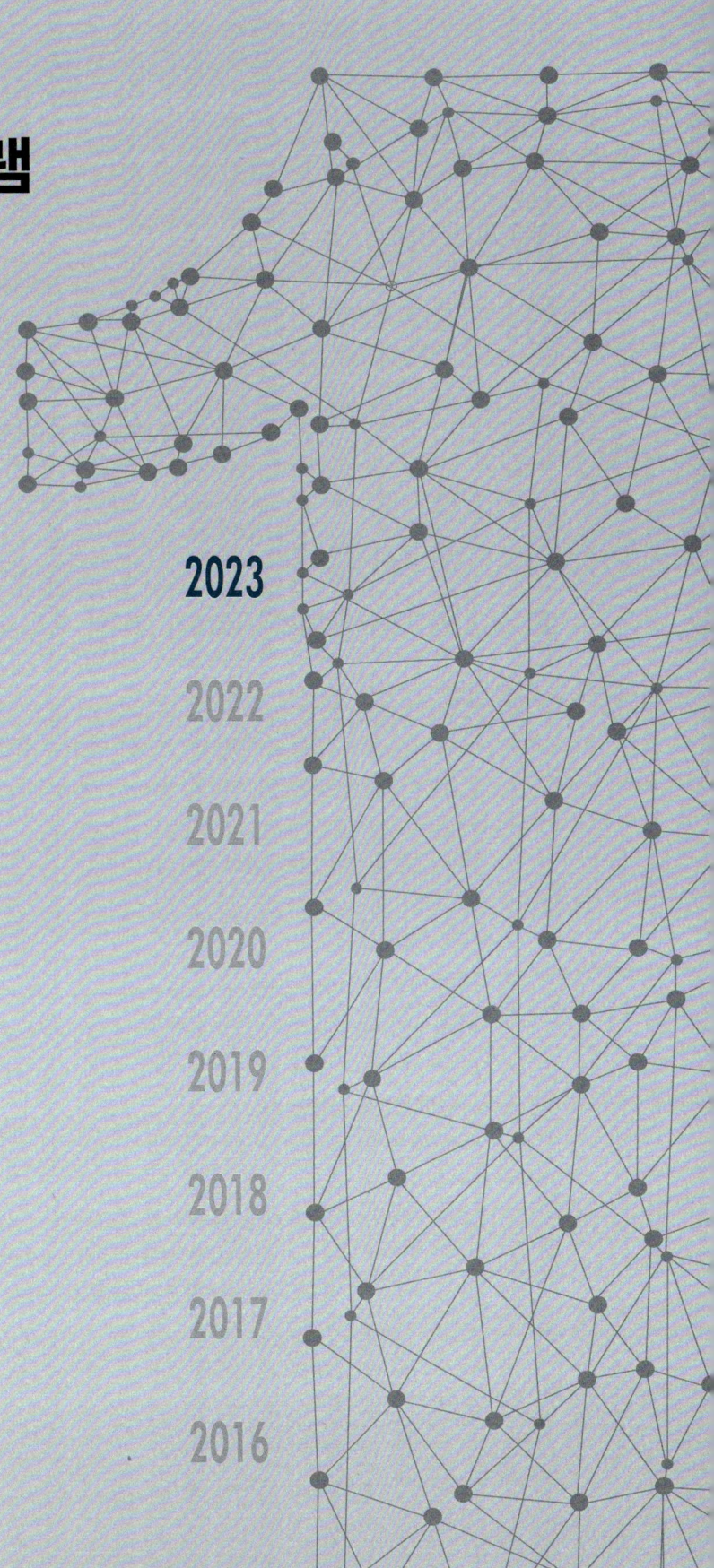

2023
2022
2021
2020
2019
2018
2017
2016

# Ⅰ. 자료해석형 수리추리 개관

## 1 자료와 정보

자료(data)는 연구나 조사의 바탕이 되는 재료로 수, 영상, 단어 등을 의미한다. 수리추리에서는 표나 그래프, 다이어그램 등의 형태로 자료가 주어진다. 자료의 영어 표기 data는 단어 datum의 복수형인데 datum은 표면상의 가치를 의미한다. 부분적인 측정과 변수에 대한 관찰을 종합한 것이다. 자료를 의미 있게 정리한 것을 정보(information)라고 한다.

수리추리의 네 번째 하위 범주는 표나 그래프, 다이어그램 등으로 주어진 자료에서 필요한 정보를 추출, 추리하는 문제유형이다. 이것은 PSAT(공직적격성평가) 자료해석 영역의 한 부분으로 볼 수 있다. 따라서 PSAT 자료해석 영역 고찰을 통해 학습내용을 구체화하도록 한다.

## 2 PSAT(공직적격성평가) 자료해석 영역의 주요 내용 12)

### (1) 정의

자료해석 영역에서는 수치자료의 정리와 이해, 처리와 응용계산, 분석과 정보추출 등의 능력을 측정한다. 자료해석 능력은 일반적 학습능력에 속하는 것으로 수치, 도표, 또는 그림으로 되어있는 자료를 정리할 수 있는 기초통계능력, 수 처리능력, 수학적 추리력 등이 포함되며 수치 자료의 정리 및 분석 등의 업무수행에 필수적인 능력이다.

### (2) 문항 구성의 소재

자료해석 영역에서 출제될 수 있는 문항의 소재는 분야가 제한되어 있지 않다. 따라서 모든 분야에서 사용되는 자료들이 출제의 대상이 될 수 있다. 이러한 분야는 경제, 경영, 심리, 교육학과 같은 사회과학으로부터 물리, 화학, 생물, 천문학과 같은 자연과학의 분야뿐만 아니라 한국사 그리고 시사적 자료까지 다양한 소재가 사용될 수 있다.

자료해석 영역에서는 다양한 분야의 지표(GDP, 기업재고, 실업급여 청구율, 시청률 등) 또는 지수(주가지수, 지능지수, 소비자 평가지수 등)를 이용하여 문제가 출제될 수 있으며 통계치(빈도, 백분율, 상관계수 등)를 이용한 문제 역시 출제될 수 있다. 그러나 지수나 지표 혹은 통계치, 그 자체의 개념이나 정의를 직접 묻는 문제나 혹은 그 개념을 미리 알고 있어야만 답을 할 수 있는 문제는 출제되지 않는다. 이러한 자료들의 출처는 대표적으로 다음과 같은 곳이다.

12) 중앙인사위원회, 공직적격성평가준비안내서, 2007, pp.18~23.

- 정부(외국정부)에서 발표하는 통계표 및 도표
- 국제기구에서 발표하는 통계표 및 도표
- 비정부기구(NGO)에서 발표되는 통계표 및 도표
- 신문이나 방송에 보도되는 조사 결과 및 도표
- 다양한 분야의 연구보고서 및 논문에서 발표되는 자료 및 도표
- 출제자가 문제를 위하여 구성한 가상적 자료

### (3) 평가항목의 주요 내용

| 평가항목 | 측정 내용 |
|---|---|
| 이 해 | • 제시된 표 또는 그래프가 가진 의미를 다른 별도의 내용과 관련짓지 않고 직접 읽어낼 수 있는 능력을 말한다.<br>• 예를 들어 표 또는 그래프를 보고 이것의 의미를 말로 바꾸어 표현할 수 있는 능력을 말한다. |
| 적 용 | • 주어진 개념이나 방법, 절차, 원리, 법칙 그리고 일반화된 방법 등을 주어진 장면이나 구체적 장면에 맞추어 사용할 수 있는 능력을 말한다.<br>• 법칙과 원리를 적용하는 문제, 도표나 그래프를 작성하는 문제, 자료수집의 방법과 절차를 바르게 사용하는 문제 등이 여기에 속한다. |
| 분 석 | • 주어진 자료를 구성요소로 분해하고 그 구성요소간의 관계와 그것이 조직되어 있는 원리를 발견하는 능력을 말한다. 또한 자료에 나타난 외적 현상 밑에 잠재되어 있는 아이디어 혹은 조직원리 등을 찾아내는 능력이다.<br>• 자료에서 가설과 증거사이의 관계, 부분과 부분사이의 관계, 결론을 지지하는 증거를 찾아내는 능력, 관계있는 자료와 관계없는 자료를 식별하는 능력 등이 분석력에 해당된다. |
| 종합평가 | • 여러 개의 요소나 부분을 결합하여 하나의 새로운 전체를 구성하는 능력 및 주어진 결론을 도출하기 위한 절차를 판단하고, 자료를 통합하여 주장하는 바를 검증하는 능력이 여기에 포함된다.<br>• 주어진 기준에 비추어 자료에서 얻어진 주장이나 결론 자체를 평가할 뿐만 아니라 그러한 주장이나 결론이 도출되는 과정 역시 평가하게 된다. |

※ 이해와 분석 부분이 본 장과 관련이 높다고 할 수 있다.

# Ⅱ. 자료해석형 수리추리 문제의 유형별 학습

## 1 〈표〉의 분석 및 추론

**01**
농산물 안전 관리 제도

다음 글에 비추어 〈표〉를 바르게 해석한 것만을 보기 에서 있는 대로 고른 것은? 제5회 2013 LEET 문27

K국에는 농산물 안전 관리를 위해 우수인증, 저농약인증, 유기농인증 제도가 있다. 우수인증은 농약, 중금속 등 위해 요소들이 기준치를 넘지 않게 관리한 농산물에, 저농약인증은 농약과 화학비료를 기준치의 절반 이하로 사용한 농산물에, 유기농인증은 농약과 화학비료를 전혀 쓰지 않은 농산물에 부여하는 인증이다.

아래의 〈표〉는 농산물 유통에 참여하는 각 주체들을 대상으로 그들이 각 유통 단계별로 거래 현장에서 실제 접하는 현재 가격과 그들이 적절하다고 생각하는 적정가격을 조사한 것인데, 숫자들은 각 유통 단계별로 일반 농산물 가격을 100으로 했을 때의 환산가격이다. 예를 들어 생산농의 경우 일반 농산물의 현재 판매가격이 2만원이고 우수인증 농산물의 현재 판매 가격이 2만 2천원이라면, 일반 농산물의 환산가격은 100, 우수인증 농산물의 환산가격은 110이 된다. 〈표〉를 통해 생산농은 인증 농산물들이 적정한 가격을 받지 못하고 있다고 보며, 우수인증 농산물의 현재 판매가격에 불만이 가장 크다는 것을 알 수 있다.

〈표〉

| 유통 참여 주체 | 가격 | 일반 농산물 | 우수인증 농산물 | 저농약 인증 농산물 | 유기농 인증 농산물 |
|---|---|---|---|---|---|
| 생산농 | 현재 판매가격 | 100 | 110 | 115 | 125 |
| | 적정 판매가격 | 100 | 122 | 124 | 130 |
| 도매상 | 현재 판매가격 | 100 | 105 | 105 | 131 |
| | 적정 판매가격 | 100 | (가) | 120 | 138 |
| 소매상 | 현재 판매가격 | 100 | 110 | 113 | 135 |
| | 적정 판매가격 | 100 | 112 | 126 | 140 |
| 소비자 | 현재 판매가격 | 100 | 110 | 113 | 135 |
| | 적정 판매가격 | 100 | 110 | 112 | 130 |

보기

ㄱ. 소매상은 인증 농산물 중 우수인증 농산물의 현재 판매가격에 불만이 가장 크다.

ㄴ. 저농약인증 농산물과 유기농인증 농산물의 현재 가격 수준이 낮다는 데에 모든 유통 참여 주체들이 인식을 공유하고 있다.

ㄷ. 모든 유통 참여 주체들이 인증 농산물간 적정가격 서열에 대해 동일하게 판단하고 있다면 (가)에 들어갈 수 있는 숫자에 105가 포함된다.

① ㄱ ② ㄷ ③ ㄱ, ㄴ
④ ㄴ, ㄷ ⑤ ㄱ, ㄴ, ㄷ

다음으로부터 추론한 것으로 옳은 것만을 보기 에서 있는 대로 고른 것은? 제7회 2015 LEET 문17

디지털 통신에서 0과 1로 구성된 데이터 비트들을 전송하다 보면 오류로 인해 일부 데이터가 0에서 1로 혹은 1에서 0으로 바뀌어 전달될 수 있다. 송신자(sender)는 수신자(receiver) 쪽에서 오류를 탐지하는 데 도움을 주고자 부가 비트를 붙여 전송한다. 〈그림 1〉에서 행렬의 5행과 5열이 부가 비트에 해당하고, 그 이외의 비트는 데이터 비트에 해당한다. 송신자는 데이터의 각 행과 각 열에서 1의 개수를 세어 1의 개수가 홀수이면 1을, 짝수이면 0을 부가 비트로 부여한다. 이렇게 만들어진 부가 비트를 데이터 비트들과 함께 전송하면 수신자는 부가 비트를 포함하여 각 행과 열의 1의 개수를 세어 짝수이면 정상 수신, 홀수이면 오류로 간주한다. 〈그림 2〉와 같이 2행 2열의 데이터 비트가 전송 중 1에서 0으로 변경되면 수신자 측에서는 2행과 2열에서 1의 개수가 홀수가 되어 오류가 났음을 알 수 있다. 그러나 행과 열 각각에서 짝수 개의 데이터 비트들이 변경될 경우 부가 비트를 사용하더라도 수신자 측에서 오류를 탐지해 내지 못한다. 〈그림 2〉의 A 영역에 있는 4개의 데이터 비트가 모두 0에서 1로 바뀌는 경우에는 3행, 4행, 3열, 4열에서 각각 1의 개수가 짝수이므로 오류를 탐지해 내지 못한다.

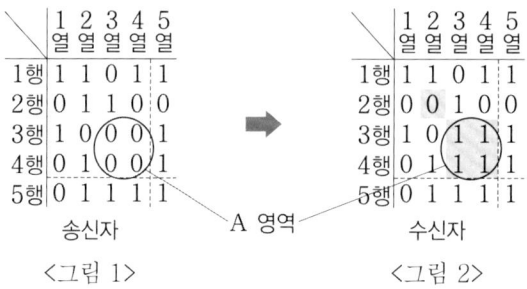

| | 1열 | 2열 | 3열 | 4열 | 5열 |
|---|---|---|---|---|---|
| 1행 | 1 | 1 | 0 | 1 | 1 |
| 2행 | 0 | 1 | 1 | 0 | 0 |
| 3행 | 1 | 0 | 0 | 0 | 1 |
| 4행 | 0 | 1 | 0 | 0 | 1 |
| 5행 | 0 | 1 | 1 | 1 | 1 |

송신자

〈그림 1〉

A 영역

| | 1열 | 2열 | 3열 | 4열 | 5열 |
|---|---|---|---|---|---|
| 1행 | 1 | 1 | 0 | 1 | 1 |
| 2행 | 0 | 0 | 1 | 0 | 0 |
| 3행 | 1 | 0 | 1 | 1 | 1 |
| 4행 | 0 | 1 | 1 | 1 | 1 |
| 5행 | 0 | 1 | 1 | 1 | 1 |

수신자

〈그림 2〉

수신자가 〈그림 3〉과 같은 정보를 수신하였고 부가 비트에는 오류가 없다고 가정하자.

| | 1열 | 2열 | 3열 | 4열 | 5열 |
|---|---|---|---|---|---|
| 1행 | 0 | 1 | 0 | 1 | 0 |
| 2행 | 1 | 0 | 1 | 0 | 1 |
| 3행 | 1 | 0 | 0 | 1 | 1 |
| 4행 | 0 | 1 | 1 | 1 | 1 |
| 5행 | 1 | 0 | 1 | 1 | 1 |

수신자

〈그림 3〉

보기

ㄱ. 〈그림 3〉의 2행과 3행에서 오류가 발생하였다.
ㄴ. 〈그림 3〉의 2열과 4열에서는 오류가 발생하지 않았다.
ㄷ. 〈그림 3〉에서 오류가 발생한 데이터 비트는 4개 이상이다.

① ㄱ ② ㄴ ③ ㄷ
④ ㄱ, ㄷ ⑤ ㄴ, ㄷ

## 2 〈그래프〉 정보의 분석 및 추론

# 03

상품 조합들 간 선호체계

다음 글로부터 추론한 것으로 옳은 것만을 보기 에서 있는 대로 고른 것은? 제4회 2012 LEET 문33

소비자가 자신의 구매 행위를 통해 만족을 극대화하는 과정을 분석하기 위해서는 우선 그의 선호체계를 파악해야 한다. 다양한 조건에서 관찰되는 구매 행위를 통해 상품의 어떤 조합을 다른 조합보다 선호하는지 비교할 수 있다면, 소비자의 선호체계에 대한 정보를 얻을 수 있다.

다음은 준희라는 합리적 소비자의 선호체계에 대한 정보를 얻기 위해 관찰한 사례이다. 준희는 다음과 같은 구매 원칙을 지키며, 그에 따라 상품 조합들 간의 선호가 결정된다.

원칙 1 쌀이든 쇠고기든 각각 더 많은 것을 좋아한다.
원칙 2 가진 돈으로 구매할 수 있는 조합 중에서 언제나 더 좋아하는 쪽을 구매한다.
원칙 3 X보다 Y를 더 좋아하고 Y보다 Z를 더 좋아하면, X보다 Z를 더 좋아한다.
원칙 4 X보다 Y를 더 좋아했다면 결코 Y보다 X를 더 좋아하지 않는다.

kg당 쌀은 2만원, 쇠고기는 4만원인 시점 1에서 준희는 48만원으로 아래 그림의 조합 A(쌀 4kg, 쇠고기 10kg) 또는 조합 B(쌀 16kg, 쇠고기 4kg)를 구매할 수 있다. 이때 준희는 A를 구매했다. 그렇다면 준희는 B보다 A를 더 좋아함을 알 수 있다. 왜냐하면 준희는 원칙 2에 따라 언제나 더 좋아하는 쪽을 구매하기 때문이다.

kg당 가격이 쌀은 3만원, 쇠고기는 3만원으로 바뀐 시점 2에서는 준희가 48만원으로 조합 C(쌀 2kg, 쇠고기 14kg) 또는 조합 D(쌀 6kg, 쇠고기 10kg)를 구매할 수 있다. 이때 준희는 C를 구매했다. 그렇다면 준희는 원칙 2에 의해 D보다 C를 더 좋아함을 알 수 있다.

한편 조합 A(쌀 4kg, 쇠고기 10kg)와 조합 D(쌀 6kg, 쇠고기 10kg)는 쇠고기의 양은 같지만 쌀의 양은 D가 더 많으므로 원칙 1에 따라 준희가 A보다 D를 더 좋아함을 알 수 있다.

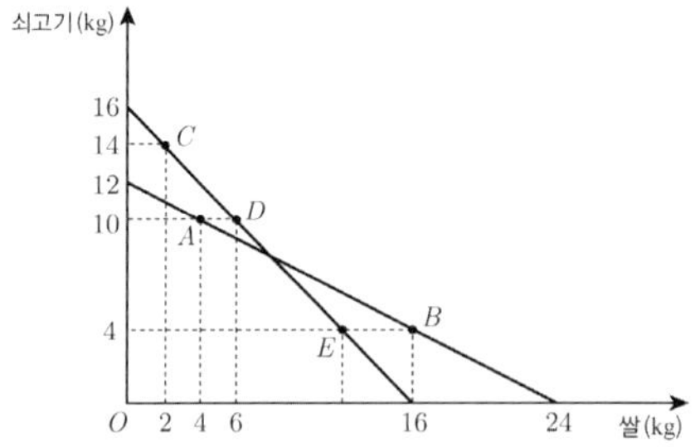


〈시점 1과 시점 2에서 준희가 고려하는 쌀과 쇠고기의 조합〉

보기

ㄱ. 준희는 E보다 B를 더 좋아함을 알 수 있다.
ㄴ. 준희는 A보다 C를 더 좋아하고, E보다 A를 더 좋아함을 알 수 있다.
ㄷ. 준희가 시점 1에서 A 대신에 B를 구매하고 시점 2에서 C를 구매하였다면, 준희가 B와 C 중 어떤 것을 더 좋아하는지 알 수 없다.

① ㄱ
② ㄷ
③ ㄱ, ㄴ
④ ㄴ, ㄷ
⑤ ㄱ, ㄴ, ㄷ

# 04

기대이익과 위험 간 선호체계

다음 글에 비추어 바르게 판단한 것만을 보기 에서 있는 대로 고른 것은? 제5회 2013 LEET 문26

우리가 의사결정을 할 때 선택의 결과가 미래에 나타나는 경우에는 선택에 따른 이익을 미리 정확히 아는 것이 불가능하다. 이때 실제로 실현된 이익이 기대했던 이익보다 작을수록 선택의 위험은 커진다. 이처럼 미래의 결과를 미리 알 수 없을 때는 기대이익과 위험을 동시에 고려해 의사결정을 해야 한다.

〈그림 1〉은 어떤 사람이 이러한 상황에서 여러 대안들을 놓고 어떤 선호관계를 갖는지를 보여준다. 〈그림 1〉에서 곡선 $OE$는 위험과 기대이익의 수준이 다르더라도 이 사람이 선호의 차이가 없다고 판단하는 대안들을 연결한 선이다. 따라서 이 사람에게 $B$와 $C$는 차이가 없는 대안들이 된다. 그리고 $A$와 $B$의 관계에서는 두 대안의 기대이익은 같지만 $B$의 경우 위험이 더 작으므로 $B$가 $A$보다 선호되며, $A$와 $C$의 관계에서는 두 대안의 위험은 같지만 $C$의 경우 기대이익이 더 크므로 $C$가 $A$보다 선호된다. 따라서 어느 대안이 다른 대안에 비해 더 큰 기대이익과 더 작은 위험을 동시에 갖는다면 이 대안은 그 다른 대안보다 선호된다. 한편 곡선 $OE$는 위험에 대한 이 사람의 태도도 알려준다. 이 사람은 기대이익을 $X_2 - X_1$만큼 늘리려 할 때는 $Y_2 - Y_1$의 추가적인 위험을 감수할 의사가 있다. 그리고 이 상태에서 동일한 크기의 기대이익($X_3 - X_2$)을 추가로 늘리기 위해 감수할 의사가 있는 추가적인 위험의 크기($Y_3 - Y_2$)는 이전에 비해 작다. 이처럼 기대이익의 크기가 커질수록 감수하려는 추가적인 위험의 크기가 줄어든다는 것은 이 사람이 위험을 기피하는 정도가 커짐을 의미한다.

〈그림 2〉는 위험에 대한 태도가 상이한 갑과 을 두 사람이 갖고 있는 기대이익과 위험 사이의 선호관계를 동시에 나타낸 것이다. 곡선 $OP$(실선)와 $QR$(점선)은 각각 갑과 을 두 사람이 차이가 없다고 판단하는 대안들을 연결한 선이다.

〈그림 1〉

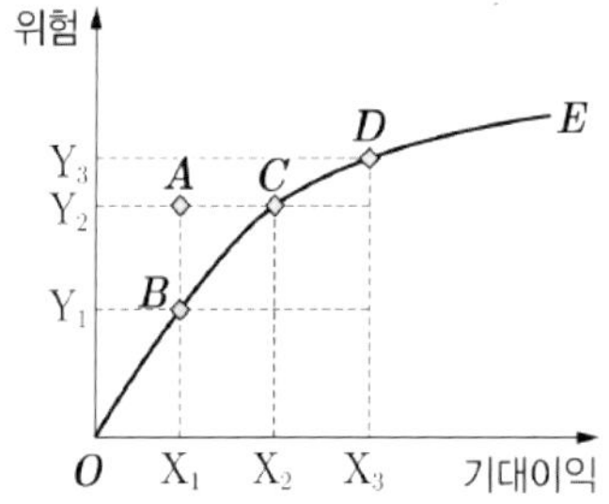


〈그림 2〉

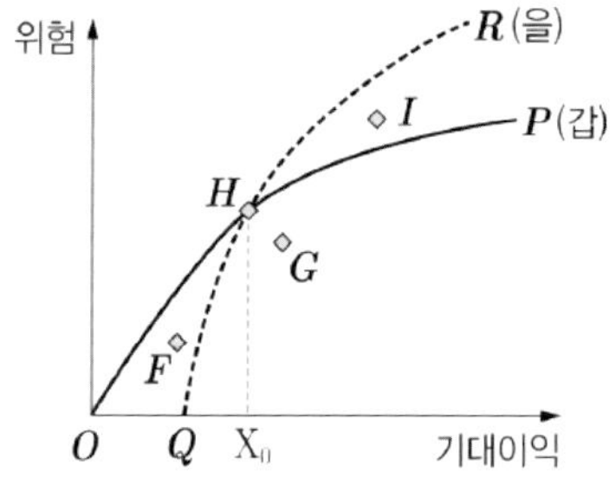


보기

ㄱ. 갑은 $G$보다 $I$를 선호한다.

ㄴ. 을은 $F$보다 $H$를 선호한다.

ㄷ. 기대이익이 $X_0$보다 큰 영역에서 갑보다 을이 더 위험기피적 태도를 보인다.

① ㄱ ② ㄴ ③ ㄱ, ㄷ ④ ㄴ, ㄷ ⑤ ㄱ, ㄴ, ㄷ

다음으로부터 추론한 것으로 옳은 것만을 보기 에서 있는 대로 고른 것은? 제7회 2015 LEET 문26

아래 그림은 Z국의 1인당 실질 소득과 사망률 및 출생률을 나타낸다. Z국의 1인당 실질 소득은 꾸준히 증가했으며, 사망률은 꾸준히 감소했고 출생률은 처음에는 증가하다가 나중에는 감소하는 추세를 보였다. B는 출생률에서 사망률을 뺀 값이 가장 큰 점이다. 단, 인구의 유출입은 없었다.

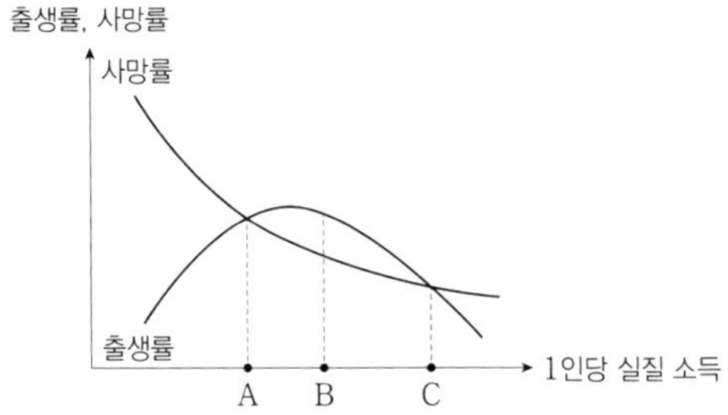


보기

ㄱ. 인구는 B에서 최대가 되었다.
ㄴ. A ~ C 구간에서 인구는 꾸준히 증가했다.
ㄷ. Z국 전체의 실질 소득은 꾸준히 증가했다.

① ㄱ ② ㄴ ③ ㄷ
④ ㄱ, ㄷ ⑤ ㄴ, ㄷ

## 3 〈그림〉 정보의 분석 및 추론

**06**
인문지리

〈그림 1〉과 〈그림 2〉의 A, B, C로 가장 적절한 것은? 제4회 2012 LEET 문12

여러 종교와 인종의 사람들이 섞여 사는 미국 남부의 묘지를 살펴보면, 가톨릭교 묘지는 개신교 묘지에 비해 십자가 묘표를 사용한 묘의 비율이 높다. 또한 가톨릭교 묘지에 비해 개신교 묘지는 그리스도의 재림을 기대하는 상징으로 묘를 동향으로 쓰는 비율이 높다.

〈그림 1〉과 〈그림 2〉는 미국 남부 L주(州)에 속한 K군(郡)의 묘지를 1984년에 조사한 결과이다. 이 조사는 20세기 이후에 조성된 공동묘지를 대상으로 하였다. 프랑스인이 군 서부의 M강(江) 연안 지역부터 농경지를 개간한 K군은 원래 가톨릭 교도가 많은 지역이었다. 개발 초기에 농장의 흑인 노예들은 백인인 주인을 따라 가톨릭교회에 다니는 경우가 많았는데, 1860년대 노예해방과 함께 점차 군 전체로 고르게 퍼져 나갔다.

한편 1880년대에 철도가 개통되면서 앵글로색슨계 백인들이 북동부 주들에서 군의 동부로 많이 이주해 왔고, 이들과의 접촉을 통해 개신교로 개종하는 흑인이 늘어났다. 그런데 M강 연안 지역에 거주하는 흑인 개신교도들은 타 지역 흑인 개신교도와 달리, 이 지역의 가톨릭 관습을 종교적인 특징으로 생각하기보다는 지역적 전통으로 여기는 경향이 있었다.

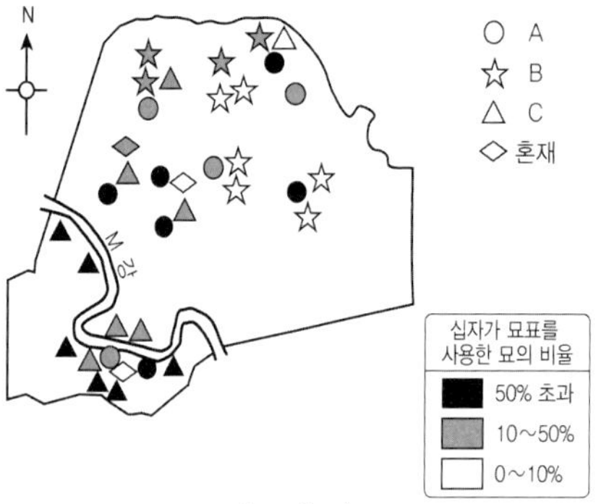

〈그림 1〉

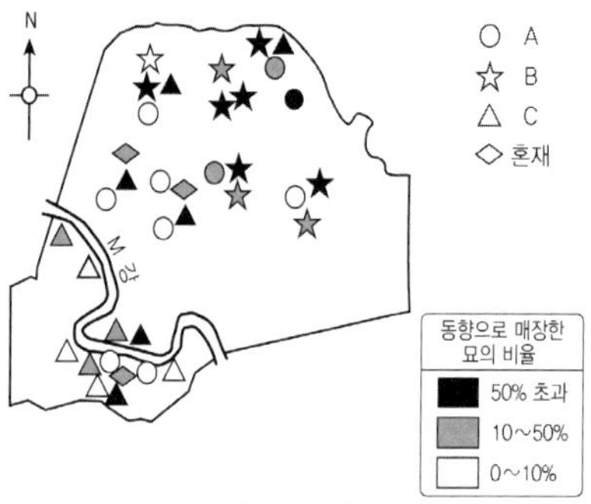

〈그림 2〉

| | A | B | C |
|---|---|---|---|
| ① | 가톨릭교 | 백인 개신교 | 흑인 개신교 |
| ② | 가톨릭교 | 흑인 개신교 | 백인 개신교 |
| ③ | 백인 개신교 | 가톨릭교 | 흑인 개신교 |
| ④ | 흑인 개신교 | 가톨릭교 | 백인 개신교 |
| ⑤ | 흑인 개신교 | 백인 개신교 | 가톨릭교 |

조성우

# 추리논증

# LEET 추리논증 초고득점자들이 알려주는 고득점 학습법

**2021 백분위 100%, 표점 94.5, 초시 [서울대로스쿨 합격] 제2회 조성우장학생 김O경**

자신에게 적합한 풀이법을 만들고 이를 적용해 보는 연습을 반복하는 것이 가장 중요하다고 생각합니다. 먼저 스스로의 힘으로 문제 출제 패턴, 정답의 근거 등을 찾아 정리하는 과정을 거친 후, 인강이나 현강 수강, 혹은 스터디를 통해 자신이 잘못 파악한 논리 구조를 발견하고 수정하는 과정을 거쳐 하나의 완성된 풀이집을 만드는 데 집중하는 것을 추천합니다. 이렇게 만든 풀이법을 모의고사나 시험 직전 반복해서 읽고, 실제 문제 풀이에서 적용해 보는 방식으로 훈련했기에 실전에서도 망설임 없이 정답을 골라나갈 수 있다고 생각합니다.

문제 출제 패턴,
정답의 근거 등을 찾아
나만의 풀이집 완성
반복해서 적용훈련

**2022 백분위 99.9%, 표점 92.5, 초시 [연세대로스쿨 합격] 제3회 조성우장학생 박O윤**

추가적으로 주별 계획표를 작성하여 핸드폰 배경화면으로 설정하고, 플래너를 통해 매일의 공부를 체크해 시간을 효율적으로 관리하기 위해 노력했습니다. 또한 멘탈이 흔들릴 때마다 계획표와 플래너를 보며 진행하고 있는 공부에 문제가 있는지 확인하고, 문제가 있으면 계획표를 보완·수정했습니다. 또 메가로스쿨 모의고사 성적이 잘 나오지 않았다던지, 아니면 여러번의 사설 모의고사가 연속으로 성적이 하락한 경우와 같이 문제점이 발견된 경우에는 필요한 공부를 계획표에 추가하여 학습을 보완했습니다.

주별계획표 및
플래너 작성을 통해
학습에 대한
점검과 보완

**2022 백분위 99.6%, 표점 88.2, 재시 [서울대로스쿨 합격] 제3회 고득점장학생 반O진**

저는 리트 추리논증 점수가 너무 낮아 리트를 하는게 맞나 싶을 정도로 고민했었습니다. 그런데 이후 수업을 듣고 조성우 선생님의 모의고사를 풀면서 항상 틀리는 부분들을 발견하게 되었습니다. 저 같은 경우는 이과생이어서 법률문제를 어려워했는데 심지어 성격상 빠르게 풀다보니 덜렁대면서 단서들을 놓치는 편이였습니다. 그래서 그런 부분들을 주의깊게 보면서 풀려고 노력하니 이후 점수가 비약적으로 상승하였습니다.

모의고사 등을 풀면서
내가 왜 틀리는지
정확하게 파악한 후
실수를 줄이도록
집중관리

**2023 백분위 100%, 표점 92.7, 재시 (전년대비 18.2% 향상) 제4회 조성우장학생 강O구**

시험을 준비하는 내내 학교에서 근로를 했으므로 상대적으로 시간이 부족했습니다. 인강의 장점은 필요한 부분을 선택해서 수강할 수 있다는 점입니다. 저는 기본이론까지는 건너뛰는 부분 없이 수강했으나 심화+실전을 수강할 때는 제가 부족한 부분만 선별해 수업을 들었습니다. 선생님은 수업에서 메타인지를 강조하시는데, 이를 통해 본인이 부족한 부분이 어디인지 파악할 수 있었고 이에 집중하며 부족한 공부 시간을 효율적으로 사용할 수 있었습니다.

자신에게 부족한 부분을
정확히 판단하고
효과적인 학습방법
(인강/현강) 선택

Legal
Education
Eligibility
Test

LEET 추리논증
**현강·인강 수강생 수**
**11년 연속**
**압도적 1위**

2023 LEET에서도 압도적인 결과로 입증한

# 조성우
# 추리논증
## 기본 개정10판

# 추리영역 정답 및 해설

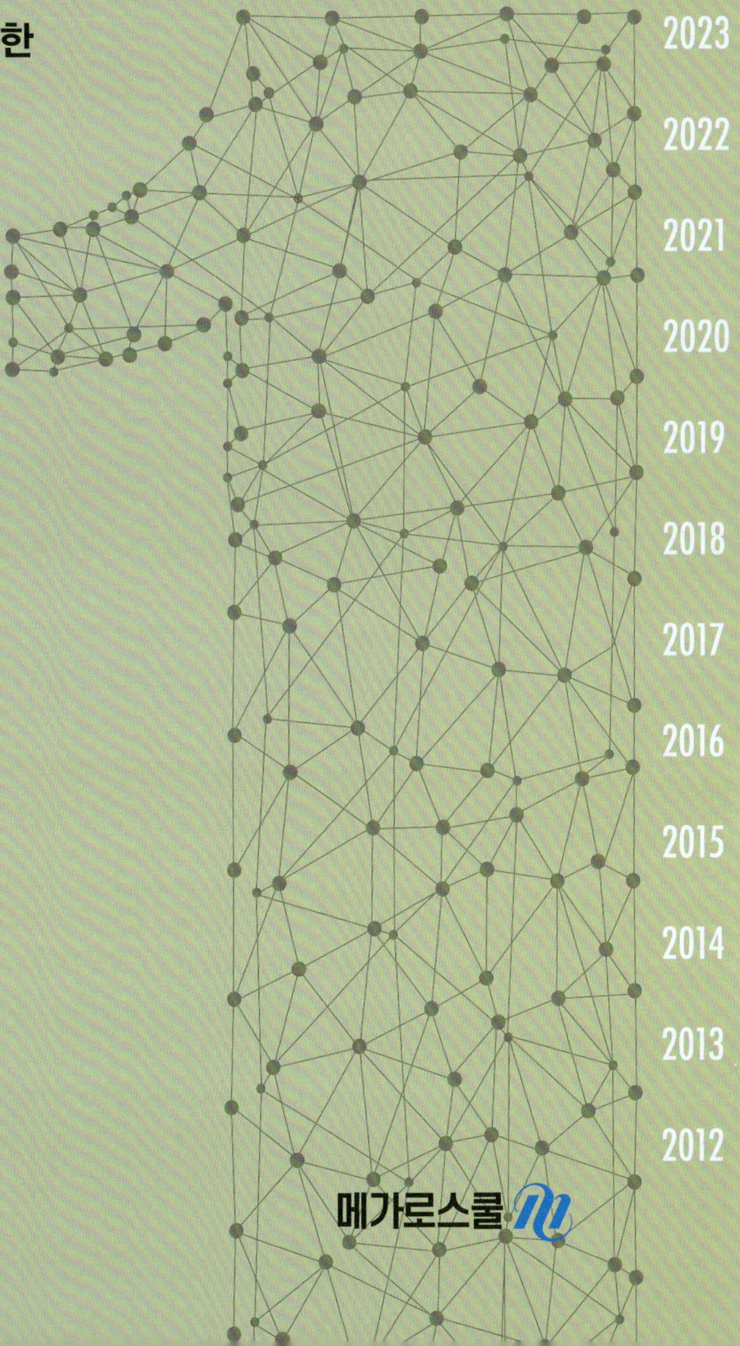


전국 수석 배출 !
성적향상 우수자 최다 배출 !
합격 선배들이 가장 많이 추천하는 강의 !

메가로스쿨

# 수강생들이 말하는 **조성우 추리논증 기본강의**

## "유형별 학습으로 기본기를 다지기에 좋은 강의입니다"

유형별 개념 및 학습법 설명과 기출문제 풀이를 통해 리트 공부의 방향을 잡을 수 있어 좋았습니다. 여러 유형들 중 어느 부분이 취약한지 파악할 수 있었고 기출문제를 풀며 이해가 되지 않았던 부분들에 대한 내용을 강의를 통해 확인할 수 있었습니다. 특히 논리학 부분과 강화, 약화, 중립 부분에서의 교수님의 체계적인 설명이 큰 도움이 되었습니다.

## "추리논증을 체계적으로 정리할 수 있게 도와주는 최고 강의"

처음 기출문제를 풀었을 때는 막연하고 어렵기만 했었는데, 선생님 강의를 듣고, 추리논증에 어떤 문제들이 나오는지 유형별로 꼼꼼하게 접근하고, 정리하는 연습을 했더니, 점점 추리논증이 어떤 시험인지 명확해지면서 정리가 잘 됨을 깨달았습니다. 게다가 선생님이 수업을 항상 꼼꼼하고 체계적으로 해주셔서, 그 태도를 배우려고 하다 보니 추리논증이라는 객관적 판단을 요구하는 시험에 더 잘 적응하게 되는 것 같습니다.

## "원리와 응용력이 동시에 함양되는 수업입니다"

선생님 강의로부터 제가 얻을 수 있었던 가장 유익했던 점은 '헤매는 시간의 최소화'라는 것입니다. 기초 원리를 익히기 위해 투자해야 하는 시간, 배운 원리를 문제풀이에 적용하는 과정에서 발생하는 오류를 찾아내는 시간, 어디서부터 다시 시작해야 제대로 된 것인지 알게 되는 시간, 수험생들이 겪어야 할 그 모든 시행착오를 미리 알려주셔서 짧은 수험기간 동안 낭비될 수 있는 노력과 시간들을 지켜주셨습니다.  자만하거나 (너무 쉽게 풀릴 때), 의기소침해질 때(뭐가 뭔지 하나도 모르겠을 때), 교재 페이지 하나하나 놓여있는 선생님의 말씀들은 문제가 뭔지 해결책이 뭔지 넌지시 알려주는 역할을 하십니다.  선생님의 강의도 교재도 정말 좋아서 흔들림 없이 수험기간을 준비할 수 있으리라고 기분좋은 믿음을 가져봅니다.

· 책에서 발견되는 오류 및 개선사항을 적극 알려주십시오.
책을 보시면서 오류라고 생각되는 것이나 개선사항은 **jsw97@hanmail.net** 으로 메일 주시거나
학원 홈페이지 **'오류문의 및 신고' 게시판**에 올려주시기 바랍니다.

· 수정된 정오사항은 학원 홈페이지 '오류문의 및 신고' 게시판에 올려놓겠습니다.

조성우 추리논증

# 추리영역

## 정답 및 해설

메가로스쿨

# 제1부
# 형식적 추리

**chapter 1 명제논리** 정답 및 해설 ▶▶▶ 3~5쪽

01 ⑤ 02 ① 03 ⑤ 04 ⑤ 05 ① 06 ⑤ 07 ⑤ 08 ④ 09 ③

**chapter 2 술어 및 관계논리** 정답 및 해설 ▶▶▶ 5~10쪽

01 ③ 02 ⑤ 03 ② 04 ② 05 ③ 06 ③ 07 ⑤ 08 ⑤ 09 ③ 10 ③
11 ③ 12 ①

# chapter 1 명제논리

## 01 제시된 정보의 기호화 정답 ⑤

A→B→C→D→E (D→B)

① (○) A→B→C→D→B∧E 이므로 A는 B, C, D, E의 수호천사이다.

② (○) A가 B의 수호천사이고 B는 자기 자신의 수호천사이기도 하므로 B는 A의 수호천사가 될 수 있다.

③ (○) C는 B의 수호천사이고 B는 C의 수호천사이므로 C는 자기 자신의 수호천사이다.

④ (○) D의 수호천사는 C, B, A, D이고, C의 수호천사는 B, A, D, C 이므로 수호천사는 동일하다.

⑤ (×) E가 A의 수호천사가 될 수 있으려면, A가 E의 수호천사이고 E는 자기 자신의 수호천사이어야 하는데, A는 E의 수호천사이나, E는 자기 자신의 수호천사가 아니므로(∵E의 수호천사는 D, C, B, A) E는 A의 수호천사가 될 수 없다.

## 02 조건명제의 진리조건 정답 ①

ㄱ. (○) 영희의 말이 사실이 아니라면, '음(앞면), ~달(뒷면)' 인 경우가 존재한다는 것이므로 철수가 앞면이 음인 10장의 카드 중 하나를 뒤집어 첫 장에 해(~달)가 나올 수도 있다.

ㄴ. (×) 영희의 말이 거짓이라면 ㄱ에서와 같이 첫 장에 확인될 수도 있으나 앞면이 음으로 보이는 10장의 카드를 뒤집어 뒷면이 모두 달이 나왔다고 하더라도 영희의 말이 참이라고 확정할 수는 없다. 뒷면이 해로 보이는 3장의 카드를 뒤집어 모두 음이 아니라는 것을 확인하여야 영희의 말이 참임을 확정할 수 있다. 거짓은 13만원 이전에 확인될 수 있으나 참이라는 것은 13만원을 지불하여야 확인가능하다. 따라서 12만 원을 초과하기 전에 진위를 반드시 확인할 수 있는 것은 아니다.

ㄷ. (×) 영희의 말이 사실이면, 앞면이 음인 경우 모두 뒷면이 달이어야 한다. 따라서 앞면이 보이는 10장의 '음'의 뒷면을 모두 확인하여야 하고, 뒷면이 보이는 3장의 '해'의 앞면이 모두 '음'이 아닌지 확인하여야 영희의 말이 사실임을 확인할 수 있다. 최대 13만원이면 영희의 말의 진위를 확인할 수 있다.

## 03 논리적 관련성 정답 ⑤

제시된 문장을 간단히 아래와 같이 A와 B로 바꾸어 판단해 보면 다음과 같다.

① (○) A : ~부동산 가격 오름
B : ~(부동산 가격 오름∧주가 오름)
≡~부동산 가격 오름∨~주가 오름
A가 참일 경우에 B는 반드시 참이나, B가 참이라고 하여 A가 반드시 참이라고는 할 수 없으므로 A가 B보다 강한 진술이다.

② (○) A : (이자율 내림∧물가 내림)→소비 증가
B : 물가 내림→(이자율 내림→소비 증가)
≡ (물가 내림 ∧ 이자율 내림)→소비 증가
≡ (이자율 내림 ∧ 물가 내림)→소비 증가
B는 A와 같이 바뀔 수 있으므로 A와 B는 논리적으로 동등하다.

③ (○) A : (원유 가격 오름 ∧ 원자재 가격 오름)→물가 악영향
≡ (~원유 가격 오름∨~원자재 가격 오름) ∨ 물가 악영향
B : (원유 가격 오름 ∨ 원자재 가격 오름)→물가 악영향
≡ (~원유 가격 오름∧~원자재 가격 오름) ∨ 물가 악영향
A가 참일 경우 B는 반드시 참이라고 할 수 없으나, B가 참일 경우 A는 반드시 참이므로 A는 B보다 약한 진술이다.

④ (○) A : 이자율 오름→부동산 침체 ∨ 주식시장 침체
B : 부동산 침체 ∨ 주식시장 침체→이자율 오름
A와 B는 서로 후건긍정명제의 관계에 있으므로 부당한 추론규칙에 해당되어 A와 B는 논리적으로 무관한 진술이라 할 수 있다.

⑤ (×) A : 부동산 침체→이자율 오름 ∨ 물가 오름
≡ (~부동산 침체 ∨ 이자율 오름) ∨ 물가 오름
B : 주식시장 침체 ∨ 부동산 침체→이자율 오름
≡ (~주식시장 침체 ∧ ~부동산 침체) ∨ 이자율 오름
≡ (~부동산 침체 ∨ 이자율 오름) ∧ (~주식시장 침체 ∨ 이자율 오름)
A가 참일 경우 B가 반드시 참이라고는 할 수 없으나, B가 참일 경우 A는 반드시 참이므로 B가 강한 진술, A

가 약한 진술이 된다.

## 04 논리적 동치 정답 ⑤

① (×) 전건부정의 오류

② (×) 후건부정식(대우규칙)을 잘못 적용
행복하지 않은 사람은 슬픔을 나눌 수 있는 가족도 없고 즐거움을 나눌 수 있는 친구도 없다.

③ (×) 슬픔을 나눌 수 있는 가족이 없어도 즐거움을 나눌 친구가 있으면 행복한 사람이고, 즐거움을 나눌 친구가 없어도 슬픔을 나눌 친구가 있다면 행복한 사람이다.

④ (×) 선언지(논리합) 해석의 오류 : 논리합(P∨Q)의 진리값은 P나 Q 둘 중에 하나만 참이면 참이다.

⑤ (○) '슬픔 나눌 가족 ∨ 즐거움 나눌 친구 → 행복한 사람'은 1) '슬픔 나눌 가족 → 행복한 사람'이고 2) '즐거움 나눌 친구 → 행복한 사람'이고, 3) '슬픔 나눌 가족 ∧ 즐거움 나눌 친구 → 행복한 사람'이라는 것으로 적절한 추론이자 동치 관계이다.

## 05 생략된 전제 추론 정답 ①

제시된 조건을 정리해 보면 다음과 같다.
(예, B 명제가 거짓 ⇒ B (F))

| 제시된 사실 | F(F), 다른 한 명제(T) ?

| 조건 1 | B (F) ∨ C (T) → A (F)
⇔ A (T) → B (T) ∧ C (F)

| 조건 2 | C (T) ∨ D (T) → B (F) ∧ F (T)
⇔ B (T) ∨ F (F) → C (F) ∧ D (F)

| 조건 3 | C (T) ∨ E (F) → B (F) ∨ F (T)
⇔ B (T) ∧ F (F) → C (F) ∧ E (T)

조건 2 : B (T) ∨ F (F) → C (F) ∧ D (F)
∴ C (F), D (F), F (F)

나머지 세 명제 A, B, E의 진위를 알기 위해서는 A명제가 참이어야 한다.

조건 1+조건 3 : A(T) → B(T)∧C(F) → C(F)∧E(T)

## 06 보충되어야 할 전제 정답 ⑤

| 전제 1 | 공리주의가 정당화될 수 있는 도덕이론 → 어떤 선험적 원리로부터 도출 ∨ 도덕적 직관 부합 ⇔ ~선험적 원리로 도출 ∧ ~ 도덕적 직관에 부합 → ~정당화될 수 있는 도덕이론

| 전제 2 | 공리주의가 선험적 원리로부터 도출 → 공리주의는 ~경험적 주장 ⇔ 경험적 주장 → ~ 선험적 원리로부터 도출

| 전제 3 | 도덕적 직관에 부합 → ~ 정의감에 반하면서 최선의 결과를 낳는 행위

| 전제 4 | 정의감에 반하면서 최선의 결과를 낳는 행위들이 있다.

| 결 론 | 공리주의는 도덕이론으로 정당화될 수 없다.

결론이 도출되기 위해서는 전제1의 대우명제에 해당되어야 한다. 따라서 공리주의가 선험적 원리로부터 도출되지 않고 도덕적 직관에도 부합하지 않는다는 것을 전제로부터 추론할 수 있으면 된다. 전제3과 전제 4로부터 도덕적 직관에 부합하지 않는다는 것이 추론되나, 전제 2만 가지고서는 선험적 원리로부터 도출된다는 추론이 불가하다. 따라서 '공리주의는 경험적 주장이다'라는 전제가 추가적으로 필요하다.

## 07 생략된 전제 정답 ⑤

결론이 「자동차는 1번 도로를 지나오지 않았다.」이므로 결론의 내용을 중심으로 연결고리를 찾아 핵심단어만 정리해 본다면 「~A ∧ ~B → ~1번 도로」, 「~흙탕물 ∨ ~폐쇄회로 카메라 → ~A」, 「~도로정체 ∨ ~검문소 통과 → ~B」, 「~폐쇄회로 카메라 → ~도로정체」, 「~흙탕물 → ~검문소 통과」이다. 따라서 결론이 도출되기 위해 필요한 전제는 「~폐쇄회로 카메라 또는 ~흙탕물」이다. 선택지를 살펴보면 정답은 "~폐쇄회로 카메라"에 해당되는 ⑤번이 된다.

## 08 보충되어야 할 정보 정답 ④

제시된 〈관계〉를 간략히 표현하여 정리하면 다음과 같다.

관계 1 : A ∨ B ∨ C

관계 2 : D ∨ E

관계 3 : A → C ∧ D ⇔ ~C ∨~D →~A

관계 4 : B → ~E

선택지 4번의 "④ D의 증언은 참이 아니다."를 결정적 정보라 가정하고 검토해 보면 5명의 증언이 완전히 결정되는 것을 확인할 수 있다.

"~D" 라면 관계 2에 따라 "E"가 추론되고, 관계 4에 따라 "~B"가 추론된다.
그리고 "~D" 라면 관계 3에 따라 "~A"가 추론되고, "~A"와 앞서 도출된 "~B", 그리고 관계 1에 따라 "C"가 추론된다. 따라서 정답은 "④ D의 증언은 참이 아니다."이다.

### 09 조건문의 진리조건 정답 ③

〈영우의 추론〉

정보1) 이륙 → 1번 활주로 ∨ 2번 활주로 (~1, 2번 활주로)
정보2) ~1번 활주로
결론) 이륙 → ~1번 활주로(이륙 → 2번 활주로)

〈경수의 추론〉

정보1) 이륙 → 1번 활주로 ∨ 2번 활주로
정보3) ~2번 활주로
결론) 이륙 → 1번 활주로

ㄱ. (○) 영우와 경수의 정보를 모두 안다는 것은 정보2, 3을 모두 알고 있다는 뜻이므로, 정보1)의 대우인 '~1번 활주로 & ~2번 활주로 → ~이륙'을 이용하여 '~이륙'을 이끌어낼 수 있다.

ㄴ. (○) 영우가 가진 정보가 참이라는 것을 아는 사람은 영우의 결론 ㉠ '이륙 → ~1번 활주로'에 동의할 수밖에 없다. 따라서 이 사람이 (가)의 방식을 적용한다면, 제시문에서 밝힌 대로 ㉠과 ㉡ 중 하나는 참이 아니라고 결론내릴 것이다. 따라서 그는 ㉡이 거짓이라고 판단할 것이다.

ㄷ. (×) 영우가 경수가 가진 어떤 정보도 갖기 않은 사람이라면 ㉠과 ㉡ 중 어느 하나가 참이라는 확신을 가질 수 없다. 따라서 그가 (가)의 방식을 적용한다면, 제시문에서 밝힌 대로 ㉠과 ㉡ 중 하나는 참이 아니라고 결론내릴 것이다. 즉, ㉠과 ㉡ 모두가 거짓이라고 판단할 수는 없다.

## chapter 2 술어 및 관계논리

### 01 문제해결의 시작점 정답 ③

제시문의 내용을 정리해 보면 다음과 같다.

ㄱ) 최우수, 우수, 보통 중 한 등급
ㄴ) 최우수 → 45세 이상 ⇔ ~ 45세 이상 → ~ 최우수
ㄷ) 35세 이상 → 우수 ∨ ~자녀 ⇔ ~우수 ∧ 자녀 → 35세 미만
ㄹ) 우수 → ~ 이직 경력 ⇔ 이직 경력 → ~ 우수
ㅁ) 보통 → 대출
ㅂ) 무주택 사원 → ~ 대출 ⇔ 대출 → ~ 무주택 사원
ㅅ) 직원 A는 자녀를 두고 있으며 이직 경력이 있는 사원이다.

ㅅ)에서부터 출발하여 연결고리를 찾아 추론하면 다음과 같다.

A는 자녀∧이직 경력 (→ ~우수) ⇒ A는 35세 미만
(∵ ㄷ + ㄹ)
A는 ~최우수∧~우수 ⇒ A는 보통 (→ 대출 → ~무주택사원)
(∵ ㄱ+ㅁ+ㅂ)

∴ A는 35세 미만이고 주택을 소유하고 있다.

### 02 문제해결의 시작점 정답 ⑤

본 문제는 정답 발표 후 이의 제기가 매우 많았던 문제이다.

**▌법학전문대학원 협의회 공개 해설▐** (편의상 갑과 을의 조사 결과의 진술들에 영문자 번호를 붙였음)

〈갑의 조사 결과와 추리 내용〉
○ 조사 결과 :
ⓐ GDP가 2만 달러 이상인 국가는 모두 국제노동기구에 가입했다.
ⓑ GDP가 2만 달러 미만이거나 인구가 7천만 명 이상인 국가는 모두 사형제 폐지 국가가 아니다.
ⓒ 국제노동기구에 가입하고 GDP가 2만 달러 이상인 국가는 모두 사형제 폐지 국가가 아니다.
ⓓ 세계무역기구 회원국이면서 집단학살방지 협약에 가입한 국가는 모두 사형제 폐지 국가이다.
ⓔ A국은 국제노동기구에 가입하지 않았다.
ⓕ B국은 집단학살방지 협약에 가입했다.
○ 추리 내용 : A국은 사형제 폐지 국가가 아닐 것이다.

〈을의 조사 결과와 추리 내용〉
○ 조사 결과 :
ⓖ 모든 국가는 세계무역기구 회원국이거나 국제노동기구에 가입했다.
ⓗ 국제노동기구에 가입하지 않은 국가는 모두 GDP가 2만 달러 미만이다.
ⓘ 국제노동기구에 가입하고 집단학살방지 협약에 가입한 국가는 모두 사형제 폐지 국가이다.
ⓙ C국의 GDP는 2만 달러 이상이다.
ⓚ D국의 인구는 7천만 명 이상이다.
○ 추리 내용 : C국은 사형제 폐지 국가일 것이다.

(1)

갑의 경우, ⓐ, ⓑ와 ⓔ로부터 갑의 추리가 옳음을 알 수 있다. 을의 경우, ⓗ와 ⓚ를 이용하여 C국이 국제노동기구에 가입한 국가임을 알 수 있지만, ⓘ를 이용하여 C국이 사형제 폐지 국가임을 추리하는 데 필요한 집단학살방지 협약 가입 사실을 추리할 길이 없으므로 을의 추리는 옳지 않다. 그러므로 보기 의 ㄱ은 옳게 추론한 것.

(2)

ⓕ로부터 B가 집단학살방지협약에 가입한 국가라는 것을, ⓖ로부터 B는 세계무역기구 회원국이거나 국제노동기구 회원국이라는 것을 알 수 있는데, 전자의 경우에는 ⓓ에 의하여, 후자의 경우에는 ⓘ에 의하여 B는 사형제 폐지 국가임을 추리할 수 있다. 그러므로 보기 의 ㄴ은 옳게 추론한 것.

(3)

ⓚ와 ⓑ로부터 D가 사형제 폐지국가가 아님을 알 수 있다. 한편 ⓖ에 의해 D가 세계무역기구 회원국이거나 국제노동기구 회원국임을 알 수 있는데, 전자의 경우에는 ⓓ에 의해, 후자의 경우에는 ⓘ에 의해 D는 집단학살방지 협약에 가입하지 않아야 한다. 그러므로 보기 의 ㄷ은 옳게 추론한 것. 그러므로, (1)~(3)에 의하여, 보기 의 ㄱ, ㄴ, ㄷ은 모두 옳게 추론한 것이다.

**▍이의제기에 대한 심사실무위원회의 상세답변 ▍**

그런데 이 문항에 대하여

(4)

B국은 GDP가 2만 달러 이상인 국가이거나 미만인 국가일 것인데, 전자의 경우에는 ⓐ와 ⓒ로부터 B가 사형제 폐지 국가가 아님을 알 수 있고, 후자의 경우에는 ⓑ로부터 B가 사형제 폐지 국가가 아님을 알 수 있다. 그러므로 "'갑과 을의 조사 결과가 모두 옳다면 B국은 사형제 폐지 국가가 아니다."이하 'ㄴ*')는 결론을 옳게 추리할 수 있다.

(4)는 옳은 추리이며, B국이 사형제 폐지 국가인지에 대하여 보기 의 ㄴ과 반대의 결론, ㄴ*를 함축하므로, ㄴ은 옳은 추리가 아니라고 생각할 수 있다. 따라서 보기 의 ㄱ이 올바른 추론임을 확인한 수험생들 중에 ㄱ을 포함하면서 ㄴ을 포함하지 않는 답지로 ①번을 선택한 수험생들은 억울하게 틀렸으므로 구제하여야 한다는 이의 제기가 있었고, 이의제기심사실무위원회(이하 '위원회')는 이 이의 제기 및 복수 정답 및 무답 등의 가능성을 검토하였다.

이의 제기처럼 ㄱ이 옳.은 추론임을 확인하고 (4)의 추리에 따라서 ①을 선택한 수험생은 일반적인 경우에 기대어 억울함을 호소할 수는 있으나 옳게 판단한 것은 아니다. (4)에 따라 ㄴ*도 옳게 추리되지만 (2)에 의하여 ㄴ도 옳게 추리되는데, 이 문항은 ㄴ*가 옳은 추리인지 묻고 있는 것이 아니라 ㄴ이 옳은 추리인지 묻고 있으므로 'ㄴ은 옳은 추리이다'라고 판단하는 것이 올바르다.

더구나 답지 ①은 보기 의 ㄷ을 옳은 추리에서 제외하고 있는데, 문항은 옳은 것만을 '있는대로' 고를 것을 요구하므로 ①을 맞는 답으로 처리할 수 없다.

위원회는, 문제 해결 과정에서 (1)~(4)를 모두 추리하고서 ㄴ이 옳은지 그른지 판단하기 어렵다는 생각에 도달한 수험생이 있다면 이들은 이 문항의 해결에 관한한 뛰어나게 추리한 사람들일텐데, 이러한 수험생이 피해를 보게 될 경우는 없을 것인가 하는 점도 검토하였다. (1)~(4)를 모두 확인하는 데까지 도달하여 {ㄱ, ㄴ*, ㄷ}도 모두 옳은 추론이며, {ㄱ, ㄴ, ㄷ}도 모두 옳은 추론임을 확인한 수험생이라면 보기 가 그렇게 주어졌으므로 답을 ⑤라고 판단하는 것이 올바르다.

(물론 보기 가 {ㄱ, ㄴ*, ㄷ}라고 주어졌더라도 모두 옳다고 판단할 수밖에 없다.)

이러한 수험생 중에 {ㄱ, ㄴ*, ㄷ}이 옳으므로 ㄴ은 옳지 않다고 판단한 사람이 있다고 하더라도, 그는 ㄱ과 ㄷ만을 포함한 답지를 선택하여야 하는데, 그러한 답지가 없으므로 복수 정답을 인정할 여지도 없다.

문항에 주어진 진술들의 집합으로부터 B가 사형제 폐지 국가인지 아닌지 결정할 수 없으므로, ㄴ은 옳지 않다는 주장은 진술의 진/위와 추리의 옳고 그름을 혼동한 것으로서, 갑과 을의 조사 결과를 모두 고려할 때 B가 사형제 폐지 국가인가 아닌가를 결정할 수 없다는 지적은 옳으나 그것은 B가 사형제 폐지 국가라는 것도 옳게 추론되고 B가 사형제 폐지 국가가 아니라는 것도 또한 옳게 추론되기 때문인 것이다.

갑과 을의 조사 결과를 합하면 모순이므로 32번 문항은 오류라는 이의 제기도 있었다. 위원회는 추리의 전제로 사용되는 진술들의 집합을 모순되게 주는 것이 옳은가 또는 적절한가 하는 의문에 대해서도 논의하였다. 다수의 조사자가 조사한 결과를 함께 고려할 때 모순이 발생하는 경우는 실제로도 있을 수 있는 상황이므로, 32번 문항에 주어진 상황이 올바른 문제 해결을 어렵게 만든 점이 있다 하더라도, 또 문항 제작 기술상 문두 및 보기에서 혼란을 피할 수 있도록 더 적절한 진술을 찾았더라면 좋았으리라는 점도 인정한다 하더라도, 모순을 낳는 진술 집합을 전제로 주는 것 자체가 오류는 아니다.
두 조사자의 진술들을 함께 고려하면 모순이 발생한다는 것을 확인한 수험생들의 경우, 모순되는 전제들로부터는 어떤 진술도 타당하게 추론될 수 있다는 논리 원칙을 고려하든 아니면 주어진 보기의 추리가 옳은가를 있는 그대로 판단하든 보기의 ㄴ과 ㄷ은 옳다고 판단할 수밖에 없으며 ⑤가 정답이 된다.
결론적으로 32번 문항의 경우 (1)과 (4)만을 확인하고 답을 ①로 고른 수험생은 (2)를 생각하지 못한 점에 더하여 (3)을 따져 보지 않았으므로 문제를 덜 푼 것으로, 대개의 추리 문제의 경우 그런 정도의 추리로 정답에 도달하는 데 문제가 없었음을 생각할 때 억울하게 느낄 수는 있으나, 올바르게 추리한 것은 아니므로 구제할 수 없다.
따라서 이 문항이 함정이 있다거나 지나치게 꼬였다거나 법학적성시험의 추리 문제로서 적절하게 제작되지 못하였다는 등의 지적에도 불구하고 이 문항은 옳은 추론을 묻는 문항으로 성립하며, 정답은 ⑤이며 그 이외의 답지는 정답일 수 없다.

## 03 술어논리의 응용 정답 ②

ㄱ. (×) 각각의 차별 대우를 정당화하는 차이가 적어도 하나 있다고 해서 모든 차별 대우를 정당화하는 차이가 적어도 하나 있다고 할 수는 없다. 다시 말해 A와 B가 다른 차별 대우라 할 때 A를 정당화하는 차이와 B를 정당화하는 차이가 존재한다고 해서 이 둘을 포함한 모든 차별 대우를 정당화하는 차이가 반드시 존재한다고 할 수는 없다.

ㄴ. (○) 모든 차별 대우를 정당화하는 차이가 적어도 하나 존재한다면 각각의 차별 대우를 정당화하는 차이가 적어도 하나 존재한다고 할 수 있다. 다시 말해 A와 B가 차별 대우라 할 때 이를 포함한 모든 차별대우를 정당화하는 차이가 존재한다면 A를 정당화하는 차이라든지 B를 정당화하는 차이가 적어도 하나 존재한다고 할 수 있다.

ㄷ. (×) 각각의 차별 대우를 정당화하는 차이는 언제나 다르다고 할 때 모든 차별 대우를 정당화하는 차이가 반드시 존재한다고 말할 수 없다. 다시 말해 각각의 차별 대우를 정당화하는 차이가 적어도 하나 존재하고 그 중 한 가지가 공통적으로 해당될 때 (나)가 성립한다고 할 수 있다.

## 04 기호의 활용 정답 ②

제시문의 조사결과를 정리하면 다음과 같다.

1. A 불량 → B ∧ D ∧ E 불량
   ⇔ ~B 불량 ∨ ~D 불량 ∨ ~E 불량 → ~A 불량
2. ~(C 불량 ∧ D 불량) 존재 ⇔ C 불량 → ~D 불량
3. ~E 불량 → ~B 불량 ∧ ~D 불량
   ⇔ B 불량 ∨ D 불량 → E 불량

ㄱ. (×) E가 불량일 경우 1, 2, 3을 활용하여 C에 대해 추론할 수 있는 내용은 없다. 즉, C가 불량인지 아닌지 알 수 없다.

ㄴ. (○) 2에 따라 C가 불량인 제품은 D가 불량이 아니고, D가 불량이 아닌 제품은 1에 따라 A역시 불량이 아니다.

ㄷ. (×) D가 불량이 아니면 1에 의해 A 역시 불량이 아니고, B가 불량인 제품은 3에 의해 E 역시 불량이 되지만, C가 불량인지의 여부는 알 수 없다.

## 05 술어논리의 응용 정답 ③

주어진 사실을 정리하면 아래와 같다.

| A (2종류 이상) | B (2종류 이상) | C (2종류 이상) | D (2종류 이상) |
|---|---|---|---|
| 개 | ~토끼 | 고양이 | 닭 |

사실 3. A동물 → B동물 ⇔ ~B동물 → ~A동물
사실 4. A와 C 같은 동물×

사실 3에 따라 B는 A가 키우는 개를 키우고, A는 B가 키우지 않는 토끼를 키우지 않는다. 사실 4에 따라 A는 C가 키우는 고양이를 키우지 않으며, C는 A가 키우는 개를 키우지 않는다. A는 토끼와 고양이를 키우지 않으므로 2종류 이상의 동물을 키운다는 사실 5로부터 개와 닭을 키운다는 것을 추론할 수 있고, 사실3에 의해 B는 닭을 키운다는 사실을 추론할 수 있다. 한편, C는 개와 닭을 키우지 않으므로 토끼와 고양이를 키운다는 것을 추론할 수 있다. D의 경우에는 처음 주어진 정보인 닭을 키운다는 정보 외에는 추론되는 정보가 없다.

| A (2종류 이상) | B (2종류 이상) | C (2종류 이상) | D (2종류 이상) |
|---|---|---|---|
| i) 개 | i) ~토끼 | i) 고양이 | i) 닭 |
| ~토끼<br>~고양이 => 닭 | 개<br>닭 | ~개<br>~닭 => 토끼 | |

정리하면 아래와 같다.

| A (2종류 이상) | B (2종류 이상) | C (2종류 이상) | D (2종류 이상) |
|---|---|---|---|
| 개, 닭 | 개, 닭 | 고양이, 토끼 | 닭 |
| ~토끼,<br>~고양이 | ~토끼 | ~개, ~닭 | |

① (×) B는 개를 키운다.
② (×) B와 C가 공통으로 키우는 동물은 없다.
③ (○) C는 키우지 않지만 D가 키우는 동물은 닭이다. 따라서 존재한다.
④ (×) A, B, D 3명이 공통으로 닭을 키우고 있다.
⑤ (×) B나 D가 3종류의 동물을 키울 수도 있다.

## 06 형식적 추리 정답 ③

주어진 조건을 정리하면 다음과 같다.

(1) A∨B∨C
(2) A∧~B→C ≡ ~C → ~A∨B
(3) C → 2개 이상 ≡ 1개→ ~C
(4) ~A∨~C ≡ C →~A ≡ A→ ~C

그리고 위 조건을 조합하면 다음과 같은 사실을 알 수 있다.

배중률에 의해 ( C∨~C)인데,
if ~C → ~A∨B by (2)
그런데 위 조건문의 후건을 보면, (1)에 의해 하나는 반드시 상품이 있어야 하므로, ~A여도 B가 됨을 알 수 있다.
결국 "~C → B"가 성립한다.
if C → ~A by (4)
이 때 (3)을 고려하면, 상품이 들어있는 상자는 C포함 2개 이상이어야 하므로, 이 경우에도 B가 됨을 알 수 있다. 즉, "C → B"가 성립한다.
∴ 확정적 사실 : B상자에는 상품이 들어있다. ⇒ 보기 (ㄱ)과 (ㄷ)은 조건문의 전건과 상관 없이 참이 된다.

ㄱ. (○) (4) 및 (2)를 정리하면, A→~C → ~A∨B 이므로 A → B가 성립한다.
ㄴ. (×) B에는 무조건 상품이 들어있다. 그런데 (~A, B, ~C)의 경우도 가능하므로 보기 (ㄴ)의 진술은 틀렸다.
ㄷ. (○) 위 내용 참조

## 07 형식적 추리 정답 ⑤

제시문의 주어진 정보를 형식논리학적 기호로 바꾸어 정리하면 다음과 같다.

(ㄱ) 변호사∨회계사 → 경영학
(= ~경영학 → ~변호사∧~회계사)
(ㄴ) 남자∧경영학 → 변호사
(= ~변호사 → ~남자∨~경영학)
(ㄷ) 여자∧경영학 → ~회계사
(= 회계사 →~여자∨~경영학)
(ㄹ) (회계사∧변호사)
(ㅁ) 남자 ↔ ~여자

① (○) (ㄱ)과 (ㄷ)을 통해 "회계사 → ~여자"임을 도출할 수 있다.
② (○) (ㄱ)과 (ㄷ), (ㅁ)을 통해 "회계사 → 남자"임을 도출할 수 있다. 또한 (ㅂ)에 의해 회계사가 최소한 1명이상 존재한다는 것을 알 수 있으므로, (회계사 ∧ 남자)가 존재함을 알 수 있다.
③ (○) "회계사 → 남자"(by ②)이고 "회계사 → 경영학"(by (ㄱ))이므로 이를 (ㄴ)의 조건에 대입하면 "회계사 → 변호사"의 명제가 성립함을 확인할 수 있다.
④ (○) "회계사 → 남자"이므로 "(회계사 ∧ 변호사) → 남자" 역시 성립한다.
⑤ (×) (ㄴ)을 통해 "남자 ∧ 경영학 → 변호사"의 사실은 알 수 있지만, "남자 ∧ 경영학 → 변호사 ∧ 회계사"의 명제는 도출할 수 없다.

## 08 형식적 추리 정답 ⑤

주어진 정보를 정리하면 다음과 같다.

1. 취업 → 3.5 ∨ 외국어 (~3.5 ∧ ~외국어 → ~취업)
2. 인턴 → 박람회 (~박람회→ ~인턴)
3. 3.5 ∧ 박람회 → 취업 (~취업 → ~3.5 ∨ ~박람회)
4. 외국어 ∧ 인턴 → 취업 (~취업 → ~외국어 ∨ ~인턴)

① (×) 주어진 정보를 볼 때 인턴을 한 사람에 대해서는 다른 사실을 추론할 수 있지만, 어떤 사람을 인턴으로 추론할 수 있는지는 알 수 없다.

② (×) 주어진 정보를 토대로 을이 ㅂ취업박람회에 참가하지 않았음을 추론할 수 있으려면 그가 '~취업'이면서 '~3.5'임을 알아야 한다. 그런데 '~취업'임은 알 수 있지만 '~3.5'인지는 확인할 수 없다.

③ (×) '3.5 ∧ 박람회'인 사람과 '외국어 ∧ 인턴'인 사람의 취업 여부는 알 수 있지만 '박람회 ∧ 외국어'인 병의 취업 여부는 확인할 수 없다.

④ (×) 주어진 정보를 토대로 추론할 수 있는 것은 아래의 7까지이다. 즉, 정이 외국어 인증 시험에 합격했는지 여부는 확정할 수 없다.

5. (정) ~박람회 ∧ 취업
6. (정) ~인턴 ∧ (3.5 ∨ 외국어) …… 5에 정보1과 정보2의 대우를 적용
7. (정) (~인턴 ∧ 3.5) ∨ (~인턴 ∧ 외국어)

⑤ (○) 아래와 같이 무가 취업했음을 추론할 수 있다.

8. (무) 인턴 ∧ 3.5
9. (무) 박람회 ∧ 3.5 …… 8에 정보2를 적용
10. (무) 취업 …… 9에 정보3을 적용

## 09 술어 및 관계논리 정답 ③

ㄱ. (○) (1)과 (2), 그리고 〈원리〉에 의해 추론된다. (1) A의 모든 직원은 B의 직원 중 1명 이상을 감시한다. (2) C 직원 중 적어도 한 사람(c1)은 B 모든 직원의 감시를 받는다. 따라서 A 직원이 감시하는 B 직원은 누구나 C직원 중 적어도 한 사람(c1)을 감시하게 된다. 결국 〈원리〉에 의해, A의 모든 직원은 C의 직원 가운데 한 사람(c1)을 감시하고 있다고 할 수 있다.

ㄴ. (×) 반드시 그렇다고 할 수 없다. (2)와 (3)에 의해 A의 모든 직원을 감시하는 B의 직원이 존재할 수도 있지만 존재하지 않을 수도 있다. (2) 모든 B의 직원은 c1을 감시한다. (3) C의 어떤 직원은 A의 모든 직원을 감시한다. 그런데 (3)에서 말하는 'C의 어떤 직원'이 c1일수도 있고 아닐 수도 있기 때문에, 'B의 어떤 직원이 A의 모든 직원을 감시하고 있다'고 확정적으로 말할 수 없다.

ㄷ. (○) (3)과 (1), 그리고 〈원리〉에 의해 추론된다. (3) C의 어떤 직원은 A의 모든 직원을 감시한다. (1) A의 모든 직원은 B의 직원 중 1명 이상을 감시한다. 따라서 C의 어떤 직원이 감시하는 A의 직원은 B의 직원 중 1명을 감시한다. 결국, 〈원리〉에 의해, C의 어떤 직원은 B의 직원 가운데 적어도 한 사람을 감시하고 있음이 추론된다.

## 10 술어 및 관계논리 정답 ③

제시문의 조건을 위에서부터 〈조건 1〉~〈조건 5〉라고 한다.

(1) 사업가 → 친절
(2) ~원만 → ~친절 (친절 → 원만)
(3) 논리학자 → [~친절 좋아함]
(4) [~친절 좋아함] → ~친절
(5) 철학자 → 논리학자

(1), (2)에 따라 사업가 → 원만 (~원만 → ~사업가)
(3), (4)에 따라 논리학자 → [~친절 좋아함] → ~친절
이를 통해, 논리학자는 논리학자를 좋아할 것임도 추론할 수 있다.

ㄱ. (○) 갑이 원만하지 않다면 사업가가 아니어야 하므로 논리학자여야 한다. 갑이 논리학자라면 〈조건 3〉에 의해 친절하지 않은 모든 사람을 좋아한다.

ㄴ. (○) 어떤 철학자는 논리학자이고(조건 5), 논리학자는 논리학자를 좋아하므로 을도 좋아한다. 따라서 어떤 철학자는 을을 좋아한다.

ㄷ. (×) 주어진 조건을 통해서는 연결고리가 없어 판단이 불가능하다. 따라서 반례 가능성을 검토한다. 병이 친절하면서 사업가이고 철학자일 가능성이 있는지 살펴본다. 〈조건 1〉에 따라 사업가이면 친절하므로 친절하면서 사업가가 존재할 가능성은 있다. 또한 〈조건 3, 4〉에 따라 친절하면 논리학자는 아니라는 것은 알 수 있을 뿐, 철학자가 아니라는 것은 알 수 없다. 따라서 반례 가능성이 존재하므로 ㄷ은 옳지 않다.
(조건 5를 통해서 알 수 있는 것은 철학자이면서 논리학자인 사람이 존재한다는 것이지, 논리학자가 아니라

고 해서 반드시 철학자가 아니라는 의미가 아니다.)

보기 ㄴ, ㄷ에서 〈조건 5〉가 전칭명제가 아니라는 점을 이용하여 출발점으로 삼으면 빠르게 접근 가능할 것이다.

## 11 연역추리 정답 ③

본 문제는 연역추론을 이용한 논리게임으로 확정적인 정보로부터 문제해결의 실마리를 찾아간다.

① (○) B와 E가 만난 적이 있다면, E는 A와 B를 만난 것이 되므로 4번 서류철은 E에 관한 서류를 포함하게 된다.
② (○) C와 D가 만난 적이 없다면, C가 3번 서류철에 포함되기 위해서는 C는 E와 F를 만났어야 한다. 결국 E는 A와 C를 만난 것이 되므로 4번 서류철에는 A에 관한 서류를 반드시 포함하게 된다.
③ (×) C와 D가 만난 적이 없다면, C가 3번 서류철에 포함되기 위해서는 C는 E와 F를 만났어야 한다. 따라서 3번 서류철에는 C뿐 아니라 E와 F 서류를 반드시 포함하게 된다.
④ (○) C와 E가 만난 적이 있다면, E는 A와 C를 만난 것이 되므로 4번 서류철은 E에 관한 서류를 포함하게 된다.
⑤ (○) C와 E가 만난 적이 없다면, C가 3번 서류철에 포함되기 위해서는 C는 D와 F를 만났어야 한다. 따라서 C는 F를 만난 적이 있음을 추론할 수 있다.

## 12 연역추론 응용 정답 ①

ㄱ. (○) 간접증명을 통해 살펴보면 다음과 같다.
i) if, ~A : 선발되는 사원의 총점은 10을 초과하여야 한다. 따라서 D는 선발되지 않는다.
~D → 나머지 3명 선발 : A가 선발되지 않으므로 최대 2명만이 선발될 수 있어 모순이 발생, 따라서 A는 반드시 선발되어야 한다.
ii) if, ~C : 선발되는 사원의 총점은 11을 초과하여야 한다. 따라서 D는 선발되지 않는다.
~D → 나머지 3명 선발 : C가 선발되지 않으므로 최대 2명만이 선발될 수 있어 모순이 발생, 따라서 C는 반드시 선발되어야 한다.

ㄴ. (×) 두 번째 조건에 따라 D가 선발되지 않는다면 3명의 지원자가 선발되어버리므로, 두 명이 선발되기 위해서는 일단 D는 선발되어야 한다. 한편, D가 선발되게 되면 총점 8점 이상의 지원자는 모두 선발되어야 하므로 A와 C 모두가 선발되어 이 경우에도 역시 결과적으로 3명의 지원자가 선발되고 만다. 따라서 두 명을 선발하는 경우는 발생할 수 없다.

ㄷ. (×) 상, 중, 하로 평가 받은 영역이 최소한 하나씩 있다는 것은 B가 7~9점 사이의 총점을 받게 된다는 것을 의미한다. 그러나 B가 총점 10이 되어도 두 번째 조건에 위배되지 않으므로 올바르지 않은 추론이다.

# 제2부
# 언어추리

**chapter 1 언어추리** 정답 및 해설 ▶▶▶ 12~22쪽

| | | | | | | | | | |
|---|---|---|---|---|---|---|---|---|---|
| 01 ⑤ | 02 ① | 03 ① | 04 ⑤ | 05 ② | 06 ② | 07 ② | 08 ② | 09 ② | 10 ① |
| 11 ③ | 12 ③ | 13 ④ | 14 ④ | 15 ① | 16 ⑤ | 17 ⑤ | 18 ② | 19 ④ | 20 ③ |
| 21 ④ | 22 ② | 23 ② | 24 ⑤ | 25 ① | 26 ④ | 27 ⑤ | 28 ③ | 29 ④ | 30 ⑤ |
| 31 ① | 32 ② | 33 ③ | 34 ⑤ | | | | | | |

**chapter 2 귀납추리** 정답 및 해설 ▶▶▶ 22~26쪽

| | | | | | | | | | |
|---|---|---|---|---|---|---|---|---|---|
| 01 ③ | 02 ③ | 03 ④ | 04 ④ | 05 ④ | 06 ① | 07 ① | 08 ⑤ | 09 ④ | 10 ② |
| 11 ⑤ | 12 ② | 13 ④ | | | | | | | |

# chapter 1 언어추리

## 01 화용론적 함축 언어철학 정답 ⑤

① (○) ㉠을 혼자 중얼거린 것이 아니라 대화 상황에서 말해졌다면, 무엇인가를 전달하려는 목적이 있다는 것을 추론할 수 있으므로 (2)의 정보전달기능은 ㉠이 수행하는 기능 중의 하나일 것이다.

② (○) ㉡은 권유하는 내용의 말이므로 (3)의 행위유발기능은 ㉡이 수행하는 기능 중의 하나이다.

③ (○) ㉢은 대화 상황에서 이루어진 것으로 (2)의 정보전달기능은 ㉢이 수행하는 기능 중의 하나라고 할 수 있다.

④ (○) ㉡의 문장 의미는 '저편으로 가서 인사하라'라는 것이고, 화자 의미 또한 '저편으로 가서 인사하라'는 것으로 별 차이가 없는 반면, ㉢의 문장의미는 '다른 하객들도 모여 인사하고 있다'라는 것이고, 화자 의미는 '다른 하객들도 인사하고 있으니 저편으로 가서 인사하라'라는 의미를 담고 있다. 따라서 화자의 의도를 고려할 때, ㉢은 ㉡보다 문장의미와 화자 의미의 거리가 멀다.

⑤ (×) ㉣의 경우, 석하가 이해하고 예나가 의도한 문장의미는 둘 다 '이 자리에 있으면 안 되나요?'인데, 석하가 이해한 화자 의미는 '더 이상 귀찮게 하지 말라'이고, 예나가 의도한 화자의미는 '이 자리를 떠나고 싶지 않다.' 이므로 석하가 이해한 화자의미와 문장의미의 거리가 예나의 것보다 멀다.

## 02 상관관계와 인과관계 정답 ①

ㄱ. (○) 흡연이 비만과 부정적으로 상관되어 있다면, 상관관계의 대칭성에 의해, 비만 또한 흡연과 부정적으로 상관되어 있다고 할 수 있다. 따라서 비만인 사람 중 흡연자의 비율이 비만이 아닌 사람 중 흡연자의 비율보다 작다.

ㄴ. (×) 흡연과 비만 사이에 긍정적 상관관계가 있다는 것은 흡연자 중 비만인 사람의 비율이 비흡연자 중 비만인 사람의 비율보다 크다는 것을 의미하고, 상관관계의 대칭성에 의해 비만 또한 흡연과 긍정적 상관관계를 갖게 되므로 비만인 사람 중 흡연자의 비율이 비만이 아닌 사람 중 흡연자의 비율보다 크다는 것을 의미한다. 따라서 이를 통해 비만인 사람 중 흡연자의 수가 비만인 사람 중 비흡연자의 수보다 많다고 추론할 수 없다. 즉 흡연과 비만 사이에 긍정적 상관관계가 있다고 하더라도 비만인 사람 중 흡연자의 수가 비흡연자의 수보다 많을 수도 있고 그렇지 않을 수도 있다.

ㄷ. (×) 두 사건 사이에 인과 관계가 있어도 이들 사이에 긍정적 상관관계가 없을 수도 있고 심지어는 부정적 상관관계가 있을 수도 있으므로, 흡연이 고혈압의 원인이고 고혈압이 심장 발작과 긍정적 상관관계를 갖는다 하더라도, 흡연은 심장 발작과 긍정적 상관관계를 갖지 않을 수 있다.

## 03 하자 있는 행정처분의 취소 요건 정답 ①

ㄱ. (○) 제시문 상단에서 「국가기관이 하자 있는 처분을 한 경우 그 기관은 별다른 법적 근거가 없더라도 그 처분을 취소할 수 있다.」라고 하고 있고, 이어지는 단서에도 해당되지 않으므로 국가기관은 이 처분을 취소할 수 있다.

ㄴ. (×) 본 사례는 국가기관의 하자 있는 처분 중 상대방에게 이익을 주는 처분을 취소하여야 하는 경우에 해당되므로 취소를 통한 공익상의 필요와 취소로 인해 입게 되는 불이익을 비교하여 판단하여야 한다. 따라서 무조건 취소할 수 없다고 말할 수는 없다.

ㄷ. (×) 제시문 하단의 「국가기관의 하자 있는 처분이 당사자의 사실 은폐나 사기에 의한 신청에 근거한 것」에 해당되는 내용으로 그 처분은 취소되어야 한다.

## 04 사실에 함축된 정보의 종합적 판단 정답 ⑤

① (○) (가)의 사고 발생 없이는 피고인이 가해 트럭을 운전하였다고 검사는 주장할 수 없으므로 (가)에서 교통사고가 발생하였다는 사실은 검사 주장의 전제는 된다. 하지만 검사 주장의 전제가 된다고 하여 검사의 주장이 옳다는 것을 의미하는 것은 아니므로 이 사실만으로 피고인 주장의 참·거짓을 판단할 수는 없다.

② (○) (다)에 제시된 피고인의 상황은 (가)의 사실과 함께 검사의 주장을 지지하는 논거가 되므로 피고인이 운전자라고 주장하는 검사는 (다)를 피고인이 사고 후 도주한 이유에 대한 설명으로 제시할 수 있다.

③ (○) (라)의 범칙금납부고지서가 2010년 8월 10일에 발급된 것으로 확인되었다고 하더라도 피고인의 주장대로 9월

경 트럭을 도난당했을 수도 있고 그렇지 않을 수도 있다. 따라서 이 사실만으로는 검사와 피고인 주장의 참·거짓을 판단할 수 없다.

④ (○) (바)에서의 L과 K의 진술을 모두 신뢰할 수 있다면 검사 주장이 참일 개연성을 높이므로 L과 K의 진술은 검사 주장을 강화하는 데 사용할 수 있다.

⑤ (×) 검사의 주장은 피고인이 운전하였다는 단순명제로 구성된데 반해 피고의 주장은 트럭을 도난당했고 운전한 사실이 없다는 것으로 연언으로 구성된 복합명제이다. 따라서 (가)~(마)가 모두 사실인 경우라도 피고인이 운전을 하지 않았고 9월에 트럭을 도난당하지 않았다면 검사와 피고인의 주장 모두 거짓이 된다. 반면에 검사의 주장이나 피고의 주장 중 어느 하나가 참이라면 다른 하나는 반드시 거짓이 되므로 동시에 참일 수는 없다.

## 05 개념의 사례 적용 정답 ②

① (×) 첫 번째 의미에서는 자연적(=기적적이지 않음)이나 세 번째 의미에서는 자연적(=인위적이지 않음)이지 않다.

② (○) 논개의 살신성인적 행위는 두 번째 의미에서도 자연적(=흔하고 일상적)이지 않고 세 번째 의미에서도 자연적(=인위적이지 않음)이지 않다.

③ (×) 내가 산 로또 복권이 당첨되는 일은 첫 번째 의미에서는 자연적이고 두 번째 의미에서 자연적이지 않다. 첫 번째 의미에서의 '자연적'이란 자연법칙에 위배되는 현상인 기적을 제외한 세상의 모든 사건을 의미한다.

④ (×) 벼락을 두 번이나 맞고도 살아남은 사건은 첫 번째 의미에서는 자연적이나 두 번째 의미에서 자연적이지 않다.

⑤ (×) 개가 낯선 사람을 보고 짖는 것은 두 번째 의미에서는 자연적이지만, 세 번째 의미에서는 자연적이지 않다. 세 번째 의미에서의 '인위적'이란 행위라는 것 자체가 특정 계획과 의도를 지니고 수행되었음을 의미한다.

## 06 윤리학 정답 ②

ㄱ. (×) B의 경우에는 '모든 사람은 근원적으로 양심을 자기 내에 가지고 있다.'라고 말하고 있으므로 '양심 없는 인간이 있을 수 있다'는 진술과 양립할 수 없다. 따라서 A~C 모두와 양립할 수 있는 것이라 할 수 없다. A의 경우와 C의 경우에는 다소 달리 해석될 여지가 있다. A의 경우 양심은 '사회적 감정으로서 인류가 공유하는 습관화된 동정심'이라고 말하고 있으므로 이러한 사회적 감정 내지 습관화된 동정심을 학습하지 않은 사람의 경우 양심이 없을 수 있다. C는 양심이란 '부모의 권위가 내면화된 초자아의 기능'이라고 말하고 있는데 '초자아'가 형성되는 시기를 부모와 함께 하지 못한 고아의 경우에는 양심이 없을 수 있으므로 '양심 없는 인간이 있을 수 있다'는 진술과 양립가능하다.

ㄴ. (×) B는 '양심이란 개인적 욕구로부터 독립적인 보편타당한 도덕 판단을 하는 실천이성에 다름 아니다'라고 말하고 있음을 통해 볼 때 '양심의 명령에 따르는 행동이 비도덕적일 수 있다'는 진술과 양립할 수 없다. 따라서 A~C 모두와 양립할 수 있는 것이라 할 수 없다.

ㄷ. (○) A의 '잘못된 양심'이나 '양심에서 비롯된 잘못된 행위'라는 표현을 통해 A는 '나의 행동이 양심이 명령하는 바와 일치하지 않을 수 있다'는 진술과 양립할 수 있음을 추론할 수 있고, B의 '이 사람은 양심이 없다'고 말하는 것은 그가 양심의 요구를 외면하고 있음을 의미한다는 표현을 통해 B는 '나의 행동이 양심이 명령하는 바와 일치하지 않을 수 있다'는 진술과 양립할 수 있음을 추론할 수 있고, C의 '많은 신경증적 증후들은 초자아가 지나치게 강한 결과, 즉 양심이 과도하게 열등감이나 죄의식으로 자아를 벌한 결과이다.'라는 표현을 통해 초자아가 지나치게 약한 결과 또한 예상할 수 있으므로 '나의 행동이 양심이 명령하는 바와 일치하지 않을 수 있다'는 진술과 양립할 수 있음을 추론할 수 있다.

## 07 과학철학 정답 ②

- 사건의 관찰에서 획득하는 정보의 양 ∝ 놀라움의 정도 ∝ 1/사건이 일어날 확률

① (○) 제시문에 따르면 관찰로부터 획득하는 정보의 양은 관찰에 대해 느끼는 놀라움의 정도에 비례하고, 놀라움의 정도는 예측의 정도와 반비례한다. 예측의 정도는 해당 사건이 일어날 확률로 측정할 수 있다. 결국 정보의 양이 같다는 것은 각 사건이 일어날 확률이 같다는 의미인데, 확률이 같다고 해서 동일한 사건인 것은 아니다.

② (×) 사건의 관찰에 따른 놀라움의 정도는 그 사건이 일어날 확률에 반비례하지만, '놀라움의 정도의 차이'는 '확률의 차이'에 반비례하지 않는다. 오히려 '차이'는 비례할

가능성이 많다.

③ (○) "사건이 발생할 확률 = 1- 사건이 발생하지 않을 확률"이므로 사건이 발생했음을 관찰했을 때 획득하는 정보의 양은 그 사건이 발생하지 않았음을 관찰했을 때 획득되는 정보의 양과 서로 반비례할 수밖에 없다.

④ (○) '어떤 사건이 반드시 일어날 수밖에 없다'고 생각한다는 것은 그 사건의 발생 확률을 1로(혹은 1에 가깝게) 보는 것이다. 그렇다면 그 사건의 관찰에서 획득하는 정보의 양은 획득할 수 있는 최소수준일 것이다.

⑤ (○) 확률값이 다르면, 놀라움의 정도도 다르므로 옳은 판단이다.

## 08 윤리학 / 미래세대의 행복 정답 ②

ㄱ. (×) 제시문은 '행복을 전혀 느끼지 못하는 사람들만 늘어나는 것이 아닌 한, 인구가 증가하면 어쨌든 행복 총량은 조금이라도 증대될 것'이라고 말하고 있으므로 인구가 감소하면 일반적으로 조금이라도 행복 총량은 감소할 것이다. 반면에, 행복 평균은 행복 총량을 인구수로 나눈 것이므로, 이는 줄어드는 개인이 갖고 있었던 행복의 크기에 따라 변화 방향이 달라질 것이다. 행복의 크기가 평균보다 큰 개인들이 줄어들면 행복 평균은 감소할 것이고 반대의 경우에는 행복 평균이 증가할 것이다. 따라서 '행복 평균이 증대한다'는 단정적 추론은 적절치 않다.

ㄴ. (○) '순행복'의 개념을 도입할 경우, '행복보다 고통이 더 큰 사람들'은 순행복이 (-)의 값을 가질 것이므로, 이런 사람들이 늘어나면 순행복 총량은 줄어든다. 따라서 순행복 총량 극대화를 목표로 한다면 '행복보다 고통이 더 큰 사람들'이 무수히 많아지는 상황을 야기할 가능성은 낮아진다.

ㄷ. (×) 낙후 지역에서, 먼저 행복 총량 견해를 선택하고 한 세대가 지난 후 행복 평균 견해로 변경하게 되는 경우, 처음부터 행복 평균 견해만 선택한 경우보다, 첫 세대에서는 행복보다 고통이 더 큰 사람들도 상대적으로 많이 증가하게 되어, 한 세대가 지난 후에는 전자(前者)의 행복 평균이 후자(後者)의 행복 평균보다 낮을 것이다. 따라서 전자의 경우 한 세대가 지난 후 행복 평균 견해로 변경하는 경우, ⓒ의 확대가능성이 후자보다 높아질 것이다.

## 09 도덕적 비난 가능성 / 도덕 원리의 상황에의 적용 정답 ②

행위능력 유무와 인지 유무에 따른 도덕적 비난 가능 여부를 정리하면 아래와 같다.

| 행위를 할 수 있는 능력 여부 | 능력을 인지하는지 여부 | 도덕적 비난 가능 여부 | | 상황 |
|---|---|---|---|---|
| | | ㉠ | ㉡ | |
| × | 무관 | × | × | (1), (3) |
| ○ | ○ | ○ | ○ | |
| | × | × | ○ | (2) |

ㄱ. (×) (1)과 (3)의 상황은 방문을 열고 나갈 수 없는 상황, 즉 행위를 할 수 있는 능력이 없는 상황이다. 이 경우 능력을 인지하는지 여부는 무관하게, ㉠과 ㉡ 어느 입장에 따르더라도 도덕적으로 비난할 수 없다고 본다. 즉, 甲이 ㉠과 ㉡ 중 어느 입장을 채택했는지 알 수 없다.

ㄴ. (×) ㉡은 행위자에게 능력이 있는 경우, 행위자가 그 능력의 존재를 인식하였는지와 무관하게 도덕적으로 비난할 수 있다는 것이다. 따라서 비록 상황 (2)에서 丁이 자신에게 문을 열고 나갈 수 있는 능력이 있다는 것을 몰랐을지라도 그것이 가능했다면 ㉡ 입장을 채택한 乙은 丁을 도덕적으로 비난할 것이다.

ㄷ. (○) 상황 (3)의 丁은 '귀찮아서'라는 의도와 관계 없이 방에서 나갈 수 있는 능력(행위를 할 수 있는 능력)이 없다. 따라서, ㉠을 채택하든, ㉡을 채택하든 도덕적으로 비난할 수 없다고 볼 것이다. 丙은 상황 (3)의 丁이 도덕적 비난의 대상이 될 수 있다는 것을 설명할 수 없다.

## 10 행위의 합리성 평가 / 인식과 목적측면 정답 ①

- 행위의 인식 측면
  - 주관적 입장 : 개인적으로 믿고 있는 정보를 기준으로 행위 시 합리적
  - 객관적 입장 : 실제로 참인 정보를 토대로 행위 시 합리적

- 행위의 목적 측면
  - 내재주의 : 자신에 대한 직접적 해악과 무관하면 합리적
  - 외재주의 : 비판적으로 정당화되는 도덕이론의 관점에서 부당하지 않으면 합리적

A : 벤젠을 물로 착각하고 마셨으므로 주관적 입장에서는 합리적이나 객관적 입장에서는 비합리적이다. 물을 마신다는 목적은 자신에 대한 직접적 해악도 아니고 도덕이론의 관점에서도 부당하지 않으므로 내재주의와 외재주의 모두에서 합리적이다.

B : 허위매물을 올리는 등의 행위는 개인적으로 믿고 있는 정보를 기준으로 이뤄졌고 그 정보도 실제로도 참이었으므로 주관적 입장에서나 객관적 입장에서나 합리적이다. 판매대금을 이웃돕기 성금을 마련한다는 목적은 자신에 대한 직접적 해악도 아니고 도덕이론의 관점에서도 부당하지 않으므로 내재주의와 외재주의 모두에서 합리적이다.

C : 이메일 주소를 잘못 알고 있었던 것은 개인적으로 믿고 있는 정보를 기준으로 이루어졌기에 주관적 입장에서는 합리적이나 실제로 참인 정보는 아니었기에 객관적 입장에서는 비합리적이다. 그리고 그 목적은 금품 편취였으므로 자신에 대한 직접적 해악은 아니나 도덕이론의 관점에서는 부당하므로 내재주의에서는 합리적이고 외재주의에서는 비합리적이다.

| | 개인적으로 믿는 정보 | 실제로 참인 정보 |
|---|---|---|
| 자신에 대한 직접적 해악과 무관 | 주관적 내재주의<br>A - 합리적<br>B - 합리적<br>C - 합리적 | 객관적 내재주의<br>A - 비합리적<br>B - 합리적<br>C - 비합리적 |
| 도덕이론의 관점에서 부당 X | 주관적 외재주의<br>A - 합리적<br>B - 합리적<br>C - 비합리적 | 객관적 외재주의<br>A - 비합리적<br>B - 합리적<br>C - 비합리적 |

① (×) A와 C를 모두 비합리적이라고 평가하는 입장은 객관적 내재주의와 객관적 외재주의로 2개이다.

② (○) 주관적 내재주의는 A와 B 모두를 합리적이라고 판단한다.

③ (○) 주관적 내재주의와 주관적 외재주의 모두 A를 합리적이라고 판단하므로 둘의 판단은 일치한다.

④ (○) 동료가 C에게 일부러 거짓으로 이메일 주소를 알려준다고 해도 C의 행위에서 인식과 목적 측면에 대한 평가가 바뀔 요소가 새로 도입되지는 않는다. 따라서 어떤 입장에서도 평가는 바뀌지 않는다.

⑤ (○) 외재주의가 수단의 도덕성도 고려한다면 외재주의는 B 행위의 목적을 비합리적이라 판단할 것이다. 따라서 주관적 외재주의와 객관적 외재주의 모두 B의 행위를 비합리적이라 평가할 것이다.

## 11 대통력 / 무중치윤법 정답 ③

ㄱ. (○) 대통력에 의하면 한 달은 큰달 30일, 작은달 29일이며, '중기' 간의 시간 간격이 30.4일이므로 절기 간의 간격은 15.2일이다. 따라서 한 달에 3개의 절기가 함께 들어 있을 수 없다.

ㄴ. (○) 무중치윤법에 따라 경인년 윤11월(소)에는 '중기'가 없고, 11월(소)에는 중기인 '동지'가 위치하고 12월(대)에는 중기인 '대한'이 위치하여야 하므로 윤11월(소)에는 '소한'만이 들어가게 된다.

ㄷ. (×) 윤11월(소)에는 '소한'만이 위치하고, 12월(대)에는 '대한 - 입춘'이 위치하고 신묘년 정월(소)에는 '우수 - 경칩'이 위치하게 되므로 신묘년 2월에는 '춘분 - 청명'이 위치하게 된다.

## 12 범죄심리학 정답 ③

ㄱ. (○) i) 젊은 범죄자는 나이 든 범죄자보다 표적의 매력성을 중시한다.
ii) 절도범은 성폭행범보다 범행의 계획성이 높다.
iii) 따라서 젊은 절도범은 나이 든 성폭행범보다 표적의 매력성을 중시하는 경향이 강하므로 범행가능성이 높고 범행을 위해서 더 먼 거리를 이동하는 경향이 있다.

ㄴ. (○) 비교적 판단이 쉬운 보기이다. 현재 주거지에 오래 거주한 강도범은 갓 이사 온 강도범보다 자신을 알아보는 사람들이 많아 집에서 가까운 지역에서는 범행이 발각될 가능성이 높으므로 범행거리는 갓 이사 온 강도범의 범행거리보다 더 길 것이다.

ㄷ. (×) i) B에 따르면 일단 검거위험성을 매우 중시하는 경우에는 검거위험성이 높다고 생각하는 곳에서는 표적의 매력성이 높더라도 범행을 하지 않는다.
ii) 전과가 많은 쪽은 전과가 적은 쪽보다 표적의 매력성을 중시한다. 따라서 일반적인 경우 전과가 많은 쪽의 범행가능성이 높다.
iii) 하지만 보안시스템이 아주 잘 된 은행은 검거위험성이 높다는 것을 의미하므로 검거위험성을 매우 중시하는 전과가 많은 범죄자라 하더라도 범행을 하지 않을 것이다.

## 13 입법 목적에 따른 법률 개정 정답 ④

제시문에 언급된 합의를 반영하기 위한 선진국 A의 개정법률 조항을 추론하는 문제이다.

ㄱ. (×) 합의된 내용은 개발도상국 국민들을 위한 것으로 자국의 공공이익을 위해 특허 사용을 허용한 본 내용과는 구분된다.
ㄴ. (○) 세 번째 합의 내용을 구체화한 내용으로 볼 수 있다. 특허 발명권자의 권익을 침해하면서까지 개발도상국의 공중보건을 제고하기 위한 합의이므로 침해가 최소화될 수 있도록 특허 사용과 관련하여 구체적인 명시가 있어야 한다.
ㄷ. (○) 두 번째 합의 내용을 구체화한 내용으로 볼 수 있다.

## 14 정치제도 정답 ④

〈가정〉에 의하면 거부권 행사자의 수가 많을수록 정책안정성은 높아진다고 하고 있다. 따라서 정책안정성을 비교하기 위해 각국의 거부권 행사자의 수를 파악하면 다음과 같다.

- A국은 대통령제 국가로 제도적 거부권 행사자만 둘(대통령, 단원제 의회)이 존재한다.
- B국은 대통령제 국가로 제도적 거부권 행사자만 셋(대통령, 상원, 하원)이 존재한다.
- C국은 의원내각제 국가로 행정부를 별도의 거부권 행사자로 보지 않으므로 제도권 거부권자는 하나(단원제 의회)이고, 의원내각제 하에서의 소선거구제이므로 양당제와 단일정부가 출범하게 되어 당파적 거부권자 또한 하나(단일정당정부의 정당)이다. 따라서 거부권 행사자는 둘이다.
- D국은 의원내각제 국가로 제도적 거부권자가 둘(상원, 하원)이고, 의원내각제 하에서의 비례대표제로서 다당제가 출현하여 결국 연립정부를 구성하게 되므로 당파적 거부권자는 둘 이상(연립정부구성 정당수)이 된다.

따라서 거부권 행사자는 넷 이상이 된다.

ㄱ. (×) A국의 거부권 행사자(2)가 B국의 거부권 행사자(3)보다 적으므로 정책안정성이 높다고 할 수 없다.
ㄴ. (○) D국의 거부권 행사자(4이상)가 A국의 거부권 행사자(2)보다 많으므로 정책안정성이 높다고 추론할 수 있다.
ㄷ. (○) D국의 거부권 행사자(4이상)가 C국의 거부권 행사자(2)보다 많으므로 정책안정성이 높다고 추론할 수 있다.

## 15 노동의 숙련도에 따른 환산율 정답 ①

제시문에 따르면 숙련도가 다른 노동을 수치로 환산하는 방법에는 각 노동의 단위 시간당 보수를 계산하여 그 비율을 환산율로 삼는 A의 방법과, 각 노동의 단위 시간당 생산물의 시장가치를 계산하여 그 비율을 환산율로 삼는 B의 방법이 있다.

ㄱ. (○) 각 노동의 단위 시간당 보수의 비율과 각 노동의 단위 시간당 생산물의 시장 가치의 비율이 같을 경우 A와 B에 따른 환산율이 동일할 수 있다.
ㄴ. (×) B의 방법에 따른 환산율은 생산량과 가격을 곱함으로써 구해지는 것으로서 생산물 가격이 변동하더라도 그 비율은 변하지 않는다. 예컨대 노동 ×의 단위 시간당 생산량이 1이고 노동 Y의 단위 시간당 생산량이 2인 경우 환산율은 1(생산량)×P(상품 가격) : 2(생산량)×P(상품 가격)으로 구해지므로 P가 변동되더라도 그 비율은 변하지 않는다.
ㄷ. (×) A의 방법은 각 노동의 단위 시간당 보수를 계산하여 그 비율을 환산율로 삼는 것이므로 생산량 증가분의 왜곡이 있다고 하더라도 시간당 보수에 따른 숙련도 차이 반영에 영향을 미치지 못한다.

## 16 배출부과금 정답 ⑤

ㄱ. (○) 정화 기술 개선 전 총정화비용은 D+E이고 기술 개선 후 총정화비용은 B+E이므로, 총정화비용이 절감되려면 D가 B보다 커야 한다.
ㄴ. (×) 정화 기술 개선 전 총부과액은 A+B+C, 총정화비용은 D+E이고, 개선 후 총부과액은 A, 총정화비용은 B+E이므로 얻게 되는 순이익은 C+D 이다.
ㄷ. (○) ㄴ에서 보는 바와 같이 기술 개선 이전의 B가 기술 개선 후 총정화비용의 일부로 전환된다.

## 17 재산권 설정이론 정답 ⑤

ㄱ. (○) 어부에게 규제권이 있고 기업이 제안한 $p_1$을 어부가 받아들여 합의한 경우, 어부가 생산량을 결정하고 기업이 보상을 하게 되므로 어부는 $q_2$에서 생산량(오염배출량)을 결정하고 보상으로부터 피해액을 뺀 b+c+d+e 만큼이 어부의 이득이 된다.
ㄴ. (○) 기업에게 배출권이 있고 어부가 제안한 $p_1$을 기업이 받

아들여 합의한 경우, 기업이 생산량을 결정하므로 생산량은 $q_1$이 되고 기업은 생산량이 감축된 만큼 어부로부터 보상을 받게 된다. 따라서 어부의 줄어든 피해금액에서 보상액을 뺀 f-d-e 만큼이 어부의 이득이 된다.

ㄷ. (○) 어부에게 규제권이 있고 기업이 제안한 $p_2$를 어부가 받아들여 합의한 경우, 어부가 생산량을 결정하게 되므로 생산량은 $q_1$이 되고, 기업은 발생하는 편익으로부터 보상금액을 뺀 a+b 만큼의 이익을, 어부는 보상금액으로부터 피해금액을 뺀 c 만큼의 이득을 보게 된다.

## 18 펫보험 / 개념이해 및 사례에의 적용 정답 ②

ㄱ. (×) 손해율은 순보험료를 기반으로 산정된 보험료 대비 실제 지급된 보험금을 의미한다. 제시문에 따르면 네 살 반려견의 경우 25만원의 순보험료를 통해 건수에 관계없이 동물병원에서 총 200만원 한도의 치료를 받을 수 있고, 반려묘에 대해서는 20만원의 순보험료로 같은 보장을 받을 수 있다. 즉, 반려묘의 경우 같은 보험금을 지급받기 위해 내야 하는 보험료가 반려견의 80%이므로, 반려묘의 손해율도 반려견 손해율의 80%일 것임을 추론할 수는 있다. 그러나, 이는 보험금 수령 건수가 80%라는 얘기는 아니다.

ㄴ. (○) 손해율은 순보험료를 기반으로 산정된 보험료 대비 실제 지급된 보험금을 의미한다. 손해율은 과거 자료가 부족할 경우 변동성이 더 커지는데, 보험통계기관의 순보험료 발표(과거 자료)를 통해 변동성을 더 줄일 수 있다.

ㄷ. (×) 진료비가 비싸질수록 ㉡이 ㉠보다 진료비에 대한 보험 가입자 부담이 줄어든다. ㉡은 일정 금액까지만 치료비를 지불하면 나머지 금액을 모두 보험처리 할 수 있다. 따라서, 아무리 진료비가 비싸더라도 '일정 금액' 이상은 부담하지 않게 된다. 그러나 ㉠에 따르면 진료비의 일정 비율만큼 자기부담을 해야 하기에 금액이 커질수록 보험 가입자의 부담은 커진다.

## 19 주가의 수익률 변동성 정답 ④

ㄱ. (×) 수익률 변동성의 군집성은 주가 상승/하락 여부와는 관련이 없다. (주가가 상승할 때 수익률 변동성이 더 크게 나타날 뿐이다.)

ㄴ. (○) 레버리지 효과 가설에 따르면, 주가가 하락하면 부채 비율(레버리지)을 높여 수익률 변동성을 높이고 주가가 상승하면 부채 비율을 낮춰 수익률 변동성을 낮춘다. 따라서 부채 비율이 동일하게 유지되는 기업에서는 주가와 수익률 변동성 사이의 연결 고리가 사라지게 되므로 상관관계는 나타나지 않게 된다.

ㄷ. (○) 변동성 피드백 가설에 따르면, 수익률 변동성이 증가하면 위험 프리미엄(위험 보상을 위한 추가 수익률)이 높아진다. 따라서 주식의 기대 수익률도 높아질 것이다.

## 20 이자율과 물가의 관계 정답 ③

ㄱ. (○) 화폐 이자율이 자연 이자율보다 낮아지면, 자본재에 대한 기업들의 투자 수요가 늘어나고, 소비재 생산에 투입되던 생산 요소들이 자본재 생산으로 이동하여, 소비재 공급의 감소 및 물가 상승으로 이어진다. 즉 소비재자본재 간 생산 요소의 이동이 빠를수록 (화폐) 이자율 하락과 물가 상승 사이의 관계가 더 빨리 나타나게 된다.

ㄴ. (×) 화폐 이자율이 자연 이자율을 상회하게 되면, 자본재에 대한 기업들의 투자 수요가 줄고, 소비재 공급이 증가하여 물가가 하락할 것이다. 시간이 경과하면서 소비재 물가의 하락에 따라 기업들의 이윤 동기도 감소하고 소비재 생산을 위한 투자 수요도 감소할 것이다. 기업들의 은행 신용에 대한 수요가 감소하고 화폐 이자율이 떨어지면서 자연 이자율과 균형을 회복하게 된다. 은행이 신용 공급을 축소하여 자연 이자율을 상승시켜 균형이 회복된다는 설명은 옳지 않다.

ㄷ. (○) 두 이자율간 괴리가 발생하는 초기 상황에서는 화폐 이자율과 물가가 반대로 움직이므로 리카도의 주장과 일치하며, 이후의 동태적 조정 과정에서는 은행 신용에 대한 수요의 증가로 이자율이 상승하게 되므로 투크의 주장과 일치한다.

## 21 빙가와 간빙기 정답 ④

ㄱ. (○) 약 6만 년 전까지는 대륙빙하가 크게 확장되었다는 내용을 통해 당시의 해안선은 현재의 해안선보다 바다 쪽을 향해 더 나아갔을 것임을 추론할 수 있다.

ㄴ. (○) 약 2.5만 년 전에는 고위도 지역 및 일부 중위도 지역(북아메리카에서는 북위 39°, 유럽에서는 북위 52°까지)에서만 빙하의 확장과 하천의 결빙이 일어났고, 저위도 지역에서는 빙하의 확장과 하천의 결빙은 일어나지 않았을 것이다. 따라서 저위도 지역 하천의 평균 길이는 짧아지지 않았을 것이다. 오히려 해수면 하강과

이에 따른 육지 면적의 확대로 인해 하천의 유로가 바다 쪽으로 연장되면서 하천의 평균 길이가 늘어났다고 할 수 있다.

ㄷ. (×) 약 6,000년 전에는 세계의 기후가 현재보다 따뜻했기 때문에 고산지대의 곡빙하 중 낮은 고도에 존재하던 부분은 녹아 사라졌을 것이다. 그 결과 현재보다 높은 고도에만 빙하가 남아 있었을 것이다.

## 22 중위도 지역의 겨울 기후 정답 ②

ㄱ. (×) 중위도 동아시아 지역의 겨울 지상기압이 가장 높은 경우는 겨울 지상온도가 가장 낮은 경우를 말한다. 그런데 엘니뇨가 발생하게 되면 중위도 동아시아 지역은 이상 고온의 겨울이 되고, ⓐ[북극권이 중위도 지역보다 지상기온이 더욱 낮아지고 지상기압은 더욱 높아지는 모드]의 경우는 중위도 지역에 한파가 발생하지 않고, ⓒ[동아시아가 포함된 중위도 서부 해역의 수온이 더욱 높아지고 동부 열대 태평양의 수온이 더욱 낮아지는 모드]의 경우는 중위도 동아시아가 포함된 지역의 수온을 높이는 경우이므로, 각각의 경우 모두가 기온을 높이고 기압을 낮추는 경우에 해당된다.

ㄴ. (○) 중위도 동아시아 지역에 겨울 한파가 발생할 가능성이 가장 높은 경우는 북극권과 중위도 지역 간의 기압차가 적을 때이다. ⓑ[북극권이 중위도 지역보다 지상기온이 더욱 높아지고 지상기압은 더욱 낮아지는 모드]의 경우는 기압차를 적게 하는 경우에 해당되며, ⓓ[동아시아가 포함된 중위도 서부 해역의 수온이 더욱 낮아지고 동부 열대 태평양의 수온이 더욱 높아지는 모드]의 경우는 동아시아의 수온이 더욱 낮아지므로 기압차를 적게 하는 경우에 해당된다.

ㄷ. (×) 제시문 마지막 문단에 따르면 평상시 태평양 적도 부근은 동쪽 해수의 온도가 낮고, 서쪽 해수의 온도가 높은데, 엘리뇨의 해에는 북동풍의 약화로 서쪽의 해수온도가 낮아지고 반대로 동쪽의 해수온도가 높아진다고 하고 있다. 이 때 ⓓ[동아시아가 포함된 중위도 서부 해역의 수온이 더욱 낮아지고 동부 열대 태평양의 수온이 더욱 높아지는 모드]가 발생하면 적도 동부 태평양 해역의 온도는 더욱 높아지게 된다. 즉, 기온 변화 특성은 더욱 강화된다고 할 수 있다.

## 23 세포막 유동성 정답 ②

ㄱ. (×) 케토코나졸은 에르고스테롤의 생체 내 합성을 방해하고, 에르고스테롤은 세포막 유동성과 관련하여 콜레스테롤과 같은 기능을 하는데, 저온에서와 고온에서의 콜레스테롤의 유무에 따른 세포막 유동성이 달라지므로, 케토코나졸로 처리할 때 진균의 세포막 유동성이 증가한다고 단언할 수 없다. 즉 저온일 경우에는 세포막 유동성이 감소할 것이고, 고온인 경우에는 세포막 유동성이 증가할 수 있다.

ㄴ. (×) '암포테리신-B는 세포막 유동성에는 거의 영향을 주지 않고 에르고스테롤과 결합하여 진균 세포막에 구멍이 나게 함으로써 진균의 성장을 억제한다'고 설명하고 있고, '세포막 유동성은 일반적으로 온도가 올라갈수록 증가한다'고 설명하고 있으므로 '암포테리신-B로 처리한 진균의 세포막 유동성은 고온보다 저온에서 더 클 것이다'라는 추론은 옳지 않다.

ㄷ. (○) '암포테리신-B는 세포막 유동성에는 거의 영향을 주지 않지만, 에르고스테롤과 결합하여 진균 세포막에 구멍이 나게 함으로써 진균의 성장을 억제한다'고 설명하고 있고, '케토코나졸은 에르고스테롤의 생체 내 합성을 방해함으로써 세포막 유동성을 변화시켜 진균의 성장을 억제한다'고 설명하고 있다. 따라서 케토코나졸과 암포테리신-B로 동시에 처리할 때에는 케토코나졸이 에르고스테롤의 생체 내 합성을 방해하므로 암포테리신-B가 결합할 에르고스테롤이 줄어들게 되어 암포테리신-B로만 처리할 때보다 진균 세포막에 구멍이 나는 정도가 줄어들 것이라 추론할 수 있다.

## 24 면역체계 메커니즘의 사례적용 정답 ⑤

(가)~(다)의 실험내용을 정리하면 아래와 같다.

| 1차 : 모두 암 발생<br>2차 : X1만 암 미발생 | | 2차 이식 | |
|---|---|---|---|
| | | 바이러스 A2 | 니트로 B2 |
| 1차 이식 | 바이러스 A1 | 생쥐 X1 | 생쥐 X2 |
| | 니트로 B1 | 생쥐 Y1 | 생쥐 Y2 |

⇒ 따라서 제시문 내용에 의해, 기억매커니즘이 작동한 항원 A1과 A2는 동일하거나 유사한 항원이라는 추론이 가능하다.

⇒ 반면 (A1, B2) (B1, A2) (B1, B2)의 조합은 기억매커니즘이 작용하지 않음을 알 수 있다.

ㄱ. (×) Y1의 경우 항원 A2를 경험한 적이 있으므로, A1을 이식해도 암이 발생하지 않을 것이다.
ㄴ. (×) X2의 경우 항원 A1을 경험한 적이 있으므로, A2를 이식해도 암이 발생하지 않을 것이다.
ㄷ. (○) B1은 X1과 X2가 경험한 A1, A2 및 B2와 기억매커니즘을 공유하지 않으므로 암이 발생할 것이다.
ㄹ. (○) B2는 X1과 Y1이 경험한 A1, A2 및 B1과 기억매커니즘을 공유하지 않으므로 암이 발생할 것이다.

## 25 단백질의 특성 추론 정답 ①

- 단백질 A의 분리
  - "단백질 A에 결합하는 항체 X + 항체 X와 결합하고 자성을 가지는 항체 Y"를 이용
  - 자석을 이용하여 Y를 용액에서 분리하면 Y에 붙은 항체 X와 단백질 A도 함께 딸려 나오는 원리
- 실험군 : 항체 X 및 항체 Y와 단백질 A, B, C, D가 검출
- 대조군 : 항체 Y와 단백질 B만 검출 ⇒ 단백질 B는 항체 Y와 결합하거나 자성을 가지는 단백질

ㄱ. (○) 만약 단백질 A, C, D가 자성을 가진다면 대조군에서도 검출되었어야 한다. 대조군에서는 항체 Y와 단백질 B만 검출되었으므로, 단백질 A, C, D는 자성을 갖지 않는다.
ㄴ. (×) 단백질 B가 대조군에서 검출된 이유가 자성을 가지기 때문인지 혹은 항체 Y와의 결합으로 분리되는 단백질이기 때문인지 특정할 수 없다.
ㄷ. (×) 실험군과 대조군의 결과로 보아 단백질 A, C, D는 3개 이상의 서로 다른 단백질이 결합한 경우이다. 이 경우 두 단백질 사이에 직접적인 결합이 존재하지 않을 수 있으므로, 단백질 C와 단백질 D 둘 다 단백질 A와 직접 결합하는 단백질인지 여부는 알 수 없다.

## 26 인체의 에너지 합성 메커니즘 정답 ④

제시문을 요약하면 다음과 같다.

전자전달계 활성화(1)
→ 전자 전달 & 산소 소모량 증가
→ 수소이온이 미토콘드리아 내막 바깥으로 투과
→ 수소이온 전위차 형성
→ ATP 합성효소(2) 통과(3-1)
→ 수소이온이 미토콘드리아 내막 안쪽으로 이동(3-2)
→ 수소이온 전위차 해소 & ATP 합성효소 활성화
→ ATP 합성
→ 전자전달계 활성화

X : (1)을 억제
Y : (2)를 억제
Z : (3-1)을 통하지 않아도 (3-2)를 활성화

전체 과정이 순환 형태이므로 어느 한 과정이 활성화되면 나머지 과정들도 활성화되고, 어느 한 과정이 억제되면 나머지 과정들도 억제된다.

ㄱ. (×) X만 처리한다고 해도 전체 과정에 영향을 주므로 결국 ATP 합성이 억제된다.
ㄴ. (○) Y만 처리한다고 해도 전체 과정에 영향을 주므로 결국 산소 소모량이 감소한다.
ㄷ. (○) Y만 처리하면 수소이온 전위차 해소가 되지 않아 전자전달계가 활성화되지 않고 산소 소모량도 증가하지 않지만, Z를 함께 처리하면 전위차가 해소되므로 산소 소모량이 증가한다.

## 27 철농도 유지 메커니즘 정답 ⑤

- 단백질 A, B의 생산 여부

| 철 농도 | 단백질 A | 단백질 B |
|---|---|---|
| 부족 | ○ | × |
| 높음 | × | ○ |

- 단계 (가)~(다)

| 단계 | (가) | (나) |
|---|---|---|
| 철 농도 | T- DNA 결합 여부 | RNA C 생산 여부 |
| 부족 | ⓐ × | × |
| 부족 | ⓑ ○ | ○ |
| 높음 | ⓐ ○ | ○ |
| 높음 | ⓑ × | × |

| (다) | |
|---|---|
| RNA C | 단백질 생산 여부 |
| ○ | ⓒ ○ |
| ○ | ⓓ × |
| × | ⓒ × |
| × | ⓓ ○ |

ㄱ. (○) 단백질 A는 철 농도가 부족할 때 생산되어야 하므로, (가) 단계에서 ⓐ를 거친다면 RNA C가 생산되지 않고, 따라서 (다) 단계에서는 ⓓ를 거쳐야 한다. 또한, 철 농도가 높을 때는 생산되지 않아야 하므로, (가) 단계에서 ⓐ를 거친다면 RNA C가 생산되고, 따라서 (다) 단계에서는 ⓓ를 거쳐야 한다.

ㄴ. (○) 단백질 B는 철 농도가 부족할 때 생산되지 않아야 하므로, (가) 단계에서 ⓐ를 거친다면 RNA C가 생산되지 않고, 따라서 (다) 단계에서는 ⓒ를 거쳐야 한다. 또한, 철 농도가 높을 때는 생산되어야 하므로, (가) 단계에서 ⓐ를 거친다면 RNA C가 생산되고, 따라서 (다) 단계에서는 ⓒ를 거쳐야 한다.

ㄷ. (○) T를 만드는 유전자를 제거한 경우, 철 농도와 관계없이 T-DNA는 결합하지 않을 것이고 RNA C는 생산되지 않을 것이다. 따라서, (다) 단계에서 ⓒ를 거친다면 단백질은 생산되지 않을 것이다.

## 28 효소발현과 유전자조작 정답 ③

ㄱ. (○) 고지방 식이 후 내장 지방 세포 내 임의의 세포 100개당 파란 세포의 수는 100에서 20으로 줄었다. 즉, 전체 세포에서 파란 세포가 차지하는 비율이 줄었다. 조건에 따르면 파란 세포의 수는 유지되어야 한다. 따라서 전체 세포의 수가 늘었다는 것을 의미한다. 한편, 피하 지방 세포에서는 파란 세포의 비율이 그대로 유지되었으므로, 전체 세포의 수도 그대로 유지되었다고 볼 수 있다.

ㄴ. (×) 고지방 식이 후 내장 지방과 피하 지방의 세포 모두 크기가 증가했다. 그리고 (ㄱ)에서 살펴봤듯이 내장 지방 내 세포의 수는 증가하였고 피하 지방의 세포의 수는 유지되었으므로 전체적인 부피 역시 증가할 수밖에 없다.

ㄷ. (○) 실험에 따르면 A 효소가 발현되는 경우 세포가 파란색으로 바뀐다. 내장 지방과 피하 지방에는 파란 세포가 존재하나 근육에서는 존재하지 않는 점으로 볼 때 두 지방 조직에서는 A 효소가 발현되었으나 근육 조직에서는 그렇지 않았음을 알 수 있다.

표에 파란 세포의 수가 감소하였다는 것이 절대적 수의 감소가 아닌 상대적 비율의 감소를 의미하는지를 알고 있는가를 묻는 선지다.

## 29 에너지 변환 정답 ④

① (×) 물체의 높이는 속도 제곱의 절반을 중력가속도인 $10m/s^2$로 나눈 값으로 나타낼 수 있으므로 중력가속도가 클수록 위치에너지로의 변환량이 줄어들 것이므로 더 높이 뛸 수는 없을 것이다.

② (×) 제시문에 따르면 위치에너지의 총량은 근육으로부터의 에너지양과 운동에너지의 양이 변환된 것이므로 근육으로부터 나오는 에너지의 양에 따라 세계기록이 갱신될 수도 있다.

③ (×) 운동에너지가 위치에너지로 변환되는 데 영향을 주는 것은 결국 운동하는 물체의 속도이므로 질량에 따라 변환되는 위치에너지의 양이 달라지지 않는다.

④ (○) 근육으로부터 나오는 에너지의 총량이 같을 경우 질량이 작은 물체의 높이가 질량이 큰 물체의 높이보다 클 수밖에 없으므로 질량이 작은 선수가 뛸 수 있는 높이는 질량이 큰 선수가 뛸 수 있는 높이 이상일 것이다.

⑤ (×) 곤충이 동일 질량 대비 근육으로부터 나오는 에너지의 양이 크기 때문이라고 할 수 있다.

## 30 췌장의 중탄산 이온분비가설 / 실험결과의 해석 정답 ⑤

〈가설〉의 내용을 요약하면 다음과 같다.

$Cl^-$ 농도 변화 → A/B 단백질과 CFTR 결합 → CFTR 기능 변화 ($HCO_3^-$ 수송)

ㄱ. (○) $HCO_3^-$가 수송된 모든 실험 결과(3번째, 7번째)에서 A 단백질이 존재한다. 따라서 A 단백질이 있어야 CFTR의 기능이 $HCO_3^-$수송으로 전환된다고 추론할 수 있다.

ㄴ. (○) $Cl^-$ 농도가 낮고 A 단백질이 있을 때 CFTR이 $HCO_3^-$ 수송으로 전환된다. $Cl^-$ 농도가 높을 때나, B 단백질만 있을 때는 어떠한 경우에도 CFTR은 $Cl^-$만을 수송한다. 따라서, CFTR의 기능을 변화시키는 것은 A 단백질이며, 세포 내 $Cl^-$ 농도가 CFTR의 기능을 변화시키는 변수라는 것을 알 수 있다.

ㄷ. (○) $Cl^-$ 농도가 낮고 A 단백질이 존재할 때, B 단백질이 없는 경우(3번째)에는 CFTR의 $HCO_3^-$ 수송 기능이 유지되지 않지만, B 단백질이 있는 경우(7번째)에는 CFTR의 $HCO_3^-$ 수송 기능이 유지되고 있다. 따라서, B 단백질은 CFTR의 $HCO_3^-$ 수송 기능을 유지하는 데 중요하다는 사실을 추론할 수 있다.

## 31 단백질 분리방법 / 생화학 정답 ①

pH < pI : 양전하를 더 많이 가짐 → 음전하(양이온교환수지)와 잘 결합

pH > pI : 음전하를 더 많이 가짐 → 양전하(음이온교환수지)와 잘 결합

ㄱ. (○) pH가 8인 완충용액에서 pI가 7인 단백질은 음전하를 더 많이 가진다. 따라서 양전하를 가진 음이온교환수지와 더 잘 결합한다.

ㄴ. (×) 완충용액의 pH가 단백질의 pI보다 낮아질수록 단백질은 양전하를 더 많이 가지게 되된다. 따라서 pI가 9인 단백질은 pH가 7인 용액보다 pH가 8인 완충용액에서 양전하를 덜 가지게 된다. 음전하를 가진 양이온교환수지와도 덜 결합하게 된다.

ㄷ. (×) pH 8인 완충용액을 이용하여 pI가 6인 단백질과 pI가 7인 단백질을 분리하고자 하는 경우, 두 단백질 모두 음전하를 갖게 된다. 따라서 양전하를 가진 음이온 교환 크로마토그래피를 이용해야 단백질이 음이온교환수지와 잘 결합하게 된다. 이후 완충용액 속의 NaCl 농도를 증가시키면 더 큰 전하량을 가진 단백질이 더 높은 농도의 NaCl에서 흘러나오게 된다고 했으므로 NaCl의 농도를 서서히 증가시켜가면서 두 단백질을 분리할 수 있다.

## 32 산화환원반응 / 언어지문형 수리추리 정답 ②

제시문에서 사용된 주요 용어들의 의미를 정리하면 다음과 같다.

산화 : 금속이 금속 이온으로 변하는 현상. 표준환원전위가 작을수록 잘 일어남. 질량 감소

환원 : 금속 이온이 금속으로 변하는 현상. 표준환원전위가 클수록 잘 일어남. 질량 증가

표준전지전위 : 전지를 구성하는 두 전극의 전위차.
(환원전극의 표준환원전위 값) - (산화전극의 표준환원전위 값)

제시문 하단의 조건을 각각 〈조건 1〉~〈조건 5〉라고 하자.

〈조건 2〉에 의하면 A의 표준환원전위는 +0.92V인데, 〈조건 3〉에 의하면 C와 A를 이용한 전지에서 환원반응이 C 전극에서 일어났다. 즉 C는 A보다 표준환원전위가 더 크다. 〈조건 1〉에 따르면 A~D의 표준환원전위는 +1.20V 이하이므로, C의 표준환원전위는 +0.92V 초과 +1.20V 이하이다.

〈조건 4〉에 의하면 B의 표준환원전위값은 A보다 1.05V 크거나 작아야 한다. 그런데 B의 표준환원전위는 +1.20V 이하여야 하므로, A보다 1.05V 클 수는 없다. 따라서 A보다 1.05V 작은 -0.13V이다. (0.92-1.05=-0.13)

〈조건 5〉에 의하면 D의 표준환원전위값은 C보다 1.95V 크거나 작아야 한다. 그런데 D의 표준환원전위는 +1.20V 이하여야 하므로, C보다 1.95V 클 수는 없다. 따라서 C보다 1.95V 작아야 한다. 따라서, D의 표준환원전위는 -1.03V 초과 -0.75V 이하이다. (0.92-1.95=-1.03, 1.2-1.95=-0.75)
정리하면 다음과 같다.

| 금속 | A | B | C | D |
|---|---|---|---|---|
| 표준환원전위(V) | +0.92 | -0.13 | +0.92 ~ +1.20 | -1.03 ~ -0.75 |

ㄱ. (×) D 전극의 질량이 증가하기 위해서는 환원반응이 일어나야 하고, D보다 표준환원전위가 작은 금속이 다른 쪽 전극으로 사용되어야 한다. 그러나 D보다 표준환원전위가 작은 금속이 없으므로 이러한 구성은 불가능하다.

ㄴ. (○) 갈바니 전지의 표준전지전위를 가장 크게 구성하려면 표준환원전위 값이 가장 큰 금속과 가장 작은 금속으로 전극을 구성하면 된다. 따라서 C와 D로 만든 갈바니 전지가 가장 큰 표준전지전위를 가진다.

ㄷ. (×) A와 C를 이용한 전지의 표준전지전위는 0V 초과 0.28V 이하의 값을 가진다. B와 D를 이용한 전지의 표준전지전위는 0.62V 이상 0.9V 미만의 값을 가진다. 따라서 B와 D를 이용한 전지의 표준전지전위가 더 크다.

## 33 연구 결과의 우선권 인정조건 정답 ③

① (×) F-조건만을 적용하면 델 페로는 '약화된' 3차 방정식의 해법에 대한 우선권을 가질 뿐 3차 방정식의 '일반 해법'에 대한 우선권을 가질 수는 없다.

② (×) I-조건만을 적용하면 3차 방정식의 일반 해법을 독자적으로 발견한 사람은 타르탈리아 밖에 없으므로 타르탈리아만이 우선권을 갖게 된다.

③ (○) F-조건과 I-조건을 모두 적용하면 타르탈리아는 독립적으로, 그리고 최초로 3차 방정식에 대한 일반 해법을 발견했으므로 이에 대한 우선권을 가진다. 그리고 뉴턴 역시 독립적으로, 그리고 최초로 미적분을 발견했으므

로 이에 대한 우선권을 가진다.

④ (×) 뉴턴은 최초로 미적분을 발견하고, 독자적으로 성취하였으며, 프린키피아를 통해 발표하였으므로 F조건, I조건 P조건을 모두 적용하더라도 우선권을 가지게 된다.

⑤ (×) 델 페로는 '약화된' 3차 방정식의 해법을 최초로 발견하였으나 공개하지 않고 죽었고, 타르탈리아는 독자적으로 '약화된' 3차 방정식을 포함한 3차 방정식의 일반 해법을 최초로 발견하였지만 공개하지 않았다. 따라서 '약화된' 3차 방정식의 해법에 대해 델 페로와 타르탈리아 모두 우선권을 가지도록 허용하는 조건은 '독자적 성취'라는 I-조건 밖에 없다. 왜냐하면 두 사람 모두 연구 결과를 발표하지 않았으므로 P조건은 제외되고, '약화된' 3차 방정식의 경우 델 페로가 최초로 발견했으므로 F조건을 적용하면 타르탈리아는 우선권을 가질 수 없기 때문이다. 따라서 I-조건을 미적분법에 대해 적용하면 뉴턴과 라이프니츠 모두 우선권을 가지게 된다.

## 34 상관관계와 인과관계 정답 ⑤

- 상관관계가 성립하는 인과적 구조는 아래와 같다.

1. a → b → c (b 조건 아래에서는 a와 c는 독립적인 사건)
2. a → b (a 조건 아래에서는 b와 c는 독립적인 사건
    ↘ c

① (×) X를 원인으로 하는 사건이 하나밖에 없다 할지라도 X를 결과로 하는 사건은 존재할 수 있다. 따라서 〈인과 구조 1〉이 성립할 수 있다.

② (×) 'X → Z → Y'가 가능하다. 이때의 Z는 X, Y 모두의 원인이 아니므로 반례가 된다.

③ (×) 'X → Y → Z'로 나타낼 수 있으며 〈인과 구조 1〉에 따르면 Y 조건 아래서 X와 Z가 독립적인 사건일 수 있으나 X 조건 아래서 Y와 Z가 독립적인지는 알 수가 없다.

④ (×) 'Y → X ← Z'로 나타낼 수 있으며 〈인과 구조 1〉과 〈인과 구조 2〉에서 말하는 구조가 아니므로 본문의 설명만 가지고는 독립적인 사건인지를 판단할 수 없다.

⑤ (○) 'X → Y → W'
    ↘ Z로 나타낼 수 있으며 W는 Y를 매개로 X와 상관관계를 가지며 이후 X를 통해 Z와 상관관계를 가지게된다.

# chapter 2 귀납추리

## 01 인과 추론의 형식 정답 ③

(가) - ㄴ 일란성 쌍생아와 이란성 쌍생아의 조건은 단지 유전자만이 차이가 있을 뿐 자궁의 환경에서부터 양육환경에 이르기까지 다른 요인들은 동일하다고 볼 수 있다. 이러한 상황에서의 일치율 차이를 통해 유전요인이 범죄성에 영향을 미친다고 추론하고 있는 것은 ㄴ의 원인추론 방식을 따르고 있다고 할 수 있다.

(나) - ㄴ (나)의 내용을 요약해 보면 아래와 같은데 추론의 방식은 1)+2)를 통해 양부의 범죄 영향을, 1)+3)을 통해 생부의 범죄 영향을, 1)+4)를 통해 양부와 생부의 범죄 영향을 파악해 볼 수 있다는 것으로 ㄴ의 원인추론 방식을 따르고 있다고 할 수 있다.

| | 생부 범죄기록 | 양부 범죄기록 | 입양아 범죄율 |
|---|---|---|---|
| 1) | × | × | 10% |
| 2) | × | ○ | 15% |
| 3) | ○ | × | 35% |
| 4) | ○ | ○ | 40% |

## 02 동일성 판단 정답 ③

ㄱ. (○) 을은 동일성 유지의 조건이 인공지능회로 즉, 두뇌라는 인간의 신체라고 생각하므로 거지라고 판단할 것이고, 병은 동일성 유지의 조건이 소프트웨어 즉, 정신이라고 생각하므로 왕자라고 판단할 것이다.

ㄴ. (×) 갑은 동일성 유지의 조건이 복제 여부라고 생각하므로 두뇌와 신체의 일부를 기계로 대치하였다고 하더라도 동일성이 유지되며, 을은 두뇌라는 인간의 신체는 동일성 유지의 조건이라고 생각하므로 다른 사람이라고 판단할 것이다.

ㄷ. (○) 갑은 동일성 유지의 조건이 복제 여부라고 생각하므로 다른 사람이라고 판단할 것이고, 병은 복제를 하였다고 하더라도 똑같은 소프트웨어인 정신이 유지되고 있으므로 같은 사람이라고 판단할 것이다.

## 03 인과 관계의 판단 정답 ④

① (×) 손잡이의 길이가 단독으로 성능에 영향을 준다면, 손잡이의 길이 차이에 따라 성능의 결과가 일관되게 다른 결과를 보여주어야 한다. 그러나 첫 번째 줄의 〈길다〉와 다섯 번째 줄의 〈짧다〉를 보면 모두 성능에 좋은 영향을 주고 있고 반면에 두 번째 줄의 〈길다〉와 여섯 번째 줄의 〈짧다〉의 경우는 모두 성능에 나쁜 영향을 주고 있다.

② (×) 프레임의 넓이가 단독으로 성능에 영향을 주려면, 프레임의 넓이에 따른 일관된 결과가 제시되어야 하나 프레임의 넓이에 대한 일관된 결과가 제시되어 있지 않다.

③ (×) 비일관적인 결과가 제시되어 있다. 손잡이의 길이가 〈길고〉, 프레임의 재질이 〈보론〉인 경우에도 성능에 좋은 영향을 주기도 하고 나쁜 영향을 주기도 한다.

④ (○) 일관된 결과가 발견된다. 프레임의 넓이가 〈넓고〉, 프레임의 재질이 〈보론〉인 경우에만 성능에 좋은 영향을 미치고 그렇지 않은 경우에는 성능에 나쁜 영향을 준다.

⑤ (×) 프레임의 넓이와 프레임의 재질이 함께 성능에 영향을 주고 있음을 확인할 수 있다.

## 04 최선의 설명에로의 추론 정답 ④

체세포에는 일반염색체와 성염색체가 존재한다. 참고로 사람의 경우 일반염색체가 22쌍 44개이고, 성염색체는 1쌍인 2개이다. 문제의 A종 고양이의 경우 성염색체인 X염색체와 Y염색체 중 X염색체에 존재하는 유전자에 의하여 털색이 결정되고, X염색체에 존재하는 털색 결정 유전자는 흰색, 검은색 두 종류이고 하나의 염색체에는 하나의 유전자만 존재한다고 하고 있다. 따라서 수컷의 성염색체인 XY에는 X(흰)Y와 X(검)Y로 두 종류가 존재하고 흰색 개체나 검은색 개체만이 관찰된다. 반면 암컷의 성염색체인 XX에는 X(흰)X(흰), X(흰)X(검), X(검)X(흰), X(검)X(검)로 네 종류가 존재하고 다양한 색깔 조합을 예상해 볼 수 있다.

그런데 ㉠에서 「A종 암코양이의 털색은 흰색, 검은색 그리고 〈그림〉의 왼쪽과 같이 흰색과 검은색의 얼룩무늬로 나타나기도 한다.」고 하고 있고 이어서 「하지만 〈그림〉의 오른쪽과 같이 흰 털과 검은 털이 고르게 섞여 회색으로 보이는 형태는 나타나지 않는다.」고 하고 있다. 따라서 X(흰)X(검)의 성염색체에 의해 얼룩무늬가 만들어 졌을 텐데 이것을 가장 잘 설명할 수 있는 것은 X(흰)X(검)염색체의 연속된 세포분열 후 발생 초기에 배아의 세포들이 성체가 된 후 있어야 할 위치로 이동한 후에 각각의 세포에서 극도의 응축이 두 개의 X염색체 중 어느 한 쪽에 무작위로 이루어졌다는 가설이다.

이렇게 될 때 회색고양이가 아닌 얼룩무늬 고양이를 설명할 수 있다. 따라서 정답은 ④번이다.

## 05 가설의 개연성과 설명도 정답 ④

① (×) 천장에서 도깨비가 옥수수를 볶고 있을 확률보다 비가 거세게 내리면서 지붕을 때리고 있을 확률이 높으므로 영희의 가설이 철수의 가설보다 개연성이 높다고 할 수 있다.

② (×) 철수의 가설이나 영희의 가설 모두 천장에서 나는 소리를 잘 설명해주고 있으므로 철수의 가설과 영희의 가설 중 어느 것이 보다 설명도가 높다고 할 수 없다.

③ (×) A보다 C가 설명도가 높다고 할 수 있다. 눈앞에 야구방망이가 놓여 있다고 하여도 이를 통해 눈앞의 종이 한 장이 놓여 있다는 것을 설명하기가 만만치 않은 반면, 악마가 눈앞에 종이 한 장이 있다면 가졌을 그런 시각 정보를 갖도록 만들었다면 '눈앞에 종이가 있다'는 관찰을 설명하기가 보다 수월하다.

④ (○) 제시문 마지막 문단에서 「한 가설이 다른 가설보다 설명도가 높다고 가정한다면, 이 명제의 부정 명제('눈앞에 종이가 없다')로 표현되는 관찰과 관련해서는 반대로 후자의 가설이 전자의 가설보다 설명도가 높다.」고 하고 있으므로 '눈앞에 종이가 없다'는 관찰과 관련하여 A가 B보다 설명도가 높다.

⑤ (×) '눈앞에 종이가 없다'는 관찰과 관련하여 C보다 A가 설명도가 높다.

## 06 실험결과의 추론 정답 ①

ㄱ. (×) X가 메커니즘 (가)를 이용한다면 세균 A의 과산화수소를 감지한 X는 DNA에 결합되고, DNA에 결합된 X가 있으므로 Y가 발현된다. 세균 B는 X가 존재하지 않으므로 Y가 발현되지 않는다. 따라서 B는 과산화수소의 독성을 제거하는 기능을 갖지 못한다.

ㄴ. (○) X가 메커니즘 (나)를 이용한다면 세균 B는 X가 존재하지 않으므로 Y가 발현된다. 반면에 C는 과산화수소를 감지하지 않은 X가 DNA에 결합할 뿐 아니라 Y를 만드는 유전자가 존재하지 않으므로 Y가 발현되지 않는다. 따라서 B는 C보다 과산화수소의 독성을 더 잘 제

거할 것이다.

ㄷ. (×) C와 D 모두 Y를 만드는 유전자가 존재하지 않기 때문에 Y는 발현될 수 없다. 따라서 C와 D 모두 독성을 제거하는 기능을 갖지 못한다.

## 07 실험결과의 해석 정답 ①

| 실험결과 | 날개무늬 | 소리 | 생존율 | 해석 |
|---|---|---|---|---|
| 1) | ○ | ○ | 100% | 날개무늬가 있을 때에는 소리의 유무가 생존율에 영향을 미치지 않는다. 날개무늬만 있으면 100% 살아남는다. |
| 2) | ○ | × | 100% | |
| 3) | × | ○ | 50% | 날개무늬가 없을 때에는 소리의 유무가 생존율에 영향을 미친다. |
| 4) | × | × | 20% | |

ㄱ. (○) 날개무늬만 있으면 100% 살아남는 데 반해, 소리의 유무는 날개무늬가 있을 때에는 생존률에 영향을 미치지 못하고 날개무늬가 없을 때에는 소리를 낸다 하여도 생존율이 50%에 이를 뿐이다.

ㄴ. (×) 날개무늬가 없는 공작나비가 박새에게 더 많이 잡아먹힌 이유는 날개유무에 따른 것이지, 날개를 접고 펴는 빈도와 소리에 따른 것은 아니다. 오히려 날개무늬가 없는 경우에는 소리가 있을 때 생존율을 높이는 결과를 나타낸다.

ㄷ. (×) 날개무늬가 있을 때에는 소리의 유무가 생존율에 영향을 미치지 않는다.

## 08 입증과 반증의 논리 정답 ⑤

- 증거와 가설 사이에는 〈입증·반증·중립〉의 아래 세 가지 관계만 성립

| | 논리적 관계 | 확률적 관계 |
|---|---|---|
| E가 H를 입증 | H가 E를 논리적으로 함축 (H→E) | E가 H의 확률을 증가시킴 |
| E가 H를 반증 | H가 ~E를 논리적으로 함축 (H→~E) | E가 H의 확률을 감소시킴 |
| E와 H는 중립 | H가 E나 ~E를 함축하지 않음 | E가 H의 확률을 변화시키지 않음 |

- 논리적 함축 → 확률 증가 ( 확률증가 ↛ 논리적 함축)

① (○) 제시문에 의하면 증거와 가설 사이에는 〈입증 · 반증 · 중립〉의 세 가지 관계만 성립한다. 따라서 E가 H를 논리적으로 반증하지 않고 H에 논리적으로 중립적이지도 않다면, E는 H를 논리적으로 입증하는 것이다. E가 H를 논리적으로 입증한다면 E는 H의 확률을 증가시킨다.

② (○) E가 H를 논리적으로 입증( = H → E)한다면, E의 부정은 H의 부정을 논리적으로 함축하므로(= ~E → ~H) E의 부정은 H를 논리적으로 반증한다.

③ (○) E가 H를 논리적으로 반증( = H → ~E)한다는 것은 E가 H의 확률을 감소시킨다는 것이다. 배중률에 따라 E∨~E 이므로, 반대로 ~E는 H의 확률을 증가시키게 되어 E의 부정은 H를 확률적으로 입증한다.

④ (○) E가 H를 논리적으로 입증한다면 E가 H의 확률을 증가시켜야 한다. 그러나 E는 H와 확률적으로 중립이어서 E는 H의 확률을 변화시키지 않는다. 따라서 E는 H를 논리적으로 입증하지 않는다.

⑤ (×) E가 H를 확률적으로 입증하지 않는다는 것은 E가 H의 확률을 증가시키지 않는다는 것이다. 이 경우 E가 H를 논리적으로 입증하지 않는다는 사실만 알 수 있을 뿐, 논리적 반증인지 논리적 중립인지는 판단할 수 없다.

## 09 인과가설의 입증 논리 정답 ④

ㄱ. (×) "유전자(C)가 조현병(E)을 야기한다."는 인과가설을 입증하기 위한 대조사례는 우선 (C, E) (~C, ~E)의 형태를 가지고 있어야 한다. 즉 "유전자가 같고 모두 조현병에 걸린 사례"와 "유전자가 다르고 조현병에 걸리지 않은 사례"가 필요하다. 해당 보기에는 전자만 있을 뿐 후자가 없으므로 대조사례라고 볼 수 없다. 또한 속성 C의 설명력을 방해하는 "전혀 다른 가정에 입양되어 자람"과 같은 조건은 통제되어야 한다.

ㄴ. (○) "β형 모기에 물린 것이 말라리아를 야기한다."는 인과가설을 입증하는 대조 사례가 되기 위해서는 β형 모기에 물리는 것 이외의 다른 변수가 통제되어야 한다. 따라서 예컨대 말라리아에 대한 선천적 저항력과 관련해서는 갑과 을 사이에는 별 차이가 없다는 것이 밝혀져야 한다.

ㄷ. (○) '총 식사량 감소, 저탄수화물 식단, 체중 감소'와 '총 식

사량 불변, 일반 식단, 체중 불변'의 경우가 "저탄수화물 식단이 체중 감소를 야기한다."는 인과 가설을 입증하는 대조 사례가 되기 위해서는, '속성 E를 가진다는 것을 설명할 때, 속성 C를 가진다는 것보다 더 잘 설명하는 다른 속성 P가 존재하지 않는다.'는 두 번째 조건을 충족해야 한다. 즉, 적어도 갑의 체중 감소(E)가 저탄수화물 식단(C)보다 총 식사량의 감소(P)에 의해서 더 잘 설명되지 않아야 한다.

## 10 인과추론의 논리/술어논리 정답 ②

조건 1은 X가 Y의 필요조건 ( Y → X )

조건 2는 X가 Y의 충분조건 ( X → Y ) 임을 의미한다.

두 조건을 모두 만족(필요충분조건)해야 X가 Y의 원인이라고 추정할 수 있다.

ㄱ. (×) '$\alpha$와 $\beta$ 둘 다의 보균자'인 것이 질병 D의 필요조건이면서 충분조건이다. 따라서, $\alpha$와 $\beta$ 둘 다 가지고 있어야 D가 발병한다.

그런데, '$\alpha$도 조건 2를 만족하고 $\beta$도 조건 2를 만족한다'는 표현은 '$\alpha$의 보균자는 모두 D 환자'이고, '$\beta$의 보균자는 모두 D 환자'라는 뜻이다. 즉, $\alpha$와 $\beta$ 중 어느 하나만 가지고 있어도 D가 발병한다는 뜻이다. 따라서, 틀린 표현이다.

ㄴ. (○) 결론을 부정하여 모순을 유도하는 간접증명법으로 검증 가능하다.

'$\alpha$와 $\beta$ 중 기껏해야 하나만 위 두 조건을 모두 만족한다'의 부정은 '$\alpha$와 $\beta$ 모두 두 조건을 만족한다'이다. 이 경우 $D \leftrightarrow \alpha$, $D \leftrightarrow \beta$가 모두 성립하므로, D 환자에게서는 $\alpha$와 $\beta$가 모두 검출되어야 한다. 이는 D 환자에게서 $\alpha$와 $\beta$가 함께 검출되는 경우가 없다는 전제에 모순된다.

따라서, $\alpha$와 $\beta$ 모두 조건 1, 2를 만족하지는 않는다. (기껏해야 하나만 두 조건을 모두 만족할 수 있다.)

ㄷ. (×) '$\alpha$와 $\beta$ 중 적어도 하나는 조건 1을 만족한다'의 부정은 '$\alpha$와 $\beta$ 모두 조건 1을 만족하지 않는다'이다. 이 경우, D 환자가 모두 $\alpha$ 보균자인 것이 아니고, 또한 D 환자가 모두 $\beta$ 보균자인 것도 아니라는 뜻이다. 그런데, 이는 '모든 D 환자에게서 $\alpha$와 $\beta$ 중 적어도 하나가 검출된다'는 전제와 모순되지 않는다. 어떤 D 환자에게서는 $\alpha$만, 어떤 D 환자에게서는 $\beta$만 검출되는 경우를 생각해보자. D 환자가 모두 $\alpha$ 보균자인 것이 아니고, 또한 D 환자가 모두 $\beta$ 보균자인 것도 아니지만, '모든 D 환자에게서 $\alpha$와 $\beta$ 중 적어도 하나가 검출된다'는 성립한다.

결론을 부정했을 때 전제에 모순이 생기지 않으므로 선지 ㄷ은 틀린 표현이다.

## 11 실험설계 / 가설입증실험결과 정답 ⑤

① (○) 동일 집단의 사전조사와 사후조사는 실험자극의 차이 뿐이므로 실험자극이 편견을 낮춘 것으로 해석 가능하다.

② (○) 집단 1은 집단 2와 비교하여 실험자극이 추가되었고 편견 정도가 낮아졌으므로, 실험자극이 편견을 낮춘 것으로 해석 가능하다.

③ (○) 집단 3은 집단 2와 비교하여 실험자극이 추가되었고 편견 정도가 낮아졌으므로, 실험자극이 편견을 낮춘 것으로 해석 가능하다. 제시문에 따르면 사전조사를 한 경우에만 실험자극에 영향을 받는 것일 수 있다(편견 정도가 낮아질 수 있다)는 것인데, 집단 2의 경우 사전조사 후 실험자극을 주지 않은 것이고 집단 3에 비해 편견 정도가 높게 나타난 경우이므로 실험자극이 영향을 미친 것으로 해석하는데 무리가 없다.

④ (○) 집단 3은 집단 4와 비교하여 실험자극이 추가되었고 편견 정도가 낮아졌으므로, 실험자극이 편견을 낮춘 것으로 해석 가능하다.

⑤ (×) 집단 1은 집단 4와 비교하여 사전조사도 하고 실험자극도 주었으나 편견 정도가 높게 나타난 것이다. 따라서 ㉠을 입증하지 못한다.

5지선다형이므로 가장 정답으로 적절한 것을 골라야 한다. 제시문의 전체 취지에 따르면 사전조사가 있는 집단과 없는 집단을 비교하는 실험만이 유의미한 것처럼 해석될 가능성이 있으나, 이 경우 답을 하나로 확정하지 못하게 된다. 탄력적인 접근이 필요하다.

## 12 표본의 대표성 정답 ②

표본의 대표성에 대한 제시문의 설명을 토대로 연구자 A가 확보한 표본이 대표성을 가졌는지 평가하는 문제이다.

표본의 대표성이란 표본의 특성이 모집단의 특성과 유사해야 한다는 것을 말한다. 표본의 대표성을 확보하려면 전국의 모든 기독교인들이 표본으로 뽑힐 확률이 동일해야 한다. 표본의 대표성은 표본의 수와 비례한다.

ㄱ. (×) A는 교회의 크기를 고려하지 않고 교회 명단으로부터 일정 수의 교회를 무작위로 뽑기 때문에 초대형 교회와 소형 교회가 뽑힐 확률이 같다. 그런데 A는 각 교회당 신도 일정명씩을 뽑기 때문에 초대형 교회에 속한 갑과 소형 교회에 속한 을이 있다고 할 때, 갑이 뽑힐 확률이 더 적다. 따라서 A가 구성한 표본은 전국의 모든 기독교인들이 뽑힐 확률이 동일하지 않다.

ㄴ. (×) 교회별로 특성이 다를 것이므로 표본이 소수의 교회에서 뽑힌 경우보다 많은 교회에서 뽑힐 경우 전체 기독교인의 총체적 특성에 더 근접한다고 할 수 있다.

ㄷ. (○) 만약 교회가 X, Y 둘뿐이고 두 교회의 특성이 상이한데 X교회의 교인은 9,000명 Y교회의 교인은 1,000명이라고 하자. 이 경우 표본에서 X교회 및 Y교회에서 뽑힌 표본의 비 역시 9:1이 되어야 전체 기독교인의 총체적 특성에 근접한다고 할 수 있다.

## 13 실험설계의 편향요인 정답 ④

실험연구 과정에서 나타날 수 있는 부정적 효과들을 소개하고 이들을 예방하는 방법을 추론하도록 하고 있다. 사실 제시문의 정보만으로는 이를 추론하기가 어렵기 때문에 보기 ㄷ에 제시된 ㉣ 예방하는 방법으로부터 실마리를 얻어 나머지 ㉠, ㉡, ㉢의 예방법을 추론해야 한다.

ㄱ. (×) ㉠, ㉡은 모두 피험자가 자신이 진짜 약을 처방받았다고 생각했기 때문에 나타나는 현상이다. 즉, ㉠, ㉡의 원인이 같으므로 해결 방법 역시 같을 수 있다. 가령 피험자가 자신이 어떤 약을 먹었는지 알지 못하도록 한다면 ㉠, ㉡의 효과가 생기는 것을 방지할 수 있을 것이다.

ㄴ. (○) ㉢은 피험자와 실험자의 상관관계로 인해 발생하는 현상이고 ㉣은 실험자 때문에 발생하는 현상이다. 따라서 ㉣의 예방은 오직 실험자 통제로만 가능하지만 ㉢의 예방은 실험자 통제로도 가능하나, 피험자 통제로도 얼마든지 가능하다. 따라서 두 현상을 차단하는 예방조치는 서로 다를 수 있다.

ㄷ. (○) 실험자에게 피험자가 진짜 약과 가짜 약 중 어느 것을 처방했는지 알지 못하게 한다면 진짜 약을 복용한 피험자의 결과를 보다 긍정적으로 해석하는 것은 불가능하다. 따라서 이러한 조치는 실험자 보고편향을 차단할 수 있다.

# 제3부
# 논리게임

chapter 1 **배열하기** 정답 및 해설 ▶▶▶ 28~32쪽

01 ⑤ 02 ④ 03 ⑤ 04 ② 05 ③ 06 ④ 07 ① 08 ⑤ 09 ③

chapter 2 **연결하기 및 묶기** 정답 및 해설 ▶▶▶ 32~35쪽

01 ⑤ 02 ① 03 ① 04 ⑤ 05 ③ 06 ① 07 ② 08 ③

chapter 3 **진실•거짓 퍼즐** 정답 및 해설 ▶▶▶ 35~39쪽

01 ⑤ 02 ③ 03 ③ 04 ④ 05 ③ 06 ③

chapter 4 **수학적 퍼즐 및 기타** 정답 및 해설 ▶▶▶ 39~42쪽

01 ② 02 ④ 03 ⑤ 04 ① 05 ④ 06 ③ 07 ⑤

# chapter 1 배열하기

## 01 추가적 조건을 고려한 판단 정답 ⑤

○ 사실 1. B는 D보다 직급이 한 등급 높다. →

| |
|---|
| B |
| D |

○ 사실 2. D가 B에게 연락하자 B는 A에게만 연락했다.

| | |
|---|---|
| | A |
| | B |
| → | D |

○ 사실 4. C가 F에게 연락하자 F는 D와 E에게 연락했다.

| | | | |
|---|---|---|---|
| | C | | |
| → | F | D | E |

⇒ 사실 1+2+4 :

| | | |
|---|---|---|
| A | | |
| B | C | |
| D | F | E |

○ 사실 3. G가 C에게 연락하자 C는 B에게만 연락했다.

⇒

| | | | |
|---|---|---|---|
| A | | | G 가능 |
| B | C | | G 가능 |
| D | F | E | G 불가 |

① ~ ③ :

| | | | |
|---|---|---|---|
| A | | | |
| B | C | | G |
| D | F | E | |

① (○) C와 G가 같은 직급이고 D가 E에게 연락하면, 위 그림과 같이 E는 같은 직급의 따른 한 명인 F에게만 연락할 수 있다.

② (○) C와 G가 같은 직급이고 E가 C에게 연락하면, 위 그림과 같이 C는 바로 위 상급 직원인 A에게만 연락할 수 있다.

③ (○) C와 G가 같은 직급이고 F가 G에게 연락하면, 위 그림과 같이 G는 바로 위 상급 직원인 A에게만 연락할 수 있다.

④ ~ ⑤ :

| | | | |
|---|---|---|---|
| A | | | G |
| B | C | | |
| D | F | E | |

④ (○) C와 G가 다른 직급이고 A가 B에게 연락하면, B는 같은 직급인 C에게만 연락할 수 있다.

⑤ (×) C와 G가 다른 직급이고 D가 C에게 연락하면, C는 G와 A 중 한 명에게 연락할 수 연락할 수 있다.

## 02 특정 조건 하에서의 추론 정답 ④

주어진 조건과 정보를 표현한 후 선택지 하나씩 하나씩 참일 가능성을 검토해 보면, 즉 선택지의 내용을 참이라 가정하고 모순 여부를 검토해 보면, 다음과 같이 선택지 4번은 모순이 발생하여 참일 수 없고 나머지 선택지는 모순없이 구성이 가능하여 참일 가능성이 있다.

| | 봄 | 여름 | 가을 | 겨울 |
|---|---|---|---|---|
| 총 6개 | 1개 이상 | 1개 이상 | 1개 이상 | 1개 이상 |
| | | | | |
| | ~유기 | 유기화학 | ~유기 | |
| 물리화학 2개, 같은 계절에 유기화학과 무기화학 분야 | | | | |
| 선택지 1번 | if, **분석화학** | 유기화학 | | 분석화학 |
| | 물리화학 | 무기화학 | 물리화학 | |
| 선택지 2번 | | if, **분석화학** | | |
| | 물리화학 | 유기화학 | 물리화학 | 무기화학 |
| | | 무기화학 | | |
| 선택지 3번 | | if, **물리화학** | | 물리화학 |
| | 분석화학 | 유기화학 | 분석화학 | |
| | | 무기화학 | | |
| 선택지 4번 (모순 발생) | | ~무기 | if, **무기화학** | ~무기 |
| | ~유기 | 유기화학 | ~유기 | |
| 선택지 5번 | | 유기화학 | | if, **유기화학** |
| | 물리화학 | 분석화학 | 물리화학 | 무기화학 |

## 03 위치 정하기 정답 ⑤

정보를 조합하면 다음과 같다.
(사람이 있는 방은 알파벳이나 "○", 없는 방은 "×"로 표시)

(1)

| | | | |
|---|---|---|---|
| 1호 | | 6호 | G |
| 2호 | ○ | 7호 | × |
| 3호 | | 8호 | |
| 4호 | | 9호 | |
| 5호 | ○ | 10호 | ○ |

(2) 다음 두 경우 중 하나

| | |
|---|---|
| × | |
| C | |
| A | |
| B | × |

| | |
|---|---|
| B | × |
| A | |
| C | |
| × | |

(3) 다음 두 경우 중 하나

| | |
|---|---|
| D | E |

| | |
|---|---|
| E | D |

위 (1) ~ (3)의 정보를 모두 만족하는 조합은 아래와 같다.

| | | | |
|---|---|---|---|
| 1호 | × | 6호 | G |
| 2호 | C | 7호 | × |
| 3호 | A | 8호 | F |
| 4호 | B | 9호 | × |
| 5호 | D/E | 10호 | E/D |

⑤ (×) D의 방이 5호인지 10호인지 특정할 수 없다.

## 04 위치 정하기 정답 ②

정보를 조합하면 다음과 같다.

(1) ~동양화

| 월 | 화 | 수 (대형) | 목 | 금 (대형) |
|---|---|---|---|---|
| | | | | |

(2)

| | | |
|---|---|---|
| 조각 | | (소형) 사진 |

| | | |
|---|---|---|
| 기획 | | (대형) × |

× 옆은 서양화

위 (1) (2)의 정보를 모두 만족하는 조합은 아래와 같다.

~동양화

| 월 | 화 | 수 (대형) | 목 (소형) | 금 (대형) |
|---|---|---|---|---|
| 기획 | 조각 | 동양화 | 사진 | 서양화 |

⇒ ×는 동양화. 따라서 동양화 옆 전시실은 서양화이다.

ㄱ. (×) 서양화 작품은 금요일에 설치한다.
ㄴ. (×) 동양화와 서양화 전시실은 서로 옆에 있다.
ㄷ. (○) 월요일과 화요일 중 하나는 대형 전시실 나머지 하나는 소형 전시실이므로, 만약 기획전시가 소형 전시실이면 조각은 대형전시실이다.

## 05 위치 정하기 정답 ③

(1) A와 직접 연결되어 있는 사용자는 D, E를 포함하여 세 명이다.

(4) A와 C 둘 다에게 직접 연결된 사용자는 G뿐이다.
→ (4)에 의하면 A와 G가 직접 연결되어 있다는 뜻이므로 A는 D, E, G 3명과 직접 연결되어 있음을 알 수 있다.

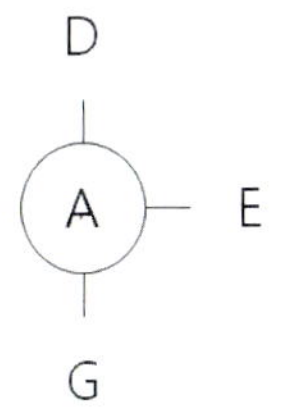


* 실선 원은 다른 직접 연결 사용자가 없음을 의미

(5) D와 직접 연결된 사용자는 한 명이다.
→ A가 D와 직접 연결되어 있으므로, D는 A 외에는 직접 연결된 사람이 없다.

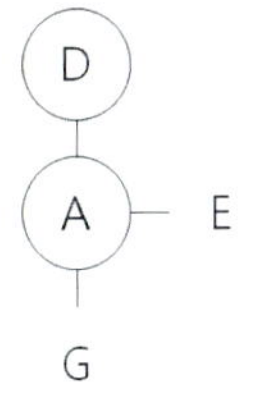


(2) B와 직접 연결되어 있지 않은 사용자는 D를 포함하여 두 명이다.
→ A는 B와 직접 연결되어 있지 않으므로, B는 A, D를 제외한 나머지(C, E, F, G)와 직접 연결되어 있다.

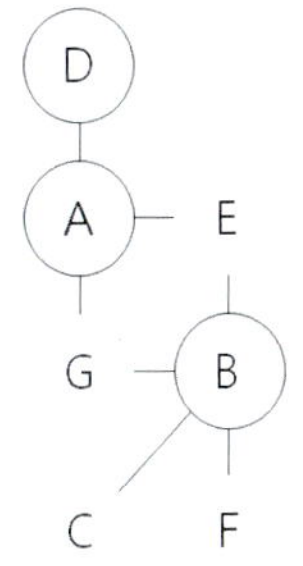

(3) C와 직접 연결되어 있는 사용자는 F를 포함하여 세 명이다.

(4) A와 C 둘 다에게 직접 연결된 사용자는 G뿐이다.
→ C는 B, F, G에 직접 연결되어 있다.

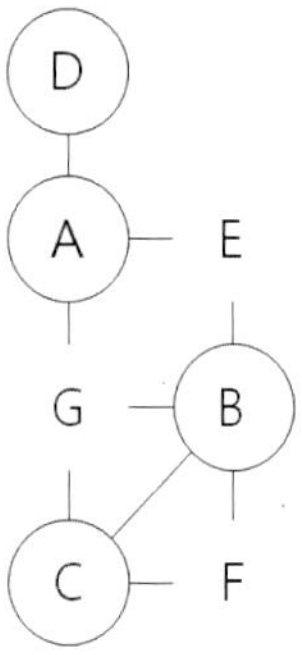


(6) E와 직접 연결된 사용자는 두 명이고

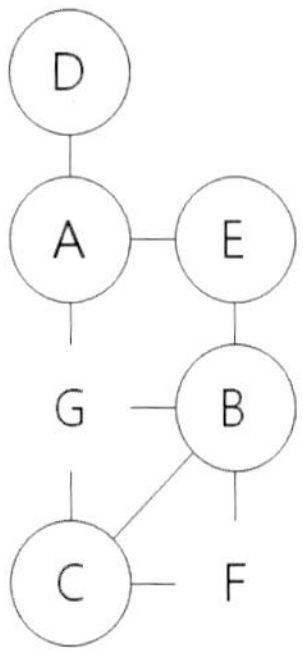


(6) F와 직접 연결된 사용자는 세 명이다.
→ A, B, C, D, E는 더이상 다른 직접 연결이 존재하지 않으므로, F는 G와 직접 연결되어야 한다.

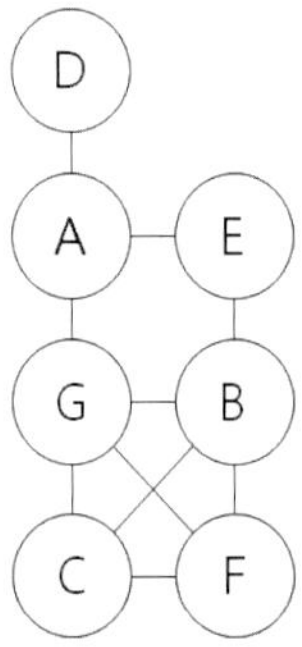


ㄱ. (○) A와 F는 직접 연결되어 있지 않다.
ㄴ. (×) C와 D 둘 다에게 직접 연결된 다른 사용자는 없다.
ㄷ. (○) 구성원들 각자가 모두 다른 구성원들과 직접 연결될 수 있는 최대 조합은 B, C, F, G이다.

## 06 순서 정하기 정답 ④

- 〈조건 4〉에 따라 언제나 戊-甲 또는 甲-戊의 순서대로 연주한다.
- 〈조건 5〉에 따라 언제나 己-乙의 순서대로 연주한다.
- 〈조건 2〉에 따라 丙은 戊보다 먼저 연주하므로 〈조건 4〉와 결합하여 甲보다도 먼저 연주한다.
- 〈조건 3〉에 따라 丁은 甲과 乙보다 먼저 연주하므로 〈조건 4〉와 결합하여 戊보다도 먼저 연주하며, 〈조건 5〉와 결합하여 己보다도 먼저 연주한다.

위 내용을 정리하여 순서도를 그려보면 다음과 같다.
(화살표는 먼저 연주하는 순서를 의미한다. A→B 이면 A가 B보다 먼저 연주한다는 의미)

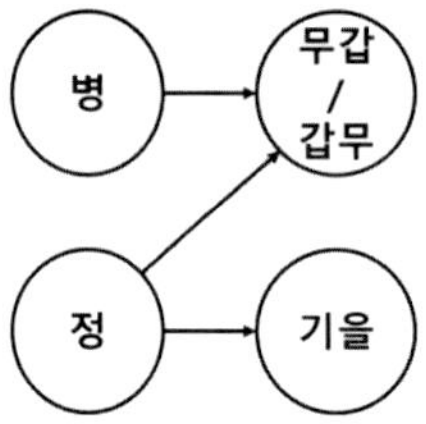


① (×) 甲이 己 직전에 연주한다면 '戊-甲-己-乙'의 순서대로 연주하게 된다는 것은 알 수 있다. 그러나, 丙과 丁의 연주 순서는 결정되지 않는다.
② (×) 乙이 丙 직전에 연주한다면 '丁-己-乙-丙-(戊甲/甲戊)'의 순서대로 연주하게 된다는 것은 알 수 있다. 그러나, 戊와 甲의 연주 순서는 결정되지 않는다.
③ (×) 丙이 戊 직전에 연주한다면 '丙-戊-甲'의 순서대로 연주하게 된다는 것을 알 수 있다. 丁은 戊보다 앞서 연주해야 하므로 丙보다도 앞에 연주해야 한다. 그러나, 己-乙은 丁 직후에 연주할 수도 있고, 甲 직후에 연주할 수도 있다. 따라서 甲과 乙의 연주 순서는 결정되지 않는다.
④ (○) 丁이 甲 직전에 연주한다면 '丁-甲-戊'의 순서대로 연주하게 된다는 것을 알 수 있다. 丙은 甲보다 앞서 연주해야 하므로 丁보다도 앞에 연주해야 한다. 己-乙은 丁 뒤에 연주해야 하므로 戊보다도 뒤에 연주해야 한다. 따라서, '丙-丁-甲-戊-己-乙'로 순서가 결정된다.
⑤ (×) 戊가 己 직전에 연주한다면 '甲-戊-己-乙'의 순서대로 연주하게 된다는 것은 알 수 있다. 그러나, 丙과 丁의 연주 순서는 결정되지 않는다.

## 07 위치정하기 / 논리학 수학 정답 ①

- 제시문의 조건을 위에서부터 〈조건 1〉~〈조건 5〉라고 한다.
- A와 E 사이의 거리는 0이므로(조건 3), 두 상자는 인접해 있다.

| | |
|---|---|
| A | E |

또는

| | |
|---|---|
| E | A |

- C와 E 사이의 거리는 2이다(조건 5)

| | |
|---|---|
| A | E |

의 경우,

| | | | |
|---|---|---|---|
| C | | A | E |

또는

| | | | | |
|---|---|---|---|---|
| A | E | | | C |

가 된다.

| | | | |
|---|---|---|---|
| C | | A | E |

의 경우 A와 C의 거리가 1인데, 제시문에서 B와 D의 거리가 1이라고 했고(조건 4), 구슬이 담겨 있는 임의의 거리는 모두 다르므로(조건 1) 모순이 발생한다.

따라서

| | | | | |
|---|---|---|---|---|
| A | E | | | C |

가 된다.

같은 이유로,

| | |
|---|---|
| E | A |

의 경우,

| | | | | |
|---|---|---|---|---|
| C | | | E | A |

가 된다.

- C와 E 사이에 구슬이 있을 경우, 그 구슬과 E, 그 구슬과 C 사이의 거리는 0 또는 1이 되므로 조건 1에 위배된다. 따라서, C와 E 사이에는 구슬이 존재할 수 없다.

| | | | | |
|---|---|---|---|---|
| A | E | ╲ | ╲ | C |

또는

| | | | | |
|---|---|---|---|---|
| C | ╲ | ╲ | E | A |

- A와 D 사이에는 구슬이 1개만 있어야 하므로(조건 2), D는 A를 기준으로 E 반대편에 있어야 한다.
- 조건 3~5에 주어진 것 외에는 거리가 0, 1, 2일 수는 없고, A와 C 사이 거리는 3이므로 A와 D 사이의 거리는 4 이상이어야 한다.
- 또한 B와 D 사이의 거리는 1이므로, B 역시도 A를 기준으로 E 반대편에 있어야 하고, A와의 거리는 최소 4 이상이어야 한다.
- 따라서, A를 기준으로 E 반대쪽 4칸에는 구슬이 없다.

| | | | | | | | | | | | |
|---|---|---|---|---|---|---|---|---|---|---|---|
| | | | ╲ | ╲ | ╲ | ╲ | A | E | ╲ | ╲ | C |
| C | ╲ | ╲ | E | A | ╲ | ╲ | ╲ | ╲ | | | |

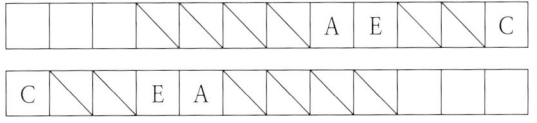

- A와 D 사이에 구슬이 1개 있어야 하므로, B가 A에 더 가까운 쪽에 있어야 한다. 따라서 다음의 2가지 경우가 가능하다.

| | | | | | | | | | | | |
|---|---|---|---|---|---|---|---|---|---|---|---|
| D | ╲ | B | ╲ | ╲ | ╲ | ╲ | A | E | ╲ | ╲ | C |
| C | ╲ | ╲ | E | A | ╲ | ╲ | ╲ | ╲ | B | ╲ | D |

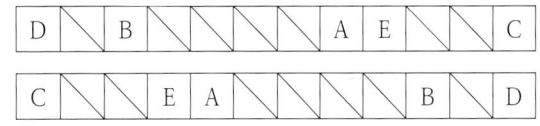

ㄱ. (○) 둘 중 어느 경우에도 A와 B 사이에는 구슬이 없다.
ㄴ. (×) 두 가지 경우가 가능하므로 틀린 답이다.
ㄷ. (×) D-B-A-E-C 배치의 경우에는 8번 상자가 비지 않는다.

## 08 순서 정하기 정답 ⑤

제시문의 조건을 위에서부터 〈조건 1〉~〈조건 4〉라고 한다.

- 〈조건 1〉에 따라 갑을 선발하면 을을 선발하지 않을 것임도 추론할 수 있다. 즉 갑과 을 중 최대 1명만 선발된다. 5명 중 4명이 선발되어야 하므로 병, 정, 무는 무조건 선발되고, 갑, 을 중 1명이 선발됨을 추론할 수 있다.

(1) 갑이 선발되는 경우
- 〈조건 4〉에 의해 갑은 1번째 경주에 참가해야 한다. (그러지 않는다면 을이 경주에 참여하게 되므로 모순이 발생한다.)
- 〈조건 2〉에 따라 2번째 경주에는 병 또는 정이 와야 한다. 그런데 〈조건 3〉에 따라 정은 병 다음에 와야 하므로, 2번째 경주가 병, 3번째 경주가 정임을 알 수 있다.
- 무는 4번째 경주가 된다.

∴ 갑 - 병 - 정 - 무

(2) 을이 선발되는 경우
- 〈조건 4〉에 의해 을은 3번째 경주에 참가해야 한다.
- 〈조건 3〉에 따라 병과 정은 반드시 인접한 경주에 참가해야 하고, 병이 먼저 경주해야 하므로, 1번째 경주가 병, 2번째 경주가 정임을 알 수 있다.
- 무는 4번째 경주가 된다.

∴ 병 - 정 - 을 - 무

① (×) (2)의 경우에는 그렇지 않다.
② (×) (1), (2) 어느 경우에도 그렇지 않다.
③ (×) (1)의 경우에는 그렇지 않다.
④ (×) (2)의 경우에는 그렇지 않다.
⑤ (○) 어떠한 경우에도 무는 4번째 경주에 참여한다.

## 09 역사 / 음양오행설 정답 ③

제시문의 정보를 정리해 보면 다음과 같다.

1. 첫 번째 문단
   i) 상극설 : 화 - 수
   ii) 상생설 : 금 - 수
2. 두 번째 문단
   i) If 상극설 : 한왕조(토) - (　　) - ( 금 ) - (　　) - (　　) - (　　) - 목
   ii) 상생설 : 한왕조(화) - (　　) - 금 - (　　) - (　　) - (　　) - 토

위에 정리된 두 번째 문단에 첫 번째 문단의 내용을 삽입하여 나머지 내용들을 추론해 보면 다음과 같다.

i) If 상극설 : 한왕조(토) - ( 목 ) - ( 금 ) - ( 화 ) - ( 수 ) - ( 토 ) - 목
ii) 상생설 : 한왕조(화) - ( 토 ) - 금 - ( 수 ) - ( 목 ) - ( 화 ) - 토

ㄱ. (○) 한왕조 이후 왕조는 계속해서 상생설을 따랐으므로 현 왕조의 직전 왕조는 한왕조와 마찬가지로 화덕을 받들었음을 위 추론내용을 통해 확인할 수 있다.
ㄴ. (×) 제시문 상단부 '오제는 적제, 흑제, 청제, 백제, 황제를 말하는데, 각기 오행(화, 수, 목, 금, 토)을 상징하는 신들입니다.'라는 내용을 통해 한왕조부터 상극설이 채택되어 계속 유지되었다면 현 왕조의 전전 왕조는 수덕을 받들었고 이에 해당되는 흑제에게 제사 지냈을 것이다.
ㄷ. (○) 상생설과 상극설 중 한왕조가 어떤 설을 선택하든 그 설이 이후 왕조에서 계속 유지된다면, 현 왕조의 다음 왕조는 금덕을 받들게 될 것이고 이에 해당하는 백제에게 제사 지낼 것이다.

# chapter 2 연결하기 및 묶기

## 01 두 가지 경우가 존재하는 문제 정답 ⑤

이 문제는 청년과 여동생을 연결하는 일대일 매칭 문제로 대응표를 통한 해결이 효과적이다.

1. 미팅 결과 정리

| 청년＼여동생 | A의 여동생 | B의 여동생 | C의 여동생 | D의 여동생 | E의 여동생 |
|---|---|---|---|---|---|
| A | | × | | × | |
| B | | | × | × | |
| C | | × | | | × |
| D | | | | | × |
| E | × | | | × | |

2. 미팅 결과를 정리하면 D의 여동생은 C와 커플임을 알 수 있고(∵ 1 : 1 매칭 관계), 제시된 조건에서 두 사람이 서로의 여동생과 커플일 수는 없으므로 D는 C의 여동생과 커플일 수 없다.

| 청년＼여동생 | A의 여동생 | B의 여동생 | C의 여동생 | D의 여동생 | E의 여동생 |
|---|---|---|---|---|---|
| A | | × | | × | |
| B | | | × | × | |
| C | | × | | ○ | × |
| D | | | × | | × |
| E | × | | | × | |

3. 질문 검토 : C의 여동생의 상대가 된 청년?
⇒ 위 그림에서 보면 A 청년 Or E 청년 두 가지 가능성이 존재하는데 A 경우에는 대입하여 검토할 때 모순이 발생되고 E 경우에는 모순이 발생하지 않는다.
∴ C 여동생의 상대는 E 청년이 된다.

| 청년＼여동생 | A의 여동생 | B의 여동생 | C의 여동생 | D의 여동생 | E의 여동생 |
|---|---|---|---|---|---|
| A | | × | × | × | ○ |
| B | ○ | | × | × | × |
| C | × | × | | ○ | × |
| D | × | ○ | × | | × |
| E | × | × | ○ | × | |

## 02 갑과 을에 대한 신하들의 의견 추론 정답 ①

1. 제시된 조건 정리 1

| 구분＼죄인 | 갑 | 을 | |
|---|---|---|---|
| 선무제 | 신하2인 : 갑(사면∨사형)<br>→ 을(1년∨5년) ⇔ 을(~1년∧~5년)<br>→ 갑(~사면∧~사형) ⇔ 을(사면 ∨ 사형)<br>→ 갑(1년∨5년) 선무제 판결 :<br>갑(사면)＋을(5년) | | |
| A | 사형 × | 사형 ×<br>(D갑과 동일) | 황제와 일치하는 견해 없음 ⇒ 신하 2인 의견 추론<br>갑(사면)<br>→ 을(1년)<br>갑(사형)<br>→ 을(5년) |
| B | 사형 ×, 사면 × | 사형 × | |
| C | | | |
| D | 사형 ×<br>(A을과 동일) | 사형 | |
| | 신하 간 의견이 갑을에 대해 각각 다르고, 각 신하는 갑을에 대한 형량도 다름 | | |

신하의 갑을에 대한 의견이 각각 다르므로 각각의 신하와 형량간의 일대일 대응관계의 문제이다. 위와 같은 표에서 문제를 해결할 수도 있고 아래와 같이 대응표를 구성하여 해결할 수도 있다.

2. 제시된 조건 정리 2

| 구분＼죄인 | 갑 | | | | 을 | | | |
|---|---|---|---|---|---|---|---|---|
| | 사면 | 1년 | 5년 | 사형 | 사면 | 1년 | 5년 | 사형 |
| A | | | | × | | | | × |
| B | × | | | × | | | | × |
| C | | | | | | | | |
| D | | | | | | | | ○ |
| 조건 정리 | 1. 신하2인 : 갑(사면∨사형) → 을(1년∨5년)<br>⇔ 을(~1년∧~5년) → 갑(~사면∧~사형)<br>⇔ 을(사면∨사형) → 갑(1년∨5년)<br>선무제 판결 : 갑(사면)＋을(5년)<br>2. 황제와 일치하는 견해 없음 ⇒ 신하2인 의견 추론<br>갑(사면) → 을(1년), 갑(사형) → 을(5년)<br>3. A(을)과 D(갑)의 형량이 일치 | | | | | | | |

3. 결과 및 선택지 검토

| 구분＼죄인 | 갑 | | | | 을 | | | |
|---|---|---|---|---|---|---|---|---|
| | 사면 | 1년 | 5년 | 사형 | 사면 | 1년 | 5년 | 사형 |
| A | ○ | × | × | × | × | ○ | × | × |
| B | × | × | ○ | × | ○ | × | × | × |
| C | × | × | × | ○ | × | × | ○ | × |
| D | × | ○ | × | × | × | × | × | ○ |

① (×) A는 갑을 사면하자는 의견을 내놓았다.

## 03 도표의 활용 정답 ①

제시된 〈관계〉와 〈상황〉에 따라 빈칸을 채워 정리하면 다음과 같은 결론에 도달한다.

| 사건＼관계 | 위압 언동 약화 | 교섭 빈도 증가 | 요구 수준 저하 | 대화 증가 | 합의 사항 이행 |
|---|---|---|---|---|---|
| | (동시) | (동시) | | | |
| A | ○ | ○ | × | ○ | ○ |
| B | × | × | × or ○ | ○ | × |
| C | ○ | ○ | × | × | × |
| D | ○ | ○ | × | × | × |
| E | × | × | ○ | ○ | × |
| | 위압과 교섭은 동시에 나타나고, 각 징후는 3개 이하이어야 하므로 B와 E는 모두 ×가 된다. | | 요구 → 대화<br>≡ ~대화 → ~요구 | | 1) ~교섭∨~대화 → ~합의<br>2) 징후는 1개 이상이어야 하므로 A는 ○가 되어야 한다. |

4개 이상의 징후가 나타날 수 있는 것은 A뿐이다.

## 04 대응표의 응용 정답 ⑤

주어진 세 개의 조건을 순서대로 조건1, 조건2, 조건3이라고 하면, 조건3[=A는 D와 E에게 우세하다]과 조건1[=A, B, C 각각은 D, E, F 중 정확히 2명에게만 우세하다]로부터 A는 F에게 우세하지 않고 F는 A에게 열세가 아니다. F는 A에게 열세가 아니라는 사실과 조건2[=D, E, F 각각은 A, B, C 중 정확히 2명에게만 열세이다]로부터 F는 B와 C에게 열세라는 사실이 추론된다.

이를 정리하여 그림으로 표현해 보면 아래와 같다.

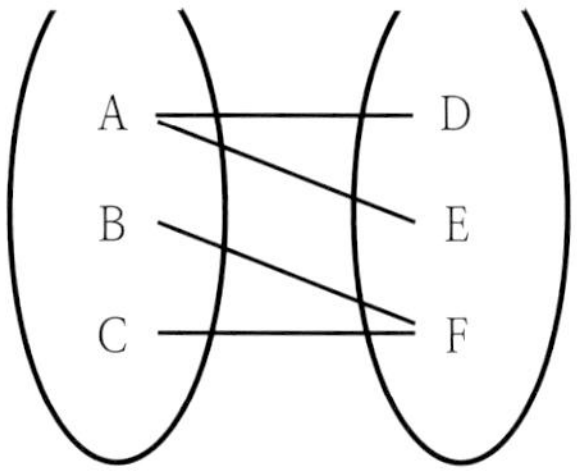


ㄱ. (×) C는 조건1에 따라 D와 E 중 어느 한 명에게만 우세할 수 있는데, D가 될 수도 있기 때문에 반드시 E에게 우세하다고 추론할 수는 없다.

ㄴ. (○) 조건 3[=A는 D와 E에게 우세하다]과 조건1[=A, B, C 각각은 D, E, F 중 정확히 2명에게만 우세하다]로부터 A는 F에게 우세하지 않고 F는 A에게 열세가 아니다. F는 A에게 열세가 아니라는 사실과 조건2[=D, E, F 각각은 A, B, C 중 정확히 2명에게만 열세이다]로부터 F는 B와 C에게 열세라는 사실이 추론된다.

ㄷ. (○) 위 그림을 통해 볼 때, B가 E에게 우세하면, B는 E와 F에게 우세하고, E는 A와 B에게 열세가 된다. 결국 A와 B, E와 F 모두 각각 2명에게 우세, 2명에게 열세라는 조건1과 2를 모두 충족시키게 되고, C와 D만 남게 되는데 이들이 각각 조건1과 조건2를 만족시키기 위해서는 C는 D에게 우세하여야 한다.

## 05 위치 정하고 연결하기 **정답 ③**

접경에 대한 조건을 도식화하면 다음과 같다.

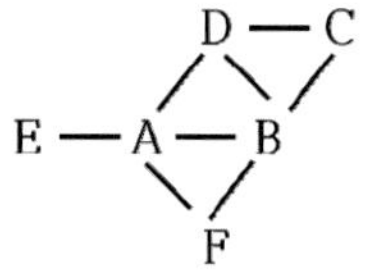


위 내용을 면으로 나타낸 후 조건 1~5를 반영하면 다음과 같다.

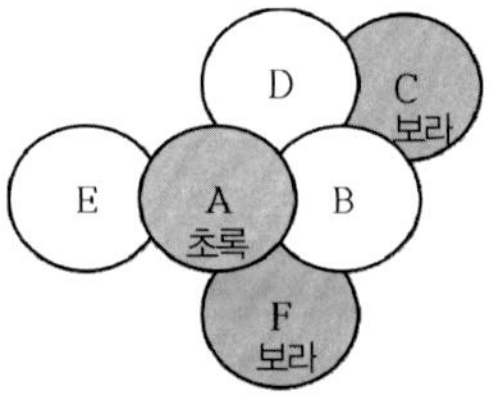


사용되고 남은 색 : 빨강, 주황, 초록, 파랑, 보라

B : ~초, ~보, ~파 ⇒ 빨강 or 주황

D : ~초, ~보, ~파 ⇒ 주황 or 빨강

E : ~초 ⇒ 파랑

ㄱ. (○)

ㄴ. (○)

ㄷ. (×) 〈조건3〉 때문에 D와 B는 (보라색이나 초록색이 아님은 물론) 색이 서로 달라야 한다. 따라서 〈조건5〉가 없어도 최소 4개의 색이 필요하다.

## 06 일대다 대응문제 **정답 ①**

주어진 조건을 모두 정리하면 다음과 같다.

| 알파벳 | C | | A | | |
|---|---|---|---|---|---|
| 로고색 | 검정 | 보라 | 하늘 | 연두 | 회색 |
| 음료 | | | 생수 | 커피 | |
| 과자 | | 와플 | | | |
| 수출국 | 싱가포르 | | | ~태국 | ~태국 |

| | |
|---|---|
| | |
| 주스 | |
| | |
| | 태국 |

ㄱ. (○) 위 내용 참조

ㄴ. (×) 주스를 생산하는 회사가 C인지 C오른쪽에 있는 회사인지 알 수 없다.

ㄷ. (×) 보라색 로고의 수출국이 "중국, 태국, 일본, 대만" 중 어디인지 알 수 없다.

## 07 일대다 대응문제 **정답 ②**

- 제시문의 조건을 위에서부터 〈조건 1〉~〈조건 5〉라고 한다.
- 〈조건 3〉과 〈조건 4〉에 따라, 고구려 유물 수 1 이상, 백제 유물 수 1 이상, 신라 유물 수 2 이상이다.
- 남은 유물이 2개이므로 다음과 같은 조합이 가능하다.
  고구려 1, 백제 1, 신라 4
  고구려 1, 백제 2, 신라 3
  고구려 2, 백제 1, 신라 3
  고구려 3, 백제 1, 신라 2

- B는 고구려가 F는 백제가 만들었으므로

| | | |
|---|---|---|
| | | |
| | | |
| B | F | |
| 고 | 백 | 신 |

- C, E를 한 나라에서 만들어야 하므로 백제의 유물은 아니다. 고구려 또는 신라가 된다.

| | | |
|---|---|---|
| | | |
| | | E |
| B | F | C |
| 고 | 백 | 신 |

| | | |
|---|---|---|
| E | | |
| C | | |
| B | F | |
| 고 | 백 | 신 |

- A는 C와 다른 국가의 유물이다.

| | | |
|---|---|---|
| | | |
| | A | E |
| B | F | C |
| 고 | 백 | 신 |

| | | |
|---|---|---|
| | | |
| A | | E |
| B | F | C |
| 고 | 백 | 신 |

| | | |
|---|---|---|
| E | | |
| C | | |
| B | F | A |
| 고 | 백 | 신 |

- D의 배치까지 고려하면 다음과 같은 경우의 수가 가능하다.

| | | |
|---|---|---|
| | | D |
| | A | E |
| B | F | C |
| 고 | 백 | 신 |

(경우 1)

| | | |
|---|---|---|
| | | D |
| A | | E |
| B | F | C |
| 고 | 백 | 신 |

(경우 2)

| | | |
|---|---|---|
| D | | |
| A | | E |
| B | F | C |
| 고 | 백 | 신 |

(경우 3)

| | | |
|---|---|---|
| E | | |
| C | | D |
| B | F | A |
| 고 | 백 | 신 |

(경우 4)

ㄱ. (×) A가 백제의 유물인 경우가 있다. (경우 2)
ㄴ. (○) C가 고구려의 유물일 경우 D는 신라의 유물이다. (경우 4)
ㄷ. (×) E가 2개의 유물을 만든 나라에 속하는 경우가 존재한다. (경우 3)

## 08 가정에 따른 모순 여부 판단 정답 ③

가정에 따른 모순 여부 판단을 통해 문제를 해결한다.
c, d, e를 맡을 수 있는 팀은 (가)팀 또는 (나)팀 뿐이다.
a, b는 (마)팀에 배정할 수 없다.

| | 현재 | 배정될 과제 개수 | ㄱ. (○) | ㄴ. (×) | ㄷ. (○) |
|---|---|---|---|---|---|
| (가) 팀 | 0 | 1개 이상 ~4개 이하 | c, d, e | f | c, d, e |
| (나) 팀 | 1 | 1개 이상 ~3개 이하 | a, b | c, d, e | 2개 |
| (다) 팀 | 2 | 1개 이상 ~2개 이하 | 1개 | a, b | a, b |
| (라) 팀 | 2 | 1개 이상 ~2개 이하 | 1개 | 1개 | 1개 |
| (마) 팀 | 3 | 1개 | 1개 | 1개 | 1개 |
| | 총 8개 | 총 8개 | 조건 (4개 과제 두 팀) 불충족 | 조건 (4개 과제 두 팀) 불충족 | 기존 포함 2개 과제 맡는 팀 없이 구성 불가 |

# chapter 3 진실 • 거짓 퍼즐

## 01 참 거짓 퍼즐 정답 ⑤

형식적인 측면에서 언급한다면 조건문에서 함축된 정보를 추론할 때 전건부정의 오류와 후건긍정의 오류에 주의를 요한다. 조금 잘못 추론해도 정답은 맞출 수 있겠으나, 시간을 갖고 문제를 점검할 때는 자신의 문제해결방식의 논리적 흠결은 없는지 검토해 볼 필요가 있다. A의 진술부터 하나씩 검토해 보면 다음과 같다.

1) A의 진술에 의해 A와 B는 참인 진술일 수밖에 없다.
A진술 : B는 거짓말을 하고 있지 않다
(=B는 참말을 하고 있다).
① A(참) → B(참) ⇔ B(거짓) → A(거짓)
∴ B(참)
(∵ 한 사람만이 거짓말을 해야 하므로 B는 거짓일 수 없다.)
② A(거짓) → B(거짓)
∴ A(참)
(∵ 한 사람만이 거짓말을 해야 하므로 B는 거짓일 수 없다.)
2) B의 진술이 참이므로 D의 진술은 참일 수밖에 없다.
B의 진술 : C(참) → D(참) ⇔ D(거짓) → C(거짓)
∴ D(참)
(∵ 한 사람만이 거짓말을 해야 하므로 D는 거짓일 수 없다.)
3) D의 진술은 참이지만 B의 진술이 거짓이 아니므로 별달리

이용될 정보는 없다. 또한 B가 참이라고 하여 C의 진술이 거짓이라고 단정지을 수 없다.(∵후건긍정의 오류)

D의 진술 : B(거짓) → C(참) ⇔ C(거짓) → B(참)

4) 네 명의 진술이 참이고 한 명의 진술만이 거짓이므로 남은 것은 C나 E 둘 중에 한 명은 참이고 한명은 거짓이다. 지금까지 확인된 정보(A, B, D의 진술은 참)로 파악할 때 A와 D에 대해 언급하고 있는 E의 진술이 거짓임을 알 수 있다. 따라서 C의 진술은 참이 되고, E가 거짓말을 하고 있는 C의 진술은 별다른 모순 없이 받아들일 수 있다.

C의 진술 : E(거짓)

E의 진술 : A(참) → D(거짓) ⇔ D(참) → A(거짓)

∴ A와 D는 모두 참이므로 E의 진술은 거짓임을 알 수 있다. 따라서 정답은 ⑤번 E가 된다.

## 02 효율적인 문제 해결의 단서 **정답 ③**

본 문제는 논리게임 중 참거짓 퍼즐로서 전형적인 문제패턴이다. 진술 간 관계를 고려한다면 5가지 경우 중 2가지만을 고려하여 정답을 선택할 수 있다.

1. 5개의 진술 중 참 4, 거 1
2. 진술 간 관계를 살펴보면, E와 B는 동시에 참일 수 없고 동시에 거짓일 수 없는 모순관계에 있다. 따라서 B와 E 중 어느 하나만이 거짓이고 나머지 세 개의 진술은 모두 참이다. 이를 정리해보면 다음과 같다.

| | A | B | C | D | E |
|---|---|---|---|---|---|
| A, C, D 진술 표현 | | 수학사 | × | ~조합수학 | 조합수학 |
| i) if, B(참), E(거) 모순 발생 | | | 정수론 | | |
| ii) if, B(거), E(참) | | 수학사 | × | ~조합수학 | 조합수학 |

i)의 경우는 모순이 발생하므로 ii)의 경우만이 남는다.

B(거) : C가 〈정수론〉 강좌를 담당하지 않거나 D의 말은 거짓일 것이다.

⇒ D의 말이 참이므로, C는 〈정수론〉을 담당하지 않는다.

① (×) A는 〈수학사〉를 담당하지 않는다. 잘못된 추론이다.

② (×) B는 〈수학사〉를 담당한다. 〈위상수학〉을 담당하지 않는다. 잘못된 추론이다.

③ (○) C는 강좌를 맡지 않는다. 바른 추론이다.

④ (×) D는 〈조합수학〉을 담당하지 않는다. 잘못된 추론이다.

⑤ (×) E는 〈조합수학〉을 담당한다. 잘못된 추론이다.

## 03 명제 및 술어논리의 응용 **정답 ③**

1. 진우의 두 진술이 모두 참인 경우

| | 진술 | 참 거짓 | 해석 | 판단 |
|---|---|---|---|---|
| 유석 | ⓐ 진우의 칼 | 거 | ~진우 칼 | 모순 발생 |
| | ⓑ 유석 피해자 봄 | 거 | ~유석 봄 | |
| 소연 | ⓒ 모두 피해자 봄 | 참 | 모두 봄 | |
| | ⓓ 유석 가장 늦게 출근 | 참 | 유석 늦게 출근 | |
| 진우 | ⓔ 유석 두 진술 모두 거짓 | if, 참 | | |
| | ⓕ 소연 두 진술 모두 참 | if, 참 | | |

진우의 두 진술이 모두 참인 경우, 유석의 진술 ⓑ와 소연의 진술 ⓒ가 모순된 상태에 이르게 되어 진우의 두 진술은 모두 참일 수는 없다.

2. 진우의 두 진술이 모두 거짓인 경우

| | 진술 | 참 거짓 | 해석 |
|---|---|---|---|
| 유석 | ⓐ 진우의 칼 | | |
| | ⓑ 유석 피해자 봄 | | |
| 소연 | ⓒ 모두 피해자 봄 | | |
| | ⓓ 유석 가장 늦게 출근 | | |
| 진우 | ⓔ 유석 두 진술 모두 거짓 | if, 거 | 유석 두 진술 중 적어도 하나는 참 |
| | ⓕ 소연 두 진술 모두 참 | if, 거 | 소연 두 진술 중 적어도 하나는 거짓 |

ㄱ. (○) ⓑ가 거짓이라면 유석의 진술 ⓐ는 반드시 참이어야 하므로 범행 현장에서 발견된 칼은 진우의 것이다.

| | 진술 | 참 거짓 | 해석 |
|---|---|---|---|
| 유석 | ⓐ 진우의 칼 | 참 | 진우의 칼 |
| | ⓑ 유석 피해자 봄 | if, 거 | |
| 소연 | ⓒ 모두 피해자 봄 | | |
| | ⓓ 유석 가장 늦게 출근 | | |
| 진우 | ⓔ 유석 두 진술 모두 거짓 | if, 거 | 유석 두 진술 중 적어도 하나는 참 |
| | ⓕ 소연 두 진술 모두 참 | if, 거 | 소연 두 진술 중 적어도 하나는 거짓 |

ㄴ. (×) ⓒ가 참[=모두 피해자를 본 적이 있다]이면, 유석의 진술 ⓑ는 참이 되므로 유석의 진술 ⓐ는 참이 되어도 거짓이 되어도 무방하다. 따라서 범행 현장에서 발견된 칼은 진우의 것이라 확정적으로 말할 수 없다.

| | 진술 | 참 거짓 | 해석 |
|---|---|---|---|
| 유석 | ⓐ 진우의 칼 | 참 or 거 | 진우 or ~진우 |
| | ⓑ 유석 피해자 봄 | 참 | |
| 소연 | ⓒ 모두 피해자 봄 | if, 참 | 모두 피해자 봄 |
| | ⓓ 유석 가장 늦게 출근 | | |
| 진우 | ⓔ 유석 두 진술 모두 거짓 | if, 거 | 유석 두 진술 중 적어도 하나는 참 |
| | ⓕ 소연 두 진술 모두 참 | if, 거 | 소연 두 진술 중 적어도 하나는 거짓 |

ㄷ. (○) ⓐ가 거짓이고 ⓓ가 참이면, 진우의 진술에 의해 ⓑ는 참이고 ⓒ는 거짓이 되어야 한다. 따라서 유석이 피해자를 본 적이 있고, 모두 피해자를 본 것은 아니므로 소연과 진우 중 적어도 한 사람은 피해자를 만난 적이 없다고 추론할 수 있다.

| | 진술 | 참 거짓 | 해석 |
|---|---|---|---|
| 유석 | ⓐ 진우의 칼 | if, 거 | |
| | ⓑ 유석 피해자 봄 | 참 | 유석 피해자 봄 |
| 소연 | ⓒ 모두 피해자 봄 | 거 | 피해자 못 본 사람 존재 |
| | ⓓ 유석 가장 늦게 출근 | if, 참 | |
| 진우 | ⓔ 유석 두 진술 모두 거짓 | if, 거 | 유석 두 진술 중 적어도 하나는 참 |
| | ⓕ 소연 두 진술 모두 참 | if, 거 | 소연 두 진술 중 적어도 하나는 거짓 |

## 04 효율적인 문제해결의 단서 찾기 정답 ④

제시된 정보를 정리하면 다음과 같다.

1) 5명 중 4명 선발, 각 부서에 한 명씩.

2) 거짓 1, 참 4

| | A | B | C | D | |
|---|---|---|---|---|---|
| 지원자 1 | 지원자 2 | | | | |
| 지원자 2 | (지원자 3) | | | (지원자 3) | |
| 지원자 3 | | | ~ 지원자 4 | | 지원자 4 선발 |
| 지원자 4 | | | | 지원자 5 | |
| 지원자 5 | | | | 지원자 5 | ~ 지원자 1 |

i) 먼저 지원자 4의 진술은 거짓일 수 없다. 만약 지원자 4의 진술이 거짓일 경우 지원자 4와 지원자 5의 진술 모두가 거짓이 되어 1명의 진술만이 거짓이라는 정보와 상충되기 때문이다.

=> 지원자 4 (참) : D 부서(지원자 5)

ii) 지원자 5가 D 부서에 선발됨에 따라 지원자 2의 진술이 참일 경우에는 지원자 3이 A 부서에 선발된 것이 되고 지원자 2가 A 부서에 선발되었다는 지원자 1의 진술은 거짓이 된다. 또한 지원자 2가 A 부서에 선발되었다는 지원자 1의 진술이 참이라면 지원자 3은 A 부서와 D 부서 어느 부서에서도 선발될 수 없기 때문에 지원자 2의 진술은 거짓이 된다.

⇒ 지원자 1의 진술과 지원자 2의 진술은 동시에 참일 수 없음. 거짓이 하나 존재

지원자 3~5의 진술은 모두 참이다.

⇒ 따라서 지원자 1은 선발되지 않았고, 나머지 4명이 선발되었으며, 지원자 5는 D 부서에 선발, 지원자 4는 C가 아닌 부서에 선발되었다.

iii) 첫 번째 경우인 지원자 1 진술 (참), 지원자 2 (거짓)을 적용하여 추론하면 다음과 같다.

| | A | B | C | D | |
|---|---|---|---|---|---|
| 지원자 3 (참) | | | ~ 지원자 4 | | 지원자 4 선발 |
| 지원자 4 (참) | | | | 지원자 5 | |
| 지원자 5 (참) | | | | 지원자 5 | ~ 지원자 1 |
| 지원자 1 (참) | 지원자 2 | | | | |
| 지원자 2 (거) | (지원자 3) | | | (지원자 3) | |
| 결과 추론 | 지원자 2 | 지원자 4 | 지원자 3 | 지원자 5 | |

iv) 두 번째 경우인 지원자 1 진술(거), 지원자 2(참)을 적용하여 추론하면 다음과 같다.

| | A | B | C | D | |
|---|---|---|---|---|---|
| 지원자 3 (참) | | | ~ 지원자 4 | | 지원자 4 선발 |
| 지원자 4 (참) | | | | 지원자 5 | |
| 지원자 5 (참) | | | | 지원자 5 | ~ 지원자 1 |
| 지원자 1 (거) | 지원자 2 | | | | |
| 지원자 2 (참) | (지원자 3) | | | (지원자 3) | |
| 결과 추론 | 지원자 3 | 지원자 4 | 지원자 2 | 지원자 5 | |

① (×) 지원자 1은 어느 부서에도 선발되지 않았다.

② (×) 지원자 2는 A 부서나 C 부서에 선발되었을 수 있다. 확정적으로 A 부서에 선발되었다고 말할 수 없다.

③ (×) 지원자 3은 A 부서 또는 C 부서에 선발되었다. D 부서에 선발되지 않았다.

④ (○) 지원자 4는 B 부서에 선발되었다.

⑤ (×) 지원자 5는 D 부서에 선발되었다. C 부서에 선발되지 않았다.

## 05 효율적인 문제해결의 단서 찾기 정답 ③

丙과 丁의 진술은 모순관계이다. 丁이 참이라면 丙은 거짓이고, 丁이 거짓이라면 丙은 참이 된다.

1) 丙-참, 丁-거짓인 경우, 丁은 범인으로 확정된다.

2) 丙-거짓, 丁-참인 경우, 丁은 범인이 아닌 것으로 확정된다.

① (○) 범인이 2명일 때

1) 丙-참, 丁-거짓인 경우

丁은 범인이고 거짓말을 하고 있으므로 '범인 중 적어도 한 명의 진술은 거짓'은 옳은 표현이다.

2) 丙-거짓, 丁-참인 경우

丁은 범인이 아니므로, 甲/乙/丙 중 2명이 범인이다. 甲/丙, 乙/丙이 범인인 경우 丙은 거짓말을 하고 있으므로 '범인 중 적어도 한 명의 진술은 거짓'은 옳은 표현이다. 甲/乙이 범인인 경우에도, 乙의 진술 "나는 범인이 아니다"가 거짓이므로 '범인 중 적어도 한 명의 진술은 거짓'은 옳은 표현이다.

② (○) 거짓 진술이 3명일 때

丙과 丁 중 한 명은 반드시 참이므로, 甲/乙은 모두 거짓이다.

따라서, 乙의 진술 "나는 범인이 아니다"가 거짓이므로 乙은 범인이다.

③ (×) 범인이 3명일 때 1명만 거짓말을 하는 경우가 존재하는지 검토해본다.

丙과 丁 중 한 명은 반드시 거짓이므로, 甲/乙은 모두 참이어야 한다.

이 경우, 甲의 진술에 따라 丙이 범인, 乙의 진술에 따라 乙은 범인이 아니다.

따라서, 丙과 丁이 모두 범인이어야 한다. 丙은 참, 丁은 거짓이라면 가정에 모순되지 않는다.

즉, 참 3명(甲/乙/丙), 거짓 1명(丁)이고, 범인은 3명(甲/丙/丁)인 경우가 존재하므로 틀린 표현이다.

④ (○) 丙과 丁은 동시에 참일 수 없다. 적어도 한 명의 진술은 거짓이다.

⑤ (○) 乙이 범인이 아니라면, 乙의 진술은 참이다. 丙과 丁 중 한 명은 반드시 참이므로, 두 명 이상의 진술이 참이다.

## 06 두 문장으로 구성된 진술 정답 ③

- 제시문의 조건을 위에서부터 〈갑1〉, 〈갑2〉, 〈을1〉, 〈을2〉, 〈병1〉, 〈병2〉, 〈정1〉, 〈정2〉라고 한다.

(갑1) 병 = 범인
(갑2) 범인은 2명
(을1) 을 = 범인
(을2) 정 ≠ 범인
(병1) 병 = 범인
(병2) 병 = 범인 & 범인은 3명
(정1) 정 ≠ 범인
(정2) 갑 = 범인

- 한 사람은 하나의 거짓말과 하나의 참말을 해야한다. 이 경우, 〈병1〉과 〈병2〉가 동시에 이야기하고 있는 '병 = 범인'이라는 명제는 참일 수밖에 없다. 거짓이라면 병의 발언이 모두 거짓이 되기 때문이다. 따라서 〈병1〉은 참이고 〈병2〉는 거짓이 되고 그 결과 범인은 3명이 아니다.
- '병 = 범인'이 참이므로 〈갑1〉은 참이고 이에 〈갑2〉는 거짓이다. 범인은 2명이 아니다.
- 을과 정은 모두 '정 ≠ 범인'이라는 발언을 했다. 만약 이 발언이 참이라면 을과 갑은 모두 범인이 아니다. 하지만 이 발언이 거짓이라면 갑, 을, 정 모두 범인이 된다.
- 결과적으로 병만 범인이거나 갑, 을, 병, 정 모두 범인인 두 가지 경우가 가능하다.

ㄱ. (○) 범인은 1명이거나 4명이므로 2명일 수 없다.
ㄴ. (×) 을은 범인일 수도 있고 아닐 수도 있다.
ㄷ. (○) 병은 무조건 범인이므로 병과 정 중 한 명만 범인이려면 정이 범인이 아니어야 한다. 이 경우 병만이 범인이 된다. 따라서 갑은 범인이 아니다.

중첩되는 발언을 찾아 그 관계를 열쇠로 발언간 논리관계를 분석할 수 있어야한다.

# chapter 4 수학적 퍼즐 및 기타

## 01 경기 수 및 상대 전적의 추론 정답 ②

### 1. 조건분석

1) 〈진행 방법〉에 의해 무승부는 없고, 두 사람이 시합을 하고 나머지 한 사람은 대기한다. 대기하는 사람은 첫 게임에서는 을이 되고 이후부터는 게임에서 진 사람이 한 번씩 대기하게 된다.
2) 제시된 〈결과〉에 의해 승패에 관련된 표를 구성할 수 있는데 여기서 유념해야 할 점은 병이 승리한 횟수가 2번이므로 병을 기준(∵경우의 수가 가장 적다)으로 하되 을 vs 병 사이의 시합은 서로 이긴 횟수가 같다했으므로 아래와 같이 3가지 경우로 나눌 수 있다.

| 승 | 패 | | |
|---|---|---|---|
| | case ① | case ② | case ③ |
| 갑 7승 | 8패 | 6패<br>(을 5승,<br>병 1승) | 4패<br>(을 4승) |
| 을 6승 | 0승 0패 | 1승 1패 | 2승 2패 |
| 병 2승 | 0승 0패 | 1승 1패 | 2승 2패 |
| (총 시합수 - 15) | 7패<br>(∵갑 7승) | 7패 | 7패 |
| 을 VS 병 | 0승 0패 | 1승1패 | 2승 2패 |

case ①의 경우

을 vs 병은 0승 0패 → 을과 병은 서로 시합을 하지 않았고 모두 갑과 시합을 했다. 따라서 갑은 8패(∵을 6승, 병 2승)이고 을과 병은 7패(∵갑 7승)가 된다. 시합에 지는 사람은 한 번 대기하여야 하므로 갑이 7승 8패를 하기위해서는 총 시합수는 8+7+8(∵갑이 8번 패했으므로 8번 대기)=23이 되어야 한다. 따라서 총 시합수 15라는 사실과 모순이 발생한다. (×)

case ②의 경우

을 vs 병은 1승1패 → 을과 병은 서로 1승1패이므로 서로 2게임을 치르게 되고, 나머지 승수는 갑에게 거둔 승수가 되므로 갑은 6패(∵을 5승, 병1승)가 된다. 갑이 7승 6패를 하기 위해서는 총 시합수가 6+7+6(∵갑이 6번 패했으므로 6번 대기)=19가 되어야 한다. 따라서

총 시합수가 15라는 사실과 모순이 발생한다. (×)

case ③의 경우

을 vs 병은 2승 2패 → 을과 병은 서로 2승 2패이므로 서로 4게임을 치르게 되고, 나머지 승수는 갑에게 거둔 승수가 되므로 갑은 4패(∵을 4승)가 된다. 갑이 7승 4패를 하기 위해서는 총 시합수가 4+7+4(∵갑이 4번 패했으므로 4번 대기)=15가 되어 모순이 발생하지 않는다. (○)

## 2. 보기 검토

ㄱ. (×) 총 시합 수는 15이다.

ㄴ. (×) 을과 병이 4게임을 치르게 되고, 갑은 을 또는 병과 11게임을 치르게 된다. 이 중 갑은 을과의 경기에서 4번을 지고, 을 또는 병에게 7승을 거두게 된다. 그런데 갑이 병과 모두 4번의 시합을 하게 된다면 병에게 4승을 거두게 되고, 을에게 3승을 거두게 된다. 그렇게 되면 병은 2승 6패가 되어 총 8게임을 하게 되고, 을은 6승 5패가 되어 11게임을, 갑은 7승 4패로 11게임을 하게 된다. 그런데 첫 게임을 갑과 병이 하게 됨에 따라 첫 게임은 을의 게임의 결과와 관련 없이 한 번을 쉬고 시작하므로 을이 게임을 치루거나 패한 결과로 쉬게 되는 게임의 합은 14게임이 되고, 마지막 경기를 갑과 을이 한다고 해도 을은 최소한 4번은 더 쉬어야 한다. 따라서 게임을 치루는 11게임과 4번의 쉬는 게임의 합은 15게임이 되어 모순이 발생한다.

ㄷ. (○) case ③의 경우가 맞는 조건이 되므로 을 vs 병 전적은 2승 2패가 된다.

## 02 리그전에서의 게임별 점수 추론 정답 ④

1. 각 팀이 3번씩 경기를 치러야 하는 리그전에서 현재 2번씩 경기를 치렀다. 이기면 승점 3점, 비기면 승점 1점, 지면 승점 0점을 얻고 각 팀이 2번씩 경기를 치렀으므로 A는 1승1무, B는 1승1무, C는 1승1패, D는 2패임을 추론할 수 있다. 따라서 A와 B는 무승부를 기록했음을 추론할 수 있다.

| 팀 | 승점 | 득점 | 실점 |
|---|---|---|---|
| A | 4 (1승 1무) | 3 | 2 |
| B | 4 (1승 1무) | 2 | 1 |
| C | 3 (1승 1패) | 3 | 2 |
| D | 0 (2패) | 0 | 3 |

2. A와 B는 0 : 0 또는 1 : 1, 또는 2 : 2 무승부의 가능성이 있다.
   1) A와 B가 0 : 0 무승부라면, A의 3득점과 2실점을 설명할 수 없으므로 0 : 0 무승부가 아님을 추론할 수 있다.
   2) A와 B가 2 : 2 무승부라면, B의 1실점을 설명할 수 없으므로 2 : 2 무승부도 아님을 추론할 수 있다.

따라서 A와 B는 1 : 1 무승부임을 추론할 수 있다.

3. 이를 기초로 게임에 따른 득실점을 구분해 보면 다음과 같다.

| 팀 | 승점 | 득점 | 실점 |
|---|---|---|---|
| A | 4 (1승 1무) | 3 (2, 1) | 2 (1, 1) |
| B | 4 (1승 1무) | 2 (1, 1) | 1 (0, 1) |
| C | 3 (1승 1패) | 3 (1, 2) | 2 (2, 0) |
| D | 0 (2패) | 0 (0, 0) | 3 (1, 2) |

A와 B는 C나 D를 상대로 각각 1승씩을 얻었는데, C가 1승 1패이고 D가 2패이므로 (A-C, B-D) 또는 (A-D, B-C) 간의 경기를 진행했을 것이고 C는 D와의 경기에서 승리를 거두었을 것이다. 그런데 A는 2 : 1 승리를 기록하여야 하고 B는 1 : 0 승리를 기록하여야 하므로 A는 C와 경기를, B는 D와 경기를 하였음을 추론할 수 있다. 그리고 C는 D와의 경기에서 2 : 0 승을 기록했음을 추론할 수 있다. 이를 정리하면 아래와 같다.

| 팀 | 득점 |
|---|---|
| A : B | 1 : 1 |
| A : C | 2 : 1 |
| B : D | 1 : 0 |
| C : D | 2 : 0 |

ㄱ. (×) A와 B가 0 : 0 무승부라면, A의 3득점과 2실점을 설명할 수 없다.

ㄴ. (○) 위에서 보는 바와 같이 B는 C와 아직 경기를 하지 않았다.

ㄷ. (○) 위에서 보는 바와 같이 C는 D에 2 : 0으로 이겼다.

## 03 토너먼트 / 참거짓퍼즐 정답 ⑤

전형적인 토너먼트 경기 방식이다. 토너먼트 경기는 1패를 하면 바로 탈락하는 방식이므로, 승수가 다음 회차에 진출한 횟수와 동일하다. 즉, 어떤 팀의 전적이 2승 1패라고 하면, 예선/준결승전을 이기고, 결승전에서 진 것이다.

ㄱ. (○) 을의 진술이 거짓이라고 가정할 경우 모순이 발생하므로, 을의 진술은 참이다.
을의 진술이 거짓이라고 가정할 경우
[(갑, 을, 병, 정) = (T, F, T, T) 라고 가정],
- A(2승 1패)는 결승전까지 진출하였고, 결승전에서 패하여 준우승 (by 갑)
- H는 결승전에서 승리하여 우승 (by 정)

그런데, 병에 의하면 C가 준결승전에서 B에게 패했으므로 B가 결승전에 진출했어야 한다. 이는 A와 H가 결승전에 진출했다는 정보와 모순된다. 을의 진술이 거짓인 경우 모순이 발생하므로, 을의 진술은 참이다.

ㄴ. (○) 갑이 거짓말을 했다고 가정할 경우
[(갑, 을, 병, 정) = (F, T, T, T) 라고 가정],
- E(1승 1패)는 준결승전까지 진출하였고, 준결승전에서 패하여 탈락 (by 을)
- B와 C는 모두 준결승전에 진출했고, C는 결승 진출, B는 탈락 (by 병)
- H는 준결승전, 결승전 모두 승리 (by 정)

이상의 결과를 종합해보면, 준결승전 진출 팀은 B, C, E, H이고 이 중 B와 C가 맞붙었으므로 E와 H가 맞붙어야 한다. 그런데 H가 결승에 진출한 팀이므로 E에게 이겼을 것이다.

ㄷ. (○) 앞서 검토한 대로 을의 진술은 참이므로, 거짓말을 한 사람은 갑, 병, 정 중에 있다.
'H가 1승 → 갑 또는 병이 거짓말'의 대우명제는 '정이 거짓말 → H가 1승도 하지 못함'이 되므로, 정이 거짓말을 했을 때 H가 1승을 할 수 있는지 여부를 확인해본다. 즉, (갑, 을, 병, 정) = (T, T, T, F)를 가정한다.
정이 거짓말을 했다면, 갑/을/병은 참이므로
- A는 결승전까지 진출, 결승전에서 패 (by 갑)
- E는 준결승전까지 진출, 준결승전에서 패 (by 을)
- B, C는 준결승전까지 진출, 준결승전에서 B 승리, C 패배 (by 병)

그렇다면 준결승전 진출 팀은 A, B, C, E이고, H는 1승도 하지 못한 것이다.
대우명제가 참이므로, 선지 ㄷ은 옳은 추론이다.

## 04 효율적인 문제 해결 방법의 모색 정답 ①

제시문에 주어진 내용을 표현해 보면 아래와 같다.

| 일수 / (주기, 분량, 기한) | 1 | 2 | 3 | 4 | 5 | 6 | 7 | 8 | 9 | 10 | 11 | 12 | 13 | … | 61 |
|---|---|---|---|---|---|---|---|---|---|---|---|---|---|---|---|
| A (3일, 10쪽, 3일) | A | | | A | | | A | | | A | | | A | … | 21A |
| B (4일, 20쪽, 4일) | B | | | | B | | | | B | | | | B | … | 16B |
| C (5일, 10쪽, 5일) | C | | | | | C | | | | | C | | | … | 13C |
| 원칙에 따른 처리 업무 | A | B | B | C | A | B | B | A | | | | | | … | |

ㄱ. (○) 위 표에서 보는 바와 같이 P는 5일째 되는 날 A의 두 번째 문서를 번역한다.
ㄴ. (×) P는 8일째 되는 날 A의 문서를 번역한다.
ㄷ. (×) 60일째 되는 날까지 접수된 A, B, C의 일은 20A, 15B, 12C로 이들 일을 모두 마치는 데 필요한 날은 최소한 62일(=20A + 15B × 2일 + 12C)이 필요하다.

## 05 컴퓨터 운영체제 정답 ④

ㄱ. (○) 순서대로 적용해 보면 다음과 같다.

| | | | |
|---|---|---|---|
| 0 | 0 | 0 | 0 |
| 1 | 0 | 0 | 0 |
| 1 | 1 | 0 | 0 |
| 1 | 1 | 1 | 0 |

〈영역4〉

| | | | |
|---|---|---|---|
| 0 | 1 | 1 | 1 |
| 0 | 0 | 0 | 0 |
| 0 | 1 | 0 | 0 |
| 0 | 1 | 1 | 0 |

〈영역1〉

| | | | |
|---|---|---|---|
| 0 | 1 | 0 | 1 |
| 0 | 0 | 0 | 0 |
| 1 | 1 | 0 | 1 |
| 0 | 1 | 0 | 0 |

〈영역3〉

ㄴ. (×) 행의 '1'의 개수와 열의 '0'의 개수를 고려하여 〈표6〉에 가장 최근에 적용된 것을 추론하면 영역 2이다.
ㄷ. (○) 행의 '1'의 개수와 열의 '0'의 개수를 고려하여 최근에 적용된 것부터 역으로 추론해 보면, 〈표 7〉에 적용된 영역의 순서는 역으로 3, 4, 1, 2, … 임을 추론할 수 있다. 따라서 X의 값은 0이다.

## 06 규칙성 추론 정답 ③

ㄱ. (○) 20번 지점은 20의 약수에 해당되는 점검 때에 방문하게 되므로 1, 2, 4, 5, 10, 20번째 점검에서 방문하게

된다. 총 6회 방문하게 된다.

ㄴ. (○) 2번 방문한 지점은 첫 번째 방문이후 한 번만 더 방문한 곳으로 소수(약수가 1과 자기 자신뿐인 수)인 지점이 이에 해당된다. 따라서 20이하의 숫자 중 소수는 2, 3, 5, 7, 11, 13, 17, 19번 총 8개이므로 2회만 방문한 지점은 총 8개이다.

ㄷ. (×) 한 지점을 최대 8회 방문하기 위해서는 적어도 8번 지점 이상이 되어야 하고 8이상의 수에서 앞서 소수(2번씩 방문한 지점)을 제외하면 8, 9, 10, 12, 14, 15, 16, 18, 20이 남는다. 이 지점 중 약수가 8개 이상인 수는 없으므로 8회 방문한 지점은 존재하지 않는다.

## 07 암호의 논리적 추론 — 정답 ⑤

정보 (1) : 4와 인접한 숫자 중 두 개가 사용되었다.

⇒ 1, 5, 7 중 2개가 사용되었다. 즉, 1, 5, 7의 세 숫자 중에 사용된 숫자의 조합으로 가능한 것은 (1, 5), (1, 7), (5, 7)이다.

정보 (3) : 8과 인접한 숫자 중 한 개만 사용되었다.

⇒ 5, 7, 9, 0 중 1개만 사용되었다.

정보 (1)과 정보 (3)을 조합해보면, 5, 7 중 1개만 사용되었음을 알 수 있다. 즉, (5, 7)의 조합은 불가능하고, (1, 5) 또는 (1, 7)의 조합만 가능하다. 이에 따라 1은 사용되었고, 9, 0은 사용되지 않았다.

정보 (2) : 6이 사용되었다면 9도 사용되었다.

[9가 사용되지 않았다면 6이 사용되지 않았다.]

⇒ 앞서 9가 사용되지 않았음이 추론되었으므로 6은 사용되지 않았음이 추론된다.

결국, 10개의 숫자 중 6개의 숫자가 사용되었다고 했는데, 사용되지 않은 숫자 4개가 추론되었으므로(6, 9, 0, 5/7 중 하나), 나머지 숫자(1, 2, 3, 4, 8)는 사용되었음을 알 수 있다.

| | | |
|---|---|---|
| **1** | **2** | **3** |
| **4** | 5? | 6 |
| 7? | **8** | 9 |
| | 0 | |

ㄱ. (○) 8은 사용되었다.

ㄴ. (○) 2와 3은 모두 사용되었다.

ㄷ. (○) 6은 사용되지 않았고, 5와 7 중 한 개만 사용되었으므로 올바른 추론이다.

# 제4부
# 수리추리

chapter 1 **수리 연산 및 대수** 정답 및 해설 ▶▶▶ 44~47쪽

| | | | | | | | | | |
|---|---|---|---|---|---|---|---|---|---|
| 01 ⑤ | 02 ③ | 03 ① | 04 ① | 05 ① | 06 ③ | 07 ④ | 08 ② | 09 ⑤ | 10 ① |

chapter 2 **도형 및 기하** 정답 및 해설 ▶▶▶ 47~48쪽

| | | |
|---|---|---|
| 01 ② | 02 ① | 03 ③ |

chapter 3 **게임이론 및 이산수학 1** 정답 및 해설 ▶▶▶ 48~50쪽

| | | | | | |
|---|---|---|---|---|---|
| 01 ① | 02 ③ | 03 ② | 04 ④ | 05 ① | 06 ① |

chapter 4 **게임이론 및 이산수학 2** 정답 및 해설 ▶▶▶ 50~53쪽

| | | | | | | |
|---|---|---|---|---|---|---|
| 01 ⑤ | 02 ① | 03 ③ | 04 ② | 05 ③ | 06 ④ | 07 ② |

chapter 5 **표 · 그래프 · 다이어그램** 정답 및 해설 ▶▶▶ 53~55쪽

| | | | | | |
|---|---|---|---|---|---|
| 01 ② | 02 ① | 03 ⑤ | 04 ② | 05 ② | 06 ① |

# chapter 1 수리 연산 및 대수

## 01 효율적인 문제 해결의 모색 정답 ⑤

1. B에 도착한 시간
(갑의 속도를 a라 하고, B까지의 거리를 D1이라 할 때)

1) 갑 : $\frac{D1}{a}$

2) 을 : $\frac{D1}{2a} \times \frac{10}{6} = \frac{D1}{a} \times \frac{10}{12}$

3) 병 : $\frac{D1}{4a} \times \frac{10}{2} = \frac{D1}{a} \times \frac{10}{8}$

따라서 B에 도착한 순서는 을 - 갑 - 병 이다. ⇒ ㄱ. (○)

2. 둘째 구간(B - C) 내용 분석

1) 을(운동화)의 도착 시간 : $\frac{D2}{4a}$

2) 갑(등산화)의 도착 시간 : $\frac{D2}{2a}$

3) 병(구두)의 도착 시간 : $\frac{D2}{a}$

세 사람 중 두 명의 걸린 시간이 같고, 을이 가장 먼저 들어오지 않았다면 을이 휴식을 취했고 갑이 가장 먼저 들어온 사람이 된다. ⇒ ㄴ. (○) ㄷ. (○)

## 02 방정식 문제의 효율적 해결 정답 ③

각 물체의 흡수도에 대한 정보를 정리해보면 아래와 같은 4개의 수식이 도출된다.

A + B = 12, B + D = 8, C + D = 7, D + A = 10

D를 이용하여 풀면, A = 7, B = 5, C = 4, D = 3 이다.

ㄱ. (○) A~D 중 흡수도가 가장 작은 물체는 D이다.
ㄴ. (×) 흡수도 (가)는 B + C = 9로 10보다 작다.
ㄷ. (○) 흡수도 (나)는 A + B + C + D = 19로 20보다 작다.

## 03 수형도의 활용 정답 ①

A, B, C를 1 ~ 3순위로 배열할 수 있는 경우의 수는 6가지이다. 그런데 마지막 조사결과에 따라 경우의 수는 4개로 압축된다.

| | 순위배열 | 사람 수 |
|---|---|---|
| (가) | A - B - C | 5 |
| (나) | A - C - B | 6 |
| (다) | B - A - C | 3 |
| (라) | B - C - A | 6 |
| 합계 | | 20 |

- A를 B보다 선호한 사람은 11명이다. ⇒ (가) + (나) = 11
- B를 C보다 선호한 사람은 14명이다. ⇒ (가) + (다) + (라) = 14
- C를 A보다 선호한 사람은 6명이다. ⇒ (라) = 6

따라서 문제에서 요구하는 C에 3순위를 부여한 사람의 수는 8명이다.

## 04 해가 여러 개인 방정식 정답 ①

1. X의 원료 추론 (부피 5mL 감소, 이익 150원)

1) 10a + 20b + 100c + 200d = 150 ⇒ d = 0, c = 0
2) 반응 원료의 질량 10g
ⓐ a + b = 10 → a = 5, b = 5
ⓑ c + d = 10 → c = 5, d = 5
ⓒ a + c = 5, b + d = 5
→ a = 1 (2,3,4), b = 1 (2,3,4), c = 4 (3,2,1), d = 4 (3,2,1)

1)과 2)를 만족시키는 조건은 a = 5, b = 5
⇒ ㄱ. (○) ㄴ. (×)

2. Y의 원료 추론 (부피 2mL 감소, 이익 690원)

1) 10a + 20b + 100c + 200d = 690
2) 반응 원료의 질량 4g
3) Y에 a가 3g만 사용되었다면 아래와 같이 질량이 구성될 수밖에 없다. 그렇게 되면 반응하는 원료의 질량이 10g이 되어 부피는 5mL감소하게 된다. 이와 같이 모순이 발생하므로 Y에 a는 3g이 사용될 수 없다.
⇒ ㄷ. (×)

| 이익식 | 10a | + | 20b | + | 100c | + | 200d | = | 690 |
|---|---|---|---|---|---|---|---|---|---|
| 사용원료의 질량 | 3g | | 3g | | 2g | | 2g | | |
| 이익 | 30 | | 60 | | 200 | | 400 | | 690 |

## 05 방정식의 활용 정답 ①

본 문제는 여러 가지 접근이 가능하나 대수(방정식)를 이용하여 풀어보면 아래와 같다.
한 명만 정답을 맞힌 문항인 어려운 문항의 개수를 X라 하고, 두 명만 정답을 맞힌 문항의 개수를 Y, 세 명 모두 정답을 맞힌 문항인 쉬운 문항의 개수를 Z라고 하면, 다음과 같은 두 개의 방정식을 만들어 낼 수 있다.

식1) 총 문항수가 35문항이므로 X + Y + Z = 35
식2) 3명이 각각 25문항씩 정답을 맞혔으므로 총 75개의 정답이 있는데, 이 중 X는 1개의 정답을, Y는 2개의 정답을, Z는 3개의 정답을 의미하므로,
1·X + 2·Y + 3·Z = 75

따라서 이를 연립하여 풀면 두 개의 방정식 간 관계를 추론할 수 있다.

ㄱ. (○) 식2 - (식1 × 2)를 통해 쉬운 문항인 Z와 어려운 문항인 X와의 관계를 추론하면, Z = X + 5 이므로 쉬운 문항이 어려운 문항보다 5개 더 많다고 할 수 있다.
ㄴ. (×) 한 명만 맞힌 어려운 문항인 X의 최대 개수는 15개이다. X=15문항, Z=20문항, Y=0문항으로 보기 ㄱ에서 추론한 "Z = X + 5" 와 식1)을 통해 추론할 수 있다.
ㄷ. (×) 두 명만 정답을 맞힌 문항인 Y의 최소 개수는 보기 ㄴ에서 추론한 바와 같이 0개이다.

## 06 순서 추론하기 정답 ③

1차 경연 결과와 2차 경연 결과 및 최종 점수를 추론하면 다음과 같다.

○ 1차 경연 결과 순위는 A, B, C, D 순이고, A는 30표, C는 25표를 얻었다.
⇒ A(30표) - B(  ) - C(25표) - D (  )
⇒ 100명의 심사단이 1표씩 행사하며 기권이 없으므로, B는 29표~26표가 가능하고 이에 따라 D는 16표~19표를 얻게 된다.
⇒ 1차 경연 결과 : A(30표) - B(29~26표) - C(25표) - D (16~19표)

○ 2차 경연 결과 1등은 C이고 2등은 B이며, B는 30표, 4등은 15표를 얻었다.
⇒ C(  ) - B(30표) - (   ) - 15표
⇒ 2차 경연의 순위는 C가 1등, B가 2등이고 이 중 B가 30표, 4등이 15표를 얻었으므로 1등인 C와 3등이 얻은 표의 합은 55표가 되어야 한다. 이때 C는 31표 이상을 얻어야 하므로 3등은 최대 24표를 얻을 수 있으며, 3등은 16표 이상을 얻어야 하므로 C는 최대 39표를 얻을 수 있다. 따라서 C는 31~39표, 3등은 16~24표가 된다.
⇒ 2차 경연 결과 : C(39표~31표) - B(30표) - (16표~24표) - 15표

따라서 최종적으로 C는 56~64표, B는 56~59표, A는 45~54표, D는 31~43표를 얻을 수 있다.

ㄱ. (○) 최종적으로 C는 56~64표, B는 56~59표, A는 45~54표, D는 31~43표를 얻을 수 있으므로 D는 최하위자가 되어 탈락하게 된다.
ㄴ. (○) 최종적으로 C는 56~64표, B는 56~59표, A는 45~54표, D는 31~43표를 얻을 수 있으므로 A의 최종 순위는 3등이다.
ㄷ. (×) 2차 경연에서 C는 최대 39표를 얻을 수 있다.

## 07 범위 추론하기 정답 ④

주어진 조건에 따라 A~D국의 1차·2차 분담금의 범위를 정리해보면 아래와 같다.

| | A | B | C | D | 합계 |
|---|---|---|---|---|---|
| 1차 | 280+X | 260 | 260-X | 200 | 1000 |
| 2차 | 250+Y (300 미만) 또는 300 | 200-Y | 250 | 300 또는 250+Y (300 미만) | 1000 |
| 합계 | 530 초과 | 460 미만 | 510 미만 | 500 또는 450 초과 500 미만 | 2000 |

- 1차에서 A와 C를 합쳐 540억 달러여야 한다. C는 260억 미만이므로 A는 280억 초과가 된다. C의 1차 부담금을 '260-X'라고 한다면, A의 1차 부담금은 '280+X'라 할 수 있다.

- 2차에서 가장 많은 분담금을 내는 국가는 300억 달러, 그 다음 국가('2위 국가'라 한다)은 250억 달러 초과 300억 달러 미만, 그 다음은 C로서 250억 달러, 그 다음은 B로서 250억 달러 미만이다.
- 2위 국가와 D를 합쳐서 450억 달러여야 하고, 2위 국가는 250억 달러 초과이므로, D는 200억 달러 미만이다. D의 2차 부담금을 '200-Y'라고 한다면, 2위 국가의 2차 부담금은 '250+Y'가 된다.

① (○) A는 1, 2차를 합쳐 530억 달러를 초과하는 분담금을 부담한다. 다른 국가들은 510억 달러 미만이므로 A가 가장 많다.

② (○) B는 460억 달러 미만의 부담금을 부담한다.

③ (○) A의 분담금 합계가 570억 달러라면 2차 분담금이 300억 달러는 아니다. (이 경우 580억 달러 초과가 되어버린다.) 따라서, D의 2차 분담금이 300억 달러가 되고, 분담금 합계는 500억 달러가 된다.

④ (×) C의 경우 1차 분담금이 200억 달러 초과 260억 달러 미만이므로 분담금 합계는 450억 달러 초과 510억 달러 미만이 된다. D의 분담금 합계는 450억 달러 초과 500억 달러 이하이다. C의 분담금이 510억 달러에 가깝고, D의 분담금이 450억 달러에 가까운 금액이라면 차이는 50억 달러를 초과할 수도 있다.

⑤ (○) B와 D의 경우 1, 2차 분담금이 같을 수는 없다.
만약 C의 1, 2차 분담금이 같다면 X=10이다. 따라서 A의 1차 분담금은 290억 달러이다. A의 2차 분담금은 300억 달러를 초과할 수 없으므로, 분담금 합계는 언제나 600억 달러 이하가 된다.
만약 A의 1, 2차 분담금이 같다고 해도 A의 2차 분담금은 300억 달러를 초과할 수 없고, 따라서 분담금 합계는 600억 달러를 초과할 수 없다.

## 08 역사 / 군사제도 정답 ②

ㄱ. (○) (1)에서 50인마다 훈련병 1인과 복무병 1인을 차출한다고 하고 있고, 중국 전체의 인구는 6,000만 인이므로 훈련병과 복무병은 각각 120만 명씩이 된다. (2)에서 강남 지방은 복무병이 20만 명이므로 17세기 중국의 인구 중 약 6분의 1이 강남 지방에 거주하고 있었다고 추론할 수 있다.

ㄴ. (○) (1)에서 10호마다 1인의 복무병을 부양토록 한다고 하고 있고, 중국 전체의 호는 1,000만 호이므로 100만 명의 복무병을 국가 재정의 부담 없이 유지할 수 있다.

ㄷ. (×) (1)에서 병역을 지는 남자는 만 30년 동안 의무를 진다고 하고 있고, (2)에서 첫 해에는 소속 군현(복무병 첫째 조) - 궁성 수비(복무병 둘째 조), 이듬해에는 소속 군현(복무병 둘째 조) - 궁성 수비(복무병 첫째 조), 그 다음 해에는 소속 군현(훈련병 첫째 조) - 궁성 수비(훈련병 둘째 조), 네 번째 해에는 소속 군현(훈련병 둘째 조) - 궁성 수비(훈련병 첫째 조)의 형태로 운영한다. 따라서 강남 지방의 병역 의무자는 4년에 한 번씩 궁성 수비를 맡게 되므로 병역 의무 기간 30년 동안 적게는 7년 많게는 8년 궁성 수비를 맡게 된다.

## 09 역사 / 고대 아테네 행정 정답 ⑤

데모스는 총 139개이고 이를 도시, 해안, 내륙에 균등하게 분배한 다음 남는 데모스를 도시에 편입시키면 도시는 47개, 해안과 내륙은 각각 46개의 데모스를 포함하게 된다. 그리고 각 지역마다 10개씩 트리튀스를 만들어서 각 지역에 할당된 데모스를 균등하게 분배한 다음 남는 데모스를 1개의 트리튀스에 포함시키면 도시의 경우 9개의 트리튀스는 각각 4개씩 그리고 나머지 1개의 트리튀스는 11개(4개+남는 7개)의 데모스를 포함하고 해안과 내륙은 각각 9개의 트리튀스의 경우 4개, 나머지 1개의 트리튀스는 10개(4개+남는 6개)의 데모스를 포함한다. 그런 다음 추첨으로 각 지역마다 트리튀스 1개씩을 뽑아 3개의 트리튀스로 1개의 필레를 구성한다.

ㄱ. (○) 앞서 설명했듯이 각각의 트리튀스는 최소 4개의 데모스를 포함한다.

ㄴ. (○) 필레는 각 지역마다 1개의 트리튀스씩 뽑아서 3개의 트리튀스가 합쳐진 것으로서 도시지역에서 11개의 데모스를 포함하는 트리튀스와 해안과 내륙 지역에서 각각 10개의 데모스를 포함하는 트리튀스가 뽑히는 경우 최대 31개의 데모스를 포함할 수 있다.

ㄷ. (○) 데모스 1개의 정원을 100명으로 가정할 경우, 필레는 각 지역별로 1개의 트리튀스가 합쳐져서 구성되고, 이 중에 50명을 뽑게 되므로 4개의 데모스를 포함하는 트리튀스에 포함된 사람들은 뽑힐 확률이 모두 동일하다. 그리고 데모스를 더 많이 포함하는 트리튀스에 포함된 사람일수록 뽑힐 확률은 더 적어진다. 예컨대 4개의 데모스를 포함하는 트리튀스 3개로 구성된 필레는 총

1,200명 중에 50명이 뽑히지만 각각 11개, 10개, 10개의 데모스를 포함하는 트리튀스로 구성된 필레의 경우 3,100명 중에서 50명이 뽑히게 된다. 즉 도시 지역 사람들의 경우 11개의 데모스가 포함된 트리튀스에 포함된 사람들은 최대 10개의 데모스로 구성된 트리튀스를 포함하는 다른 지역 사람들에 비해서 평의회에 뽑힐 확률이 작아진다. 따라서 가장 많은 데모스를 포함하고 있는 도시 지역 사람들은 다른 지역 사람들에 비해서 평의회에 뽑힐 가능성이 낮다.

## 10 1종 오류와 2종 오류의 응용 / 언어지문형 수리추리 정답 ①

ㄱ. (○) 한 사람의 무고한 피고인을 처벌할 때 나쁨의 값을 3, 한 사람의 범죄자를 방면할 때 나쁨의 값을 1이라고 가정하자. 피고인이 실제 범죄자일 확률 95% 집단과 65% 집단의 경우에는 A 상황과 B 상황의 결과가 같으므로, 80% 집단의 경우에 대해서만 비교한다.

| 상황 | 범죄자인데도 처벌받지 않은 피고인의 수 | 범죄자가 아닌데도 처벌받은 피고인의 수 | 나쁨의 값 총합 |
|---|---|---|---|
| A | 80 | 0 | 80 |
| B | 0 | 20 | 60 |

A 상황에서의 나쁨의 값이 더 크므로 옳은 표현이다.

ㄴ. (×) B에서 피고인들이 실제로 범죄를 저질렀을 확률이 85% / 70% / 55%로 낮아지고, 유죄 입증 수준을 65%로 낮출 경우. 85% 확률 집단에서 무고하게 처벌받는 이가 5명에서 15명으로 증가, 70% 확률 집단에서 무고하게 처벌받는 이가 20명에서 30명으로 증가하게 된다. 따라서 무고하게 처벌받는 사람의 수가 변한다.

ㄷ. (×) A 상황에서 유죄 입증 수준을 95%로 높여도 무고하게 처벌받는 사람의 수를 줄일 수 없다. 실제 범죄자일 확률이 95%인 집단에서 여전히 무고하게 처벌받는 이가 5명 나오며, 80% 집단, 65% 집단에서 0명이 된다. 무고하게 처벌받는 사람의 수는 변하지 않는다.

# chapter 2 도형 및 기하

## 01 규칙성 추론 정답 ②

주어진 그림에 의해 한 변의 길이가 1인 정사각형 ABCD는 한 변의 길이가 3인 정삼각형을 9번 회전하면 제자리에 돌아올 수 있게 된다. 따라서 817번 이동한다는 것은 (90 × 9 + 7)이기에 7번 이동을 하란 말과 같은 의미가 된다.
정사각형 내 검은 부분의 위치를 추론하기 위해, 정삼각형 상태에서 파악하려면 상당히 헷갈리므로 정삼각형을 펼쳐 직선으로 생각하고 검토해 본다. 한 변 길이 1인 정사각형 ABCD 내 빗금 부분은 아래 그림에서 보는 바와 같이 처음 위치(최초)에서 4번 주기(좌상에서 다음번 좌상까지)로 하여 제자리에 오게 되므로 817번 이동(817 = 4 × 204 + 1)시켰을 때 빗금의 위치는 최초의 위치에서 1번 더 이동(좌상)한 곳에 오게 된다.

따라서 정사각형의 위치는 7번 이동한 곳에 위치하고 정사각형 내 빗금의 위치는 정삼각형의 밑변을 기준으로 좌상에 위치하게 된다. 정답은 ②이다.

## 02 공간적 관계의 추론 및 수리연산 정답 ①

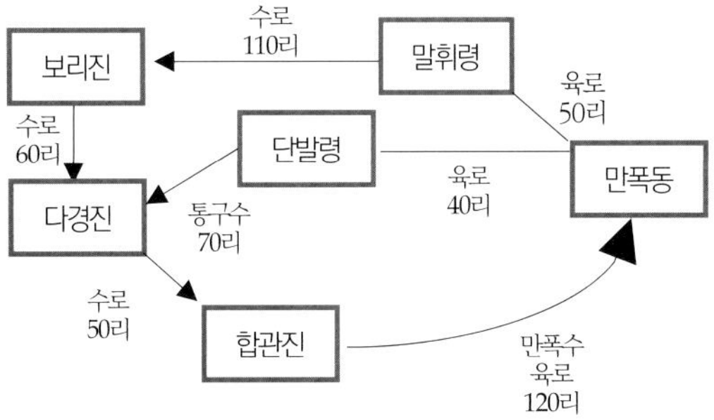

ㄱ. (×) 갑의 이동 거리는 (110리 + 50리) × 2 = 320리이고, 을은 되돌아 갈 때 왔던 길로 되돌아가는 것이 가장 시간이 적게 걸리므로 을의 이동거리 또한 (50리 + 70리 + 40리) × 2 = 320리이다. 따라서 둘의 이동거리는 같다.

ㄴ. (○) 육로를 이용할 때 걸리는 시간을 단위시간(1리에 1단위시간)으로 하여 이동시간을 추론하면 다음과 같이 을의 이동 시간이 갑보다 더 걸린다.

갑의 이동 시간 : (220+50)+(50+55) = 375

을의 이동 시간 : (100+140+40) + (40+35+25) = 380

ㄷ. (×) 을은 귀가할 때 가장 시간이 적게 걸리는 길로 귀가하였다고 하고 있으므로 왔던 길로 되돌아감에 따라 수로도 이용하게 된다.

## 03 유클리드 공간과 도로공간 정답 ③

ㄱ. (×) 아래와 같은 반례를 들 수 있다. 각각의 점은 A지점과 B지점으로부터의 도로거리가 같지만 한 직선상에 있지 않다.

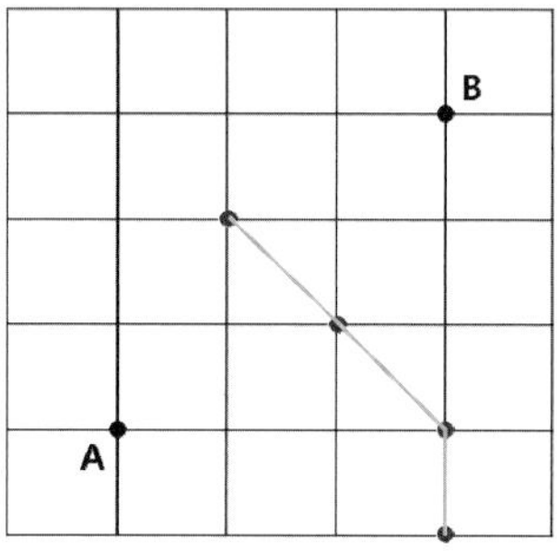


ㄴ. (×) 아래와 같은 반례를 들 수 있다. 서로간의 도로거리가 2인 점 DEF를 연결해도 정삼각형이 되지 않는다.

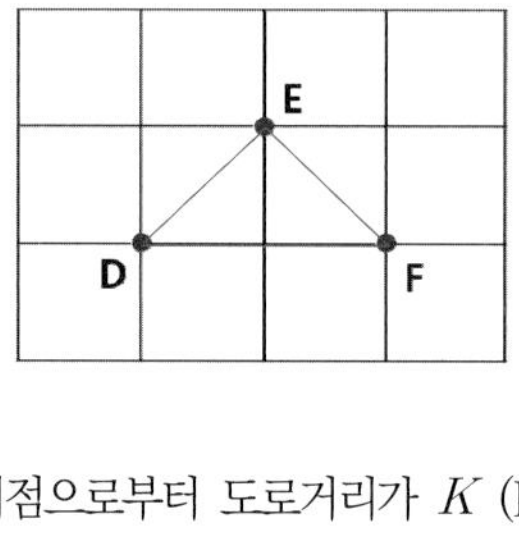


ㄷ. (○) 어떤 지점으로부터 도로거리가 $K$ (K는 자연수)인 도로공간상의 점들을 이으면, 한 변의 길이가 $K\sqrt{2}$ 인 정사각형이 된다.

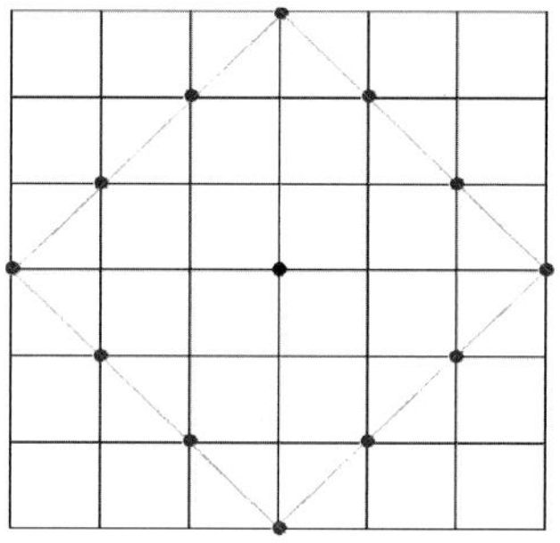

# chapter 3 게임이론 및 이산수학 1

## 01 보수표의 이해 및 활용 정답 ①

이 문제는 오염을 발생시키는 기업과 이를 규제하는 정부의 의사결정 즉 게임이론을 소재로 한 문제이다. 문제 요구사항을 아래와 같이 1)~4)로 구분하여 해석하고 보수표를 통해 조건을 추론하면 다음과 같다.

"기업과 정부는 상대방의 행동에 따라 자신에게 유리한 의사결정을 한다. 1) 기업이 위반을 하면 정부는 규제를 하고 2) 정부가 규제를 하면 기업은 위반을 하지 않고, 3) 기업이 위반하지 않으면 정부가 규제를 하지 않고 4) 정부가 규제를 하지 않으면 기업은 위반을 하게 되고, 기업이 위반을 하면 정부가 다시 규제를 하게 된다. 이와 같이 기업과 정부의 의사결정이 어느 한 상태에서 고정되지 않고 지속적으로 변화하게 되는 조건을 [보기]에서 모두 고른 것은?"

"기업과 정부는 상대방의 행동에 따라 자신에게 유리한 의사결정을 한다."라고 하고 있으므로 각 상황에 따른 두 대안 중 선택한 대안이 그렇지 않은 대안보다 보수의 크기가 큼을 의미한다.

| 정부 / 기업 | 규제함 | 규제 안 함 |
|---|---|---|
| 위반함 | $-p+g$, $p-d-c$ | $g$, $-d$ |
| 위반 안 함 | 0, $-c$ | 0, 0 |

1) "기업이 위반을 하면 정부는 규제를 하고"의 의미는 의사결

정의 주체는 정부이고 상대방의 행동은 기업이 위반하는 것이고 이 때 정부는 규제를 선택하였으므로 '규제함'이 '규제 안 함'보다 보수가 크다는 것이다. 따라서 $p-d-c$ (규제함) 〉 $-d$ (규제 안 함) ⇒ $p$ 〉 c 이 추론된다.

2) "정부가 규제를 하면 기업은 위반을 하지 않고"의 의미는 의사결정의 주체는 기업이고 상대방의 행동은 정부가 규제를 하는 것이고 이 때 기업은 위반하지 않음을 선택하였으므로 '위반하지 않음'이 '위반 함'보다 보수가 크다는 것이다. 따라서 $-p+g$ (위반함) 〈 0 (위반하지 않음) ⇒ $g$ 〈 $p$ 이 추론된다.
3) 같은 논리로 "기업이 위반하지 않으면 정부가 규제를 하지 않고"로부터 - c (규제함) 〈 0 (규제하지 않음) ⇒ c 〉 0 가 추론된다.
4) 같은 논리로 "정부가 규제를 하지 않으면 기업은 위반을 하게 되고"로부터 $g$ (위반함) 〉 0 (위반하지 않음) ⇒ $g$ 〉 0

따라서 정답은 $p$ 〉 c ( 보기 ㄴ), $p$ 〉 $g$ ( 보기 ㄱ) 인 선택지 1번이다.

## 02 집합적 의사결정 문제의 구성요소 정답 ③

① (○) 단순다수투표방식일 경우 갑 6표, 을 4표, 병 5표로 갑이 당선된다.
② (○) 갑이 과반수를 득표하지 못했으므로 갑과 병이 결선투표를 가지게 되고 이 경우 을을 지지하였던 유권자는 병을 지지함으로써 병이 당선된다.
③ (×) 이 경우 갑은 6표, 을15표, 병은 9표로 을이 당선된다.
④ (○) 과반수 득표자가 없으므로 최하위 득표를 한 을을 지지하는 표를 병에게로 줘서 병이 당선된다.
⑤ (○) 갑은 18 + 4 + 5 = 27점, 을은 12 + 12 + 10 = 34점, 병은 6 + 8 + 15 = 29점으로 을이 당선된다.

## 03 단순다수제와 결선제 정답 ②

① (×) 결선제 투표방식 하에서 C - A가 연합할 경우 1차 투표에서 과반수( = 32/60) 득표를 얻어 당선되게 된다. 이 경우 C - A의 연합정부가 구성된다.
② (○) 단순 다수제 투표방식 하에서 D - F 가 연합하고 다른 후보자가 연합하지 않을 경우 최다득표( = 28만명)를 얻어 당선되므로 D - F의 연합정부가 구성되며, 결선제 투표방식 하에서 D - F 가 연합하고 다른 후보자가 연합하지 않을 경우 1차 투표에서 28만표를 얻어 1위로 올라가고 2차 투표에서는 4계층의 6만표가 더해져서 최다득표( = 34만표)를 얻어 당선되므로 D - F의 연합정부가 구성된다.
③ (×) 결선제 1차 투표에서 당선자를 결정하지 못할 경우란 후보자간 연합이 이루어지지 않거나 이루어 져도 과반수를 획득하지 못하는 경우를 의미하는데, 후보자간 연합이 이루어지지 않는 경우에는 1차 투표에서 C와 D가 1, 2위를 차지하게 되고, 2차 투표에서는 C와 D 중 다수표를 얻은 자를 당선자로 선출하게 된다. 따라서 D가 당선된다. 반드시 D - F - A 연합 정부가 탄생하는 것은 아니다.
④ (×) 단순 다수제에서 D, A, B가 연합하고 F와 C는 독자 출마한 채 투표가 실시되는 경우, D - A - B는 24표를 얻고 C가 26표를 얻어 C가 당선되게 된다. D - A - B 연합 정부는 구성되지 못한다.
⑤ (×) 결선제를 채택하더라도 선택지 ①의 경우와 같이 연합이 이루어진다면 1차 투표에서 과반수 득표의 당선자를 결정할 수 있다.

## 04 효율적인 문제해결 방식의 모색 정답 ④

ㄱ. 투표순서가 BADC로 정해진다면, 우선 B와 A를 비교해서 B(2표)가 선택된다. 다시 B와 D를 비교해서 D(2표)가 선택되고, D와 C를 비교해서 최종적으로 D(2표)가 선택된다. D가 선택되면 2개가 배치되는 병이 가장 유리하다.
ㄴ. A와 C를 비교하면 A(2표)가 선택된다. B와 C를 비교하면 B와 C 각각 1표를 얻는다.이중 '공기업이 여러 도시로 분산되는 안에 투표한다'는 결정방식에 따라 을은 B를 선택할 것이므로 B(2표)가 선택된다. 따라서 C안은 결코 선택될 수 없다.
ㄷ. i) 투표순서가 CDAB로 정해진다면 우선 C와 D를 비교해서 D(2표)가 선택된다. 다시 D와 A를 비교해서 A(2표)가 선택되고, A와 B를 비교해서 B(2표)가 선택된다. B가 선택되는 경우 갑에는 3개의 공기업이 배치된다.
ii) 투표순서를 CDBA로 하는 경우 우선 C와 D를 비교해서 D(2표)가 선택된다. 다시 D와 B를 비교해서 D(2표)가 선택되고, D와 A를 비교해서 A(2표)가 선택된다. A가 선택되는 경우 갑에는 2개의 공기업이 배치된다.

따라서 i)에서처럼 투표순서가 CDAB로 정해지는 것이 갑에게 더 유리하다.

ㄹ. i) 투표순서를 ACBD로 하는 경우 우선 A와 C를 비교해서 A(2표)가 선택된다. 다시 A와 B를 비교해서 B(2표)가 선택되고, B와 D를 비교해서 D(2표)가 선택된다. D가 선택되면 갑과 을은 모두 1개씩의 공기업을 유치할 수 있다.

ii) 투표순서를 DBCA로 하는 경우 우선 D와 B를 비교해서 D(2표)가 선택된다. 다시 D와 C를 비교해서 D(2표)가 선택되고, D와 A를 비교해서 A(2표)가 선택된다. A가 선택되는 경우 갑과 을은 모두 2개씩의 공기업을 유치할 수 있다.

## 05 중위투표모형 정답 ①

선택가능한 정치성향의 스펙트럼이 '연속'인 수직선상에 있는 것이 아니라, 5가지의 '분절'된 선택지밖에 없다는 것이 이 문제의 포인트이다. 특히 보기 (ㄴ)에서 후보자가 세 명일 경우 균형이 있을 수 있는 이유는 선택지가 5개의 불연속 점뿐이기 때문이다. 연속인 수직선상이라면 3명 이상일 때 내쉬균형은 존재하지 않는다.

ㄱ. (○) 후보자가 둘일 경우, 모두 '중도'를 선택하여 1/2씩 나누어 가지는 것이 균형이다.
(※ 참조 : 경제학 게임이론 中 'Hotelling's model' 혹은 '중위투표자 정리')

ㄴ. (×) 후보자가 셋일 경우, '중도좌', '중도', '중도우'를 각 하나씩 선택한다. 이렇게 되는 이유는, 두 명의 후보가 모두 '중도'에 있는 보기 (ㄱ)의 상황에서 한 명의 후보가 더 늘어난 상황을 생각하면 수월하다. 세 명의 후보가 모두 '중도'에 있다면 각 후보자는 1/3씩을 나눠가지고 있다. 그런데 만약 내가 중도좌 혹은 중도우로 '먼저' 포지션을 바꾸면, 바꾼 사람은 3/8(>1/3)을 획득할 수 있으므로, 포지션을 옮길 유인이 있다. 셋 중 눈치가 빠른 두 사람이 '중도좌'와 '중도우'로 먼저 옮기고 난 후라면, '중도'에 남은 한 사람은 자신이 획득할 수 있는 몫이 줄어들어 이제 1/4에 불과함에도 다른 곳으로 옮길 유인이 사라진다. (옮길 수 있는 곳이 없다.) 이 경우 '중도좌'와 '중도우'에 있는 후보는 각 3/8, '중도'에 있는 후보는 2/8을 가지므로, 당선가능성이 다르다. 이 때의 당선가능성은 가운데 후보가 0, 양쪽 후보는 득표율이 같으므로 각 1/2이다.

ㄷ. (×) 후보자가 넷인 경우, '중도좌'에 2명, '중도우'에 2명이 있어서 각각 표를 1/4씩 나누어 가지고 각자의 당선 가능성도 1/4이 되는 것이 균형이다. (모든 후보자가 같은 정치성향을 택하는 것은 네 명 모두 '중도'를 선택하는 것뿐인데, 적어도 이것이 균형이 아님은 쉽게 알 수 있다.)

## 06 전략적 투표 정답 ①

ㄱ. (○) 어떤 방식에 따른 투표를 하든, 갑이 선호하는 a1이 선발된다.
- 정직한 투표 : 1차 승자 없음 ⇒ 2차 갑의 선호에 따라 a1 선발
- 전략적 투표 : a1은 을과 병이 두 번째로 선호하는 후보이므로, 전략적 투표를 할 유인이 없음

ㄴ. (×) b는 갑과 을이 가장 싫어하는 후보이므로, 2차 투표에서 b가 당선될 확률은 없다. 그렇다면 어차피 b가 최종 당선될 가능성이 없는 이상 한 병은 1차 투표에서 a1을 선택할 것이므로 (a1>a2), 정직한 투표와 전략적 투표 상황을 불문하고 1차 투표의 승자는 a1, 최종 승자도 a1이 된다. 을은 전략적 투표를 할 유인이 없다.

ㄷ. (×) b는 갑과 을이 가장 싫어하는 후보이므로, 전략적 투표를 허용하더라도 갑과 을이 1차 투표에서 B당을 선택하는 일은 없다.

# chapter 4 게임이론 및 이산수학 2

## 01 순현재가치와 비용편익비율 정답 ⑤

① (×) 소득 계층 구별 없이 전체를 고려하는 경우, 합계를 활용하여 계산하면 된다. '순현재값'을 계산하면 X는 250 ( = 450 - 200), Y는 400 ( = 800 - 400), Z는 300 ( = 900 - 600)의 값이 나오므로, 정책대안 X가 아닌 Y가 가장 큰 '순현재값'을 갖는다. 틀린 진술이다.

② (×) 소득 계층 구별 없이 전체를 고려할 경우의 '순현재값'은 앞서 계산하였으므로, '편익비용비율'을 계산해보면 X는 2.25 ( = 450/200), Y는 2 ( = 800/400), Z는 1.5 ( = 900/600)의 값이 나온다. 따라서 '순현재값' 기준으로는 Y가 가장 적절하지만, '편익비용비율' 기준에서

는 X가 가장 적절한 정책대안이다. 틀린 진술이다.

③ (×) 소득 하위 50% 계층의 입장에서 '편익비용비율'을 계산해보면, X는 2.25( = 225/100), Y는 6( = 600/100), Z는 17( = 850/50)의 값이 나온다. 즉, 소득 하위 50% 계층의 입장에서 볼 때 정책대안 Y가 아닌, Z가 가장 큰 '편익비용비율'을 갖는 정책대안이다. 따라서 틀린 진술이다.

④ (×) 소득 상위 50% 계층의 입장에서 '순현재값'을 계산해보면, X는 125( = 225 - 100), Y는 - 100 ( = 200 - 300), Z는 - 500 ( = 50 - 550)의 값이 나온다. 즉, 이들의 입장에서 볼 때 정책대안 Z가 아닌 X가 가장 큰 '순현재값'을 갖는 정책대안이다.

⑤ (○) 소득 하위 50% 계층의 입장에서 '편익비용비율'은 앞서 ③에서 이미 계산해 보았으므로 여기에서는 '순현재값'을 계산해본다. 이들의 입장에서 계산한 정책대안의 '순현재값'은 X는 125 ( = 225 - 100), Y는 500 ( = 600 - 100), Z는 800 ( = 850 - 50)이다. 따라서 '순현재값'을 기준으로 할 때 Z가 가장 좋은 정책대안이며, '편익비용비율'을 기준으로 보았을 때에도 Z가 가장 높은 값을 나타내므로, 정책대안 Z는 두 가지 기준에서 모두 가장 적절한 정책대안이라 할 수 있다. 옳은 진술이다.

## 02 기대순편익 **정답 ①**

ㄱ. (○) 기대순편익을 계산하면 다음과 같다.

- 방안 A : 0.7 × (300 - 200) + 0.3 × (200 - 200) = 70
- 방안 B : 0.5 × (400 - 300) + 0.5 × (100 - 200) = 0
- 방안 C : 0.3 × (500 - 400) + 0.7 × (300 - 100) = 170

따라서 기대순편익에 의거해 판단한다면 방안 C를 가장 선호하고 그 다음으로 방안 A, 끝으로 방안 B의 순으로 선호한다.

ㄴ. (○) 제도의 시급한 도입을 방안선택의 기준으로 한다면 비용편익을 고려하기보다는 입법화가 가장 빨리 될 방안을 선택하여야 할 것이다. 따라서 가결될(입법화될) 확률이 가장 높은 A방안 ( = 0.7 = 70% )을 제출하여야 한다.

ㄷ. (×) 입법화될 경우 발생할 편익만을 고려한다면 방안 A는 300, 방안 B는 400, 방안 C는 500이므로 방안 C를 가장 우선적으로 제출할 것이다. 따라서 적절한 행동이 아니다.

ㄹ. (×) 입법화되지 못할 경우의 순편익에 의거해 판단한다면, 즉 부결시의 순편익( = 편익 - 비용 )만으로 판단한다면 방안 C를 제출할 것이다. 따라서 적절한 행동이 아니다.

## 03 최소시간 추론 **정답 ③**

X가 5개 + Y가 6개 + Z가 5개 = 총 16개

가장 많은 패킷이 Y인데 첫 열에 Y가 없으므로, 어떠한 방법을 써도 7ms보다 시간이 적게 걸릴 수는 없다. 따라서 7회 만에 가능한 경우를 하나라도 찾으면 7ms가 답이 된다.

아래는 가능한 경우 중 하나이다.

| | | | |
|---|---|---|---|
| Z ④ | X ③ | Y ② | X ① |
| Y ⑥ | X ⑤ | Y ③ | Z ② |
| Y ⑦ | Z ⑤ | X ④ | Z ③ |
| Y ⑤ | Y ④ | X ② | Z ① |

| | | | |
|---|---|---|---|
| Z ⑤ | X ④ | Y ② | X ① |
| Y ⑥ | X ⑤ | Y ④ | Z ③ |
| Y ⑤ | Z ④ | X ③ | Z ② |
| Y ⑦ | Y ③ | X ② | Z ① |

## 04 공통지식 **정답 ②**

문제에서 A + B + C = 13, A ≠ B ≠ C, A〈B〈C 라고 하였으므로 존재할 수 있는 경우는 아래와 같이 8가지이다. 이에 대해 갑, 을, 병의 진술을 통해 판단해 보면 아래와 같이 (1,4,8), (2,4,7) 2가지 경우만이 남게 된다.

| A ＜ B ＜ C | | | | 판단 |
|---|---|---|---|---|
| A | B | C | | |
| 1 | 2 | 10 | (×) | 을은 A와 B에 대해 알 수 없다고 했으므로 을에 의해 배제됨. |
| | 3 | 9 | (×) | |
| | 4 | 8 | | |
| | 5 | 7 | (×) | 병은 A와 C에 대해 알 수 없다고 했으므로 병에 의해 배제됨. |
| 2 | 3 | 8 | (×) | |
| | 4 | 7 | | |
| | 5 | 6 | (×) | 을은 A와 B에 대해 알 수 없다고 했으므로 을에 의해 배제됨. |
| 3 | 4 | 6 | (×) | 갑은 B와 C에 대해 알 수 없다고 했으므로 갑에 의해 배제됨. |

따라서 A + C = 9 이다.

## 05 조합을 이용한 경우의 수 파악 　정답 ③

1. 두 부서끼리 빠짐없이 한 번씩 서로 비교한다.
   1) 총 비교의 횟수 : $_4C_2 = 6$
   2) 부서당 비교 횟수 : 3회 = 부서 - 1
2. 숫자 0, 2, 5를 가지고 3번 사용하여 숫자 구성이 가능한 경우 추론한 후 보기의 내용을 검토해 보면 다음과 같다.

| | | 확정적 사실 ㄱ. (○) | | | ㄴ. (×) | ㄷ. (○) |
|---|---|---|---|---|---|---|
| | | A-C | B-C | C-D | B-D, A-B, A-D | A-B, A-D, B-D |
| A : 7점 | 0, 2, 5 | 2 | | | 0, 5 | 5, 0 |
| B : 7점 | 0, 2, 5 | | 2 | | 0, 5 | 0, , 5 |
| C : 4점 | 0, 2, 2 | 2 | 2 | 0 | | |
| D : 10점 | 0, 5, 5 | | | 5 | 5, , 0 | , 5, 0 |

ㄱ. (○) A와 C의 비교에서 두 부서는 동등하다고 평가될 수밖에 없다. 올바른 추론이다.

ㄴ. (×) B와 D의 비교에서 반드시 B가 더 나은 평가를 받아야 하는 것은 아니다. D가 더 나은 평가를 받을 수 있다.

ㄷ. (○) A와 B의 비교에서 A가 더 나은 평가를 받았다는 정보를 추가하면 우열 관계에 대한 나머지 모든 결과를 알 수 있다.

## 06 PSAT 상황판단형 논리게임 　정답 ④

문제 1과 문제 2의 채점 결과에 따른 성적 산출 경우의 수는 다음과 같다.

| 문제1 \ 문제2 | 정답 | 오답 | 무답 |
|---|---|---|---|
| 정답 | A | | |
| 오답 | | C, D | C, D |
| 무답 | | C, D | D |

비어 있는 칸(정답-오답, 정답-무답, 오답-정답, 무답-정답)의 경우에는 특별한 언급이 없으므로 어떤 등급(B 포함)도 가능하다고 가정한다.

① (○) 甲이 C를 받을 가능성이 없다는 것은 두 문제 모두 정답(A)이거나 두 문제 모두 무답(D)라는 것을 의미한다. 따라서 C를 받을 가능성이 없을 때 甲의 성적은 A이거나 D이므로, B를 받을 수 없다.

② (○) 乙이 두 문제 모두 무답으로 제출한 경우 〈기준 2〉에 의해 반드시 D를 받는다.

③ (○) 丙이 B를 받았다는 것은 丙이 정답-오답, 정답-무답, 오답-정답, 무답-정답 중 하나라는 것을 의미한다. 따라서 두 문제의 채점 결과 중 반드시 어느 한 쪽은 정답이어야 한다.

④ (×) 丁의 답안지에서 문제 1의 결과가 오답, 2의 결과가 정답일 때에도 C를 받을 수 있다.

⑤ (○) 무가 문제 2를 무답으로 제출한 경우 문제 1이 정답이 아니면 B를 받을 수 없다. 무답-무답일 경우 D를 받고, 오답-무답일 경우 C 또는 D를 받는다.

## 07 확률적 의사결정 　정답 ②

갑은 '편향되지 않았음'을 기정사실로 둔 일반적인 수학적 확률을, 을은 '편향되지 않았음'이 기정사실이 아니라고 보아 전제의 범위를 좁힌 확률을 상정하고 있다고 생각하면 된다. 갑이든 을이든 수학법칙에 위배되는 경우에는 동의하지 않는다.

〈사례〉의 상황을 정리하면 아래와 같다.

| | 붉은색 | 흰색 | 검은색 |
|---|---|---|---|
| 나무 | | A | |
| 금속 | | A | |
| 합계 | 50개 | 50개 | |

갑의 견해에 따른 추론 => 정보 없으면 동일한 확률

| 갑 | 붉은색 | 흰색 | 검은색 |
|---|---|---|---|
| 나무 | 0.25 | 0.125 | 0.125 |
| 금속 | 0.25 | 0.125 | 0.125 |
| 합계 | 50개 | 50개 | |

을의 견해에 따른 추론 => 정보 없으면 최솟값과 최댓값

| 을 | 붉은색 | 흰색 | 검은색 |
|---|---|---|---|
| 나무 | 0~0.5 | 0~0.25 | 0~0.5 |
| 금속 | 0~0.5 | 0~0.25 | 0~0.5 |
| 합계 | 50개 | 50개 | |

ㄱ. (×) 나무로 된 흰색 구슬 뽑힐 확률
- 갑 : 0.125
- 을 : 0 ~ 0.25

갑과 을은 동일한 값을 부여하지 않는다.

ㄴ. (○) 붉은색 구슬 뽑힐 확률
≤ 흰색 아닌 구슬(붉은색 + 검은색) 뽑힐 확률
- 갑 : 0.5 ≤ 0.75
- 을 : 0.5 ≤ 0.5 + (0~0.5)

갑과 을 모두 동의한다.

ㄷ. (×) 나무로 된 구슬은 모두 흰색일 때, 흰색 구슬 뽑힐 확률 ≥ 검은색 구슬 뽑힐 확률

| | 붉은색 | 흰색 | 검은색 |
|---|---|---|---|
| 나무 | 0 | A | 0 |
| 금속 | 50 | A | B |
| 합계 | 50개 | 50개 | |

| 갑 | 붉은색 | 흰색 | 검은색 |
|---|---|---|---|
| 나무 | 0 | 0.5/3 | 0 |
| 금속 | 0.5 | 0.5/3 | 0.5/3 |
| 합계 | 50개 | 50개 | |

갑[동의] 0.5/3 + 0.5/3 ≥ 0.5/3

| 을 | 붉은색 | 흰색 | 검은색 |
|---|---|---|---|
| 나무 | 0 | 0~0.25 | 0 |
| 금속 | 0.5 | 0~0.25 | 0~0.5 |
| 합계 | 50개 | 50개 | |

을[~동의] (0~0.25) + (0~0.25) = 0~0.5 vs. 0~0.5

# chapter 5 표 • 그래프 • 다이어그램

## 01 농산물 안전관리 제도 정답 ②

ㄱ. (×) 비교적 판단이 명확한 보기이다. 소매상은 인증 농산물 중 저농약인증 농산물의 현재 판매가격에 불만이 가장 크다.
- 우수인증 농산물 : 2(=112-110)/112
- 저농약인증 농산물 : 13(=126-113)/126
- 유기농인증 농산물 : 5(=140-135)/140

ㄴ. (×) 주의를 요한다. 소비자 또한 제시문에서 유통 참여 주체로 파악하고 있다. 유통 참여 주체 중 소비자는 현재 가격 수준이 적정 가격 수준보다 높다고 생각하고 있다.

ㄷ. (○) 보기 ㄱ과 ㄴ을 제대로 판단하였다면 굳이 보기 ㄷ을 판단할 필요는 없다. 모든 유통 참여 주체들이 인증 농산물간 적정가격 서열에 대해 동일하게 판단하고 있다면, 그 순서는 유기농인증 농산물 - 저농약인증 농산물 - 일반 농산물 순이다. 따라서 (가)에 105가 들어간다고 해도 그 순서에는 변함이 없으므로 105가 포함된다고 할 수 있다.

## 02 행렬을 활용한 문제 정답 ①

문제 해결을 위한 제시문의 핵심 내용은 다음과 같다. 1) 수신자는 부가 비트를 포함하여 각 행과 열의 1의 개수를 세어 짝수이면 정상 수신, 홀수이면 오류로 간주한다. 2) 그러나 행과 열 각각에서 짝수 개의 데이터 비트들이 변경될 경우 부가 비트를 사용하더라도 수신자 측에서 오류를 탐지해 내지 못한다.

ㄱ. (○) 위의 핵심 내용 1)에 따라 부가 비트를 포함하여 각 행과 열의 1의 개수를 세어 보면 2행의 경우 3개로 홀수이므로 오류이고, 3행의 경우 역시 3개로 홀수이므로 오류가 발생했음을 알 수 있다. 달리 말하면 2행과 3행의 부가비트가 1이므로 2행과 3행에서의 1의 개수는 각각 홀수가 되어야 하는데 짝수이므로 오류가 발생했다고 할 수 있다.

ㄴ. (×) 위의 핵심 내용 2)에 따라 행과 열 각각에서 짝수 개의 데이터 비트들이 변경될 경우 부가 비트를 사용하더라도 수신자 측에서 오류를 탐지해 내지 못하므로 아래

그림과 같이 2열과 4열, 그리고 1행과 4행에서 모두 0에서 1로 바뀌었다 하더라도 이를 탐지해 내지 못하게 된다. 따라서 2열과 4열에서 오류가 발행하지 않았다고 확정적으로 말할 수 없다.

| | 1열 | 2열 | 3열 | 4열 | 5열 |
|---|---|---|---|---|---|
| 1행 | 0 | 0 | 0 | 0 | 0 |
| 2행 | 1 | 0 | 1 | 0 | 1 |
| 3행 | 1 | 0 | 0 | 1 | 1 |
| 4행 | 0 | 0 | 1 | 0 | 1 |
| 5행 | 1 | 0 | 1 | 1 | 1 |

〈송신자료〉

⇒

| | 1열 | 2열 | 3열 | 4열 | 5열 |
|---|---|---|---|---|---|
| 1행 | 0 | 1 | 0 | 1 | 0 |
| 2행 | 1 | 0 | 1 | 0 | 1 |
| 3행 | 1 | 0 | 0 | 1 | 1 |
| 4행 | 0 | 1 | 1 | 1 | 1 |
| 5행 | 1 | 0 | 1 | 1 | 1 |

〈그림 3〉

ㄷ. (×) 〈그림 3〉에서 오류가 확실히 발생한 행은 보기 ㄱ에서 검토한 2행과 3행이다. 그리고 보기 ㄴ에서 검토한 바와 같이 2열과 4열, 그리고 1행과 4행에서의 4개의 데이터 비트는 오류가 발생했을 수도 그렇지 않았을 수도 있다. 따라서 〈그림3〉에서 오류가 발생한 데이터 비트는 아래와 같이 2행 1열, 3행 3열의 2개가 될 수도 있다.

| | 1열 | 2열 | 3열 | 4열 | 5열 |
|---|---|---|---|---|---|
| 1행 | 0 | 1 | 0 | 1 | 0 |
| 2행 | 0 | 0 | 1 | 0 | 1 |
| 3행 | 1 | 0 | 1 | 1 | 1 |
| 4행 | 0 | 1 | 1 | 1 | 1 |
| 5행 | 1 | 0 | 1 | 1 | 1 |

〈송신자료〉

⇒

| | 1열 | 2열 | 3열 | 4열 | 5열 |
|---|---|---|---|---|---|
| 1행 | 0 | 1 | 0 | 1 | 0 |
| 2행 | 1 | 0 | 1 | 0 | 1 |
| 3행 | 1 | 0 | 0 | 1 | 1 |
| 4행 | 0 | 1 | 1 | 1 | 1 |
| 5행 | 1 | 0 | 1 | 1 | 1 |

〈그림 3〉

## 03 상품 조합들 간 선호체계 정답 ⑤

ㄱ. (○) 쇠고기는 같고 쌀은 B가 더 많으므로 원칙1에 따라 준희는 E보다 B를 더 좋아함을 알 수 있다.

ㄴ. (○) 제시된 선호를 정리해 보면 C-D-A-B이고, B와 E중 B를 더 선호하므로 함께 정리해보면 C-D-A-B-E 이다. 따라서 준희는 A보다 C를 더 좋아하고, E보다 A를 더 좋아함을 알 수 있다.

ㄷ. (○) 준희가 시점1에서 A 대신에 B를 구매하고 시점2에서 C를 구매하였다면 선호체계는

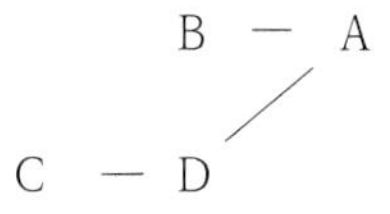


이다. 따라서 준희가 B와 C 중 어떤 것을 더 좋아하는지 알 수 없다.

## 04 기대이익과 위험 간 선호체계 정답 ②

제시문에서 설명하고 있는 〈그림1〉의 이해를 기초로 〈그림2〉를 해석하는 문제이다. 따라서 보기의 진술을 판단하기에 앞서 〈그림1〉에 대한 정확한 이해가 선행되어야 한다. 특히 보기 ㄷ 판단 시 위험감수 정도와 위험기피적 태도는 상반된 개념임에 주의하여 판단하여야 한다.

ㄱ. (×) 비교적 판단이 명확한 보기이다. H와 선호의 크기가 동일한 갑의 선호곡선과 G를 비교하면 G는 같은 기대이익일 때 위험의 크기가 더 작으므로 G를 보다 선호하게 되며, I는 같은 이익일 때 위험의 크기가 더 크므로 갑의 선호곡선보다 덜 선호된다. 따라서 갑은 I보다 G를 선호한다.

ㄴ. (○) H와 선호의 크기가 동일한 을의 선호곡선과 F를 비교해보면, 같은 위험일 때 제시된 선호곡선의 기대이익이 크므로 을은 F보다 H를 선호한다.

ㄷ. (×) 갑과 을의 위험기피적 태도의 정도에 대한 질문이다. 따라서 같은 기대이익에 대한 위험감수정도를 따져보면, 을이 훨씬 더 위험을 감수할 용의가 있다. 따라서 을보다 갑이 더 위험기피적 태도를 보인다고 할 수 있다.

## 05 총량과 변화량의 구분 정답 ②

ㄱ. (×) B는 인구 증가율(=출생률 - 사망률)이 최대가 되는 지점일 뿐 인구가 최대가 되는 점은 아니다. 인구가 최대가 되는 점은 더 이상의 인구 증가가 발생하지 않는 지점인 C이다.

ㄴ. (○) A~C 구간에서는 출생률이 사망률보다 높으므로 인구 증가율 내지 증가폭의 변화는 있으나 인구는 지속적으로 증가했음을 추론할 수 있다.

ㄷ. (×) 제시문에 따르면 Z국의 1인당 실질 소득은 꾸준히 증가하였지만, Z국 전체의 실질 소득은 '1인당 실질 소득 × 인구'이므로 1인당 실질 소득의 증가분을 상쇄하고도 남을 정도의 인구 감소가 있다면 Z국 전체의 실질 소득은 줄어들 수 있다. 따라서 출생률이 사망률보다 낮은 A 부분 이전과, C 부분 이후부터는 Z국 전체의 실질 소득이 꾸준히 증가했는지 알 수 없다.

## 06 인문지리 정답 ①

제시문의 정보와 〈그림〉을 통해 A, B, C를 추론하면 다음과 같다. 〈그림 1〉에서 십자가 묘표 사용비율이 높은 범례는 △와 ○이며, 낮은 범례는 ☆로 ☆는 개신교일 가능성이 높다. 〈그림 2〉에서 동향 비율이 높은 범례는 단연 ☆로 ☆는 개신교임이 거의 확실시 된다. M강과 M강 이외의 지역에서 가장 큰 차이를 보이는 것은 △이고, △는 M강 근처에서의 십자가 묘표 비율이 높고, 그 외 지역에서는 비율이 상대적으로 낮다. 반면에 ○는 전반적으로 십자가 묘표 비율이 높고, 동향 비율이 낮다. 따라서 △(C)는 흑인 개신교라고 추론할 수 있고, ○(A)는 가톨릭교, ☆(B)는 백인 개신교라고 추론할 수 있다.

## 현강·인강 수강생 수 1위, 수험적합성 1위

### 합격생들이 가장 많이 추천하는 강의
### 최신 출제 경향을 공략한 차별화된 강의

**"조성우 선생님의 차별화된 장점 3가지"**

첫째, **선생님의 열정**
둘째, **효율적인 수업**
셋째, **양질의 문제 제공**

떨리는 마음으로 본고사장에서 추리논증 문제지를 펼쳤을 때의 기분을 잊지 못합니다.
문제의 구성이나 풀어나가는 방식 등이 평소 조성우 선생님 강의를 통해 꾸준히 연습했던 문제들과 놀라울 정도로 비슷하게 느껴졌기 때문입니다.
_ 2012 전국수석(표준점수 80.0점) 송은진

LEET라는 시험을 처음 접했을 때는 문제를 푸는 기초적인 방법조차 몰랐었고, 공부를 해도 오르지 않을 것이라는 생각으로 수험생활을 시작하였습니다. 그러나 조성우 교수님의 추리논증 강의에 충실하면서 언어적 장벽 이외에도 배경지식과 같은 장애 요소들을 극복할 수 있었고, 시행착오를 거듭한 끝에 추리논증 표준점수를 52.0점(백분위 56.3%)에서 70.5점(99.1%)으로 20점 가까이 향상시켰습니다.
_ 2017 최고수준 성적향상자(표준점수 52.0점 → 70.5점) 박○○

기초부터 파이널까지의 전 과정에서 조성우 선생님의 교재와 강의를 통해 배운 내용을 빠짐없이 정리해서 완벽히 소화해내기 위해 노력했고, 본고사에서 이전에 받아본 적 없는 최고의 점수를 받을 수 있었습니다.
_ 2020 추리논증 백분위 100% 성적우수자 양○○

조성우 선생님의 강의는 메가로스쿨에서 가장 많은 학생들이 선택하는 수업입니다.
수많은 학생들이 선택한 데에는 이유가 있다고 생각합니다. (…중략…) 이런 제 기대와 같이 매 수업마다 양질의 참고자료를 제공받을 수 있었습니다. 분만 아니라 모의고사 문제를 자체 제작하므로 타 강의에 비해 실전과 같은 연습을 하는 데 도움이 되었습니다.
_ 2023 추리논증 백분위 100% 성적우수자 강○○

저는 많은 문제를 풀어보고 2022년 리트를 응시했지만 처참한 점수를 받고 다음날 바로 조성우 교수님의 수업을 수강하기 시작했습니다. 선배님들께 고민상담을 했을 때, 모두 입을 모아 조성우 교수님의 기본강의를 적극 추천해 주셨기 때문입니다. 수업을 통해 무조건 문제를 많이 풀어내는 것보다 중요한 것은 기본을 바로잡는 것임을 깨달았습니다. 초시든 재시든, 올바른 접근법을 배우는 것이 선행되어야 합니다. 이에 최적화된 수업이 조성우 교수님의 기본강의이기 때문에, 추리논증에 어려움을 겪고 계시는 모든 분들께 기본강의를 적극 추천합니다!
_ 2023 최고수준 성적향상자(백분위 26.0%→ 94.3%, 전년대비 68.3% 향상) 이○○

**발행** 초판 1쇄 2008년 5월 23일 개정 10판 2쇄 2023년 12월 29일 **지은이** 조성우
**펴낸곳** 메가로스쿨 **출판등록** 2007년 12월 12일 제 322-2007-000308호
**주소** 서울특별시 서초구 반포대로 81, 2층 **주문전화** 070-4014-5139 **팩스** 031-754-5145



21064 값 45,000원
ISBN 978-89-6634-651-6

# 최고수준의 성적 향상자들이 알려주는 성적향상 비법

**2021 백분위 90.9%(전년대비 50.3% 향상) [이화여대 로스쿨 합격] 제2회 조성우장학생 박O주**

저는 조성우 선생님의 필기 하나, 보충자료 하나 놓치지 않으려고 꼼꼼하게 공부했습니다. 또한 보충자료로 제공해주신 고득점 선배들의 공부방법을 참고하여 저에게 적용하고자 했습니다. 기본교재와 심화교재를 기본서로 쓰며, 실수하는 부분이나 중요한 부분을 단권화하여 시험때까지 수없이 반복했습니다. 그리고 모의고사 과정에 들어오면서 틀렸던 문제나 어려웠던 문제를 스크랩하여 그 옆에 사고과정을 적어두고 보충자료의 내용을 요약하는 등의 모의고사 자료도 만들었습니다. 단권화 자료, 모의고사 정리자료를 계속 반복해서 보며 체화시킬 수 있었습니다.

**나만의 오답노트 만들기**
**기출과 모의고사 중**
**정답률이 낮은 문제를**
**모아 '단권화'**
**체화될 때까지**
**반복학습**

**2022 백분위 90.2%(전년대비 63.4% 향상) 제3회 조성우장학생 김O혁**

체력도 중요하기 때문에 운동도 꾸준히 하시고 적당히 스트레스를 풀며 릴렉스하는 방법도 찾기를 바랍니다. 이 시험은 멘탈이 강한 자가 실전에서 좋은 성적을 받을 수 있는 시험입니다. 생활적인 측면에서 저 같은 경우 항상 9시에 독서실에서 리트 시험일정에 맞춰 1월부터 언어이해, 추리논증 기출문제를 풀며 생활 패턴 자체를 리트 시험에 최적화했습니다. 처음에는 이러한 연습이 힘들지만 익숙해지게 된다면 시험장에서도 최상의 컨디션으로 시험 보는 것이 가능합니다.

**체력 및 스트레스 관리.**
**본고사를 대비한**
**최적화된**
**생활패턴 만들기**

**2023 백분위 96.3%(전년대비 64.4% 향상) 제4회 조성우장학생 심O빈**

인강을 들은 뒤에는 혼자 문제를 푸는 시간을 갖는 것이 필수입니다. 조성우 교수님의 풀이를 보면 쉬워 보이고 안 풀어도 알 것 같은 느낌이 들지만 막상 혼자서 풀면 못 풀기 마련입니다. 풀이를 듣기 전 먼저 문제를 풀어 보고, 못 풀었던 문제들은 풀이를 들은 뒤 다시 한 번 풀어 보아야 합니다.

**인강으로 학습한 후**
**혼자만의 문제풀이**
**시간 필수**

**2023 백분위 94.3%(전년대비 62.4%향상) 제4회 조성우장학생 홍O린**

단지 교수님 수업만 듣고 주교재만 보는 것으로는 강의를 완벽히 이해했다고 볼 수 없다고 생각합니다. 반드시 교수님께서 제공해주시는 보충자료까지 꼼꼼하게 읽으며 공부해야 합니다. 주교재 진도에서 배우는 내용은 문제를 풀기 전 당연히 완벽 숙지해야 하는 것이라면, 보충자료는 고득점이나 점수 향상을 위하는 사람이라는 반드시 학습해야 합니다. 또한, 교수님의 기초 강의 교재는 시중의 어떤 교재보다도 추리논증 대비에 최적화되어 있기에, 여러 번 지우개로 지우느라 책이 낡아 뜯어질 때까지 반복해서 풀어야 합니다.

**주교재 외 제공되는**
**보충자료까지**
**꼼꼼하게 학습.**
**풀었던 문제도**
**완벽하게 습득되도록**
**반복하여 풀이**